큐티하는 자는 복이 있나니

김양재 목사의 큐티강해
마태복음 1

큐티하는 자는 복이 있나니

지은이 **김양재**

QTM

이 책을 펴내며

"남편이 구치소에 있던 겨울, 남편과 함께 수감된 본 적도 없는 사람들의 이름을 두고 기도했던 시간이 떠오릅니다. 그리고 몇 달이 지난 지금 그들의 가족이 우리들교회 식구가 되어 목장에서 말씀을 나누고 있습니다. 남편과 둘이 행복해서 우리만의 행복을 쌓아 갔더라면 도저히 맺을 수 없었던 구원의 열매를, 부도와 감옥행이라는 죽어짐을 통해 이루신 하나님을 찬양합니다. 사건의 때마다 이해할 수 없었지만 하나님은 항상 옳으셨습니다. 그것이 이제는 예전보다 더 확실히 믿어집니다. 억지가 아니라 가슴 벅차는 흥분으로 믿어집니다."

명문대 출신 엘리트로 큰 사업체를 운영하던 김 집사님이 지난해 사업 부도로 감옥에 수감되었을 때 아내 집사님이 공동체에 올린 간증입니다. 김 집사님은 도피와 변명으로 다른 길을 찾을 수도 있었지만 결국 감옥이라는 좁은 문을 선택했고, 하나님은 놀라운 영적 열매로 그 가정을 세우고 축복하셨습니다.

하나님을 믿고 살아가는 우리에게도 날마다 사건이 찾아옵니다. 모태신앙인, 교회 사역자, 직분자라고 해도 힘든 고난의 일들을 피해 갈 수 없습니다. 안 믿는 사람과 우리가 다른 것은 같은 사건을 어떻게 받아들이고 해석하는가 그 차이일 뿐입니다.

4

티끌처럼 낮아지셔서 여인의 몸을 통해 이 땅에 오신 예수님은 당신의 삶으로 그 해석을 보여 주십니다. 아브라함에게 주신 언약 이후 예수님이 오시기까지, 얼마나 많은 간음과 배신의 사건이 있었는지 찬란한 영적 계보를 보라고 하십니다. 물질과 생존의 문제로 오는 시험을 어떻게 말씀으로 이겨 내야 하는지 가르쳐 주십니다. 가난하고 애통하고 주리고 목마르고 박해받는 우리가 얼마나 복 있는 자인지 말씀해 주십니다.

하나님 때문에 이혼하지 않고, 하나님 때문에 미워하지 않고, 하나님 때문에 복수하지 않는 것이 힘들어도 그 길이 형통의 길이라고 우리를 다독이며 보듬어 주십니다. 이처럼 마태복음에는 죽어서 가는 천국이 아니라 현재의 삶에서 천국을 사는 비결이 담겨 있습니다.

부족하지만 이 책을 통해 주님의 가르침을 따르고 치유되는 역사가 일어나기를 기대합니다. 책을 낼 때마다 두렵고 떨림으로 저 자신을 돌아보게 됩니다. 주님이 하신 것처럼 저도 삶으로 본을 보이며 팔복대로 사는 자의 복, 말씀을 묵상하는 자의 복을 증거하고 싶습니다.

그 소망에 동참하여 항상 함께 수고해 준 분들께 고마움을 전합니다. 또한 매주 설교를 통해 본인의 간증을 나누도록 허락한 우리들 교회 식구들, 그들이 있어서 하나님의 나라가 확장되고 있음을 봅니다. 연약한 우리를 부르시고 사용하시는 우리 하나님 아버지께 감사와 찬양을 드립니다.

2006년 10월

우리들교회 담임목사 김양재

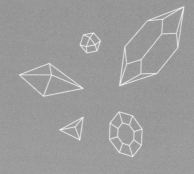

CONTENTS

이 책을 펴내며   04

PART
1
팔복의 인생을 준비하자

Chapter 1   한결같이 신실하신 하나님 (1:1~6)   **11**

Chapter 2   예수가 나시니라 (1:6~17)   **36**

Chapter 3   이름을 예수라 하라 (1:18~25)   **56**

Chapter 4   경배하는 인생 (2:1~12)   **78**

Chapter 5   실수하지 않으시는 하나님 (2:13~23)   **98**

Chapter 6   준비된 인생 (3:1~12)   **116**

PART
2
천국의 가치관을 갖자

Chapter 7   사역을 시작하려면 (3:13~17)   **141**

Chapter 8   성령에 이끌리는 시험 (4:1~11)   **160**

Chapter 9   비로소 전파하는 복음 (4:12~25)   **180**

Chapter 10   [팔복1] 복받는 비결 (5:1~4)   **200**

Chapter 11   [팔복2] 누가 천국을 누릴 것인가 (5:5~7)   **216**

Chapter 12   [팔복3] 천국이 저희 것임이라 (5:8~12)   **234**

PART
3

주님의 온전함을 배우자

Chapter 13   영광을 돌리게 하는 인생 (5:13~20)   253

Chapter 14   하나님께서 원하시는 예물 (5:21~26)   268

Chapter 15   진짜 유익한 삶 (5:27~32)   284

Chapter 16   하나님이 하신다 (5:33~37)   304

Chapter 17   온전함을 이루는 인생 (5:38~48)   324

PART
4

가르침대로 기도하자

Chapter 18   하나님이 갚아 주시는 상 (6:1~8)   345

Chapter 19   너희는 이렇게 기도하라 (6:9~10)   368

Chapter 20   하나님 나라를 위한 우리의 기도 (6:11~18)   388

Chapter 21   보물을 하늘에 쌓으라 (6:19~24)   408

Chapter 22   하나님을 신뢰하는 삶 (6:25~34)   428

Part 1

팔복의 인생을 준비하자

한결같이 신실하신 하나님

마태복음 1:1~6

하나님 아버지, 참으로 신실하신 하나님을 찬양합니다.
주의 이름을 높여 드립니다.
마태복음을 통해 말씀하실 하나님을 기대하오니
말씀하여 주옵소서. 듣겠습니다.

정신분석학자인 세르주 티스롱(Serge Tisseron)은 『가족의 비밀』이라는 책에서 가족의 비밀이 개인의 정신세계에 어떤 영향을 미치는지 이야기합니다. 여러 임상 사례를 가지고 분석한 바에 의하면 가족의 비밀은, 온전히 자기만의 세계에 속한 기쁨이나 슬픔과 같아서 개인의 정체성을 지탱해 주는 버팀목이 됩니다. 반면에, 가족의 비밀이 삶을 구속해서 옥죌 때에는 세상에서 가장 고약한 형태로 나타나게 된다고 합니다. 개인의 삶에서 치명적인 해악이 시작되는 시점을 찾아보니 대부분 가정에서부터, 특히 가족의 비밀에서 비롯되었다는 것입니다.

가족은 개인의 인성 형성에 결정적인 영향을 미치는 공동체입니다. 우리는 어떤 식으로든 가족의 비밀에 연관되어 있고, 알게 모르게 고통받은 기억을 가지고 살아갑니다. 그 가족의 비밀이란 대개 출생과 사회적 차별, 죽음에 대한 것입니다. 사생아, 혼외 관계, 자녀들이 모르는 두 번째 결혼에서의 출생, 양자, 이혼, 육체적 질환, 정신적 질환 등입니다. 부모는 이 고통의 기억을 감추고 싶어 합니다. '자녀가 너무 어려서……' 또는 '아이가 스트레스를 받으면 어떻게 해' 하면서 자녀를 핑계로 그 사실을 감춥니다.

그러나 티스롱 박사는 비밀을 밝히는 것보다 숨기는 것이 훨씬 더 해로운 결과를 가져온다고 말합니다. 훗날 비밀이 밝혀지면 이미 둘로 쪼개진 아이의 정신세계에 상처가 남기 때문에 더 큰 해악을 끼친다는 것입니다. 그래서 "숨어 있는 상처와 정면으로 마주하라"고 해법을 제시하고 있습니다.

정신분석학자가 다년간 임상 사례를 거쳐서 발표한 것을 우리 교회 공동체에서는 이미 체험하고 있습니다. 예배와 소그룹 모임을 통해 개인의 간증을 나누고 오픈할 때 치유가 일어나는 것을 수없이 보았습니다.

"아유, 그래도 그 일은 숨겨야지. 그것까지는 말하면 안 돼" 그럴 일이 아닙니다. 숨겨진 상처와 정면으로 마주할 때 치유가 일어나는 것을 말씀 안에서 경험해야 합니다.

신약의 서두를 여는 마태복음 1장에서 마태는 숨기고 싶은 사연들을 다 드러내고 있습니다. 정말 감추고 싶은 이스라엘의 역사, 살인과 강간과 거짓말과 배반의 사건, 할아버지의 할아버지, 그 할아버지의 숨기고 싶은 것들을 밝히 드러냅니다.

마태의 직업은 세금을 징수하는 세리였습니다. 당시 지배국이었던 로마 권력에 빌붙어 세리 노릇을 하면서 마태에게는 얼마나 상처가 많았을까요. 매국노로 불리고 따돌림을 당하면서 얼마나 열등감이 많았을까요. 그 열등감을 예수 그리스도로 치료받았기 때문에 마태는 말하고 싶지 않은 사연들을 드러낼 수 있었습니다.

88세 할머니가 90세 남편에게 위자료 3억 원을 받고 이혼했다는 기사가 났더군요. 자녀를 여섯 남매나 두고, 88세가 되었는데도 검은 머리가 파뿌리 되도록 슬플 때나 기쁠 때나 함께하겠다는 약속을 미련 없이 파기했습니다. 88세가 되기까지 얼마나 용서를 못 했으면 '내일 죽어도 이혼은 하고 본다'고 했을까요.

우리는 용서를 못 합니다. 피를 나눈 가족들 사이에도 용서를 못 하고, 오륙십 년을 같이 살아도 용서를 못 합니다. 모성애와 본능으로 같이 살았을 뿐입니다. 그래서 많은 상처가 우리에게 남아 있습니다.

그런데 하나님은 우리에게 한결같이 신실하셨고, 신실하신 분입니다. 남편도, 아내도, 부모도 우리의 믿음의 대상이 아닙니다. 우리에게 한결같이 신실하신 분은 오직 하나님 한 분밖에 없습니다.

가문의 영광

아브라함과 다윗의 자손 예수 그리스도의 계보라_마 1:1

아브라함은 기원전 2천 년대의 사람입니다. 마태는 아브라함 때부터 예수님까지 2천 년 동안 하나님이 함께하셨음을 선포하고 있습니다. 하나님은 2천 년 동안이 아니라 2만 년 동안에도 신실하신 분입니다. 아브라함에게만 신실하신 분이 아니라 아브라함과 같은 믿음을 가진 하나님의 백성, 모든 사람에게 동일하게 신실하신 분입니다.

그렇다면 성도야말로 가장 뛰어난 배경을 가진 사람들 아닌가요? 신약성경을 여는 서두를 예수님의 족보로 채운 것은 그 족보가 우리의 족보이기 때문입니다. "너희가 그리스도의 것이면 곧 아브라함의 자손이요"(갈 3:29). 예수 그리스도를 믿고 영접함으로 그리스도께 속한 우리 모두는 아브라함의 자손입니다. 그러므로 예수님의 족보는 우리의 영적 족보입니다. 우리는 집안과 문벌을 따지기 좋아합니다. 그런데 그 유명한 다윗과 아브라함이 우리의 조상이라니 이보다 더 뛰어난 가문이 어디에 있겠습니까!

마태복음의 1차 독자는 유대인입니다. 유대인들은 아브라함과 다윗이라는 유명한 조상을 갖고 있지만, 그들은 예수님을 믿지 않습니다. 우리는 예수님의 족보를 우리에게 주신 이유를 알아야 합니다.

창조주이신 예수님이 나의 조상이라면 이보다 더 좋은 집안이 없는 최고의 출신 배경입니다. 하지만 내가 잘난 척할 것이 없습니다. 하나님은 이 계보를 통해 "네가 얼마나 초라했는지 아니?" 하고 물으십니다.

전 세계에서 민족에 대한 자부심이 가장 높은 나라가 미국입니다. 다른 나라 사람들까지 미국 시민권을 얻기 위해 갖은 애를 씁니다. 그 미국인 중에서도 가장 문벌이 좋은 가문은 영국의 청교도들, 미국을 세웠던 사람들입니다. 정확하게 말하면 백인으로 영국 출신 청교도들, '화이트 앵글로색슨 프로테스탄트(White Anglo-Saxson Protestant)'가 최고의 문벌입니다. 그들은 미국 동부에 하버드 대학을 세우고 수많은 명문 대학을 세웠습니다. 화이트 앵글로색슨 프로테스탄트로 명문 대학까지 나왔다면 그 선민의식은 하늘을 찌릅니다. 미국의 귀족이라 할 만합니다.

그런데 그들이 어떻게 그런 신분을 갖게 됐습니까? 하나님 때문 아닙니까? 이름 없는 많은 사람이 영국에서 건너올 때 풍랑에 죽고, 먹을 것이 없어 죽고, 농사짓다가 죽어 갔습니다. 그 이름 없는 사람들의 믿음 때문에, 성경에 손을 얹고 시작한 나라였기 때문에 하나님이 미국을 축복하셨습니다.

◆ 사위, 며느리를 어떤 가문에서 데려오고 싶습니까? 김수로왕, 박혁거세의 후손이 아니라 믿음의 자손으로 예수 그리스도의 계보에 속한 것이 최고라는 걸 인정하십니까? 내가 전 세계, 아니 온 우주의 최고 명문가에 속했다는 사실에 감사와 감동이 있습니까?

2천 년 동안 신실하신 하나님

하나님이 아브라함에게 "또 네 씨로 말미암아 천하 만민이 복을 받으리니" 하신 말씀(창 22:18)과 다윗에게 "내가 네 몸에서 날 네 씨를 네 뒤에 세워 그의 나라를 견고하게 하리라"(삼하 7:12) 하신 말씀이 정확히 예수님에게서 이루어졌습니다.

복음이란 하나님이 오래전에 약속하셨던 예수 그리스도의 계보가 오늘, 지금의 '나'에게 들어오는 것입니다(마 1:1). 그런데 그 약속은 아브라함과 다윗을 거쳐 예수님까지 점진적으로 이루어 가기 때문에 기다림이 필요합니다.

창세기의 '여자의 후손'에서(창 3:15) 이사야의 '임마누엘'을 거쳐(사 7:14) 이제 마태복음에 '죄에서 구원할 자 예수님'으로 오시기까지 점진적으로 이루어집니다. 하나님은 땅도, 자식도 없었던 아브라함에게 25년 불임의 고통을 주시고 훈련을 시키셨습니다. 그 훈련 뒤에 이삭, 야곱을 지나 모세의 출애굽, 여호수아의 모든 전쟁을 거치고, 사사시대를 거치고, 시간적으로 더 많은 훈련을 거쳐서 다윗이 태어났습니다. 그리고 다윗과 그 자녀들은 간음과 살인과 거짓말과 배신과 눈물의 수많은 훈련을 거쳤습니다. 그때로부터 더 많은 사건과 아픔을 거쳐서 예수님이 오신 것입니다.

아브라함에서 시작된 구속사의 정점에 다윗이 있고, 가장 마지막에 예수님이 있습니다. 아브라함이 이삭을 얻은 것처럼 25년 만이 아니라 2천 년 만에 예수님이 오셨습니다. 훈련의 시간이 많이 지날수록 우리는 수준 높은 사람입니다.

출애굽기 바로 시대에 히브리 여인들이 낳은 남자아이를 모두 죽이게 해서 예수님이 못 오실 뻔했습니다(출 1장). 아달랴 여왕 때도 이스라엘 왕조의 모든 남자를 죽여서 예수님이 못 오실 뻔했습니다(대하 22장). 예수님이 나실 때도 헤롯 왕이 베들레헴 지경 안에서 난 사내아이들을 다 죽이라고 해서 못 오실 뻔했습니다(마 2장).

내 가족을 보아도 그렇습니다. 예수님이 오시기는커녕 아무것도 이루지 못하고, '잘되는 꼴'을 못 보고 끝날 것 같습니다. 아무도 돌아올 것 같지 않습니다.

하지만 하나님이 택하셨다면 끊어질 듯 끊어질 듯한 사연 속에서도 반드시 예수님이 오십니다. 아슬아슬하더라도 예수님의 후손이 길이길이 우리 집안에 있을 것입니다. 하나님은 한결같이 신실하시기 때문입니다.

◆ 내 훈련의 시간은 25년이 걸리는 아브라함일까요, 2천 년이 걸리는 예수님의 수준일까요? 훈련의 시간이 길수록 믿음의 수준이 성숙해지는 것을 인정하십니까?

생명 낳기

하나님은 신실하심을 어떻게 이어 가셨을까요?

내가 아무리 죽을 것 같아도 하나님은 나에게 생명을 낳는 역사를 주십니다. 창세기 5장에 기록된 아담의 족보는 '죽었더라', '죽었더라'로 끝나지만 예수님의 족보는 '낳고', '낳고', '낳고'의 족보입니다. 이 세상은 죽을 수밖에 없지만 예수 안에는 영원한 생명이 있습니다.

일간지에 실린 어느 대기업 회장님의 인터뷰를 보았습니다. 그분이 삼십 대일 때 어느 날 골프를 치면서 "파 포(par four) 홀에서 잘 쳐서 두 번째 샷(shot)으로 그린(green)에 공을 올렸다"고 합니다. 저는 골프를 안 치니까 무슨 뜻인지는 하나도 모르고 그냥 외웠습니다. 어쨌든 잘 쳤다는 이야기인 듯합니다.

그래서 다른 사람들이 열심히 공을 치는 동안 본인은 기분 좋게 나무 그늘에서 쉬었습니다. 시원한 나무 그늘에 앉아서 '너무나 행복하구나' 하고 있었답니다. 그런데 갑자기 그 순간, '지금 불행이 닥치면 어떻게 하지?' 하는 생각이 들었다는 겁니다. 그래서 그 뒤로 평생을 "행복할 때 겸손한 마음을 갖자"는 것을 교훈 삼아 살았다고 했습니다.

인간은 아무리 돈이 많고 장수를 해도 결국은 죽을 수밖에 없는 인생입니다. 그래서 불현듯, 불안한 마음이 엄습해 옵니다. 사업이 잘돼도 '오래 못 가면 어떻게 하지?' 하면서 불안해하고, 건강해도 '내가 암에 걸리면 어떻게 하지? 교통사고를 당하면 어떻게 하지?' 하면서 불안해합니다. 그러니까 '겸손하게 살자' 하는 정도가 인간이 내릴 수 있는 결론입니다. 하지만 진정 깨달아야 할 것은 우리에게 참생명이 없기 때문에 불안을 느낀다는 사실입니다.

제게도 그렇게 불안한 마음이 있었습니다. 공부를 하고 피아노를 치면서 '내가 원하는 대학에 못 들어가면 어떻게 하지?', 대학에 들어가서도 '교수님한테 인정을 못 받으면 어떻게 하지? 아르바이트가 끊기면 어떻게 하지?' 하고 불안했습니다. 결혼을 하고도 '내가 살림만 하다가 교수가 못 되면 어떻게 하지?' 하면서 마음이 쫓기고 불안했습니다.

하지만 예수님을 인격적으로 만나고 거듭난 후에는 어떤 일이 와도 불안한 마음이 없습니다. 자식이 아프다고 해도 불안한 마음이 전혀 없습니다. 영원하신 예수님의 생명이 저와 우리 자녀들에게 있기 때문입니다. 내가 지킬 수 없는 평안과 건강을 주님이 지키시기 때문입니다.

오래전 극동방송에서 모델 겸 탤런트였던 임주완 씨의 간증을 들었습니다. 한때 드라마 주연을 맡을 정도로 승승장구하던 그가 1997년부터 하나둘 일이 없어지면서 술에 의지하고 대인기피증까지 걸렸다고 합니다. 그런 고통 중에 예수님을 만났고, 그 후 2톤 트럭을 가지고 곳곳을 다니며 복음을 전했습니다.

그러던 어느 날 교회에서 전도 집회를 하는데 전도 대상자로 몇 명을 써내겠는가 하기에 이분이 '500명'을 써냈답니다. 그랬더니 부인은 '800명'을 써내더랍니다. 그래서 부부가 합심으로 1,300명을 전도하기 위해서 마지막 재산이었던 차를 팔고, 그 돈으로 설탕 천 포대를 사서 천 명에게 나눠 주었습니다. 그 결과 전도 집회에 참석한 사람이 470명이었습니다.

이런 이야기를 들으면 너무 현실감이 없어서 도리어 전도하고 싶은 생각이 싹 없어집니까? 470명까지는 전도 안 해도 좋습니다. 설탕이 아니라 초콜릿이라도 하나씩 사다 주면서 교회에 데리고 오십시오. 데리고만 오면 전도는 하나님이 책임져 주십니다.

생명을 낳기 위해 전도할 때 어떤 사람을 찾아가야 할까요? 예수님 계보를 보니 본향을 떠나 살면서 자식도 없었던 아브라함, 속고 속이는 인생을 살았던 야곱, 기생 라합, 간음한 유다와 다말, 여자 문제와 자식 문제가 끊임없었던 다윗, 그리고 이름만 실렸을 뿐 유명하지 않은 평범한 사람들…… 이런 사람들에게서 '낳고, 낳고……'의 생명이 이어졌습니다.

배부르고 등 따뜻한 사람들만 찾아다니며 복음을 전하면 핍박당하기 십상입니다. 힘들고 어려운 사람들을 찾아가야 금세 열매가 맺힙니다. 계보에 오른 39명의 면모를 보며 나와 내 식구들에 대해 교만하지도 말고, 낙심하지도 말고 생명 낳는 적용을 구체적으로 실천하기 바랍니다.

◆ 올해 전도 대상자 명단에 몇 명의 이름을 적으셨나요? 마태복음 1장에는 '낳고', '낳고', '낳고' 해서 총 39명의 이름이 나옵니다. 본문을 적용하여 39명을 적어 보면 어떨까요?

설득하시는 사랑

마태복음의 1차 독자가 유대인이라고 했는데 선민의식이 강한 유대인은 출신이 너무 대단해서 아브라함과 다윗만 자랑하고 싶어 합니다. 그런 사람들을 전도하려니까 그 사람들이 가장 좋아하는 족보 이야기로 시작을 했습니다.

'화이트 앵글로색슨 프로테스탄트'를 너무 자랑하니까 "청교도 가문인 당신들 때문에 미국이 이만큼 잘살게 됐다"고 기분 좋은 이야기로 관심을 집중시킵니다. 자기 의로 가득 찬 유대인에게 로마 법정에서 사형을 선고받고 죽으신 예수님을 소개하려니까, 먼저 그 사람들이 가장 귀기울여 들을 족보를 가지고 전도를 하는 것입니다. 그것이 열일곱 절에 걸쳐서 예수님의 계보를 기록한 배경입니다.

하나님은 이렇게 우리를 설득하시는 분입니다. 막무가내로 말씀하시는 분이 아닙니다. 질기게도 돌아오지 않는 유대인에게 그들이 가장 잘 이해할 수 있는 말로, 그들에게 가장 효과적인 말로 설득하십니다.

이 계보는 구약의 정수(精髓)입니다. 이스라엘의 모든 역사와 우리를 향한 하나님의 사랑과 생각과 모든 성품이 여기에 집약돼 있습니다. 여기에는 이방 여인과 기생도 있고, 거짓말하고 속이는 자, 우상숭배로 나라를 타락의 길로 인도한 왕도 있고⋯⋯ 모든 기록이 다 담겨 있습니다. 마태가 얼마나 진실한 기록을 위해 노력했는지 알 수 있습니다.

다른 종교는 이런 비윤리적이고 비도덕적인 일들을 기록하지 않습니다. 인생이 100% 죄인인데 다른 역사라고 간음과 살인과 타락의 일들이 없었겠습니까? 진실 대신 듣기 좋은 말들만 기록했기 때문에 그런 내용을 찾아볼 수가 없는 것입니다.

누군가를 설득하기 위해서 우리에게는 진실이 필요합니다. 하나님을 모르는 남편과 아내를 설득하기 위해서는 내가 진실해야 합니다. 교회 가기 싫어하는 자녀들을 설득하기 위해서는 그 아이의 관심사를 가지고 진실한 대화를 시도하려는 노력이 있어야 합니다. 자녀는 부모의 거울이라고 했습니다. 애들한테는 "잘 믿어라, 말아라" 말을 할 필요가 없습니다. 부모가 삶으로 보여 주면 됩니다. 가장 가까운 집안 식구들에게는 진실하지 않으면 결코 전도를 할 수가 없습니다. 입으로는 절대 안 됩니다. 온몸으로 진실을 말한 다음에야 복음을 전할 수 있는 것입니다.

◆ 전도할 때, 교회 가기 싫어하는 자녀에게 교회 가자고 할 때 어떤 태도와 언어로 설득하시나요? 구원을 위한 진심이 아닌 인간적인 기교와 강요와 물질 공세로 불편한 분위기를 만들진 않습니까?

에서 vs 야곱, 요셉 vs 유다?

아브라함이 이삭을 낳고 이삭은 야곱을 낳고 야곱은 유다와 그의 형제
들을 낳고_마 1:2

하나님의 진심 어린 설득을 들어 보십시오. 구약에 수많은 인물이
나오는데 왜 예수님의 족보에는 이 사람들만 언급되었을까요? 아브라함
의 아들 이삭과 이스마엘 중에 왜 이삭이 올랐을까요? 야곱과 에서 중에
서는 왜 야곱이 올랐을까요? 야곱의 열두 아들 중에서는 왜 유다가 올랐
을까요?

건강하고 튼튼한 이스마엘보다 연약한 이삭이 계보에 올랐습니다.
부모에게 효도하고 사냥 잘하던 에서보다 거짓말쟁이에, 돈 좋아하고 여
자 좋아했던 야곱이 올랐습니다. 야곱의 열두 아들 중에 의로운 요셉이
오른 게 아니라 며느리와 동침한 유다가 족보에 올랐습니다. 그런 이삭과
야곱과 유다를 주님은 부끄러워하지 아니하시고 예수님의 족보에 '찬란
하게' 올려 주셨습니다.

그러나 우리는 이삭보다 이스마엘이 좋습니다. 야곱보다 남자답고,
효도하고, 먹을 것 바치는 에서가 좋습니다. 하지만 그렇게 효도하던 에
서도 20년 동안 떠나 있던 야곱이 고향에 돌아오니까 자기 발로 약속의
땅을 떠났습니다.

천국은 나의 공로나 행위로 가는 곳이 아니라 도리어 연약한 자들
이 자기 죄를 깨닫고 가는 곳입니다. "택하심을 따라 되는 하나님의 뜻이
행위로 말미암지 않고 오직 부르시는 이로 말미암아" 가는 곳입니다(롬
9:11). 그럼에도 유대인은 예수님을 그저 '목수'라고만 생각했습니다.

야곱의 열두 아들 중에서 요셉은 실질적인 장자 역할을 하며 가족을 살렸지만 영적인 메시아의 조상으로는 유다가 기록되었습니다. 그래서 우리는 이 계보를 하나님의 설득하심으로 받아들여야 합니다.

야곱이 연약했지만 창세기 37장부터는 아들 요셉을 통해서 육적인 형통을 보여 주십니다. 창세기 50장 중에서 37장부터 48장까지가 요셉의 이야기입니다. 그렇게 요셉의 기가 막힌 형통이 나오는 도중에 38장에서 유다 이야기가 나오는데 그 내용이, 며느리 다말과 동침하는 것입니다. 왜 그 부분에서 시아버지와 며느리가 동침한 이야기가 나올까요? 여기에는 솔직함 이상의 메시지가 있습니다.

다말이 시아버지에게서 자녀를 낳으려고 한 것은 시아버지인 유다가 계대혼(繼代婚)의 약속을 지키지 않았기 때문입니다. 그것을 알았기 때문에 유다는 다말이 한 일에 대해 "그는 나보다 옳도다" 하고 인정했습니다(창 38:26). 이때 야곱은 '유다가 믿음이 있구나. 저 유다 녀석이 진짜 주님을 만났어' 했을 것입니다. 그래서 유다를 주의 깊게 보았겠죠. 하지만 현실에서는 요셉이 너무 훌륭하니까 48장까지 가면서 요셉과 유다 중에 누가 영적 계보를 이을지 분별하지 못했습니다. 죄라고는 없어 보이는 요셉을 보면서 '얘가 예수님의 조상일 것 같은데?' 날마다 헷갈릴 수밖에 없습니다.

생각해 보십시오. 요셉은 하버드 대학에서 장학금을 받고, 국무총리를 하고, 말할 수 없이 효도를 합니다. 그런데 유다는 하버드 출신인 훌륭한 요셉을 괴롭히고 간음까지 했습니다. 그런데 그 유다가 예수님을 너무 잘 믿습니다. 거듭남이 확실합니다.

게다가 요셉은 자기 돈으로 교회 건물을 지어 줬습니다. 전 교인을 다 먹입니다. 힘들 때마다 요셉이 나서서 척척 도와줍니다.

그럴 때 누구를 자랑하고 싶을까요? 요셉과 유다가 내 아들 중에 있다면 누구를 교회에서 내세우고 싶을까요?

유다가 나타나면 "유다야, 제발 나 보이는 앞에는 나오지를 마라. 교회에서는 바쁘니까 서로 알은체하지 말자" 하면서도, 요셉을 보면 "목사님, 목사님~ 얘가 요셉이잖아요. 얘가 요새 나라를 이끄느라고 바빠서 약간 피곤하잖아요", "김 집사님, 우리 요셉이 좀 보세요. 아유, 얘가 이번 월급을 몽땅 건축헌금으로 냈잖아요" 이러지 않겠습니까? 아무리 유다가 믿음이 좋아도 예수님은 요셉 집안에서 나와야 된다고 생각하지 않겠습니까?

하나님은 아브라함에게 이삭이 영적 상속자라고 가르쳐 주셨습니다. 이삭에게는 에서가 아닌 야곱이라고 가르쳐 주셨고, 야곱에게는 열두 명의 아들을 주면서 스스로 찾게 하셨습니다. 믿음의 3대쯤 되니까 고난도 많고 어려운 시험이 왔습니다. 요셉이냐 유다냐! 어떻게 분별할까요?

그 해답이 창세기 48장에서 분명해집니다. 야곱이 열두 아들에게 유언을 할 때 요셉이 너무 훌륭하니까 두 배의 축복을 주겠다고 요셉의 아들 므낫세와 에브라임을 불러 축복을 했습니다. 그런데 야곱이 손을 엇갈려서 장자인 므낫세에게 올려야 할 오른손을 에브라임에게 올리고 왼손을 므낫세에게 올렸습니다. 그때 지금까지 착하기만 했던 요셉이 "아니에요! 맏아들은 므낫세예요. 아버지가 틀렸어요!" 하고 나섰습니다(창 48:17~18). 아버지 야곱을 통해 보여 주시는 하나님의 선택론을 요셉이 믿지 못한 것입니다.

그 일을 겪은 후에야 야곱이 '그래, 과연 유다였구나' 하면서 유다를 메시아의 조상으로 축복했습니다(창 49:8~12). 하나님은 "내가 죄인입니다" 하는 인생을 가장 기뻐하십니다. 하나님이 무조건 옳으시다고 하는 사람을 가장 기뻐하십니다.

　제가 딸만 넷의 막내인데 형편상 제가 친정의 경제를 책임졌을 때가 있었습니다. 그러다 보니 명절에 모여도 제가 안 가면 아무도 밥을 안 먹었습니다. 제가 막내인데도 막내가 오기까지 밥을 안 먹고 기다리는 겁니다. 어딜 가나 물주가 제일 대접을 받습니다. 그러니까 말은 "영적 축복, 영적 축복" 그래도 물질의 축복을 너무 좋아하는 게 우리의 진심입니다. 야곱도 영적 자녀를 못 알아봤는데 우린들 알아보겠습니까?

　요셉과 유다 설교를 자주 하는 편인데 이 이야기를 요셉이 믿음이 없다는 이야기로 들으시면 안 됩니다. 왜 요셉이 아닌 유다가 예수님의 계보에 올랐는지 그것을 생각해 보시라는 겁니다. 모범생 요셉이 아닌 문제아 유다에게서 예수님이 오셨다는 것, 그 사실로 하나님의 설득에 넘어가시기 바랍니다.

◆ 어떤 효도를 받기(하기) 원하십니까? 부모로서 자식이 물질(지위)의 축복과 영적인 축복을 받는다면 어떤 것을 택하시겠습니까?

나쁜 여자(?), 무명씨, 기타 등등

3 유다는 다말에게서 베레스와 세라를 낳고 베레스는 헤스론을 낳고 헤스론은 람을 낳고 4 람은 아미나답을 낳고 아미나답은 나손을 낳고 나손은 살몬을 낳고 5 살몬은 라합에게서 보아스를 낳고 보아스는 룻에게서 오벳을 낳고 오벳은 이새를 낳고 6 이새는 다윗 왕을 낳으니라 다윗은 우리야의 아내에게서 솔로몬을 낳고_마 1:3~6

3절부터 6절에는 아브라함의 부인 사라, 이삭의 부인 리브가, 야곱의 부인 레아와 라헬 등 유명한 여러 민족의 어머니들이 모조리 빠졌습니다. 그리고 시아버지와 동침한 다말, 기생 라합, 이방 모압 여인 룻, 다윗과 불륜을 저지른 밧세바가 올랐습니다.

유대인이 가장 멸시하여 개만도 못하게 여기는 이방인, 이방인 중에서도 여자, 여자 중에서도 창기, 불륜을 저지른 여자들 네 명이 다 올랐습니다. 그중에 세 명이 간음과 연결돼 있습니다. 예부터 암탉이 울면 나라가 망한다고 하는데 신약의 서두 마태복음 1장에서 암탉이 울고 있네요.

예수님의 계보는 하나님이 베푸시는 '은혜의 계보'입니다. 하나님의 은혜는 모든 장벽을 뛰어넘고, 우리의 고정관념을 뒤엎습니다. 그런데 우리는 얼마나 많은 고정관념에 사로잡혀 있는지 모릅니다.

어떤 분의 남편이 바람을 피웠습니다. 그런데 시동생 부부가 너무 사이좋게 지내니까 "동서 집안은 술집을 했기 때문에 출신은 속일 수가 없어. 남자한테 잘하는 법을 아니까 저렇게 잘 사는 거야" 하고 삐딱한 소리를 했습니다. "나는 남편의 외도 때문에 고생하지만 동서는 잘 살고 있어서 보기 좋네" 이렇게 말하면 좀 좋습니까? 남편이 바람피운다고 잘 사는 동서까지 시기하면 동정도 받을 수 없습니다.

5절에 보아스가 룻에게서 오벳을 낳았던 시대는 사람들이 자기 소견에 옳은 대로 행하는 사사시대였습니다(삿 17:6). 영적인 암흑시대였습니다. 그러나 하나님은 이때도 한결같이 하나님의 구속 계획을 이루셨습니다. 다른 사람도 아닌 불쌍한 과부를 통해서 말입니다.

불쌍한 사람은 자기 문제를 해석하지 못하고 자신을 모르는 사람입니다. 자신을 모르고, 자기 죄를 모르기 때문에 고정관념으로 사람을 판단하고 '예수님은 목수, 라합은 기생' 여기에 머물러 있는 것입니다.

참으로 우리는 은혜를 베푸시는 하나님, 그 은혜를 알아야 합니다. 하나님은 이 계보를 통해 "네가 어떤 처지에 있어도 열등감을 갖지 말라. 낙심하지 말라"고 말씀하십니다. 또 어떤 경우에도 교만할 것이 없다고 가르쳐 주십니다.

◆ 유흥업소 종사자, 전과자, 무당…… 이런 사람들이 예수님을 믿게 되었다고 간증할 때 고정관념 없이 받아들입니까? 간증에는 은혜를 받아도 같은 구역 식구는 되기 싫다고 생각하십니까?

마태가 17절까지 구약의 역사를 요약했는데 여기 기록된 사람들 중에 영웅 같은 사람은 없습니다. 제일 먼저 언급된 아브라함과 다윗은 유대인에게 가장 중요한 영웅이고 위인입니다. 그러나 그들도 진정한 영웅은 아니었습니다. 하나님은 창세기, 사무엘서, 이스라엘의 역사를 통해 아브라함의 실수와 다윗의 실수를 낱낱이 보여 주셨습니다. 오직 하나님의 은혜였을 뿐입니다. 잘났어도 못났어도 하나님이 쓰시는 사람들이었을 뿐입니다.

3절부터 4절 말씀에 나오는 헤스론, 람, 아미나답은 유명하지 않은 사람입니다. 그러나 이 유명하지 않은 사람들이 예수님이 오시기까지 연결 고리 역할을 하고 있습니다. 집마다 고난 가운데 몇 대의 믿음을 지키고 내려와서 믿음의 집안으로 자리매김하는 예가 많이 있습니다.

우리 집안도 제가 4대째 믿음입니다. 평안북도에 온 선교사의 전도를 받고 4대째 신앙을 이어 오는 우리 집안에서 제일 유명한 사람이 저입니다. 그러나 3대가 오는 동안 저의 선조들이 이름도 없이 연결 고리 역할을 해 주었기 때문에 지금의 제가 있는 것입니다. 저도 전혀 유명하지 않고 우리 조상도 유명하지 않았지만, 제게 예수님이 오셨습니다. 어떤 인생도, 역사도 예수님을 빼고는 존재할 수 없습니다. 예수님이 내 인생의 시작이고 과정이고 결론입니다.

우리들교회 성도들도 '유명'한 것과는 상관없는 사람들이 대부분입니다. 그러나 모두 자랑하고 싶은 성도들입니다. 고생과 슬픔 가운데서도 우리의 '낳고, 낳고……'의 행전은 계속될 것입니다.

임주완 씨도 그렇게 전도하기 시작하니까 곳곳에 캐스팅이 되었고 지금은 많은 모델 후배를 양성하면서 모델협회 신우회 회장이 됐다고 합니다. 앞으로 더 유명해질 것 같습니다.

미국의 '백화점 왕'으로 불리는 존 워너메이커(John Wanamaker)는 초등학교 2년을 끝으로 학교 교육을 받지 못했다고 합니다. 하지만 주일학교를 통해서 성경 교육을 받았습니다. 주일학교를 빠지지 않고 다녔던 그는 어른이 된 후 평생 주일학교 교사로 섬겼습니다. 초등학교를 2년밖에 안 다녔어도 '여러 가지 물건을 한곳에 모아 놓고 팔면 편리할 거야. 집배원들이 있어서 집집마다 우편물을 배달하면 사람들의 통신을 훨씬 원활하게 해 줄 거야' 하는 아이디어로 최초의 백화점을 만들었습니다.

워너메이커뿐만 아니라 아브라함 링컨도 초등학교 9개월, 복음 전도자 무디도 초등학교만 겨우 나왔습니다. 그런데 이 세 사람이 동시대에 미국을 들었다 놓았다 했습니다.

요즘 인재가 없다고 합니다. 학벌이 아무리 좋아도 쓸 만한 사람이 없다고 합니다. 성적으로 어떻게 사람을 평가하겠습니까. 링컨은 미국에서 예수님 다음으로 존경받는 사람입니다. 학벌이 없어도 성경 교육으로, 주일학교를 통해서 시대를 살리는 위인이 됐습니다. 이런 사람들이 예수님의 족보에 올라간 사람들입니다.

참으로 하나님은 신실하신 분입니다. 우리를 실망시키지 않으십니다. 그런데 우리가 하나님을 떠나갑니다. 2천 년 동안 한결같이 신실하신 하나님은 속이는 자, 간음한 자, 연약한 자, 멸시받는 자들을 통해 '낳고, 낳고……'의 계보를 이어 오셨습니다. 한결같은 은혜로 우리를 살리셨습니다. 이 위대한 생명의 계보가 내 삶에, 내 가정에 들어오기를 주님의 이름으로 축원합니다.

◆ 교회를 소개할 때, 사회적 명성을 갖춘 장로님과 힘들고 어려운 처지에서 오직 하나님만 바라보는 초신자 성도 중에 누구를 소개하고 싶습니까? '무명한 자 같으나 유명한 자요 아무것도 없는 자 같으나 모든 것을 가진 자'인 하나님 나라 원리로 사람을 분별하십니까(고후 6:9~10)?

예수님의 계보는 하나님이
베푸시는 '은혜의 계보'입니다.
하나님의 은혜는 모든 장벽을 뛰어넘고,
우리의 고정관념을 뒤엎습니다.

말씀으로 기도하기

하나님께서는 이스라엘의 계보를 통해 그들의 비천함을 드러내십니다. 예수님의 조상인 다윗, 아브라함이 위대해 보여도 실상은 비천한 죄인이요 살인자였습니다. 강하고 듬직한 이스마엘이나 에서가 아닌 비실비실한 이삭, 사기꾼 야곱, 시아버지와 동침한 다말, 기생 라합, 이방 여인 룻, 불륜녀 밧세바가 예수님의 계보에 올랐습니다. 이것이 곧 은혜의 계보임을 우리가 깨닫기 원합니다.

예수님의 계보는 '낳고, 낳고'의 생명의 계보입니다(마 1:1).

보잘것없는 저를 아브라함과 다윗의 자손이라 불러 주시며 예수님의 영적 계보에 오르게 하시니 감사합니다. 끊어질 듯 끊어질 듯한 사연 속에서도 신실하신 하나님의 약속을 따라 예수님이 오셨듯, 환난 가운데 있는 제 삶과 콩가루 같은 우리 가정에도 반드시 예수님이 찾아오실 것을 믿습니다. 나의 문제에만 매몰되지 않고 신실하신 하나님을 의지함으로 힘들고 어려운 사람에게 복음을 전할 때, 저도 '낳고, 낳고'의 예수님의 계보를 잇는 인생이 될 것을 믿습니다.

문제 많고 수치스러운 사람들이 예수님의 계보에 올랐습니다
(마 1:2, 5~6).

사냥 잘하고 효자인 에서가 아니라 여자와 돈을 좋아하고 거짓말쟁이인 야곱이, 의로운 요셉이 아니라 며느리와 동침한 유다가 예수님의 계보에 올랐습니다. 시아버지와 동침한 다말, 기생 라합, 이방 여인 룻, 다윗과 불륜을 저지른 밧세바도 계보에 올랐습니다. 모든 장벽과 고정관념을 뛰어넘는 이 은혜의 계보를 묵상하며 나의 고정관념을 버리고, 비록 수치스러운 죄 가운데 있을지라도 내 죄를 보고 회개함으로 주님이 베푸시는 은혜를 누리게 하옵소서.

예수님이 오시기까지 연결 고리 역할을 한 무명한 자가 있습니다
(마 1:3~6).

헤스론, 람, 아미나답은 유명하지 않지만, 예수님이 오시기까지 연결 고리 역할을 한 사람들입니다. 우리 가정이 믿음의 가정으로 자리매김하도록 저도 연결 고리 역할을 잘 감당하기 원합니다. 내 인생의 시작도, 모든 과정과 결론도 오직 예수님인 것을 깨닫고, 비록 유명한 자가 되지 못하여도 묵묵히 믿음을 지키게 하옵소서.

우리들 묵상과 적용

그리스도께 속한 우리는 모두 아브라함의 자손이라고 하는데, 저는 예수님의 계보가 저의 영적 계보인 것을 깨닫지 못해 육적 계보를 챙기다가 실수를 한 적이 있습니다(마 1:1). 저는 장남임에도 종중(宗中) 모임에는 관심도 없고, 종중에서의 존재 자체도 미약했습니다. 그런데 어느 날 저의 정확한 직함을 들먹이며 우리 가문의 족보 책을 권하는 전화 한 통을 받았습니다. 영업사원이 놀라운 정보력으로 우리 가문과 저를 치켜세우는 것에 혹하여 저는 단숨에 거금을 주고 족보 책을 구입했습니다. 그러나 책을 받아 본 아내가 "이건 당신 문중에서 만든 게 아니에요. 당신이 그렇게 자랑하는 ○○공파 ○○대손은 기록에도 없으니 당장 환불하세요"라며 저의 분별없음을 탓했습니다. 아내의 말을 듣고 나니 예수님을 영접한 이후 아브라함과 다윗이 저의 조상이라고 기록된 성경책을 가지고 있음에도 육적 계보에 연연하는 저의 죄가 깨달아졌습니다. 많은 사람이 저의 구원을 위해 기도함으로 '낳고, 낳고'의 응답을 받아 주님을 영접하고 교회를 다녔지만, 그 구원의 감격을 까맣게 잊고 있었던 것입니다.

저는 다윗이 한가로이 왕궁 옥상에서 거닐다가 목욕하는 밧세바를 보고 범한 것처럼 접대차 갔던 룸살롱에서 예쁜 아가씨에게 마음이 뺏겨 바람을 피우다 아내에게 들통이 난 적이 있습니다(삼하 11:2~5). "아내와 이혼하고 같이 살자"는 그녀와 해외로 이별 여행을 간 것이 아내에게 덜미가 잡힌 것입니다. 이후 아내 손에 이끌려 다시 교회로 간 날의 설교를 잊을 수가 없습니다. 이렇게 죄 많은 저를 삼위의 하나님이 그분의 형상대로 지었다고 하셔서 흐르는 눈물을 주체할 수가 없었습니다(창 1:26). 다윗이 침상을 적시는 회개를 했어도 심판은 그대로 다 받은 후 예수님의 계보에 오른 것처럼, 저 또한 육신의 정욕을 이기지 못하여 피운 바람 때문에 만천하에 죄와 수치가 드러났지만, 그것이 축복임을 알게 하셨습니다. 이후에도 하나님은 욕심으로 시작한 사업을 망하게 하심으로 심판하시고, 아내의 암 사건 앞에 울 기력이 없도록 울며 회개하게 하셨습니다(삼상 30:4). 그럼에도 "예수 안 믿으면 지옥 간다"고 울며 저를 교회로 인도한 아들이 선교단체에서 상처를 받고 교회를 떠나는 아픔까지 주셔서 애통할 수밖에 없는 인생을 살게 하십니다.

야곱의 열두 아들 중에서 의로운 요셉이 실질적인 장자 역할을 했지만, 예수님의 계보에는 결국 며느리와 동침한 유다가 올랐습니다(마 1:3). 저 또한 지질한 유다가 되어 수치의 간증을 나누며 예수님의 계보를 이어가고자 합니다. 이제라도 "그는 나보다 옳도다"라고 회개한 유다처럼(창 38:26) 제 수치를 약재료 삼아(겔 47:12) 수많은 영적 생명을 낳고 낳으며 구원의 새 노래를 부르겠습니다(계 5:9).

영혼의 기도

하나님 아버지, 마태복음으로 말씀해 주심을 감사드립니다. 예수 그리스도의 계보, 이 복음이 나와 가정과 교회와 우리 사회와 세계에 임하기를 원합니다. 복음이 임해서 영적 생명을 낳는 제가 될 수 있도록 축복해 주옵소서.

생명을 낳기 위해서 하나님이 설득하신 모든 사람을 보았습니다. 너무나 불쌍하고 수치스럽고 입에 올리기도 어려운 사람들이 계보에 올랐습니다. 주님은 그들을 부끄러워하지 않으시는데 저는 부끄러워합니다. 수치스러워합니다. 숨기고 싶은 것들이 아직도 많이 있습니다. 그런 이들에게 찾아가지 못합니다. 주님이 주님의 능력을 나타내시기 위해 예수님의 족보에 올린 사람들을 저도 사랑하고 용납하게 하옵소서. 저의 고정관념을 없애 주옵시고 이름도 없이, 빛도 없이 연결 고리 역할을 한 헤스론, 람, 아미나답처럼 베푸신 은혜를 받는 제가 되기를 원합니다.

주님, 전도는 꼭 해야 합니다. 내 안에 예수 그리스도의 생명이 있다면 반드시 또 다른 생명을 낳아야 합니다. 그러기 위해 저의 완악한 마음을 부숴 주시고 '낳고, 낳고……'의 예수 행전을 기록하는 저의 삶이 될 수 있도록 축복해 주옵소서. 예수님 이름으로 기도하옵나이다. 아멘.

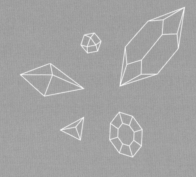

예수가 나시니라

마태복음 1:6~17

> 하나님 아버지, 우리 집안에, 또 내 속에
> 예수 그리스도가 나시는 역사가 일어나도록
> 말씀하여 주옵소서. 듣겠습니다.

마태복음 '족보 이야기' 두 번째입니다. 아브라함이 갈대아 우르에서 나온 후 예수님이 오시기까지 이스라엘은 천 년의 노예 생활을 거치고 500년의 번영기와 또 500여 년의 암흑기를 지냈습니다.

예수님을 믿고 말할 수 없는 축복을 받았어도, 내가 다시 옛날로 돌아가서 우상숭배와 죄를 일삼으면 번영기 500년만큼 암흑기 500년을 주신다는 걸 알아야 합니다.

그럼에도 신실하신 하나님은 예수 그리스도가 오시게 하셨습니다. 2천 년 동안 말할 수 없는 죄를 지은 사람들이 계보에 다 오름으로써 하나님은 어떠한 죄든 용서하신다는 것을 보여 주셨습니다. 용서하시는 하나님의 은혜로 예수님이 이 땅에 오셨습니다. 이것이 예수 그리스도 족보의 요약입니다.

용서받은 불륜

이새는 다윗 왕을 낳으니라 다윗은 우리야의 아내에게서 솔로몬을 낳
고_마 1:6

음식점에서 남녀가 하는 행동을 보면 부부 사이인지 불륜 관계인지
단번에 알 수 있다고 합니다. 부부는 서로 대화가 없는데, 불륜으로 만난
남녀는 서로 말이 많습니다. 부부는 표정이 딱 굳어 있는데, 불륜 남녀는
표정이 밝습니다. 부부는 주문할 때 가장 싼 음식을 시키는데, 불륜 남녀
는 당연히 비싼 것을 시킵니다. 남자가 돈을 내면 불륜이고 여자가 돈을
내면 부부랍니다. 식사를 마치고 좋은 곳으로 드라이브를 하러 가면 불륜
이고, 변함없이 굳은 표정으로 집에 돌아간다면 영락없이 부부라는 겁니
다. 어떤 분이 담임 목사님과 식사하는 자리에서 이런 이야기를 하고는
목사님한테 "목사님, 어떤 것으로 시킬까요?" 그랬더니 "불륜으로 시키세
요" 하셨다는 우스개를 들었습니다.

가고 오는 세대에 불륜은 사람들 사이에 피할 수 없는 문제가 되었
습니다. 예수님의 족보만 해도 며느리와 시아버지의 불륜, 유부녀 밧세바
와 다윗의 불륜, 기생 라합이 등장했습니다. 하나님은 영적·육적 간음을
제일 싫어하시는데, 간음의 문제를 어떻게 처리하는가에 따라서 가장 사
악한 죄가 될 수도 있고 예수님의 계보에 오르는 사람이 될 수도 있습니
다. 유다하고 며느리 다말은 같이 죄를 짓고도 같이 예수님의 계보에 올
랐습니다. 그야말로 홈런입니다. 죄를 지어서 계보에 못 오르는 것이 아
닙니다. 내가 회개하지 않기 때문에 못 오르는 것입니다.

2절부터 6절까지 다말, 모압 여인 룻, 라합 등 열등감을 갖고 시대를

살아간 비천한 여인들을 통해서 다윗 왕이 나왔습니다. 그리고 다윗으로 인해서 6절부터 11절까지의 번성기가 도래했는데, 그렇게 하나님을 사랑한 다윗이 배가 부르니까 한가한 틈을 타서 우리아의 아내 밧세바와 간음을 행했습니다. 천하의 다윗이 이럴 수 있습니까? 하나님이 불륜을 저지르라고 다윗을 훈련시키고 돈을 주고 시간을 주고 지위를 주셨겠습니까? 그러므로 인간은 100% 죄인입니다. 의인은 없나니 하나도 없다고 했습니다(롬 3:10).

어떤 사람은 불륜을 합리화합니다. 남편이 알코올중독이라서, 돈을 못 벌어서, 성격이 포악해서 자신에게 너무 잘해 주는 남자를 택했다고 합니다. 부인에게는 매력을 느낄 수 없어서, 상대방이 유혹을 해 왔기 때문에, 첫사랑을 다시 만나서 넘어갔다고 합니다. 또 그런 문제로 상담하고 서로 위로하다가 불륜에 빠지는 사람들도 있습니다. 하지만 불륜은 어떤 이유로도 합리화될 수 없습니다.

다행히 다윗은 나단 선지자의 충고를 받아들여서 눈물로 회개하고 자기가 죄인임을 뼈저리게 깨달았습니다. 그래서 이후의 인생을 은혜롭게 살았습니다. 그러나 그렇게 회개를 했다고 해서 불륜이 없던 일이 되는 것은 아닙니다. 불륜으로 부인이 아닌 다른 여자에게서 아이를 낳았다면 진정한 회개를 했어도 그 아이는 그대로 있는 것입니다. 다윗이 저질렀던 간음, 거짓말, 살인의 결과도 그대로 나타났습니다. 밧세바와의 사이에 낳은 첫아이를 잃고, 그 후 다른 자녀들 사이에 근친상간과 살인과 배반의 사건이 끊임없이 찾아왔습니다. 가장 사랑하는 아들 압살롬이 반역을 해서 자신을 죽이려고 하는 일까지 겪었습니다.

한 번 저지른 불륜의 결과는 정말로 심각합니다. 죄의 심판은 반드시 있습니다. 다윗은 예수님의 계보를 잇는 대단한 인물이기 때문에 한 번 저지른 불륜으로 집안이 콩가루가 되고, 나라가 콩가루가 됐습니다. 하나님이 죄에 대해 책임을 물으신다면 그것을 이 땅에서 당하는 것이 축복입니다. 이 땅에서 심판을 다 당한 후에는 다윗처럼 예수님의 족보에 기록될 수 있습니다.

그러나 내 힘으로는 그 수치를 드러낼 수 없습니다. 생각만 해도 죽고 싶고 괴로운 불륜과 간음의 일을 스스로는 드러내지 못합니다. 그것을 하나님이 드러내 주시는 것이 참 감사한 일입니다. 이 땅에 살아 있는 동안 만천하에 수치가 드러나는 것, 이것이 참 축복입니다. 다윗의 눈물의 고백이 우리에게 은혜를 끼치는 것처럼, 나의 죄와 수치가 세상에 드러남으로 하나님의 은혜를 증거하게 된다면 그것보다 더 큰 축복은 없습니다.

◆ 지금 불륜 관계에 빠져 있습니까? 다윗처럼 빨리 회개하고 돌이키면 잠시 수치를 당할지라도 하나님이 높이시는 인생이 됩니다. 배우자, 부모의 불륜으로 힘들어합니까? '짐승 같은' 그 사람도 회개하고 돌아오면 예수님의 족보에 오르는 사람이 됩니다. 불륜에 빠진 그 사람의 구원을 위해 나단 선지자 역할을 하고 있습니까?

공기 같은 지도자 - 우리아의 리더십

1장 6절에 보면 솔로몬을 낳은 밧세바는 이름이 언급되지 않고 '우리아의 아내'로만 나와 있습니다. 당시 남편이 있는 여인과 동침하는 것은 돌에 맞아 죽어야 할 죄였습니다. 그런데 애매하게 다윗은 죽지 않고 다윗의 음모로 인해 밧세바의 남편 우리아가 죽었습니다(삼하 11장). 자신의 죄를 감추기 위해 부하를 죽게 만든 다윗의 리더십과 그런 상관이라도 절대적으로 순종하다가 죽은 우리아의 리더십을 생각해 봅니다.

니와 순페이의 『제왕학』에서는 가장 훌륭한 지도자를 '공기와 같은 지도자'라고 말합니다. 공기와 같은 지도자는 있는지 없는지 모르는 지도자입니다. 공동체의 모든 사람이 그를 공기와 같이 느끼고 동행하기에 지도자가 있으나 없으나 일을 열심히 합니다. 즉, 공기와 같은 지도자는 공동체를 저절로 잘 돌아가게 하는 지도자입니다.

그 아래 단계의 지도자는 '사랑받고 존경받는 지도자'입니다. 날마다 "우리 아버지가 최고야. 우리 사장님이 최고야" 하는 말을 들어도 공기와 같은 지도자보다는 못한 사람입니다. 그런 말이 필요 없는 지도자가 공기와 같은 지도자입니다. 그다음은 '무서운 지도자'이고, 가장 낮은 단계는 '경멸받는 지도자'입니다.

다윗은 지도자로서 경멸받을 일을 했습니다. 우리아의 아내 밧세바를 임신시켜 놓고는 우리아가 임신시킨 것처럼 하려고 그를 전쟁에서 불러들여 부인과 잠자리를 하게 했습니다. 그런데 우리아는 전쟁 중임을 생각해서 집으로 가지 않고 성전 문에서 잤습니다. 그랬더니 이번에는 부하 요압을 시켜서 우리아를 전쟁의 선봉에 세워 죽게 합니다.

우리아는 다윗이 아내와 같이 자고 오라고 해도 집으로 내려가지 않았습니다. 윗사람으로서 '모두가 전쟁 중에 있는데 나만 혼자 집에 가서 자면 부하들의 사기에 안 좋을 것이다'라고 생각했습니다. 또 아랫사람으로서 명령을 들어야 하니까 왕궁 문에서 잤습니다. 무조건 하라고 해서 하는 것이 아니라 이것이 왕을 위해서 유익할 것인지, 하나님 나라를 위해서 유익할 것인지를 생각하는 사람이었습니다.

질서의 우선순위에 복종하는 것이 최고의 예배입니다. 하나님은 아랫사람에게는 "종들아 두려워하고 떨며 성실한 마음으로 육체의 상전에게 순종하기를 그리스도께 하듯 하라"라고 하셨습니다(엡 6:5). 우리아는 눈가림만 해서 사람을 기쁘게 하는 사람이 아니었기 때문에 헷 사람 이방인이어도 예수님의 계보에 올랐습니다. 하나님이 우리아를 인정하셔서 예수님의 계보에 올라가는 특권을 주셨습니다. 우리아가 억울한 죽음을 당한 것 같지만 하나님 때문에 적용한 일은 천년이 지나도 반드시 갚아 주십니다.

우리아야말로 공기와 같은 지도자라고 할 수 있습니다. 가정과 직장에서 공기와 같은 부모, 상사가 되어야 합니다. 교회의 목장(구역), 소그룹 모임에서 공기와 같은 지도자가 되어야 합니다. 한 사람의 신앙과 인격의 진면목은 가장 최소한의 공동체에서부터 비롯합니다. 그 최소한의 공동체에서 우리아의 리더십을 발휘하지 못하는 사람은 절대로 큰 리더십을 가질 수 없습니다.

❖ 권위를 내세우지 않아도 자녀(직원)들이 알아서 순종하는 부모(상사)입니까? 윗사람, 아랫사람에게 인정받고 싶어서 눈치만 보십니까? 아무도 자신의 말에 귀를 기울이지 않고, 소리 지르며 화를 내야 아랫사람들이 움직이는 무서운 지도자는 아닙니까?

용서받지 못한 불신결혼!

7 솔로몬은 르호보암을 낳고 르호보암은 아비야를 낳고 아비야는 아사를 낳고 8 아사는 여호사밧을 낳고 여호사밧은 요람을 낳고 요람은 웃

시야를 낳고 9 웃시야는 요담을 낳고 요담은 아하스를 낳고 아하스는 히스기야를 낳고 10 히스기야는 므낫세를 낳고 므낫세는 아몬을 낳고 아몬은 요시야를 낳고 11 바벨론으로 사로잡혀 갈 때에 요시야는 여고냐와 그의 형제들을 낳으니라_마 1:7~11

불륜도 용서하시는 하나님이지만 그리스도 밖에서의 결혼, 불신결혼은 용서하지 않으십니다. 제 말이 아니고 성경에 나와 있습니다. 성경 몇 장, 몇 절에 나와 있냐고요? 먼 데 갈 것 없이 본문을 보십시다.

자신의 왕좌를 유지하기 위해서 아들을 불 가운데로 지나가게 한 아하스도 계보에 올랐습니다. 성군 히스기야의 아들 므낫세는 일월성신(日月星辰)을 섬기고 갖은 악을 행했는데, 그래도 바벨론에 잡혀갔다 온 후에는 회개하고 죽었다고 합니다. 다윗 왕의 자손들이 다 죄를 짓고 있지만 하나님은 다윗 할아버지에게 한 언약을 기억하사 이들을 예수 그리스도의 족보에 올려 주셨습니다. 어떠한 죄도 주님이 용서하신다는 것을 보여 주십니다.

연약한 왕들도 올랐는데 누가 빠졌습니까? 불신결혼으로 들어온 아달랴 계열의 아하시야, 아달랴, 요아스, 아마샤 왕이 남유다 계보에서 빠졌습니다. 분명히 유다의 왕이었는데 예수님의 계보에 빠졌다면 이것처럼 억울한 일은 없을 것입니다. 그렇다면 그들은 왜 계보에서 빠졌을까요?

아달랴는 남유다 여호람 왕의 아내로 북이스라엘의 아합 왕과 이세벨 왕비의 딸입니다. 아달랴 집안을 살펴보면 아달랴의 어머니 이세벨은 시돈 왕 엣바알의 딸입니다(왕상 16:31). '엣바알'은 '바알의 사람'이라는 뜻으로 철저하게 세상에 속한 사람입니다. 한마디로 아달랴 집안은 친할아버지도 왕, 외할아버지도 왕, 아버지도 왕, 남편도 왕, 아들도 왕이어서 요즘으로 하면 재벌 집안, '로열패밀리'라고 할 수 있습니다.

남유다 여호사밧이 성군이긴 했지만, 북이스라엘의 아합이 상아궁에 살며 정치를 잘하니까 외세 침략을 이겨 보려고 그의 딸 아달랴를 며느리로 삼았습니다. 그런데 어머니 이세벨을 닮아서 아달랴도 극성이었죠. 왕이 된 아들 아하시야가 일찍 죽자 권력욕이 끝이 없던 아달랴는 남은 왕의 자손, 손자를 다 죽이고 스스로 여왕이 됐습니다. 그때 고모인 여호세바가 요아스를 살려 두지 않았다면 남유다 왕의 계보가 끊길 위기였습니다(왕하 8장, 11장). 이스라엘, 하나님 나라의 가장 큰 위기의 때가 아달랴 시대입니다.

하나님이 아달랴를 통해 주시는 메시지는 절대로 불신결혼을 용서하지 않으신다는 것입니다. 믿는 사람과 안 믿는 사람의 차이는 죄를 짓는가 안 짓는가가 아니라, 회개를 하는가 안 하는가입니다. 다윗은 그래도 믿음의 자녀이기 때문에 불륜과 살인의 죄를 짓고도 회개했습니다.

하지만 할아버지도 왕, 아버지도 왕, 남편도 왕, 아들도 왕, 그러다 자기 힘으로 왕비가 된 아달랴 같은 사람은 절대로 회개를 안 합니다. 그래서 그 자손들까지 예수님의 계보에서 빠진 것입니다. 그리스도 밖에 있는 사람과의 결혼, 불신결혼을 가장 싫어하신다고 하나님은 오늘도 말씀하십니다.

6절부터 11절까지 유다의 왕 21명이 14대로 나뉘어서 나옵니다. 처음 보는 이름도 많고 해서 자꾸 읽다 보면 꼭 방언 같지요? 가만 살펴보면 아사 왕과 그 아들 여호사밧처럼 선한 왕 밑에 선한 왕이, 히스기야와 그 아들 므낫세처럼 선한 왕 밑에 악한 왕이 등장하기도 합니다. 또 아하스와 그다음 히스기야처럼 악한 왕 밑에 선한 왕이, 요람과 그다음 웃시야처럼 악한 왕 밑에 악한 왕이 등장하기도 합니다.

성경의 역사를 봐도 선한 아버지 밑에 선한 아들과 악한 아들이 태어나고, 악한 아버지 밑에 선한 아들과 악한 아들이 태어납니다. 누구도 '내가 이렇게 된 건 아버지 탓이야' 하거나 '네가 그러니까 아들이 그 모양이지' 그런 얘기를 할 수가 없습니다. 다윗과 밧세바 사이에 태어난 솔로몬은 지혜의 왕이지만 훌륭한 아버지는 아니었습니다. 솔로몬은 일생 성전을 짓고 왕궁을 지었지만 그의 아들 르호보암 시대에 나라가 북이스라엘, 남유다로 분열되었습니다.

훌륭한 아버지가 되기 위해 내가 얼마나 열심히 일했는지, 내가 얼마나 돈을 잘 벌었는지는 중요하지 않습니다. "나는 전쟁 중에도 집안을 일으켰다! 아빠는 과외 한 번 안 하고도 공부를 잘했다! 그런데 너는 왜 그 모양이냐!" 이런 무용담을 늘어놓을 필요가 없습니다.

훌륭한 아버지는 자녀를 믿음으로 키우는 사람입니다. 내 힘으로는 아무것도 할 수 없었는데 하나님이 때마다 시마다 어떻게 도와주셨는지를 소박하게 말하는 부모가 되어야 합니다. 큰 것이 아닙니다. 주일마다 자녀들 손 붙잡고 교회 가는 모습, 식사 때마다 기도하는 모습, 기쁠 때나 어려울 때나 늘 기도하는 모습, 어떤 경우에도 남을 탓하지 않는 모습을 보여 주는 것이 최고의 자녀 교육입니다. 자녀의 입시를 위해서도 "나도 욕심을 부릴 수밖에 없지만 먼저 하나님의 뜻을 놓고 기도해 보자" 이렇게 고백할 수 있다면 최고의 부모라고 할 수 있습니다.

◆ 자녀를 세상 왕과 왕비로 만들고 싶어서, 세상 왕과 결혼시키고 싶어서, 실핏줄이 터지도록 불철주야 수고하십니까? 유명 학원, 과외 강사, 입시 요강을 줄줄 꿰고 있는 유능한(?) 부모입니까? 아달랴처럼 불타는 교육열과 출세욕 때문에 나와 내 가정이 예수님의 계보에서 끊어질 수 있음을 기억하십시오.

기다림의 계보

12 바벨론으로 사로잡혀 간 후에 여고냐는 스알디엘을 낳고 스알디엘
은 스룹바벨을 낳고 13 스룹바벨은 아비훗을 낳고 아비훗은 엘리아김
을 낳고 엘리아김은 아소르를 낳고 14 아소르는 사독을 낳고 사독은 아
킴을 낳고 아킴은 엘리웃을 낳고 15엘리웃은 엘르아살을 낳고 엘르아
살은 맛단을 낳고 맛단은 야곱을 낳고_마 1:12~15

하나님이 이스라엘을 택하시고 왕을 세워 주셨는데 왕들의 우상숭
배와 타락으로 이스라엘은 바벨론 포로 신세가 되었습니다. 성전과 왕궁
이 다 훼파됐습니다. 성전이 불탔다는 것은 이스라엘 사람들이 희망을 둘
곳이 없어졌다는 뜻입니다. 그러나 한결같이 신실하신 하나님은 이스라
엘의 번영기 500년에 이어 암흑기 500년 동안에도 끊어질 듯, 끊어질 듯
하면서도 예수님의 계보를 이어 가셨습니다.

시대가 힘들면 이단이 범람합니다. 하나님이 없는 것처럼 보이고,
얼마나 오래 기다려야 하는지 아는 자도 없을 때에 여기저기에서 메시아
라고 주장하는 자들이 나옵니다. 암흑기 500년 동안에 폭군 에피파네스
가 등장하고, 위경과 외경의 묵시록들이 등장하고, 에센파(派)들은 흰옷
을 입고 공동체 생활을 하면서 메시아를 학수고대했습니다. 어떤 사람들
은 문자적으로 성경을 봐서 처녀가 잉태했다고 하면 구세주를 잉태했다
고 착각하면서, 정치적인 구세주를 기다렸습니다.

기원전 586년에 이스라엘이 멸망하고 예수님이 오실 때까지 그렇
게 먹고살기 힘든 환경이 500년 동안이나 계속됐습니다. 이럴 때 조용히
준비된 자들, 본문에 나오는 전혀 알려지지 않았던 사람들이 예수님의 계

보를 이어간 것입니다.

하나님이 정하신 시간이 되기까지 우리가 할 일은 기다리는 것밖에 없습니다. 예수가 나시기 위해 가장 필요한 강력한 힘은 '오래 참음과 견딤'입니다. 그것을 위해 기도해야 합니다. 무슨 일이 잘되기 위해서, 뭘 달라고 기도하지 말고 '나와 우리 교회가 모든 견딤과 오래 참음에 이르도록 가장 강력한 힘을 주옵소서!' 이런 기도를 해야 합니다.

하나님이 다윗 왕국을 통해 번영기 500년의 축복을 주셨는데, 개가 토한 것을 다시 먹는 것처럼 다시 우상숭배와 타락으로 갔기 때문에, 500년의 암흑기가 있다는 걸 인정해야 합니다. 그 시간을 잘 해석하면서 기다리면 드디어 16절 말씀이 나옵니다.

> 야곱은 마리아의 남편 요셉을 낳았으니 마리아에게서 그리스도라 칭하는 예수가 나시니라_마 1:16

지금까지 39명의 '낳고, 낳고, 낳고'가 능동태로 쓰였는데 "예수가 나시니라"는 수동태로 썼습니다. 인간의 의지와 전혀 상관없는 하나님의 방법으로, 성령의 잉태로 예수님이 오셨기 때문입니다.

죽을 것 같은 포로 생활과 희망이라고는 보이지 않는 암흑기 500년을 지나 성령님의 강권하심으로 예수님이 나셨습니다. 도무지 해결될 것 같지 않은 문제, 도무지 변할 것 같지 않은 우리 가정에 해결의 서광이 드디어 보입니다.

예수님은 아브라함과 다윗의 자손이지만 실제로는 신적 기원을 가진 분입니다. 우리도 부모의 몸을 빌려서 이 땅에 태어났지만, 창세전부터 하나님이 기쁘신 뜻대로 자녀 삼으신 엄청난 존재입니다. 그러므로 함부로 살아서는 안 됩니다. 부모가 안 계시고, 돈이 없고, 병들어 갈 곳이 없어도 나는 함부로 살아서는 안 되는 존재입니다. 나는 성령에 의해서 '예수가 나시니라'의 인생입니다. 그래서 예수님을 믿는 사람은 마태복음의 계보를 읽으면서 감격이 밀려옵니다. 이제 내게도, 우리 가정에도 예수님이 나시겠구나! 할렐루야!!

16절 말씀에서 또 하나 적용해 볼 수 있는 것은 요셉의 호칭입니다. 요셉이 어떻게 불렸나요? '마리아의 남편'이라고 합니다. 요셉에게서가 아니고 '마리아에게서' 예수가 나셨습니다. 이 말씀처럼 남자 성도들도 누구누구의 남편으로 불리는 것이 결코 부끄러운 일이 아니라는 걸 적용하셨으면 좋겠습니다.

요셉과 마리아가 서로 말이 통하는 사이였기 때문에 그들의 만남이 그리스도가 나시는 사건이 됐습니다. 말초적인 이야기가 아니라 본질적인 이야기가 서로 통한다는 것은 굉장한 축복입니다. 꼭 남편, 아내 사이가 아니어도 좋습니다. 마리아와 요셉 같은 동반자, 믿음의 지체가 내 삶에 있다면 엄청난 도움을 얻을 수 있습니다. 그 도움으로 힘든 시집살이, 직장 생활, 어려운 가정 문제를 감당하는 것입니다.

새가족 모임에서 만난 어떤 자매가 이런 이야기를 했습니다. 그녀는 새가족 모임에 참석할 생각을 하니 며칠 전부터 마음이 들떴지만 믿지 않는 남편에게는 어떻게 이야기를 할까 고민이 됐습니다. 지혜를 달라고 기도하고는 전날 늦게 들어온 남편의 등을 어루만지며 아이도 잠깐 봐 달라고 부탁하고 허락을 받았습니다.

드디어 새가족 모임이 있는 날 아침, 출근하는 남편을 거스르지 않으려고 애썼는데 하필 남편이 양치를 하는 중에 용변이 급해졌습니다. 최대한 부드럽게 "여보~옹, 나 급해요" 하고 문을 두드렸는데 남편은 칫솔을 대야에 집어 던지면서 "이~씨!" 하고 화를 냈습니다. 그러니까 순간 다급했던 용무가 쏙 들어가 버렸다는 거 아닙니까? 육체도 양육을 받아서 순종을 하더라고, 이런 적용을 하게 하신 하나님을 찬양한다고 했습니다.

저는 이 자매의 남편이 "나는 아무개의 남편입니다" 하고 교회에 나올 날이 빨리 오리라고 믿습니다. 용변이 급한데 "당신만 사람이야? 빨리 나와!" 이러지 않고 부드럽게 "여보~" 하고 적용했다는 것이 놀랍지 않습니까? 이런 적용이 있어 자매의 가정에 예수 그리스도가 나실 것입니다.

◆ '아무개 집사의 남편(부인)'으로 불리는 것이 기쁘신가요? 배우자가 '아무개의 남편(부인)'으로 불릴 만큼 나에게 열매가 있습니까? 부부간에 어떤 것으로 통하십니까? 남편, 아내가 아니어도 영적으로 말이 통하는 지체가 있습니까?

그런즉 모든 대 수가 아브라함부터 다윗까지 열네 대요 다윗부터 바벨론으로 사로잡혀 갈 때까지 열네 대요 바벨론으로 사로잡혀 간 후부터 그리스도까지 열네 대더라_마 1:17

왜 14대씩 끊었을까요? 히브리어의 철자는 각각 의미하는 숫자를 가지고 있는데 다윗의 이름을 숫자로 표현하면 14입니다. 성경에서 7은 완전수인데 14대씩 번영기, 쇠퇴기, 포로기로 묶인 것은 그리스도가 나시는 과정이 완전하다는 것을 보여 줍니다.

내 가정에도 예수님의 완전한 때가 이루어지면 '예수가 나시니라'의 사건이 일어납니다. 그때가 언제든, 내가 죽은 후에라도 내 자손이 예수 그리스도의 자손이 될 것을 믿으십시오.

마태복음 1장 1절부터 17절까지가 구약 전체의 요약입니다. 1~2절까지가 창세기 1장부터 38장까지이고, 3~4절은 그 이후부터 모세오경까지, 5절 하나가 룻기고, 6절부터 사무엘상하, 역대상하로 이어집니다. 이 열일곱 절만 잘 읽고 묵상해도 구약을 요약할 수 있습니다. 거듭남이 없는 사람은 뭐가 중요한지를 몰라서 성경을 읽고 공부를 해도 요약을 못 합니다. 성령으로 거듭나지 않으면 사람들 얘기를 듣고도 뭘 요약해야 할지를 모릅니다. 말씀을 요약하는 능력이야말로 최고의 능력입니다.

마태처럼 성경을 잘 꿰고 있으면 말씀만 가지고도 전도, 양육, 상담이 저절로 됩니다. 신명기 말씀을 보면 우리가 가나안 땅에 들어간다고 해서 무조건 잘 먹고 잘사는 것이 아닙니다. 가나안 땅에 들어가면 지켜야 할 규례와 법도가 있습니다. 하나님의 규례와 법도를 지키라고 가나안에 들어가게 하신 것입니다. 큐티 열심히 하라고 공부도 잘하게 하시고 직장도 들어가게 하시는 것입니다.

열등감의 소유자였던 세리 마태가 구약의 많은 역사를 열일곱 절로 뽑아냈습니다. 어떤 이야기를 들어도 중요한 것을 뽑아내는 사람이 되기를 바랍니다. 그래야 다른 사람을 전도할 수 있습니다. 불필요한 이야기를 자꾸 하지 말고 한마디를 해도 하나님이 원하시는 말을 하기 바랍니다. 성경이 남의 이야기가 아니라 내 이야기가 되어 날마다 '예수가 나시니라'의 생명 낳는 적용이 이어지기를 바랍니다.

◆ 나는 성경을 몇 줄로 요약할 수 있을까요? 내 삶에 오신 예수님을 말씀으로 적용해서 전할 수 있습니까? 성경 한 구절도 모르고 내 이야기만 가지고 전도 하십니까?

말씀으로 기도하기

이스라엘은 말할 수 없는 축복을 받고도 다시 타락의 길을 갔습니다. 그에 대한 심판으로 500년의 암흑기를 보냈습니다. 그러나 완전한 때가 되어 '예수가 나시니라'는 약속이 성취되었습니다. 그 중심에는 용서하시는 하나님이 계십니다. 우리 인생과 가정에도 주님의 완전한 때가 되면 '예수가 나시니라'의 사건이 일어납니다. 그러려면 먼저 침상을 적시는 회개가 이루어져야 합니다.

회개하고 돌아오는 자가 예수님의 계보에 오릅니다(마 1:6).
제게도 무덤까지 가져가고 싶은 괴로운 죄가 있습니다. 속이 곪아가는데도 당할 수치가 두려워 자꾸 덮고만 싶습니다. 그러나 잠시 수치를 당하더라도 나의 죄가 드러나 주께 돌이키는 것이 참 축복이라 하시니, 나의 주홍 같은 죄를 고백하고 회개하게 하옵소서.

공기 같은 지도자 우리아가 예수님의 계보에 올랐습니다(마 1:6).
우리아는 왕을 위해서, 하나님 나라를 위해서 무엇이 유익한지 생각하는 공기 같은 지도자였습니다. 우리아가 억울한 죽음을 당한 것 같지만 하나님이 그를 인정하심으로 예수님의 계보에 올랐습니다. 질서의 우선순위에 복종하는 것이 최고의 예배임을 알고 우리아처럼 그리스도께 하듯 나라와 상전에게 순종하게 하옵소서. 다른 이들의 유익을 구하며 가정과 직장에서 평안을 주는 공기 같은 부모, 지도자가 되기 원합니다.

믿음의 계보를 끊는 불신결혼은 용서받지 못합니다(마 1:7~11).

믿음의 계보를 끊을 뻔한 아달랴 계열의 왕들이 예수님의 계보에서 빠진 것을 보며 불신결혼이 얼마나 악한 죄인지를 깨달았습니다. 내가 왕이 되고자, 자녀를 세상 왕 만들고자 불철주야 수고하며 불신결혼도 불사하는 저의 악을 용서해 주옵소서. 자녀를 말씀으로 키우며 믿음을 물려주는 최고의 부모가 되게 하옵소서.

예수님의 계보는 기다림의 계보입니다(마 1:12~17).

죽을 것 같은 포로 생활과 희망이라고는 보이지 않는 500년 암흑기를 지나 성령의 강권하심으로 예수님이 나셨습니다. 도무지 해결될 것 같지 않은 문제, 도무지 변할 것 같지 않은 가족과 마주할 때마다 낙심되지만, 오래 참음과 견딤으로 기다리다 보면 저와 우리 가정에도 '예수가 나시니라'의 은혜가 임할 것을 믿습니다.

우리들 묵상과 적용

'솔로몬은 르호보암을 낳고'로 시작하는 본문을 보며, '우연은 없는데 왜 나에게 이 말씀을 주셨을까?'를 묵상했습니다(마 1:7). 그러다 보니 이혼에서 재혼까지의 6년, 그리고 그 후 13년의 세월이 떠올랐습니다. 어릴 적 부유했던 집이 망한 뒤 20대 초반까지 저는 꿈이란 단어는 생각조차 할 수 없이 힘겨운 시절을 보냈습니다. 그러나 솔로몬이 아버지 다윗으로 인해 육적인 축복을 받았듯이, 저도 어머니의 기도로 환경이 조금씩 풀려 물질적인 여유도 생기고 결혼생활도 편안해졌습니다. 그러나 오빠들만 편애했던 어머니에 대한 상처로 교회에 마음을 닫았고, 하나님이 주신 것을 '내 힘으로 이루었다'고 능력을 자랑하며 저의 열등감은 교만함으로 바뀌었습니다.

아이 아빠의 외도를 알게 된 것은 그 무렵이었습니다. 돌아오기를 아무리 애원해도 외면하는 남편을 보며 저는 잘못된 선택을 했다고 생각했고, 이젠 어느 정도 능력도 생겼으니 멋진 남자와 재혼해 내 인생을 경영하겠다고 다짐했습니다. 그 후 저는 남편이 원하는 위자료를 주고 선을 보기 시작했습니다. 나 자신은 믿음도 없으면서, '하나님 믿는 남자는 다를 것'이라 여기며 고르고 골라 신학대학원을 나온 사람과 교제했지만 분별없는 만남이었기에 사기를 당한 뒤 헤어졌습니다. 그러나 하나님의 전적인 은혜로 예수 그리스도의 계보가 이어진 것처럼(마 1:17), 하나님은 어머니의 기도를 받고 자란 저에게 믿는 지체들을 붙여 주시고 교회로 이끄시어 깊이 만나 주셨습니다. 그럼에도 가정을 지키지 못한 것을 온전히 회개하지 못했고, 나의 욕심을 합리화하며 또 한 사람을 골라 금식기도, 새벽기도, 철야예배로 묻고 또 물으며 떼 부리는 기도로 하나님께 재혼 허락을 받아냈습니다.

　　그렇게 시작한 재혼 생활에서 남편의 외도는 가벼운 서곡에 불과했습니다. 우상숭배와 타락으로 바벨론의 포로가 된 이스라엘처럼, 하나님의 경고를 외면하고 재혼한 저의 삶은 포로 생활과 같았습니다(마 1:12). 그러나 말씀이 거울이 되어 매일 내 모습을 보고 가니, 남편의 무관심에 나의 사랑 없음이 보이고, 돈으로 핍박할 땐 나의 욕심이 보이고, 성이 다른 두 자녀를 키우면서는 내 안의 외식(外飾)을 보게 되어 점점 입이 다물어졌습니다. 그렇게 공동체에 붙어 고난을 나누며 가는 중 남편의 방광암 사건이 있었습니다. 처음에 암 진단을 받았을 때는 가슴이 떨렸습니다. 그러나 힘든 재혼 생활로 나의 세상 가치관이 가지치기 되는 은혜를 누렸습니다. 그렇게 저희 부부가 주 안에서 진실된 언어로 하나가 되어 가니 주님을 몰랐던 자녀들도 주님을 영접하는 놀라운 일이 일어났습니다. 온 가족이 구속사의 계보를 이어 가시는 하나님을 경험했습니다. 그래서 두렵지 않았습니다. 이후 수술과 회복의 시간에 남편과 함께 말씀을 나누며 이 사건도 하나님이 우리 부부에게 예수를 낳게 하시려고 고르고 골라서 주신 선물이라는 고백을 하게 되었습니다(마 1:16). 이런 고백을 하게 해 주신 하나님, 정말 최고입니다!

영혼의 기도

하나님 아버지, 예수 그리스도가 나시는 것이 어떤 것인지 들었습니다. 내 죄가 많아서가 아니라 내가 불륜을 행했음에도 회개하지 않아서, 눈물로 침상을 적시지 않아서 우리 가정에 예수 그리스도가 나시지 않는다는 것을 알았습니다. 나의 회개함으로 모든 죄가 하나님 앞에 씻음을 받고 예수 그리스도의 족보에 오르기를 간절히 바랍니다.

그러나 하나님 아버지, 불륜은 용서가 되어도 불신결혼은 3대의 저주가 있다고 했습니다. 누구에게, 어떤 것에 의지해야 할지 모르기 때문에 저주 속에 살 수밖에 없다는 것을 알게 해 주옵소서. 세상 가치관과 외모로 나와 자녀의 배우자를 고르지 않도록, 초라해도 그 안에 있는 예수 씨를 보고 택할 수 있도록 은혜를 내려 주옵소서.

우리아처럼 공기 같은 지도자가 되기를 원합니다. 자식들에게 날마다 무용담을 자랑할 것이 아니라 생활 예배를 잘 드리며 사소한 것에서 본을 보이게 하옵소서.

예수님이 나시기까지 무명의 사람들이 암흑기를 지켰던 것을 보면서 내 인생에 암흑기가 왔더라도, 내가 유명하지 않아도 주님을 사랑함으로 말미암아 우리 집안에 예수님이 나실 줄 믿습니다. 오래 참음과 견딤으로 내 자리를 잘 지키며 이름 없이 죽는 내가 되기를 원합니다. 내 인생 여정 끝나고 주님 앞에 섰을 때 '예수 인도하셨네' 이 말밖에는 말할 것이 없는 인생이 되게 도와주옵소서.

인간의 힘과는 상관없는 성령의 임하심으로 예수님은 나셨습니다.

내 방법이 아닌 하나님의 창조적인 방법으로 내 가정에 오실 예수님을
기다립니다. 오시옵소서. 오시옵소서. 예수님 이름으로 기도하옵나이다.
아멘.

3

이름을 예수라 하라

마태복음 1:18~25

하나님 아버지, 우리 인생에 구세주는
예수밖에 없습니다.
그 이름을 저희가 고백하기 원합니다.
말씀하여 주옵소서. 듣겠습니다.

한 자매가 이런 간증을 했습니다. 성경을 읽는 사람이라면 당연히 안 믿는 사람에게 매력을 느끼지 못할 것 같은데 자매는 안 믿는 남편을 만나 매력을 느꼈습니다. 불신결혼은 안 된다고 하시는 하나님의 음성을 지금도 기억하지만 그 사람과 결혼을 안 하면 죽을 것 같았답니다. 그래서 하나님을 의지하기보다는 나를 위해 평생 살겠다는 상대의 말에 의지해서 결혼을 했습니다.

하지만 그 모든 것은 헛맹세로 돌아갔고, 지금은 아이를 안고 힘겹게 교회를 다니면서도 힘든 내색을 할 수 없게 됐습니다. 남편은 단전호흡을 하면서 기(氣)를 종교처럼 믿으며 TV에서 아픈 사람이 나오면 나쁜 기가 나온다고 채널을 돌리는 사람입니다. 아내가 교회에 갔다 돌아오면 탁한 기운이 묻어 왔다고 가까이 못 오게 합니다. 집 안에서는 성경책을 편하게 내놓을 수도 없고, 지체와 전화도 할 수 없고…….

하나님의 음성을 무시하고 콩깍지가 씌여 결혼을 했는데, 살아 보니 남편은 정말 '내 편'이 아니고 '남의 편'이더라고 합니다. 예수님을 믿는 사람과 결혼해도 결혼생활이란 것이 힘든 일투성이겠지만, 안 믿는 남편과의 사이에서 겪는 힘든 것은 속이 녹는 괴로움이라며 아직 결혼하지 않은 청년들이 꼭 명심했으면 좋겠다고 했습니다.

성령으로 잉태된 사건

예수 그리스도의 나심은 이러하니라 그의 어머니 마리아가 요셉과 약혼하고 동거하기 전에 성령으로 잉태된 것이 나타났더니_마 1:18

육신으로는 아브라함과 다윗의 자손으로 쭉 내려와서 태어나셨지만, 예수님의 탄생은 성령의 통로를 통해 이루어졌습니다. 우리도 부모의 몸을 빌려서 이 땅에 태어났지만 성령으로 잉태된 것이 없으면 죄에서 구원받을 수 없습니다.

성령의 잉태는 어떤 것입니까? 동거하기 전에 잉태된 것이 나타났는데 20절에서 "네 아내 마리아 데려오기를 무서워하지 말라"고 하신 걸 보니까 그 일이 참 무서운 일인가 봅니다. 성령으로 잉태된다는 것이 사실 그렇게 무서운 일입니다.

하지만 무섭더라도 성령으로 잉태된 사건은 예수님이 오시는 사건입니다. 이왕이면 정혼하고 동거하기 전에 무섭더라도 성령으로 잉태되는 사건이 오기를 기도해야 합니다. 정혼하기 전에 성령의 잉태를 경험하지 못했기 때문에 서두의 간증에 나온 자매도 불신결혼을 했습니다. 정혼하기 전에, 동거하기 전에 실상을 알면 얼마나 좋겠습니까!

성령으로 잉태하는 사건이 무서운 것은 낮아지는 사건이기 때문입니다. 1절부터 17절까지 예수 그리스도의 계보를 통해서 육신으로 이어지는 믿음의 족보도 피를 철철 흘리면서 이어져 온 것을 보았습니다. 비천하고 죄 많은 사람들이 예수님의 족보에 다 올랐습니다. 그리고 드디어 여인의 후손으로 창세기 3장부터 계시된 예수님이 나셨는데, 이 일 또한 고난 중에 일어났습니다. "그가 아들이시면서도 받으신 고난으로 순종함을 배워서"라고 한 것처럼 예수님도 예외가 없습니다(히 5:8).

창조주 예수님이 여인의 몸에 잉태되어 티끌처럼 낮아진 모습으로 이 땅에 오셨습니다. 욥기 10장 9절은 "기억하옵소서 주께서 내 몸 지으시기를 흙을 뭉치듯 하셨거늘 다시 나를 티끌로 돌려보내려 하시나이까", 이사야 40장 15절은 "보라 그에게는 열방이 통의 한 방울 물과 같고 저울의 작은 티끌 같으며 섬들은 떠오르는 먼지 같으리니", 히브리서 1장 3절은 "그의 능력의 말씀으로 만물을 붙드시며"라고 했습니다.

인간의 존재는 안개, 티끌, 물 한 방울, 먼지, 풀과 같습니다. 능력이 많으신 우주의 창조자 하나님이 여자의 자궁 속에 티끌처럼 들어오셨습니다. 남들이 보면 숨도 못 쉴 만큼 힘든 곳에 낮아짐으로, 티끌로 오셨습니다. 성령의 잉태는 그렇게 티끌처럼 낮아지는 사건입니다.

◆ 정혼하고 동거하기 전에 낮아지지 못해서, '내 인생은 나의 것'을 외치면서 불신결혼의 불구덩이로 뛰어들었습니까? 자녀의 불신결혼을 막기 위해 성령으로 잉태되는 사건, 두려워도 예수님을 만나는 사건이 오기를 기도하십니까?

그의 남편 요셉은 의로운 사람이라 그를 드러내지 아니하고 가만히 끊고자 하여_마 1:19

성령으로 잉태하는 무서운 사건이 왔을 때 마리아는 믿음으로 적용했습니다. 처녀의 몸으로 잉태했지만 하나님의 인도를 바라며 기다리고자 합니다. 그런데 요셉은 '의로운 사람이라' 가만히 끊고자 했습니다.

지금 마리아 배에 잉태된 씨가 누구입니까? 예수님 아닙니까? 그런데 교양 있고 의로운 요셉이 예수님을 잉태한 마리아를 끊고자 했습니다. 의롭고 관용이 넘치는 사람과 교제를 해도 혼전 임신을 할 수 있습니다. 그러기에 다들 "가만히 해치워" 하고 낙태를 죄의식도 없이 아무렇지도 않게 하는 겁니다.

우리가 전도할 때도 그렇습니다. 요셉처럼 의로운 남편에게 "내가 전도했어요"라고 말하면 인간적으로 의로운 남편일수록 "너 광신이냐? 야! 예수를 믿어도 교양 있게 믿어라" 이렇게 말합니다. 자녀를 어떤 학교에 보내고 어떤 학원에 보내겠다고 정보를 늘어놓으면 내 마누라가 똑똑하다고 좋아하는데, 교회에 가서 전도했다고 하면 아무리 의로운 남편이라도 싫어합니다. 가만히 끊고자 합니다.

도대체 뭘 보고 요셉을 의롭다고 하는 겁니까? 요셉이 '가만히 끊고자 하여'라고 했는데 '가만히'가 의로운 걸까요, '끊고자' 한 것이 의로운 걸까요?

'가만히'가 의로운 것이겠죠. 하지만 가만히 끊든 요란하게 끊든 끊는 건 끊는 거 아닙니까? 가만히 끊는 게 더 비겁해 보이지 않습니까? 물론 마리아를 생각해서 그랬겠죠. '처녀가 애를 가졌으니 돌에 맞아 죽으면 어떻게 하나?' 그래서 조용히 처리하려고 했을 겁니다. 그래도 고양이 쥐 생각해 주는 격이죠. 처녀가 애를 가졌는데 요셉이 끊으면 어디 가서 안 죽겠습니까? 요셉이 정말 의로운 사람이라면 죽을 수도 있는 그 두려운 사건을 본인이 받아들여야 합니다. 그것이 마리아를 위한 일입니다.

요셉이 의로운 사람이었지만 세상의 의로는 더 이상 진도가 나가지 않습니다. 온 에너지를 모아서 생각을 해 보려고 해도 성령으로 잉태된 사건을 어떻게 해석해야 할지 모릅니다. 그래서 기껏 생각한 것이 사랑하는 약혼자를 위해 가만히 끊고자 한 것입니다.

반도체를 제작하는 데 사용하는 금실은 불순물이 들어가면 쉽게 끊어지기 때문에 순도 100%의 금실을 사용해야 합니다. 그런데 순도 100%의 금실이 없어서 순도 99.999%의 금실을 사용한다고 합니다. 순도 100%를 위해 불순물을 빼는 것은 온 우주의 에너지를 다 모아도 안 된다고 합니다. 어떤 힘과 공정으로도 불순물이 전혀 없는 금실을 만들 수 없다는 것입니다. 반대로 순금에다 불순물을 집어넣는 것은 너무 쉬워서 금세 나쁜 금을 만들 수 있습니다.

사람도 내 힘으로 착해지겠다, 나의 불순물을 빼내겠다고 하면 절망밖에 할 것이 없습니다. 혼자 온 우주의 에너지를 모아도 스스로는 깨끗해질 수 없습니다. 그래서 사도 바울이 "오호라 나는 곤고한 사람이로다 이 사망의 몸에서 누가 나를 건져내랴"고 탄식했습니다(롬 7:24). 선을 행하면 할수록 불가능을 느낄 수밖에 없는 것이 인간의 한계입니다.

하나님은 무한한 에너지로 유한한 우리를 회복시키십니다. 순도 0%인 우리를 100%의 금으로 완전케 하십니다. 욥기 23장 10절 "그가 나를 단련하신 후에는 내가 순금같이 되어 나오리라"는 말씀이 바로 그 의미입니다. 하나님의 단련, 뜨거운 불에 들어가서 두들겨 맞는 것밖에는 불순물이 제거되는 길이 없습니다. 이것이 성령으로 잉태하는 사건입니다.

◆ '나 정도면 괜찮지'라고 생각하는 나의 의로움은 어떤 것인가요? 돈에는 약해도 음란에 대해서는 의롭다고 생각합니까? 음란에는 약해도 어려운 사람 돕

> 이 일을 생각할 때에 주의 사자가 현몽하여 이르되 다윗의 자손 요셉아
> 네 아내 마리아 데려오기를 무서워하지 말라 그에게 잉태된 자는 성령
> 으로 된 것이라_마 1:20

이때 요셉이 한 가지 잘한 것은 이 일을 '생각'한 것입니다. 끊기 전에 생각을 했습니다. 그랬을 때 주의 사자가 "그에게 잉태된 자는 성령으로 된 것이라" 말씀해 주셨습니다.

매사에 너무 예민하게 생각하는 사람은 정신병원에 가겠지만 영적으로 많은 생각을 하는 사람에게는 평강이 있습니다. 욕심으로 하면 '내가 사랑한다고 했는데 어떻게 끊지? 뭐라고 이유를 대지?'라고 생각하겠지만 성령으로 생각하는 사람은 '왜' 끊어야 될지를 먼저 생각합니다.

사탄도 생각 속에 역사하고, 하나님도 생각 속에 역사하십니다. 그런데 사탄의 생각은 끊고 죽이는 생각이고, 하나님의 생각은 성령으로 잉태되는 생각입니다. 요셉이 한 번 더 생각했기 때문에 예수님이 오시게 됐습니다. 만세 전부터 택한 사람은 생각 한 번 더 한 것으로 인류 역사에 구원이 일어납니다.

하나님이야말로 얼마나 생각하고 생각하셔서 마리아의 배에 잉태하게 하셨겠습니까! 그 수치스러운 일을 얼마나 궁리궁리하셔서 마리아와 요셉에게 감당하게 하셨겠습니까. 하나님이 여러분보다 머리가 나쁘시다고 생각합니까? 우리는 IQ가 아무리 좋아도 200이지만 하나님은 천만입니다. 제가 헤아릴 수 있는 제일 큰 숫자가 천만이라서 천만입니다.

하나님이 뭘 몰라서 처녀 마리아의 배에 잉태시키신 것이 아닙니

다. 하나님이 잘못 아시고 여러분에게 사건을 주신 것이 아닙니다. '어떻게 하나님이 이러실 수 있는가?'가 아니라 우리가 성령의 생각을 하는가 마는가에 따라서 인생이 달라집니다.

어떤 부부가 교회에서 결혼을 하고 첫아들을 낳았습니다. 가난하게 자랐던 두 부부는 나중에 가난한 아이들을 데려다 키워야겠다, 돈을 벌어서 보육시설을 지어야겠다는 생각을 가지고 있었습니다. 그러다 나중에 하지 말고 지금 당장 실천해야겠다는 생각이 들었습니다. 아직은 형편이 어렵지만 홀트아동복지회를 통해 여자아이를 한 명 입양했습니다. 아이를 입양해서 키워 보니 가정의 소중함이 더욱 애틋하게 다가왔습니다. 그래서 또 두 번째 아이를 입양했습니다. 그 아이가 아영이입니다.

그런데 아영이는 6개월이 지나도록 몸을 뒤집지 못했습니다. 전국의 병원을 찾아다니면서 병명을 알아본 결과 대학생이었던 아영이의 친모가 유산시키려고 약을 먹었기 때문에 아이의 뇌가 생성되지 않은 '무뇌증(無腦症)'이라는 것이었습니다. 정신지체와는 다르게 말도 제대로 하지 못하고 평생 장애를 안고 살아야 하는 병이었습니다. 뇌 이외에 다른 기관은 다 정상이지만 뇌에서 정보를 보내지 못하니까 아이가 움직이지도 못하는 것입니다.

병명을 알고 집으로 돌아오는 내내 눈물을 흘렸지만 두 부부는 아영이가 자신들의 친딸이었다면 버릴 수 있었겠는가 생각했습니다. 그리고 아영이를 키우기로 했습니다. 남편은 호텔 재무담당 이사로 일했는데 직장까지 그만두고 아영이의 치료에 전념하고 있다고 합니다. 그 부부가 막내딸 아영이를 키우며 3년 동안 써내려 간 일기가 『선물』이라는 책으로 나왔습니다. 주위 사람들과 아이들에게도 입양 사실을 숨기지 않고 '직접 낳은 것과는 다르지만 하나님이 엄마에게 주신 아주 소중한 아이'라고 이야기해 준다고 합니다. 그렇게 하니까 먼저 입양한 첫딸도 밝게 잘 자라고 있다고 했습니다.

이것보다 더 무서운 사건이 있겠습니까? 믿음이 없으면 이것보다 더 무서운 사건은 없을 것입니다. 그러나 아영이 때문에 이 부부가 알려졌습니다. 아영이를 통해 하나님의 사랑을 알리는 사람들이 됐습니다. 무뇌증이라는 두려운 병명을 알고도 '이 아이가 친딸이라면 버렸겠는가'를 한 번 더 생각했기 때문에 하나님이 그 부부를 보시고 증인 되게 하셨습니다.

하나님이 마리아를 용납한 요셉을 안 보셨겠습니까! 우리의 모든 생각과 적용을 하나님이 보고 계십니다. 한 번 더 생각하니 생각 속에 응답을 주시고 나타나 주십니다.

◆ 나를 배신한 남편(아내), 속 썩이는 자녀, 혼전에 임신한 아이를 끊으려고 하십니까? 끊기 전에 충분히 생각하셨습니까? 진정 하나님의 뜻이 궁금해서 묻고 있습니까? 나의 결정을 합리화하려는 생각으로 가득 차지는 않았습니까?

나의 신분을 알게 하신 사건

내가 생각을 하니까 내 신분이 '다윗의 자손'임을 알려 주십니다. 그리고 "요셉아" 하고 이름을 불러 주셨습니다(마 1:20). 대통령이, 목사인 제가 여러분의 이름을 기억하고 불러도 기쁘다고 할 것인데 하나님이 비천한 목수인 요셉을 이렇게 대접해 주셨습니다. 그뿐 아니라 "그것은 성령으로 잉태된 사건이다. 네 아내 데려오기를 두려워 말라"고 처방도 내려 주십니다.

방송 드라마의 소재가 점점 자극적이 된다고 합니다. 불륜, 출생의 비밀, 복잡한 가족 관계 등 말도 안 되는 이야기라고 비난합니다. 그런데 그 이야기에 사람들이 왜 공감을 하겠습니까? 말도 안 되는 이야기라고 몰아치지 마십시오. 나만 당하는 일이 아닙니다. 집마다 수많은 사연이 있습니다. 믿는 가정이라고 문제가 없는 게 아닙니다. 나는 예수님을 믿는데 우리 자녀, 가족들은 기상천외한 일들을 행하고 다닙니다. 창피해서 살 수 없는 일들을 행하고 다닙니다.

그렇다고 가만히 끊어 버리면 여러분의 가정에서는 예수님이 탄생할 수 없습니다. 예수님을 안 믿는 사람에게는 두렵고 수치스러운 사건이 심판이지만, 예수님을 믿는 나에게는 성령으로 잉태된 사건입니다. 우리 가정에 예수님이 오시는 사건입니다.

하나님을 믿는 나에게는 어떤 두려운 일도 예수님이 성령으로 잉태되는 사건이라는 것을 믿으십시오. 그것을 믿고, 끊고 싶은 마리아를 데려오면 수치스러운 그 사람을 용납하면 열 달이 지나 아들을 낳습니다. 우리 가정에 예수님이 오십니다! 할렐루야!

◆ "예수 믿더니 그 모양이냐"라는 소리를 듣고 있습니까? 믿는 집안에 문제가 일어났다고 더 창피하고 망신스럽습니까? '다윗의 자손' 예수님을 믿는 나이기에 어떤 사건도 하나님의 일로 쓰일 것을 믿으십니까?

아들을 낳으리니 이름을 예수라 하라……_마 1:21a

창조주 예수님이 티끌로 오셔서 깜깜한 배 속에서 열 달을 지내셨습니다. 모든 것을 가졌을 뿐 아니라 모든 것을 만들어 내실 수 있는 분이 여인의 깜깜한 자궁 속에 오셨습니다. 만물의 주인이신 예수님, 어떤 재벌보다 더 많은 재산을 가지신 분이 나의 깜깜한 집안에 들어오셨습니다.

그 깜깜한 곳에서 열 달만 지나면 거기에서 예수님이 탄생됩니다. 깜깜한 그곳이 전부인 줄 알았다가 태어나서 방에 나오면 방이 너무 넓습니다. 조금 더 자라서 마루로 나와 보니까 마루는 더 넓고, 조금 더 커서 집 밖으로 나가 보니 동네가 너무 넓고, 서울이 넓고, 대한민국이 넓고, 태평양을 건너 전 세계를 보니 세상이 너무 넓고……. 날이 갈수록 큰 세계가 있습니다.

그런데 우리는 좀스럽게 자궁 속에 있는 그동안을 못 기다리고, 깜깜한 열 달을 못 견뎌서 '나는 못 살아, 못 살아!'를 외칩니다. 인생은 보이는 게 다가 아닙니다. 내 사건이 성령으로 잉태된 것을 아는 것은, 열 달의 기다림 후에 예수님이 태어나신다는 것은 천하를 내가 가지는 것입니다. 만물의 주인이신 예수님 때문에 내가 천하를 움직일 수 있는 것입니다.

◆ 카드 빚의 깜깜한 사건을 만났습니까? 외도의 깜깜한 사건을 만났습니까? 자녀 문제로 티끌처럼 낮아져 있습니까? 티끌 같은 처지, 깜깜한 환경에서 인내하며 '오직 예수'만을 소망하십니까?

죄에서 구원하시는 사건

……이는 그가 자기 백성을 그들의 죄에서 구원할 자이심이라 하니라
_마 1:21b

'죄에서 구원할 자'는 예수님이십니다. 누구도 죄의 문제를 비껴갈수 없습니다. 죄에서 놓이는 길은 예수님을 낳는 것밖에 없습니다. 죄의문제를 거론하지 않고는 여러분이 예수님을 믿었다고 할 수 없습니다.

죄가 무엇입니까? 성경에 쓰인 죄라는 단어에는 '과녁에서 벗어나다'라는 뜻이 있습니다. 지나쳐도, 부족해도 다 죄입니다.

가정에 너무 집착해도 죄이고 등한시해도 죄입니다. 부인을 끼고돌아도 죄이고 바람을 피워도 죄입니다. 죄이기 때문에 집착해도 평안이 없고 등한시해도 평안이 없습니다. 하여튼 예수님이 오지 않으시면 우리는죄 가운데, 저주 가운데 살 수밖에 없습니다. 우리를 그 저주에서 해방시키시기 위해서 열 달 동안 성령으로 잉태되는 사건이 오는 것입니다.

예수님을 믿는다는 것은 죄에서 구원받는 것이고, 그것은 회개 없이는 불가능합니다. 자기 죄를 보지 못하고 깨닫지 못하는 사람은 예수님을믿는다고 할 수 없습니다. 그러므로 설교는 죄를 깨닫게 해 줘야 합니다. 그냥 와서 듣고 '참 좋은 얘기다. 저 사람은 참 죄인이야. 나는 이 정도면됐지' 이래서는 안 됩니다. 자기 죄를 봐야 합니다. 남의 죄를 보는 게 아닙니다.

돈과 학벌의 문제, 가정과 직장에서의 불화, 이웃과의 분쟁, 모든 불화에서 내 죄를 봐야 합니다. 모든 불화의 근원에 죄가 있습니다. 죄의 문제를 해결하지 않고는 인생의 어떤 문제도 해결할 수 없습니다.

'가난과 질병에서 구원할 자 예수'가 아니라 '죄에서 구원할 자 예수'입니다. 예수님은 빈민 운동가도, 혁명가도 아닙니다. 오직 죄에서 구원할 자입니다. 하나님과 나 사이를 가로막고 있는 죄의 장벽, 그것을 제거하기 위해서 예수님이 처녀의 배 속에 잉태되신 것입니다. 돌팔매질을 당할 그 자리로 낮아지신 것입니다.

◆ 예수님을 믿으며 어떤 것에서 구원되기를 원하시나요? 내가 죄인임을 심각하게 깨닫지 못한 채 질병과 가난에서 구원되기만 원하지는 않습니까? 죄의 문제가 해결되는 것이 모든 환경의 해결임을 알고 있습니까?

말씀을 이루시는 사건

22 이 모든 일이 된 것은 주께서 선지자로 하신 말씀을 이루려 하심이니 이르시되 23 보라 처녀가 잉태하여 아들을 낳을 것이요 그의 이름은 임마누엘이라 하리라 하셨으니 이를 번역한즉 하나님이 우리와 함께 계시다 함이라_마 1:22~23

성경을 통해 하나님이 수많은 약속을 주셨는데 그 약속을 신뢰하고 갈 때 내 사건이 말씀을 이루는 사건이라는 것을 알게 됩니다. '이 일이 예수님을 낳는 사건이구나. 성령으로 잉태된 것은 우연히 된 것이 아니로구나'를 알게 됩니다. 하나님은 무슨 일이든 즉흥적으로 하시는 법이 없습니다. 그래서 성경을 열심히 보면 앞날이 보입니다. 처방이 딱 나옵니다. 말씀을 이루기 위해 함께 계신 하나님을 봐야 하기 때문에 "보라"고 하십니다. 처녀가 잉태해서 아들을 낳지만 그 환경을 보지 말고 함께 계신 하나님, 임마누엘의 하나님을 보라고 하십니다.
'임마누엘'의 예언이 언제 나왔을까요? 이사야 7장에서 아하스가 아람과 에브라임 왕의 연합을 너무 무서워하니까 하나님이 징조를 주셨는데 그 징조가 "처녀가 잉태하여 아들을 낳으리라"였습니다. 그 엄청난 예언을 히스기야 같은 성군에게 준 것이 아니라 악한 아하스 왕에게 주셨습니다.

그런데 옛날에 아하스는 그 징조가 무슨 뜻인지 몰랐습니다. 전쟁에서 두려워하는 아하스에게 "처녀가 잉태하여 아들을 낳으리니" 하신 것이 무슨 뜻입니까? "네가 지금 전쟁에서 이기고 싶어하지만 징조는 처녀가 잉태해서 아들을 낳는 것밖에 없어" 하고 말씀하시는 것입니다.

처녀로서 잉태하는 마리아나 낮아지신 예수님이나 다 고난입니다. 그 고난당하는 역할을 하는 것이 말씀을 이루시는 표적이라는 것입니다. 십자가밖에는 보여 줄 징조가 없다는 것입니다. 아하스에게는 전쟁에서 이기는 것이 목적이지만 그 전쟁에서 이기는 것과 구약의 예언이 예수님에게서 이루어지는 것 중에 어느 것이 더 엄청난 기적인지를 좀 보라고 하십니다. 전쟁에서 이기는 것과 고난을 통해 예수님이 탄생하는 것과 어느 것이 더 엄청난 일인지를 보라는 것입니다. 어렵습니까? 하나님이 함께하시면 공개된 비밀이 됩니다.

> 요셉이 잠에서 깨어 일어나 주의 사자의 분부대로 행하여 그의 아내를 데려왔으나_마 1:24

요셉은 아침에 일어나서 분부대로 행했습니다. 말씀을 이루려면 반드시 적용(실천)이 있어야 합니다. 큐티를 할 때도 내용을 요약하고, 연구묵상을 하고, 느낌을 적고, 그다음에는 적용을 해야 합니다. 나의 적용이 있어야 말씀을 이루시는 사건이 됩니다.

요셉처럼 처녀로서 임신한 약혼녀를 데려오는 것에도 순종해야 하고, 호세아처럼 음란한 아내를 데려오는 일에도 순종해야 합니다. 데려왔는데 또 나가서 음란을 행하고, 임신을 하고 그래도 그 아내를 값을 주고 데려오는 일에 순종해야 합니다.

68

'내가 어떻게 저 바람피운 여자를 데려올 수가 있어! 어떻게 나를 배신한 남편을 용서할 수 있어!' 그래도 데려오라고 하십니다. 왜냐하면 하나님이 짝지어 주신 것을 사람이 나눌 수 없다고 하셨기 때문입니다. 내 사건을 통해 말씀을 이루어야 하기 때문입니다.

> 아들을 낳기까지 동침하지 아니하더니 낳으매 이름을 예수라 하라
> _마 1:25

요셉이 마리아를 데려왔어도 아들을 낳기까지는 동침하지 않았습니다. 말씀에 순종해서 힘든 적용을 했는데 참아야 하고 인내해야 할 일이 끊임없이 있습니다.

자꾸 반복하는 유다 이야기를 또 하겠습니다. 구약의 계대혼인법에 의하면 형제가 죽으면 그의 아내를 다른 형제에게 주게 돼 있습니다. 유다의 첫아들이 죽어서 며느리 다말을 다른 아들에게 줬는데 그 아들도 죽고, 또 다른 아들에게 주었는데 그 아들도 죽었습니다. 그러니 나머지 아들에게 다말을 주고 싶겠습니까? 인간의 생각으로는 기가 막힌 며느리입니다. '집안 말아먹는 며느리'라고 하지 않겠습니까?

다말 입장에서는 일부러 그런 것도 아닌데 자꾸 남편이 죽으니까 얼마나 사탄이 참소를 했겠습니까. 죽고 싶고 창피하고…… 이런 환경에서 자유함을 누린다는 것은 성령의 능력이 아니면 불가능합니다. 게다가 시아버지와 동침해서 아들을 낳겠다고 하니 누가 이해하겠습니까? 그러나 이것이 구속사이고 '그 이름 예수'를 낳는 일입니다. 온 인류를 죄에서 구원한 일입니다.

다말은 자기 처지를 비관해서 죽으려고 하지 않고 예수님의 집안을

살리는 일을 했습니다. 누구도 이해 못 할 그 일을 함으로써 예수님의 계보를 이었습니다. 남편을 셋이나 잃고, 불쌍하고, 처량하고, 수치스럽고, 손가락질 받을 일인데 그 일을 기쁨으로 받아들여 예수님의 집안을 살렸습니다.

유다가 예수님의 계보를 이을 다말을 쫓아냈습니다. 의로운 요셉도 마리아를 가만히 끊고자 했습니다.

내가 뭔데 남편을 버리고, 부인을 버리고, 자녀를 버릴 수 있습니까? 하나님이 성령으로 잉태하게 하신 사건인데, 하나님이 우리 가정에 제비뽑아 주신 가장 좋은 선물인데, 장애아라고 해도 하나님이 주신 생명인데 왜 다 끊어 버리는 겁니까! 가만히 끊어 버리면 예수님이 나실 수 없습니다.

성령으로 잉태하는 사건이 나에게 너무나 무서운 사건이지만 힘을 내십시오. 임마누엘의 하나님이 함께 계신다고 하십니다! 열 달 동안의 깜깜한 시간을 지나면 창조주 예수님, 온 우주가 내 것이라고 하십니다! 다말처럼, 마리아처럼, 요셉처럼 우리 집안을 살려야 합니다. 내가 잠잠히 하나님이 허락하신 열 달을 기다리면 예수님이 나십니다. 나와 가정의 구원이 이루어집니다. 할렐루야!

◆ 가정의 구원을 위해 다말처럼 낮아져야 할 사건이 왔습니까? 생각하기도 싫은 그 일을 통해 하나님의 말씀이 이루어짐을 경험하십니까? 나와 내 가정에 예수님이 오시는 사건임을 믿으며 순종하십니까?

하나님을 믿는 나에게는
어떤 두려운 일도 예수님이 성령으로
잉태되는 사건이라는 것을 믿으십시오.

말씀으로 기도하기

예수께서 성령으로 잉태된 사건은 이스라엘을 넘어 온 인류를 구원하시려는 하나님의 계획입니다. 그러나 의로운 요셉은 마리아를 조용히 끊어 내고자 합니다. 성령의 잉태를 영적으로 보지 못하고 마리아를 수치로 여겼기 때문입니다. 주님을 신뢰함으로 수치스러운 일도 용납하고 받아들일 때 우리 가정에도 예수님이 오십니다.

성령의 잉태는 티끌처럼 낮아지는 사건입니다(마 1:18~20).
　창조주이신 예수님이 여인의 몸에 잉태되어 낮고 낮은 모습으로 이 땅에 오셨습니다. 성령의 잉태는 티끌처럼 낮아지는 사건이지만 그로 인해 예수님이 오시기에 반드시 있어야 할 일입니다. 티끌인 내 주제도 모르고 힘든 사람, 힘든 환경을 밀어내며 성령의 잉태를 가만히 끊어 내는 저를 용서해 주시옵소서. 성령의 생각과 적용으로 우리 가정에 예수님이 오실 길을 예비하게 하옵소서.

성령의 잉태는 나의 신분을 알게 하시는 사건입니다(마 1:21a).
　내 신분이 '다윗의 자손'임을 알려 주시고 "요셉아" 하고 내 이름을 불러 주십니다. 다윗의 자손 예수 그리스도를 믿는 나이기에 나의 모든 사건은 성령의 잉태라고 말씀하십니다. 앞이 보이지 않는 깜깜한 사건 가운데 있지만 말씀을 붙들며 인내할 때 마침내 우리 가정에도 예수가 나실 것을 믿습니다.

성령의 잉태는 죄에서 구원하시는 사건입니다(마 1:21b).

내 사건이 성령의 잉태임을 알고 잘 기다릴 때 죄에서 구원할 자 예수께서 나십니다. 예수님이 오지 않으시면 나도 우리 가정도 죄 가운데, 저주 가운데 살 수밖에 없음을 깨닫게 하옵소서. 죄의 문제가 해결되는 것이 모든 환경의 해결임을 알고 내 죄를 회개하는 역사가 일어나게 하옵소서.

성령의 잉태는 말씀을 이루시는 사건입니다(마 1:22~25).

성경을 통해 주신 수많은 약속을 신뢰하며 갈 때 제게 온 사건이 말씀이 이루어지는 사건인 것을 알게 된다고 하십니다. 무섭고 두렵지만 성령의 잉태를 통해 우리 가정에 예수가 나실 것을 믿으며 지금의 고난에서 임마누엘의 하나님을 잠잠히 바라보게 하옵소서.

우리들 묵상과 적용

부모님은 돈 때문에 늘 다투셨는데, 이런 모습을 보면서 저는 '그 어떤 결혼도 행복할 수 없을 것'이라는 부정적인 생각으로 청년기를 보냈습니다. 그랬지만 유아교육을 전공하게 된 후 여자로서 아이를 낳고 키우는 삶을 살아 보고 싶어 서른 살이 다 되어 갈 즈음 십년지기 친구와 결혼을 결심했습니다. 그때 저는 남몰래 만나고 있던, 무조건적으로 저에게 잘해 주던 유부남을 가만히 끊었습니다(마 1:19).

효자인 남편의 뜻에 따라 시어머니와 시누이네 식구들과 함께 살게 된 결혼생활은 고단한 나날의 연속이었습니다. 게다가 4년이 지나도록 아이가 생기지 않자, 가만히 끊었던 유부남이 생각나기도 했습니다. 결혼 5년 차에 아이가 가까스로 생기긴 했지만 곧 유산되었고, 그로 인해 우울하고 슬픈 저를 내버려 둔 채 남편은 다른 여자를 챙기고 마음을 썼습니다. 저는 배신감에 떨면서 남편을 탓하였고, '가만히'가 아니라 '의기양양하게' 결혼을 끊어 버렸습니다. 요셉은 의로운 사람이라 약혼녀인 마리아를 드러내지 않고 가만히 끊고자 하였지만(마 1:19), 저는 어려서부터 교회를 다녔어도 예수 그리스도의 나심을 알지 못하니, 이기적이고 완악한 마음으로 만남과 끊어 버림을 행했습니다.

이후 '자기 아이 못 낳는 여자가 남의 아이 교육이라니……' 하는 세상의 조롱을 피하고자 외국으로 떠났습니다. 그런데 그곳에서 『날마다 큐티하는 여자』라는 책을 읽게 되었고, 믿지 않는 사람과 결혼한 것과 함부로 이혼한 것을 회개하였습니다. 당시 '이 사람이라면 다시 한 번 결혼

해도 되지 않을까?' 생각하며 만나던 사람이 있었지만, 또다시 불신결혼의 굴레에 빠지지 않으려 굳게 결단하고 한국으로 돌아왔습니다. 그리고 그 책을 쓰신 목사님이 시무하시는 교회에서 구속사적인 말씀을 들으며 죄에서 구원할 자, 예수의 나심을 점점 알아 갔습니다(마 1:21). 성령님의 도우심으로, 매주 "가정 회복을 위해 이혼하지 말라"는 목사님의 말씀이 무슨 의미인지 깨달아지면서(마 1:20), 믿음의 공동체에서 저의 죄악을 낱낱이 고하게 되었습니다.

그러던 어느 날 죽는 날까지 감추고 싶었던, 결혼 전에 불륜을 저지른 죄를 공동체에서 토해 냈습니다. 그리고 잠에서 깨어 일어나듯(마 1:24) 시댁을 찾아가 '가정을 깨고 이혼한 것에 대하여' 용서를 구했습니다. 그때 전남편 부부가 불임임을 알게 되었는데 내 일처럼 여기며 새 생명이 잉태되도록 기도했습니다. 두 달 후 임신 소식을 듣게 되어 진심으로 기뻤습니다. 수치의 죄패를 달고 더 이상 내 욕심으로 세상과 동침하지 않으며 살고자 애쓰다 보니(마 1:25), 육으로는 40대 초반에 자궁적출을 하게 되어 완전히 불임의 몸이 되었지마는, 남은 삶은 죄에서 구원할 자 예수 그리스도의 나심을 확실히 알고 전하면서 임마누엘의 하나님을 누리며 살게 되었습니다(마 1:23).

영혼의 기도

하나님 아버지, 우리 가정에 예수가 나시기 위해서, 죄를 깨닫지도 못하는 나를 위해서 처녀 몸으로 잉태하는 사건, 부끄럽고 수치스러운 사건이 왔다고 하십니다. 주님, 그것을 가만히 끊고자 한 저를 용서해 주옵소서. 낙태와 이혼과 가출 등 내가 오늘 가만히 끊고자 했던 모든 일을 멈추고 다시 한 번 생각하는 요셉이 되기를 원합니다.

요셉에게 성령으로 잉태된 사건이라고 가르쳐 주시고 마리아 데려오기를 무서워하지 말라고 말씀해 주십니다. "다윗의 자손 요셉아"라고 불러 주십니다. 내가 무엇이기에 다윗의 자손, 예수님의 자손이 될 수 있겠습니까. 오늘 그 수치스러운 사건이 예수님을 낳는 사건이라고 하시오니 나를 택해 주심에 감사하며 아들을 낳기를 원합니다. "죄에서 구원할 자 그 이름을 예수라 하라" 하시니 "아멘, 예수라 하니라" 고백하는 내가 되기를 원합니다.

다말과 마리아의 역할이 수치스러운 것이 아니라 내가 끊고자 하고 내가 버리고자 하는 것이 부끄러운 것임을 알게 해 주옵소서. 이 사건 속에서 내가 죄인이라는 것을 깨닫지 못한다면 우리 집에 예수님이 오시는 것을 막을 수도 있습니다. 주님, 모든 문제의 한가운데 내가 있습니다. 분부대로 데려오기를 원합니다. 분부대로 동침하지 아니하기를 원합니다.

성령으로 잉태되는 사건을 주심에 감사하고, 내가 티끌같이 낮아져서 모든 사람에게 수치와 조롱과 멸시와 천대를 받는다고 할지라도 임마누엘의 하나님이 함께하셔서 반드시 우리 가정에 수천 대의 예수님의 축복이 올 것을 믿습니다.

　　하나님 아버지, 도와주옵소서. 끊고자 하는 것들을 다시 한 번 생각할 수 있도록 도와주옵소서. 하나님 뜻대로 적용하겠다고 결단하는 이 시간이 될 수 있도록 주여 은혜를 내려 주옵소서. 예수님 이름으로 기도하옵나이다. 아멘.

4

경배하는 인생

마태복음 2:1~12

하나님 아버지, 영원히 주의 이름을 송축하며
주의 이름을 경배하기 원합니다.
이 시간 찾아오셔서 하나님을 경배하는 삶이
어떤 삶인지 말씀하여 주옵소서. 듣겠습니다.

2005년, 한 과학자의 '줄기세포 연구'가 선풍적인 관심을 끌었습니다. 배아 줄기세포에 대한 연구 결과가 세계적으로 각광을 받고 사람들은 그를 경배하는 수준까지 갔습니다.

왜 그랬을까요? 사람들의 경배는 과학자 한 사람에 대한 것이기보다 난치병에 걸린 사람을 살리는 생명에 대한 경배가 아닐까요? 죽고 싶지 않은 욕망에 대한 경배가 아닐까요? 하지만 그것은 진정한 경배의 대상이 아니었습니다.

힘든 시기, 힘든 자리에서 경배의 대상을 안다

헤롯 왕 때에 예수께서 유대 베들레헴에서 나시매 동방으로부터 박사들이 예루살렘에 이르러 말하되_마 2:1

78

우리는 힘들 때 경배의 대상을 알게 됩니다. 마태복음 1장을 통해 얼마나 어렵고 힘든 가운데 예수님이 오셨는지를 보았습니다.

역사적인 시간과 공간 속에서는 어떤 어려움 속에 오셨는가 보니까 "헤롯 왕 때"에 예수님이 나셨습니다. 헤롯은 정통 유대인이 아니고 에서의 후손으로 이두매의 자손입니다. 유대인은 혈통을 중요하게 여기므로 에서의 후손으로서는 왕이 될 수 없었지만, 당시 지배국인 로마에 뇌물을 주면서 왕위를 유지하고 있었습니다. 그렇게 왕위를 유지하려니까 왕의 자리에 앉아서도 두려움이 있고, 왕위를 빼앗으려 한다는 이유로 아내와 아들들을 살해하기까지 했습니다. 그리고 같은 이유로 예수님을 죽이려고 한 것입니다.

예수님은 어쩌면 이렇게 힘들 때 오실 수가 있는지, 폭군 헤롯이 지배하던 시절에 시작된 예수님의 인생이 로마의 압제가 극심하던 시절에 끝났습니다. 예수님은 이 땅에 와서 좋은 시절을 못 보시고 가장 힘든 시기, 가장 위험한 장소에 오셔서 영혼 구원 사역을 이루셨습니다.

우리는 이렇게 생각합니다.

'나에게 힘든 헤롯만 없으면 얼마나 예수를 잘 믿을까? 헤롯 같은 남편, 부인, 시부모, 상사, 사장이 없으면 예수님을 더 열심히 믿을 텐데, 우리 식구들에게도 예수님이 잘 들어갈 텐데……'

그럴 것 같지만 하나님은 폭군 헤롯을 곁에 두시고도 하나님의 일을 전혀 차질 없이 이루어 가셨습니다. 남편이 잘해 주고, 아이들이 공부 잘해 주고, 시댁 식구들도 편하고, 모든 형편이 안정적일 때 복음이 잘 들어갈 것 같지만 그렇지 않습니다. 편할 때보다는 전무후무한 환난 때에 예수님이 오신다고 오늘 본문이 말씀하고 있습니다.

◆ 내 부모, 내 식구, 환경을 원망하십니까? 나의 힘든 환경이 폭군 헤롯의 때만큼 전무후무한 환난의 때입니까? 힘든 과정을 통해 내 경배의 대상이 오직 예수님인 것을 깨닫고 있습니까?

1b ……동방으로부터 박사들이 예루살렘에 이르러 말하되 2 유대인의 왕으로 나신 이가 어디 계시냐 우리가 동방에서 그의 별을 보고 그에게 경배하러 왔노라 하니_마 2:1b~2

헤롯 왕 때 예수님이 유대 베들레헴에서 나셨는데 누가 제일 먼저 경배를 했을까요? 동방에서 온 박사들이 '경배하러' 왔습니다. 박사들이 온 이유는 예수님을 유대인의 왕, 메시아로 알았기 때문입니다. 유대인의 진정한 왕이신 예수님을 경배하려는 뚜렷한 목적을 가지고 왔습니다.

이들은 별을 연구하는 사람들입니다. 한 분야의 전문가입니다. 저는 어떤 방면이든 전문가가 된 사람은 조금만 겸손하면 하나님이 크게 쓰신다고 생각합니다. 지식이 있는 사람들, 무언가 성취한 사람들은 조금만 겸손해도 그 겸손함이 크게 나타납니다. 동방 박사들이 아기 예수를 메시아로 알아볼 수 있었던 것은 바로 이 겸손에서 비롯된 지혜가 있었기 때문입니다.

별을 연구하는 사람들이라서 별의 인도를 받았습니다. 자기 일에 성실한 사람들에게 하나님은 모든 것을 보이십니다. 박사들이 별 자체가 아니라 예수님께 경배하는 목적으로 별을 연구하니까 하나님이 보이신 것입니다. 우리의 모든 공부, 연구, 직업, 고난, 축복도 경배가 목적이 될 때 하나님이 필요한 모든 것을 보이십니다.

몇 년 전 저는 과로로 며칠 입원을 했습니다. 제가 입원했던 SAM 병원은 의료 전문가인 의사들이 선교를 목적으로 세운 병원입니다. 이비인후과, 내과, 모든 의료진이 선교를 목적으로 모였습니다. 그래서인지 일반 병원에 가면 의사 선생님들 대하기가 어려운데 그 병원은 그렇지 않았습니다.

어떤 의사 선생님은 환자가 들어오니까 먼저 "교회를 나가십니까?" 하고 묻습니다. 안 나간다고 하니까 "예수를 믿으셔야 돼요. 제가 기도 좀 해도 되겠습니까?" 하고 기도를 합니다. 뜨겁게 기도를 한 후에 "입을 벌려 보세요" 하고 진찰을 하는 겁니다. 그해 여름에는 병원 식구들이 전부 카자흐스탄으로 단기 선교를 간다고 했습니다. 정말 부러운 모습이었습니다.

힘든 의학 공부를 한 것이 내가 잘 먹고 잘살기 위해서가 아니라, 예수님을 경배하는 것이 목적인 분들이 모였습니다. 그러니까 저도 그 뒤로는 그 병원을 광고하고 다니게 됐습니다. 그렇게 지경이 저절로 넓어지는 겁니다. 마음을 비울 때 하나님이 소문을 내 주십니다. 공부의 목적, 사업의 목적, 취직의 목적이 예수님을 경배하는 것일 때 저절로 번창하게 돼 있습니다.

◆ 힘들게 노력해서 얻은 전문 지식과 기술을 어떤 목적으로 사용하고 있습니까? 하나님께 영광 돌리겠다고 기도하며 이룬 학업과 사업의 목적이 나를 높이려는 목적으로 변질되지는 않았습니까?

세상은 경배의 대상을 모른다

헤롯 왕과 온 예루살렘이 듣고 소동한지라_마 2:3

세상은 진정한 경배의 대상을 모릅니다. 경배의 대상을 모르기 때문에 줄기세포 연구로도 온 나라, 온 세계가 소동을 했습니다.

"소동한지라"는 '불안하고 고민하고 괴롭게 하다'라는 뜻입니다. 예수님이 유대인의 왕으로 나셨다는 소식을 동방 박사들에게서 들은 헤롯왕은 마음이 흔들리고 불안해졌습니다. 자기 자리를 빼앗길까 봐 소동을 합니다.

> 4 왕이 모든 대제사장과 백성의 서기관들을 모아 그리스도가 어디서 나겠느냐 물으니 5 이르되 유대 베들레헴이오니 이는 선지자로 이렇게 기록된 바 6 또 유대 땅 베들레헴아 너는 유대 고을 중에서 가장 작지 아니하도다 네게서 한 다스리는 자가 나와서 내 백성 이스라엘의 목자가 되리라 하였음이니이다_마 2:4~6

대제사장과 서기관들은 미가서 5장 2절을 인용하면서 유대 땅 베들레헴에서 이스라엘을 다스리는 목자가 나온다고 정확하게 대답을 했습니다. 이 정도로 성경을 줄줄 꿰고 있습니다.

그러나 이론으로 아는 지식은 감동이 없습니다. 대제사장과 서기관이 예수님에 대해 정확하게 알고 있어도 예수님을 경배하는 데는 관심이 없었습니다. 십자가 설교를 아무리 잘해도 직접 십자가 지는 삶을 사는 것에는 관심이 없는 것과 마찬가지입니다. 온 세계가 줄기세포 연구로 떠들썩했지만 막상 줄기세포의 주인이신 예수님에게는 관심이 없었던 것이나 마찬가지입니다.

7 이에 헤롯이 가만히 박사들을 불러 별이 나타난 때를 자세히 묻고 8 베

들레헴으로 보내며 이르되 가서 아기에 대하여 자세히 알아보고 찾거든 내게 고하여 나도 가서 그에게 경배하게 하라_마 2:7~8

헤롯이 가만히 박사들을 부르더니 자기도 예수님을 경배할 것처럼 이야기합니다. 속으로는 경배할 생각이 하나도 없으면서 자세히 묻고, 자세히 알아보라고 합니다. 이럴 때 우리는 분별하기가 어렵습니다. 분명히 안 믿는 사람인데 대단한 지위를 가지고 "네가 잘 알려 줘. 나도 가서 예배드릴 거야. 네가 내 말만 잘 들으면 나도 교회 갈 거야" 이러면 분별이 안 되죠. 그래서 안 믿는 사람과 동업하고 결혼하고, 잘못하다가는 예수님 죽이는 일에 동조하게 됩니다.

박사들이 이방인 초신자라면 헤롯과 대제사장, 서기관들은 예수님에 대해서 준전문가로 보입니다. 초신자 이방인이어도 지금까지는 별을 보고 환경의 인도로 잘 왔는데 전문가처럼 보이는 헤롯과 대제사장들에게 물어보면서 인도함을 놓쳤습니다.

성경을 많이 몰라도 기도하면서 인도함을 잘 받고 가다가, 왕궁에서 대단한 사람을 만나니까 정신이 딱 없어집니다. 경배의 대상을 모르는 세상과 연락하고 연합하고 세상의 대단한 사람 찾아다니다가 하나님의 인도함을 놓칩니다. 그래서 인생의 목적이 흔들리면 시간 낭비, 돈 낭비만 하게 됩니다.

◆ 성경 지식이 부족해도 날마다 큐티를 통해 하나님의 인도함을 받고 있습니까? 내가 기도하고 깨닫는 것보다 박사나 전문가에게 묻는 것이 빠를 것 같아 헛된 수고를 하지는 않습니까?

경배가 목적일 때 내 인생을 책임지신다

박사들이 왕의 말을 듣고 갈새 동방에서 보던 그 별이 문득 앞서 인도하여 가다가……_마 2:9a

그러나 경배가 목적인 인생은 하나님이 끝까지 지키십니다. 헤롯이 그럴듯하게 사주했지만 박사들은 왕궁에서 나왔습니다. 하나님이 택하신 사람들, 경배가 목적인 인생은 헤롯의 사주를 받아도 정확히 갈 길을 갑니다. 내가 잘나서 유혹에 안 넘어가고, 이단에 안 넘어간 게 아닙니다. 끊임없이 넘어갈 기회가 있었지만 하나님이 지키셨습니다.

그런데 왜 곧장 갈 수 있는 길을 헤롯에게 들러서 가게 하실까요? 아기 예수가 있는 곳이 베들레헴이라고 알려 주시고 곧장 가게 하면 좋을 텐데, 왜 헤롯의 말을 듣고 가게 하실까요? 하나님의 뜻은 내가 직접 세상 왕과 진짜 왕을 비교해 보라는 것입니다.

저는 세상을 택해서 남편과 결혼을 했습니다. 장로님 집안에 의사 신랑을 만나 결혼한다고 모두 부러워했습니다. 돈 못 벌고 바람피우는 남편이 아니라 돈도 잘 벌고 바람도 안 피우는 남편, 세상 왕처럼 부족함이 없는 남편을 만났습니다. 그런데 나중에 예수님을 만나니까 세상 왕 같은 남편과 진짜 왕 예수님은 비교가 안 된다는 것을 알게 하셨습니다. 그것을 알게 하시려고 비교적 괜찮은 남편을 제게 붙여 주신 것입니다.

갖출 것을 다 갖춘 헤롯의 말을 듣고 가다가 결국은 그게 아니라는 걸 알게 하십니다. 부족할 것 없는 남편이라도 믿음 없이 한 결혼이었기에 고난을 겪게 하시고, 불신결혼은 안 된다는 걸 깨닫게 하셨습니다. 그래서 지금도 "불신결혼은 안 돼요!"를 날마다 외치고 있습니다.

◆ 학벌, 지위 갖춘 사람의 말만 듣고 잘못된 선택을 하셨나요? 그럼에도 나를 지키셔서 결국은 하나님의 길로 돌이키시는 것을 믿습니까?

> 9b ……동방에서 보던 그 별이 문득 앞서 인도하여 가다가 아기 있는 곳 위에 머물러 서 있는지라 10 그들이 별을 보고 매우 크게 기뻐하고 기뻐하더라_마 2:9b~10

예수님이 계신 곳에 머물러 선 별을 보고 동방 박사들이 크게 기뻐하고 기뻐합니다. 내가 인도한 사람이 예수님을 만난다면 그것보다 큰 기쁨은 이 세상에 없습니다. 지금까지 저에게 가장 크게 기쁜 일은 남편이 구원받은 것입니다. 제가 좋은 대학에 붙고, 결혼하고, 아들딸 낳은 것이 아니라 남편이 구원받고 천국에 간 것입니다. 그 얘기를 하면 지금까지도 눈물이 앞을 가리는 감격이 있습니다. 그것보다 더 기쁜 일은 없습니다.

나를 예수님께 인도한 별은 무엇일까요? 내 옆의 식구들, 그들의 아픔이 나의 별이라고 할 수 있습니다. 우리는 다 힘든 내 식구들 때문에, 그 아픔 때문에 예수님께 왔습니다. 앞이 안 보이는 어둠 속에서, 교통수단도 없이, 강도와 천재지변의 위험 가운데 언제 죽을지 모르는 머나먼 길을 지나 예수님의 별을 보고 왔습니다. 그 별의 인도함으로 인생의 모든 방랑을 끝내고 예수님께 머물러 섰습니다.

우리의 모든 가족, 이웃들이 예수님께 머물러 서기를 기도합니다. 힘들고 먼 방랑을 끝내기 바랍니다. 그 소원을 가지고 우리는 우리 가족과 이웃들을 데리고 가기만 하면 됩니다. 우리의 아픔을 통해 예수님의 별을 보며 같이 데리고 가기만 하면, 하나님이 예수님 계신 곳에 머물러 서게 하십니다. 이보다 더 큰 기쁨은 없습니다.

◆ 자식의 별, 남편(아내)의 별, 부모의 별을 통해 예수님께 왔습니까? 합격, 승진, 돈의 소식보다 그들이 예수님께 머물러 선 구원의 소식에 크게 기뻐합니까?

예수님 자체가 경배의 대상이다

집에 들어가 아기와 그의 어머니 마리아가 함께 있는 것을 보고 엎드려 아기께 경배하고……_마 2:11a

성탄절 카드에는 예수님이 마구간에 누워 계신데, 말씀을 보니 '집에' 들어갔다고 돼 있네요. 그런데 집이라고 해도 요셉의 형편이 넉넉지 못했을 테니 누추하고 초라한 집이었을 것이라고 생각합니다.

집에 들어간 박사들은 부모에게 인사를 하는 것이 아니라 아기 예수께 경배를 했습니다. 이것이 중요합니다! 아기 예수가 박사들에게 돈을 줬습니까? 병을 낫게 해 줬나요? 기적을 보여 줬습니까? 예수님을 경배하는 것이 목적인 사람은 경배의 대상을 정확히 알아봅니다. 떡고물 사랑이 아니고 주님 자체를 사랑합니다. 동방의 박사들은 지금 박사의 권위를 다 내려놓았습니다. 그리고 박사 중의 박사인 아기 예수께 엎드려 경배했습니다.

동방에서 온 박사들은 유대인이 아닌 이방인입니다. 박사들 이후에 아기 예수를 찾아간 사람은 들에서 양을 치던 목자들입니다. 아기 예수께 경배한 사람들은 유대인, 상류층에 속한 사람들이 아니고 이방인과 하류층에 속한 사람들이라는 것을 볼 수 있습니다. 성경공부 열심히 한 유대 지식인들은 말씀대로 오신 예수님을 대적했는데, 이방인 박사들과 하류층의 목자들이 예수님께 경배하는 기쁨과 감격을 누렸습니다.

◆ 눈에 보이는 상황에 관계없이 예수님 자체를 경배하는 기쁨과 감격이 있습니까? 이방인 박사, 목자들처럼 어려운 처지에서 예수님만 경배하는 지체를 볼 때 기뻐하고 감격하십니까? 뭘 모른다고, 예수님이 밥 먹여 주느냐고 답답해하지는 않습니까?

>   ……보배합을 열어 황금과 유향과 몰약을 예물로 드리니라_마 2:11b

박사들이 드린 예물 중에서 황금은 예수님의 왕권을, 유향은 제사장 되신 것을 의미하고, 몰약은 시체에 바르는 약으로 예수님의 고난과 부활을 뜻합니다.

예수님을 경배하는 것은 믿는 자들의 특권이지만 거기에는 책임도 있습니다. 예수님을 왕으로, 내 삶의 주인으로 인정하기에 내가 죽어지겠다는 표시가 바로 헌신의 예물입니다. 경배의 대상이신 예수님을 만나면 저절로 헌신이 됩니다. 힘들 때 예수님을 만난 사람들에게는 아까운 것이 없습니다. 내게 시간과 물질의 헌신이 나오지 않는 것은 경배의 대상이신 예수님을 만난 기쁨을 아직 모르기 때문입니다.

무조건 숭배하는 것은 진짜 경배가 아닙니다. 사람들은 자기 욕심으로 무조건적인 숭배를 합니다. '내 병이 낫겠구나!' 해서 숭배하고 '돈이 벌리겠구나. 우리 애가 합격하겠구나!' 하면서 숭배합니다. 그래서 인간 앞에서, 미신과 우상 앞에서 보배합을 열고 예물을 드립니다. 어떤 사람은 자녀가 지원할 학교를 선택하기 위해 300만 원을 내고 점을 보았다고 합니다.

동방 박사들은 아무 기적을 보지 못했어도 예물을 드렸습니다. 그런데 우리는 기적만 베풀어지면 무엇을 드리겠다고 '한 맺힌' 기도를 합니다.

"이 병만 나으면 제가 교회에서 봉사할게요. 주님! 이 사업만 잘되게 해 주시면 집을 팔아서라도 건축헌금을 할게요. 주여! 주여!"

이를 악물고 기도를 드립니다. 인생의 목적이 예수님 경배가 아니라 세상에 있기 때문에 아직도 '다오. 다오. 다오······' 하고 있습니다.

그러나 우리는 이미 너무 많은 것을 받았습니다. 이미 받은 그것으로도 주님은 경배받기에 합당하신 분입니다. 나의 삶과 모든 것을 드려도 아깝지 않은 분입니다.

◆ 나를 구원하시고 영원한 생명을 주신 예수님 앞에 어떤 헌신의 예물을 드렸나요? 예수님의 주권을 잊고 내 시간, 내 돈, 내 건강이라고 착각하며 아까워합니까? 내가 헌신하지 못하는 것, 가장 아까워하는 것은 무엇입니까?

예수님을 경배할 때 다른 길을 주신다

그들은 꿈에 헤롯에게로 돌아가지 말라 지시하심을 받아 다른 길로 고국에 돌아가니라_마 2:12

일국의 대통령이라고 할 수 있는 헤롯이 예수님 계신 곳을 알려 달라고 했는데 그에게 가지 말라고 하십니다. 대통령을 만나서 잘 보일 기회가 생겼는데 가지 말라고 하십니다. 이럴 때 안 가는 것이 쉽겠습니까?

쇼핑을 할 때도 본래 목적을 놓치면 충동구매를 합니다. 특별히 좋은 환경에 가면 인생의 목적을 다 잊어버리고 '영원히 이곳에 머물고 싶다' 하게 됩니다. 입시 전쟁보다 무서운 '입사(入社)' 전쟁을 치러야 하는 요즘, 근무 조건이 좋은데 주일에 일해야 하는 직장이 있을 때 거절하기가 쉽지 않습니다. '온라인으로 설교 듣고 예배드리지 뭐' 하면서 '취직만 시켜 주시면 직장을 선교지로 삼겠다'던 기도는 멀리멀리 던져 버립니다. 인생의 목적이 예수님이 되지 않으면 우리는 다 헤롯에게 넘어가서 왕궁으로 갈 수밖에 없는 인생입니다.

그래서 인생의 목적이 중요합니다. 예수님만 경배하겠다고 목적을 정한 인생은 시시하게 대통령 때문에 흔들리지 않습니다. 박사들도 왕궁이 목적이 아니니까 딱 부러지게 끊는 적용을 하고 다른 길로 갔습니다.

헤롯이 유대인의 환심을 사기 위해서 칠팔십 년 동안 성전을 짓고 나름대로 정치를 잘했습니다. 하지만 헤롯의 자손들은 모두 저주를 받았습니다. 당시 헤롯은 예수님을 죽이려고 베들레헴 지경 안에 있는 모든 사내아이를 죽였고, 헤롯의 아들은 세례 요한을 목 베어 죽였습니다. 헤롯의 손자는 사도 야고보를 칼로 죽이고, 자기는 벌레에게 먹혀 죽는 무서운 저주를 받았습니다(행 12:23). 헤롯의 증손자는 사도 바울을 심문하는 불행한 사람이 되었습니다. 헤롯 가문은 대를 이어서 위대한 믿음의 사도들을 핍박하고 죽였습니다.

그런 헤롯에게로 돌아가지 말라는 것입니다. 돈 많고 권세 있어도 예수님을 대적하는 사람한테는 가지 말라는 것입니다.

"내가 믿게 할 거야. 저 사람이 그래도 예수님 나신 곳을 알려 달라고 했잖아. 예수님한테 관심은 있는 사람이잖아" 이러면서 속지 말라는 겁니다.

제가 아무리 이렇게 설교를 해도 다들 데려다가 믿게 한다고 불신 결혼을 합니다. 결혼하면 믿을 거라고 합니다. "데려다가 믿게 하겠다"는 사람들이 한국교회에 너무 많기 때문에 나는 좀 안 그래도 됩니다. 인생이 얼마나 바쁜데 데려다가 믿게 하느라고 일생을 낭비하겠습니까!

"남편이 결혼하면 믿겠다고 했는데, 30년이 지난 지금도 여전히 예수님을 안 믿는다"는 이야기를 어제도 또 들었습니다. 왜 30년 시간 낭비를 합니까? 헤롯의 돈이 뭐라고, 그 권력을 예수님 죽이는 데 썼는데 무슨 선한 것이 있다고 그것에 기웃거립니까?

사실 이때는 아주 긴박한 시점입니다. 자꾸 헤롯에게 기웃거리다가는 예수님이 오시는 길이 완전히 막힐 수 있습니다. 그러니 경배의 대상이신 예수님을 알고 예물을 드렸으면 이제 깨끗하게 떠나야 합니다. 세상 왕 헤롯에게 기웃거릴 필요가 없습니다.

왕궁을 지나지 않으면 다른 길이 없다고요? 오늘 다른 길이 있다고 하십니다. 지시하심을 받아서 갔으니까 염려하지 말고 떠나라고 하십니다. 내 눈에 보이는 다른 길이 없는 것 같아도 헤롯에게는 가지 말아야 합니다. 그러면 분명 다른 길을 보여 주십니다.

사람들은 난치병에 배아 줄기세포 연구밖에는 다른 길이 없는 줄 알았습니다. 수정해서 14일부터가 생명이니까 배아를 죽이는 것은 문제가 안 된다고 그 길이 최고라고 했습니다. 그러나 그렇지 않습니다. 예수님이 티끌로 오셔서 여인 마리아의 배에 착상되고 태어나셨는데, 어떻게 14일 이후부터만 생명이라고 할 수 있습니까. 한 개의 배아 줄기세포를 얻기 위해 242개의 난자를 추출해서 241개를 버렸다고 합니다. 수많은 생명이 버려지는데 그것을 혁신이라고 하면서 모두가 경배했습니다. 사람들이 우르르 경배하니까 예수님을 믿는 사람들도 다들 입을 다물고 있었습니다.

분명 다른 대안이 있습니다. 생명을 해하지 않고 환자들을 도울 수 있는 하나님의 길이 있습니다.

하나님은 불 칼을 든 천사들로 생명나무를 지키게 하셨습니다. 그것을 사람이 해치면 큰 재앙이 옵니다. 생명을 만드신 하나님을 경배하지 않으면서 어떻게 생명을 살릴 수 있습니까. 생명을 주신 예수님을 경배하지 않으면서 누구를 살릴 수 있겠습니까.

예수님은 생명을 만들 수도, 폐하실 수도 있는 분입니다. 온 우주를 하루아침에 접을 수도, 펼칠 수도 있는 분입니다. 거룩하신 주님만이 경배의 대상이십니다. 공부와 연구와 사업과 인생의 목적이 주님을 경배하는 것이 되면 모두가 살아납니다. 헤롯에게 기웃거릴 필요가 없습니다. 타협하지 마십시오. 주님이 생명의 길, 세상으로 가지 않는 다른 길이 되어 주십니다.

◆ 예수님을 만나고 헌신했는데 세상으로 갈 일이 생겼습니까? 헤롯 같은 지위, 능력을 가진 사람이 "나도 예수 믿을 테니 먼저 나를 도우라"고 타협을 요구합니까? 먹고살려니 그 길밖에 없는 것 같아서 하루에도 몇 번씩 흔들립니까? 당장은 안 보여도 분명 하나님이 주시는 다른 길이 있음을 믿으십니까?

말씀으로 기도하기

예수 그리스도는 폭군 헤롯 왕 때에 이 땅에 오셨습니다. 우리는 '왜 하필 헤롯인가' 하며 상황과 환경을 원망합니다. 그러나 하나님은 폭군 헤롯을 곁에 두고도 하나님의 일을 차질 없이 이루어 가셨습니다. 이를 통해 세상 왕과 진짜 왕 예수님은 비교가 안 된다는 것을 우리에게 알려 주십니다.

힘든 시기, 힘든 자리에서 경배의 대상을 알게 됩니다(마 2:1~2).
예수님은 가장 힘든 시기, 가장 위험한 장소에 오셔서 영혼 구원 사역을 이루셨습니다. 나의 힘든 환경이 예수님을 경배하기에 최고의 환경인 것을 믿으며, 나를 보내신 자리에서 충성하게 하옵소서.

세상은 경배의 대상을 모릅니다(마 2:3~8).
평소 큐티하며 말씀의 인도를 받는 듯하다가도 결정적인 문제 앞에서는 세상 전문가에게 달려가는 믿음 없는 저를 용서해 주옵소서. 유대 땅 베들레헴에서 이스라엘의 목자가 나신다는 말씀대로 나를 인도하실 분은 오직 예수님뿐인 것을 기억하게 하옵소서.

경배가 목적인 인생은 하나님이 끝까지 책임지십니다(마 2:9~10).
예수님을 경배하러 가는 동방 박사들을 별이 인도한 것처럼 예수님을 경배하는 인생이 될 때 하나님이 끝까지 지키시는 것을 알았습니다.

이제는 헤롯과 같은 세상 왕이 아니라 진짜 왕이신 하나님의 인도를 받기 원합니다. 주님의 인도하심을 따라 모든 방랑을 끝내고 예수님 앞에 머물러 서는 인생 되게 해 주옵소서.

우리의 경배 대상은 예수님입니다(마 2:11).

떡고물을 기대하는 사랑이 아니라 주님 자체를 사랑하는 자가 되기를 원합니다. 경배받으시기에 합당하신 주님께 나의 모든 삶을 드리오니 받아 주옵소서.

예수님을 경배할 때 다른 길을 주십니다(마 2:12).

아무리 돈 많은 권세가일지라도 예수님을 대적하는 세상 왕에게는 소망이 없다고 하십니다. 그런데도 때마다 세상으로 돌아가려 하는 저를 불쌍히 여겨 주옵소서. 세상에서 기웃거리던 발길을 돌려 생명의 길이신 주님만 경배하게 하옵소서.

우리들 묵상과 적용

온 세상이 단풍으로 곱게 물들던 지난해 가을, 아내와 함께 차를 타고 수요예배에 가던 길이었습니다. 아파트 단지를 빠져나와 우회전하는데 앞서가던 승용차가 멈춰 서더니 한동안 머뭇거리다가 후진 불빛을 비추고 뒤로 움직이려고 했습니다. 그 순간, 뒤에 우리 차가 있다는 것을 알려 주려고 경적을 살짝 누르니 움직이던 차가 멈췄습니다. 바로 그때 옆에 있던 아내가 "왜 누르냐"고 했습니다. 저는 아내의 말을 그냥 무시하고 잠자코 있는데, 앞차가 다시 후진하며 제 차 앞으로 더 가까이 다가오는 것이었습니다. 이번에는 좀 더 크게 경적을 누르니까 그제야 그 차는 앞으로 쌩하니 갔습니다. 그런데 아내가 또 "왜 그렇게 눌러 대느냐"고 핀잔을 하자, 저도 모르게 "그럼 가만히 있다가 접촉 사고를 당하란 말이야?"라며 언성을 높이게 되었습니다. 이에 아내가 "아까도 눌렀잖아!"라고 하니 저도 화가 나서 "방어 운전이야, 교회에 도착할 때까지 아무 소리도 하지 마!"라고 했습니다. 아내는 화가 났는지 "그냥 지하철 타고 가겠다"고 했습니다. 그래서 저도 그러라고 하며 지하철역에 아내를 내려 주고는 혼자 차를 몰고 씩씩거리며 교회로 갔습니다.

지금 다시 생각해 보니 웃음이 나옵니다. 예배드리러 가면서도 주님 자체가 경배의 대상이 되지 못하고, 예배 시간을 율법적으로 지키며 남에게 경건하게 보이는 모습에만 급급하기에 작은 사건에도 소동하게 된 것입니다(마 2:3).

꿈 많던 학창 시절, 예기치 않게 집안 형편이 어렵게 되어 원하지 않는 방향으로 진로가 정해졌습니다. 그래서 시작된 직장 생활에서 뜻하지 않은 사고로 오른손을 다쳐 장애인이 되고 말았습니다. 미래마저 불투명해지자 제 마음에는 불안과 초조와 낙망이 엄습해 왔습니다. 그러다 결혼한 뒤 아내를 따라 교회는 다녔지만, 아들이 태어나니 이 땅에 나신 예수님이 아닌 '나의 보배로운 아들'이 경배의 대상이자 가장 값비싼 보배합이 되었습니다(마 2:11). '아들을 위해 할 수 있는 모든 것을 헌신하리라'는 것이 제 삶의 목적이 되었습니다. 결국 저의 왕위와 물질과 행복을 아들의 성공을 통하여 경배하려고 했던 것입니다.

이렇듯 저는 제 인생의 억울함과 분노 그리고 아들에 대한 헛된 기대와 야망으로 예수님을 팔고 죽이는 데 동조할 뻔했습니다(마 1:7~8, 16). 그 후 교회에서 구속사적인 말씀으로 양육을 받고 신앙을 재정비하니 '진정한 경배는 주님 자체를 사랑하는 것'임을 깨닫게 되었습니다. 그리고 주님을 경배할 때, '헤롯'이라는 세상 권세와 성공의 길이 아니라 구원과 거룩이라는 '다른 길'로 갈 수 있는 지혜와 용기를 얻음을 확신하게 되었습니다(마 2:12). 하나님이 주를 경배하는 인생을 끝까지 지키실 것을 믿고 감사합니다(마 2:11).

영혼의 기도

하나님 아버지, 헤롯 왕 때에 예수님께서 나셨습니다. 제가 생각하기에는 헤롯 같은 부모님, 배우자, 자식들만 없으면 예수님을 잘 믿을 것 같습니다. 그 사람만 없으면 우리 가족이 신앙생활 잘 할 수 있을 것 같습니다. 하지만 예수님은 가장 위험한 폭군의 시대에 가장 위험한 장소에 오셔서 가장 위대한 구원을 이루셨습니다. 제가 무슨 핑계를 댈 수 있겠습니까! 예수님을 믿는다는 이유로 나를 죽이려고 하는 배우자, 나를 죽이려고 하는 식구들이 있다고 할지라도 우리 가정의 구원은 이루어질 것을 믿습니다.

아무것도 할 수 없는 아기의 모습으로 있어도 주님을 알아본 사람은 이방인 동방 박사들이었습니다. 그들이 별을 보고 경배하러 왔습니다. 나를 인도할 별이 있기 때문에, 캄캄한 환경과 힘들게 하는 식구들이 있기 때문에 주님의 별을 따라왔습니다.

그러나 아기 예수님의 소문을 듣고, 헤롯은 소동을 하고, 성경을 줄줄이 꿰던 대제사장들은 관심이 없었습니다. 그러면서 박사들을 불러 "나도 경배하겠다"며 자세히 묻고 유혹을 했습니다. 인생이 힘들 때 이런 대단한 사람들과의 교제에 발이 묶이고 마음이 묶이는 것을 고백합니다. 참으로 내가 주님을 만났음에도 어떻게 이것을 끊을 수 있겠습니까! 주님, 저는 끊을 수가 없습니다.

그렇지만 주님을 경배하기 원하는 인생은 끝까지 지키시는 것을 보았습니다. 제가 잘나서가 아니라 주님이 놀라운 은혜로 헤롯의 왕궁에서 나오게 하시는 것을 보았습니다. 그곳에서 나와 힘든 환경 속에서도 말씀의 별을 따르면 예수님 계신 곳에 멈춰 설 줄 믿습니다. 나의 모든 아픔도, 나를 힘들게 하는 식구들도 예수님 앞에 머물러 설 줄을 믿습니다. 그래서 가장 기뻐하고 기뻐하는 우리가 될 것을 믿습니다. 박사의 모자를 내려놓고 엎드려 아기 예수께 경배한 동방 박사들처럼, 기적을 베풀지 않아도 병을 고쳐 주지 않으셔도 돈을 주지 않으셔도 주님을 경배하며 헌신하는 나와 내 가정이 될 줄을 믿습니다.

　이제는 헤롯에게로 돌아가지 말라고 합니다. 헤롯이 너무 대단해서 헤롯과 같이 살고 싶고 그 권세와 돈이 나를 행복하게 해 줄 것 같은데, 다른 길이 있다고 하십니다. 주님, 헤롯에게로 가지 않도록 붙들어 주십시오. 두려움 없이 하나님의 인도함을 받고 다시 별의 인도함, 내 환경의 인도함을 따라서 갈 때 하나님이 다른 길을 제시해 주실 것입니다. 함께해 주옵소서. 축복해 주옵소서. 은총을 내려 주옵소서. 예수님 이름으로 기도하옵나이다. 아멘.

실수하지 않으시는 하나님

마태복음 2:13~23

하나님 아버지, 인생에 힘든 일이 올 때마다
우리는 너무 쉽게 '하나님이 왜 이러시는가' 생각합니다.
하지만 언제나 하나님은 저에게 신실하셨습니다.
실수하지 않으시는 하나님의 인도함으로
오늘도 이끌어 주옵소서.
말씀하여 주옵소서. 듣겠습니다.

독일 베를린에는 제2차 세계대전 당시 홀로코스트로 희생된 유대인을 추모하는 박물관이 있습니다. 그 박물관 중앙에 전시된 〈낙엽〉이라는 설치물은 홀로코스트로 목숨을 잃은 유대인 아이들의 해맑은 모습을 강철 원반에 담아 낙엽처럼 쌓아 놓은 작품입니다. 박물관에 와서 그 작품을 본 어린아이들은 대부분 울음을 터뜨린다고 합니다.

6백만 명의 유대인이 목숨을 잃은 홀로코스트의 공포 속에서 살아남은 '에리카'라는 여인이 있습니다. 1944년 가축 화물용 운반 열차에 실려 죽음의 수용소로 끌려가던 그녀의 부모는 당시 갓난아이였던 에리카를 담요로 꽁꽁 싸서 기차 밖으로 던졌습니다. 가까운 철길 건널목에 서 있던 한 여인이 풀밭 위에 던져진 아이를 발견했고 집으로 데려가 키웠습니다. 양부모에게 사랑받으며 자란 에리카는 결혼을 하고 아이를 낳으며 새로운 가족 안에 뿌리를 내렸습니다.

하늘의 별들처럼 많으리라고 하셨던 아브라함의 자손 유대인이지만, 1933년과 1945년 사이에 그중에 6백만 개의 별이 떨어졌습니다. 그들의 죽음은 너무나 억울한 것이고, 에리카는 살아남았으니 다행인 것일까요? 예수님이 오신 이스라엘 민족인데 그들을 죽게 하신 것은 하나님의 실수가 아닐까요? 하나님은 실수하지 않으셨습니다. 어제도 실수가 없으신 하나님은 오늘도 실수하지 않으십니다.

한 걸음씩 인도하신다

그들이 떠난 후에 주의 사자가 요셉에게 현몽하여 이르되 헤롯이 아기를 찾아 죽이려 하니 일어나 아기와 그의 어머니를 데리고 애굽으로 피하여 내가 네게 이르기까지 거기 있으라 하시니_마 2:13

헤롯이 죽이러 쫓아오는 긴박한 상황입니다. 조금이라도 지체하면 예수님이 죽게 생겼습니다. 이럴 때 중요한 것은 떠나야 할지, 있어야 할지를 아는 것입니다. 실수하지 않으시는 하나님은 우리에게 떠나야 할 때와 있어야 할 때를 알려 주시고 영육 간에 한 걸음씩 인도하십니다.

사람이 교만하면 떠날 때와 있어야 할 때를 모릅니다. 하나님은 겸손한 사람에게 그때를 알려 주십니다. 갈 사람은 가야 합니다. 동방 박사들은 경배하자마자 떠났는데 그들이 떠나야 요셉이 지시를 받습니다. 계속 머물고 있으면 요셉이 그 사람들 대접하느라고 꿈 꿀 시간, 하나님의 말씀을 들을 시간이 없는 겁니다.

인도받는 방식을 보면 사자가 '요셉에게' 현몽했습니다. 마리아의 배에 잉태하게 하시고 마리아를 통해 구세주가 나셨지만, 하나님은 요셉에게 갈 곳과 때를 알려 주셨습니다. 남녀가 평등하지만 역시 남자와 여자에게는 질서가 있고 역할이 있습니다. 가장은 가정을 보호해야 할 책임이 있고 거기에는 예수님의 가족도 예외가 없습니다. 평범한 삶, 여전한 방식으로 사는 것이 얼마나 중요한지 모릅니다. 하나님은 그렇게 하루하루의 삶에서 때를 따라, 질서를 따라 한 걸음씩 인도하십니다.

> 요셉이 일어나서 밤에 아기와 그의 어머니를 데리고 애굽으로 떠나가
> _마 2:14

요셉이 즉시 순종했습니다. 가장 무서운 마귀가 '차차' 마귀입니다. 즉시 순종하는 사람과 나중에 순종하는 사람은 하늘과 땅 차이입니다.

면접을 볼 때 가장 높은 점수를 얻는 사람은 솔직한 사람입니다. 매끈한 화술과 외모를 가졌어도 솔직한 태도가 중요합니다. 무슨 이야기를 들어도 "네, 알겠습니다" 하면서 확신을 주어야 합니다. 매사에 "네"를 못 하고 핑계와 변명이 많은 사람은 매력이 없습니다. 요셉이 그 밤에 떠났습니다. 즉시 순종했습니다. 이것은 인류를 살리는 순종이었습니다.

요셉이 '아기와 그의 어머니를 데리고' 떠났습니다. 21절에도 이스라엘로 떠나는데 "아기와 그의 어머니를 데리고"라고 기록되었습니다. 인생과 역사의 중심은 내가 아니라 주님입니다. 요셉이 마리아를 너무 사랑하지만 순서는 '마리아와 아기'가 아니라 '아기와 마리아'입니다.

요셉에게는 그 아기가 자신의 씨가 아닙니다. 하지만 요셉은 구세주로 오신 예수님을 알기에 모든 일에 아기 예수님이 우선입니다. 자식이 먼저가 아니라 주님이 먼저라는 것입니다. 동방 박사가 기뻐한 것도 아기 예수님 때문이고 헤롯이 두려워하는 것도 아기 예수님 때문입니다. 인정을 하든지 안 하든지 우리 인생의 중심에는 예수님이 있습니다.

◆ 일상생활에서 때와 질서를 따른 하나님의 인도를 체험합니까? 그 인도하심에 요셉처럼 즉각 순종하십니까? 순종하기 싫어서 머뭇거리다가 매사에 때를 놓치고 질서를 어기지는 않습니까?

말씀으로 인도하신다

헤롯이 죽기까지 거기 있었으니 이는 주께서 선지자를 통하여 말씀하신 바 애굽으로부터 내 아들을 불렀다 함을 이루려 하심이라_마 2:15

2장에서 "선지자를 통하여 말씀하신 바", "이루려 하심이라"가 세 번이나 나옵니다. "내 아들을 애굽에서 불러냈거늘" 하신 말씀을 이루셨습니다(호 11:1). 어떤 상황에 있든지 하나님의 말씀대로 이루어지는 삶이야말로 최고로 축복받은 삶입니다.

하나님은 포악한 헤롯을 죽이실 수도 있고, 그가 예수님 죽일 마음을 갖지 않게 하실 수도 있습니다. 그런데 주님은 헤롯이 죽기까지 예수님을 애굽에 두셨습니다. 애굽은 이스라엘 백성이 400년 노예 생활을 하면서 노예근성으로 섬겼던, 죄와 우상숭배에 깊이 물든 곳입니다. 유대인의 『탈무드』에 보면 세계 우상의 90%가 애굽에 있고 나머지는 전 세계에 흩어져 있다고 합니다. 그만큼 애굽의 세력이 무섭습니다.

그렇게 대단한 세력이니까 노예 생활을 해도 애굽이 좋은 겁니다. 예수님을 믿어도 돈과 출세가 좋지 않습니까? 서울 강남이 매스컴의 도마 위에 날마다 오르내리는 것은 모두가 강남을 부러워하기 때문입니다. 모두가 학군의 애굽, 아파트의 애굽을 부러워하고 두려워하며 종살이를 해도 강남에서 하고 싶어 합니다. 그래서 예수님은 다시 애굽에서 나오는 모습을 보여 주셔야 했습니다. 예수님을 믿고도 놓지 못하고 떠나지 못하는 세상 것에서 떠나라고 제2의 출애굽을 보여 주십니다. 내가 여전히 돈도 학벌도 외모도 내려놓지 못하기에, 하나님이 나를 애굽에서 불러내셨습니다. 내 힘으로는 애굽에서 나올 수 없습니다. 세상 애굽에서 나를 불러내실 이는 하나님밖에 없습니다.

◆ 나의 헤롯이 죽기까지 하나님이 나를 애굽에 두신 사건은 무엇입니까? 돈, 학벌, 외모의 애굽에서 종살이하던 나를 하나님이 불러내 주셨다는 간증이 있습니까? 애굽에 두신 것도, 불러내신 것도 말씀이 내 삶에 이뤄지는 축복임을 믿으십니까?

생로병사를 통해 인도하신다

이에 헤롯이 박사들에게 속은 줄 알고 심히 노하여 사람을 보내어 베들레헴과 그 모든 지경 안에 있는 사내아이를 박사들에게 자세히 알아본 그 때를 기준하여 두 살부터 그 아래로 다 죽이니_마 2:16

악인의 특징은 자기가 저지른 잘못에도 상대방을 탓하는 것입니다. 헤롯은 자신이 동방 박사를 속여 놓고는, 이제 자신이 속았다고 표현합니다. 바람을 피우고 와서도 당신이 부인(남편) 노릇을 잘못해서 바람을 피웠다고 합니다. 의인은 자신이 속았어도 '내가 죄인'이라고 회개하는데 "당신이 그런 여자인 줄 몰랐어. 그런 남자인 줄 몰랐어" 하면서 속이고도 속았다고 하는 것이 악인의 특징입니다.

◆ 남을 속였다가 도리어 속임을 당했습니까? 속인 것도, 속은 것도 내 욕심과
두려움 때문인 걸 알고 회개하십니까?

권력욕이란 참으로 무서운 것이어서 아기 예수로 인해 왕위가 흔들
릴까 봐 두려워진 헤롯은 지경 안에 있는 두 살 아래 남자 아기들을 다 죽
였습니다. 헤롯에 의해 죽은 아이들은 그 시대에 가득 찬 악을 보여 주기
위해서 하나님께 쓰임을 받은 것입니다.

빨리 죽는 것이 슬픈 게 아닙니다. 잘 먹고 열심히 치료받아서 오래
살다가 천국에서는 "왜 나를 잘 치료해서 천국에 늦게 오게 했느냐. 이 좋
은 천국에 빨리 왔어야 하는데 능력 있는 의사 때문에 내가 천국에 늦게
왔다"고 원망하는 사람도 있답니다.

영아들이 예수님의 구속사를 이루기 위해서 죽었다면 기뻐할 일입
니다. 반대로 나의 죽음, 내 자녀의 죽음이 예수님과 상관없다면 그것이
가장 불쌍하고 슬픈 일입니다. 내가 죽고, 내 자녀가 죽어도 예수님 때문
에 쓰임받는 죽음이라면 죽고 사는 일이 얼마든지 아름다울 수 있습니다.
생로병사는 하나님이 정하신 것이기 때문에 하나님께 순종하면 생로병
사 모두가 아름다운 것입니다.

김학영 씨의 『아름다운 동행』이라는 책을 읽었습니다. 김학영 씨는
독자(獨子)였던 아들이 해외여행을 떠났다가 열차 사고로 죽음을 당했다
는 비보를 외교통상부를 통해 전해 듣고, 아내에게 어떻게 이야기할까 걱
정하면서 집으로 왔습니다. 그런데 평소 아들과 믿음으로 하나가 되었던
아내는 아들이 천국에 간 것을 확신하며 얼굴이 환했다고 합니다. 그 모

습을 보며 김학영 씨도 하나님을 만나게 되었습니다.

제 남편도 갑자기 세상을 떠났지만 그 죽음을 통해 수많은 사람이 주님께 돌아왔습니다. 남편이 회개하고 주님을 영접한 것, 저의 간증을 통해 많은 영혼이 구원으로 인도되었습니다. 이 얼마나 아름다운 죽음입니까. 가장 큰 일은 구원의 일입니다. 구원을 이루기 위한 것은 그 어떤 것도 가장 아름다운 일입니다. 모든 것을 하나님의 입장에서 구속사적으로 보지 않기 때문에 내 아들 죽은 것이 억울하고, 남편 죽은 것이 분한 겁니다.

우리의 죽음이 누군가 예수님을 믿게 하는 도구로 쓰인다면 그보다 더 기쁠 일은 없습니다. 죽음을 하나님의 눈으로 바라보기 바랍니다. 하나님은 실수하지 않으십니다. 히틀러 한 사람을 죽이지 않으시고 6백만 명 유대인이 죽는 것을 용납하신 하나님, 그 하나님이 결코 실수하지 않는 분이란 걸 우리가 믿어야 합니다. 모든 것은 하나님이 허락하셔서 일어난 일입니다.

홀로코스트보다 기가 막힌 것은 6백만 명이 죽는 사건을 겪고도 유대인이 예수님을 안 믿는다는 것입니다. 유대인은 목수의 아들로 오신 예수님이 자신들의 구세주라는 것을 인정하지 못했습니다. 그래서 그들이 예수님을 죽였습니다. 인간의 본능이 그렇습니다. 우리는 초라한 것을 못 참아 줍니다. 출신과 학벌과 배경을 따지다가 예수님을 십자가에 못 박았습니다. 그 두려움 때문에 세상 지식과 부에 집착하며 악착같이 살아가는 것이 유대 민족의 모습입니다.

유대인이 아직도 예수님을 안 믿고 안 돌아오는 것을 보면서 '망하고 죽어도 안 믿을 사람들이 정말 많겠구나' 생각하게 됩니다. 유대인처럼 대단한 학식과 부를 쌓은 사람들은 믿기가 더 어렵습니다. '저런 일을 겪어도 못 믿는 예수님을 내가 믿다니 얼마나 대단한가!' 내가 예수님을 믿는 것, 한 생명이 주님께로 돌아오는 것이 진정한 기적입니다.

◆ 가까운 가족, 지체의 죽음을 겪었습니까? 그 죽음 가운데 하나님의 살아 계심을 경험하고 전했습니까? 연민과 분노로 날마다 죽은 남편, 자식 타령을 하고 있지는 않습니까?

> 17 이에 선지자 예레미야를 통하여 말씀하신 바 18 라마에서 슬퍼하며 크게 통곡하는 소리가 들리니 라헬이 그 자식을 위하여 애곡하는 것이라 그가 자식이 없으므로 위로 받기를 거절하였도다 함이 이루어졌느니라_마 2:17~18

헤롯의 영아 학살 사건으로 예레미야를 통해 말씀하신 바가 이루어졌다고 하십니다. "여호와께서 이와 같이 말씀하시니라 라마에서 슬퍼하며 통곡하는 소리가 들리니 라헬이 그 자식 때문에 애곡하는 것이라 그가 자식이 없어져서 위로 받기를 거절하는도다"(렘 31:15). 이 말씀은 이스라엘이 우상숭배를 하다가 바벨론으로 잡혀갈 때 겪었던 민족의 슬픔을 라헬의 슬픔에 비유하신 것입니다. 애굽 노예 시절 모세가 태어났을 때도 영아 학살 사건이 있었습니다. 선지자 예레미야 시대에도 바벨론에 의해 많은 백성과 아이가 생명을 잃었습니다. 로마 식민 치하에 있던 헤롯 시대에도 아이들이 죽임당했습니다. 이스라엘이 망할 때, 죄악이 관영할 때 하나님은 이렇게 아이들을 죽게 하십니다.

결국 영아 학살 사건은 가고 오는 세대에 가장 빠지기 쉬운 '자식 우상'에 대한 경고입니다. 우리는 힘들면 힘들어서, 잘나면 잘나서 육신의 자식을 우상처럼 섬깁니다. 환경이 힘들면 "네가 우리 집의 기둥이다. 내가 너만 보고 산다. 제발 공부해서 우리 집안을 살려라" 하면서 섬깁니다. 환경이 좋으면 "뭐든 하고 싶은 대로 해라. 너에게는 엄마 아빠가 있잖니" 하면서 섬깁니다. 그렇게 내 자식을 영의 자식으로 키우지 않았기 때문에 육신의 자식이 바벨론 포로, 돈의 포로, 음란의 포로로 잡혀 가고 죽임을 당한다는 걸 알아야 합니다.

우리는 육신의 자식이 죽어서가 아니라 영의 자식이 없는 것에 대해 애곡해야 합니다. 라헬에게 요셉이 있고 베냐민이 있어도 '자식이 없으므로 위로받기를 거절하였다'고 했습니다. 라헬의 아들들은 예수님의 계보를 잇지 못했습니다. 라헬이 아닌 레아의 아들 유다가 예수님의 조상이 되었습니다. 잘나고 못나고가 아니라 예수님의 계보를 잇는 자녀, 믿음의 대를 잇는 영적 자녀가 최고입니다. 영적 자녀가 없는 자는 무슨 일을 당할 때 누구에게도 위로받을 수 없습니다.

◆ 다른 고난은 잘 견뎠는데 자식 문제가 오면 어떤 것도 위로가 안 되는 것을 경험해 보셨나요? 자식을 사랑한다고 하면서 우상으로 삼았던 죄를 깨달았습니까?

기다림 가운데 인도하신다

19 헤롯이 죽은 후에 주의 사자가 애굽에서 요셉에게 현몽하여 이르되 20 일어나 아기와 그의 어머니를 데리고 이스라엘 땅으로 가라 아기의 목숨을 찾던 자들이 죽었느니라 하시니_마 2:19~20

나를 죽이겠다는 사람이 한 명만 있어도 두려울 텐데 그 사람이 나라의 왕입니다. 얼마나 두렵겠습니까? 하지만 왕이 나를 죽이려고 하는 것은 내가 더 큰 왕이기 때문입니다. 사울이 다윗을 죽이려고 한 것도 하나님의 기름 부음이 다윗에게 넘어갔다는 걸 알았기 때문입니다. 그래도 다윗은 때가 될 때까지는 숨어서 다녔습니다. 때가 될 때까지, 헤롯이 죽기까지 기다리는 것이 하나님의 인도하심입니다.

가기 싫은 애굽에 가라고 하시더니 헤롯이 죽기까지 기다리게 하십니다. 게다가 잔인한 헤롯은 예수님을 안 믿는데도 잘 입고 잘 먹고 있습니다. 어떻게 그럴 수 있습니까! 하지만 역사가 요세푸스에 의하면 헤롯이 죽을 때는 내장이 썩고 벌레가 나는 심한 병에 시달리다가 비참하게 죽었다고 합니다. 그때까지, 헤롯이 죽기까지 잘 기다리고 있는 사람은 애굽에 살아도 하나님의 인도를 받습니다. 장소, 신분, 나의 처지에 관계 없이 주의 사자를 통해 나를 인도하십니다.

◆ 하나님의 때가 될 때까지 가기 싫어도 가야 할 애굽은 어디이고, 죽기까지 기다려야 할 헤롯은 누구입니까? 환경의 인도함을 기다리지 못하고 내 열심으로 제 갈 길로 가지는 않습니까?

> 21 요셉이 일어나 아기와 그의 어머니를 데리고 이스라엘 땅으로 들어가니라 22a 그러나 아켈라오가 그의 아버지 헤롯을 이어 유대의 임금 됨을 듣고 거기로 가기를 무서워하더니……_마 2:21~22a

요셉이 순종해서 이스라엘 땅으로 왔습니다. 주의 사자를 통해 인도함을 받아서 이스라엘로 왔는데 '그러나!'가 기다리고 있습니다. 아버지 헤롯이 죽으니까 아들 헤롯이 임금이 돼서 기다리고 있는 겁니다.

그래서 우리는 또 기다려야 합니다. 시부모님 병 수발하다가 돌아가시니까 남편이 바람을 피웁니다. 남편의 외도가 잦아드니까 자녀가 가출을 합니다. 그럴 때 '왜 이런 일이 오는가'가 아니라 나에게 아직 훈련이 필요하다는 것을 알아야 합니다.

왜 훈련이 더 필요할까요? 주의 사자를 통해 인도함을 받았어도 헤롯의 아들 아켈라오가 임금이 됐다고 하니까 가기를 무서워했다고 했습니다. 내가 여전히 헤롯을 무서워하기 때문입니다. 여전히 사람이 무섭기 때문에 훈련이 더 필요한 것입니다. 저도 시집살이가 무섭고, 남편이 무서웠습니다. 그런데 남편의 구원을 위해 생명을 내놓고 기도하면서는 '죽으면 죽으리라. 욕을 하면 욕을 듣자' 이러니까 무섭지 않았습니다.

날마다 말씀으로 인도함을 받고 하루를 시작해도 두렵고 무섭고 애통한 일이 너무나 많습니다. 미국에서 제2차 세계대전 당시 죽은 청년이 3백만 명인데 전쟁에 가족을 내보내고 심장병으로 죽은 부모 형제의 수가 백만 명이라고 합니다. 두려움의 문제가 얼마나 큰 것인지 '두려워하다'라는 단어가 성경에 365번 나옵니다. 365일, 날마다 우리는 두렵습니다.

워싱턴에 가면 링컨이 애용하던 성경책이 보관돼 있는데 가장 많이 읽어서 손때가 찌들어 있는 부분이 시편 34편이라고 합니다.

"내가 여호와께 간구하매 내게 응답하시고 내 모든 두려움에서 나를 건지셨도다"(시 34:4). 남북전쟁과 평생의 고난 속에서 얼마나 두려움이 많았겠습니까. 하나님은 그 두려움 많은 링컨의 삶 가운데에서도 실수하지 않으셨습니다. 링컨의 삶을 통해 하나님의 일을 하셨습니다.

◆ 사람의 판단과 핍박을 두려워하며 자유함이 없습니까? 두려움 없이 하나님만 바라고 피할 수 없는 환경으로 훈련하시는 것에 감사하십니까?

낮은 자리로 인도하신다

22b ……꿈에 지시하심을 받아 갈릴리 지방으로 떠나가 23 나사렛이란 동네에 가서 사니 이는 선지자로 하신 말씀에 나사렛 사람이라 칭하리라 하심을 이루려 함이러라_마 2:22b~23

이스라엘에 돌아와도 별 뾰족한 수가 없어서 갈릴리 지방 나사렛으로 왔습니다. 하나님은 예수님이 애굽에 있을 때도 숨어 있게 하시더니, 이스라엘에 돌아와서는 비천한 갈릴리 나사렛 사람으로 칭함을 받게 하십니다. 우리 주님이 고운 모양도 없고 흠모할 만한 아름다운 것도 없이 비천함을 경험하셨기 때문에, 숨 쉴 사이 없이 훈련을 받으셨기 때문에 우리의 구원자가 되셨습니다.

나사렛에 살아야 유대에서 사역을 할 수 있습니다. '집순이'로 시집살이하면서 걸레를 잘 빨았나 못 빨았나, 날마다 걸레 검사나 받던 제가 지금은 강남 한복판에서 사역을 하고 있습니다. 내게 어떤 일이 있든지 남편의 자리, 아내의 자리, 부모 자리, 자식 자리에 있어만 줘도 가정이 살아납니다. 변명과 핑계를 대지 마십시오. 어떤 환경에서도 하나님은 하나님의 일을 이루십니다. 하나님은 나로 인해서 결코 손해 보지 않으십니다. 말씀하신 바를 이루십니다. 하나님은 실수하지 않으십니다.

◆ 무시받는 동네 나사렛으로, 내세울 것 없는 처지로 인도하신 것 또한 말씀을 이루시는 하나님의 인도함인 것을 믿으십니까? 내가 경험한 무시와 소외를 통해 다른 사람들을 돌아보게 되었습니까?

말씀으로 기도하기

구원을 위해 쓰임받은 죽음이라면 아름다운 죽음입니다. 무시받는 환경으로, 내세울 것 없는 처지로 내려가게 하시는 것도 하나님의 인도하심입니다. 하나님은 결코 실수하지 않으십니다.

한 걸음씩 인도하십니다(마 2:13~14).
떠나야 할 때와 있어야 할 때를 알려 주시고 영육 간에 한 걸음씩 인도해 주시는 주님, 감사합니다. 순종하기 싫어서 머뭇거리다가 때를 놓치고 질서를 어기는 저를 용서해 주옵소서. 평범한 삶이 가장 비범한 삶임을 깨닫고 여전한 방식으로 살며 하루하루 주님의 인도하심을 따라가게 하옵소서.

말씀으로 인도하십니다(마 2:15).
어떤 상황에 있든지 말씀대로 이루어지는 삶이 가장 축복이라고 하십니다. 예수님을 믿고도 여전히 제가 학벌과 외모, 돈의 애굽에서 떠나지 못하기에 주님이 억지로 불러내셨음을 이제야 깨닫습니다. 애굽에 두신 것도, 애굽에서 불러내신 것도 말씀이 내 삶에 이루어지는 축복임을 믿게 해 주옵소서.

생로병사를 통해 인도하십니다(마 2:16~18).

헤롯의 권력욕으로 많은 아기가 학살당하지만 이는 하나님께 쓰임 받은 아름다운 죽음이었습니다. 생로병사는 하나님이 정하신 것이기에 하나님께 순종하면 생로병사도 아름다운 것입니다. 하나님의 눈으로 죽음을 바라보게 하옵소서. 나의 죽음도 누군가를 주께 돌이키게 하는 아름다운 죽음이 되게 하옵소서.

기다림 가운데 인도하십니다(마 2:19~22a).

하나님의 때를 잘 기다리는 것이 최고의 순종입니다. 주의 뜻을 따라 가기 싫은 애굽에도 잘 머물고, 헤롯과 같은 사람도 잘 받아들이게 하옵소서. 제 갈 길로 가던 인생에서 주의 인도하심을 기다리고 따르는 인생이 되게 하옵소서.

낮은 곳으로 인도하십니다(마 2:22b~23).

예수님을 비천한 갈릴리 나사렛 사람으로 칭함받게 하신 것도 말씀을 이루려는 하나님의 인도하심이었습니다. 이러한 비천함을 경험하셨기에 주님은 우리의 구원자가 되셨습니다. 낮은 환경을 핑계 삼아 사명을 외면하지 않게 하옵소서. 내가 경험한 비천함과 낮아짐을 통해 이타적인 삶을 살게 해 주옵소서.

우리들 묵상과 적용

가끔 잠이 오지 않는 밤이면 남편에게 "미안하다"는 내용의 카톡 메시지를 보내곤 합니다. 그러나 제가 보낸 메시지는 늘 확인되지 않은 채로 있습니다. 3년 전 남편은 암으로 사망했기 때문입니다. 애굽같이 화려한 생활을 꿈꾸며 믿지 않는 남편을 선택해 결혼한 저는 돈과 명예를 누리는 대신 애굽의 종살이를 혹독히 치러야만 했습니다(출 1:8~14). 개업의인 남편은 병원에서 스트레스를 받고 집에 오는 날이면, 술을 마시고 제게 폭언을 일삼았습니다. 그럴 때 제가 억울하고 분한 눈길이라도 보일라치면 남편은 자신의 불우한 어린 시절과 현재의 힘든 상황을 반복해서 말하며 저를 더욱 괴롭혔습니다. 주님은 그런 저를 남편이 외도하여 딴살림을 차리고 혼외자를 낳은 사건, 동사무소에서 가족 관계 서류를 떼다가 남편의 사망 사실을 우연히 알게 되는 사건으로 애굽에서 불러내셨습니다(마 2:15).

저는 지독히 자기애가 강하기에 교회에 다니면서도 주님과 공동체를 경하게 여기며, 저희 가정에 오실 예수님을 알아보지 못했습니다. 그리고 남편이 죽으면서 저와 자녀들 모르게 모든 재산을 첩과 혼외 아들에게 남겼다는 사실을 뒤늦게 알고는 절망하며 처절하게 울 수밖에 없었습니다. 저는 남편의 죽음보다 첩에게 넘어간 재산 때문에 분해서 죽을 것 같았습니다. 그런 제게 주님은 레위기 말씀을 묵상하다가 '남편이 우리 가정을 위해 번제물로 바쳐졌구나' 깨닫게 하셨습니다(레 1장). 그제야 비로소 우리 가정에 예수님이 오시려고 할 때마다 수없이 주위 사람을 핍박하며 주님을 대적한 제가 바로 '헤롯'임을 알게 되었습니다(마 2:13). 남편의 돈과 명예는 취하면서 힘들고 지친 남편의 영혼에는 무관심했습니다. 남편이 제게 스트레스를 쏟을 때마다 저는 그 핑계로 술을 마시고 채팅 사이트에 들어가 음란한 언어를 쓰면서 죄를 지었습니다. 또한 조금의 죄책감도 없이 낙태를 했고, 점점 가세가 기우는 친정을 무시하는 교만을 부렸습니다.

주님은 그런 저를 '남편도 죽고 재산도 빼앗긴 과부'라는, 세상에서 낮고 초라한 자리로 인도하셨습니다. 하지만 이 자리가 바로 예수님이 거하시는 '나사렛'이라고 여겨지는 은혜를 주셨습니다(마 2:23). 예수님이 이 땅에서 비천한 나사렛 사람이라 불리며 사명을 감당하셨듯이, 저도 과부된 자로서 제 남은 인생을 영혼 구원을 위해 살고 싶습니다. 본문에서 요셉은 주의 사자가 현몽하여 이르는 말에 즉각 순종합니다(마 2:13~14). 저희 딸들도 요셉처럼 말씀을 듣고 순종하여 아빠를 용서하고, 못난 저를 "이혼 안 하고 가정을 지켜 준 고마운 엄마"라고 여겨 줍니다. 이제는 저의 고난을 약재료로 사용하여 아프고 힘든 사람들을 주께로 돌이키는 사명을 감당하기를 간절히 소망합니다(겔 47:12).

영혼의 기도

하나님 아버지, 말할 수 없는 분노와 억울함을 가지고 이 자리에 왔습니다. '하나님이 실수하셨어. 하나님을 이해할 수 없어' 하는 마음으로 왔습니다.

하지만 헤롯 한 사람, 히틀러 한 사람을 죽이지 않으시고 영아 학살과 유대인 학살을 겪게 하셨어도 하나님은 실수하지 않으셨습니다. 죽음이 억울하고 슬픈 일이 아니라 또 다른 생명을 낳는 구원의 일이 된다는 것을 저를 통해서도 증거하셨습니다. 헤롯처럼 모든 것을 가졌어도 끝까지 돌아오지 않고 죽을 수 있고, 유대인이 6백만 명이 죽어도 돌아오지 않는 것을 보면서 제가 예수님을 믿는 것이 얼마나 기적인가를 깨닫습니다. 그 은혜에 감사하며 이제는 나의 모든 사건에서 하나님의 옳으심을 인정하기 원합니다.

가기 싫은 애굽에 가도, 헤롯이 죽기까지 기다려도, 다시 그 아들이 나를 괴롭혀도 아직은 아니라고 하십니다. 기다리라고 하십니다. 내가 아직도 사람을 두려워하고 세상을 두려워하기 때문에, 내 인생이 사역의 자리로 옮겨 가기까지 더 훈련을 받으라고 하십니다. 그러니 '나는 왜 이리 되는 일이 없는가' 하지 않고 비천한 나사렛 사람이라 칭함받기를 원합니다. 낮아지기를 원합니다. 그래야 유대에서 사역을 할 수 있습니다.

예수님 없이 잘될 인생은 없습니다. 예수님을 믿기에, 가족이 속을 썩이고 되는 일이 없어도 나는 소망이 있는 인생입니다. 어떤 일을 당해도 나는 말씀을 이루는 인생입니다. 나의 인생에 결코 실수하지 않으시는

하나님을 인정하며 한 걸음씩 주님의 인도함을 받는 하루하루가 되기를
원합니다. 함께해 주옵소서. 예수님 이름으로 기도하옵나이다. 아멘.

준비된 인생

마태복음 3:1~12

하나님 아버지, 참으로 광야의 외치는 자의
소리가 되어서 많은 사람을 회개하게 하기 원합니다.
그것이 인생의 사명이며 목적인 것을 알고
걸어가게 하시니 감사합니다. 오늘도 하나님의 말씀으로
주의 길을 예비하는 자가 되기 원하오니
말씀하여 주옵소서. 듣겠습니다.

10여 년 동안 대형온수기 제작에 심혈을 기울인 사람이 있습니다. 사람을 만날 때마다 침을 튀기며 열정적으로 자신의 사업을 설명하고 신문 스크랩을 비롯해서 여러 가지 많은 자료를 가지고 있었습니다. 사업 준비로 여러 해를 보내며 자기 집을 팔고 전세로, 전세에서 월세로, 월세에서 복지 시설 생활까지 내려앉게 되었습니다. 그래도 오직 온수기 제작을 위해 일하느라고 다른 사업은 쳐다보지도 않았습니다.

애석하게 10년의 세월이 흐르는 사이 수많은 냉온수기가 앞다투어 출시되었고 그가 추진해 온 사업은 물거품이 되고 말았습니다. 왜 이렇게 전락했을까요? 그는 중요한 한 가지 오류를 간과한 채 일을 해 왔습니다. 그가 사업 자금을 마련하겠다는 방법이 바로 '복권 당첨'이었던 것입니다.

우리 인생은 많은 준비를 하다가 끝나는 인생이라고 해도 과언이 아닙니다. 결혼 준비, 임신 준비, 육아 준비, 아이가 자라면 입시 준비, 취업 준비, 승진 준비를 합니다. 요새는 이혼 준비도 매우 치밀하게 합니다. 그 많은 준비를 어떻게 해야 할까요? 어떤 준비가 우리에게 꼭 필요할까요?

사역의 때를 준비하라

그 때에 세례 요한이 이르러 유대 광야에서 전파하여 말하되_마 3:1

예수님이 나사렛 사람으로 칭함받으며 갈릴리에서 고난을 받고 있을 '그때'는 내가 훈련을 받고 있는 '그때'와 같습니다. 원어로 보면 복수로 쓰여서 많은 날들이 지나고 있는 때입니다. 창조주 예수님도 28년에서 30년 정도의 훈련을 거치셨습니다. 우리도 예수님을 믿자마자 모든 환경이 하루아침에 변하는 것이 아닙니다. 누구라도 훈련을 거쳐야 합니다.

예수님이 나시고 30여 년쯤 후, '그때에' 예수님이 사역할 유대 지역을 하나님은 세례 요한을 통해 준비시키십니다. 하나님은 내가 하나님의 뜻대로 순종하고 있으면 나를 위해서, 나의 사역을 위해서 모든 것을 준비해 놓으십니다.

신구약의 분기점이 되는 선지자인 세례 요한은 대제사장 아론의 후손입니다. 한국교회에서 인정받기 어려운 여성 목회자인 저도 세례 요한과 같은 대단한 목사님들의 소개로 사역이 시작되었다고 할 수 있습니다. 시어머니 아래서 시집살이하고 걸레 검사나 받던 제가 1990년도 코스타에 강사로 처음 서게 되었습니다. 평신도 집사로 교회에서 큐티 모임을 인도하고 있을 때인데 홍정길 목사님, 김동호 목사님, 이동원 목사님 등 '강사의 국력 낭비'라고 할 만큼 쟁쟁한 강사들과 함께 제가 초청을 받았습니다. 그때 저의 간증과 메시지를 들으신 목사님들의 격려와 후원으로 저의 공적인 사역이 시작되었습니다.

이 이야기를 가지고 "어머, 어떻게 그분들은 세례 요한이고 자기는 예수님이라고 할 수가 있어" 이러시면 안 됩니다. 저는 말씀을 보면서 문맥과 상황에 맞춰 적용을 하는 것입니다. 악인이 등장하면 그의 악 가운데서 저의 죄를 보고, 의인이 등장하면 예수 그리스도의 은혜로 의롭게 된 내 신분과 사명을 생각하는 것입니다. 그래서 성경 어디를 봐도 '어쩌면 이렇게 모든 것이 내 말씀인가' 하고 생각합니다.

저만 그런 것이 아닙니다. 여러분 모두가 '성경은 나의 이야기다' 하며 성경을 읽을 수 있어야 합니다. 성경이 어렵다고 하는 것은 성경 말씀을 나에게 주시는 음성으로 듣지 않고 자꾸 공부를 하려고 하기 때문입니다. 성경에 나타난 하나님의 구속사가 어떻게 나의 역사가 되고, 나의 삶에 적용되는가 생각하면서 읽어야 하는데 지식을 쌓으려고 읽기 때문에 큐티를 해도 어렵다고 하는 것입니다.

비천한 갈릴리 나사렛 사람들에게는 하나도 안 어려운 것이 성경입니다. 예수님은 낮은 데서 출발하셨기 때문입니다. 예수님의 인생에 있었던 모든 환경과 인물들은 말씀을 이루기 위한 것입니다. 우리 옆에 있는 모든 환경과 사람도 그렇습니다. 그러므로 '인생의 목적인 거룩을 이루기 위해 나의 구속사 안에서 저 사람이 무슨 역할을 하고 있는가' 항상 생각하면 무엇도 원망하지 않게 됩니다. 제 인생의 모든 일도 하나님의 훈련이 되어서 제가 이렇게 설교까지 하는 사람이 된 것입니다.

◆ 내 사역이 시작되는 '그때에'는 언제일까요? '난 조용히 교회만 다닐 건데 사역은 무슨 사역?' 이렇게 생각하십니까? 또는 가정과 직장 일은 뒤로 하고 전도하러만 다니는 것이 사역이라고 착각하지는 않습니까? 나의 환경과 상황이 하나님께 쓰임받기 위한 준비임을 믿고 순종합니까?

회개함으로 천국을 준비하라

회개하라 천국이 가까이 왔느니라 하였으니_마 3:2

요한이 주의 길을 예비하면서 외치는 메시지는 "회개하라 천국이 가까이 왔느니라"입니다.

유대인은 자신들이야말로 천국에 1번 타자로 입성할 것이라고 굳게 믿는 사람들입니다. 그런데 이방인들을 제쳐 놓고 그런 사람들을 보고 회개하라고 하니까, 이것이야말로 충격적이고 혁명적인 메시지입니다.

천국에 들어가는 조건이 "회개하라"인데 회개는 무엇입니까? 후회는 과거를 돌아보면서 통탄하는 것이고, 회개는 미래에 대한 결단을 하는 것입니다. 그래서 회개에 대한 가장 정확한 표현은 '돌아섬'입니다. '턴-turn', '유턴-U turn'입니다. 지금까지 아무리 착한 성품으로 살았다고 해도 회개한 사람은 자꾸 거꾸로 적용을 해야 합니다. 지금까지의 삶과 완전히 반대로 하는 것이 회개입니다.

시집살이를 하면서 저는 매사에 아무 소리도 하지 않고 "네. 네. 네" 하면서 착한(?) 며느리로 살았습니다. 외출도 하지 말라고 하면 안 하고, 전화 통화를 하다가도 끊으라고 하면 "네" 하고 끊고, 교회도 가지 말라고 하면 "네" 하고 안 갔습니다. 돈의 노예, 인정받는 것의 노예로 살던 제가 어떻게 부유한 시댁과 신랑 마음을 거스르고 교회에 가겠습니까? 착해서가 아니라 비위를 맞추느라고 할 말도 안 하고, 책도 안 읽고, 음악도 안 듣고 살았습니다.

그런데 시집살이 5년 만에 주님을 만나고 나니까 제가 달라졌습니다. 예수님 때문에 큰소리치는 인생을 살게 됐습니다.

"내가 이제야 예수님을 믿고 거듭났어요. 난 이제부터 교회에 갈 겁니다. 수요예배도 가고 주일 오후 예배도 갈 겁니다. 만약에 교회를 못 가게 하면 이혼할 겁니다!" 하나님 때문에 배짱이 생겨서 이렇게 큰소리를 쳤습니다. 그러니까 "가라"고 그러더라고요. 결국 그동안 노예처럼 산 것은 제가 자신이 없어서 그런 겁니다.

반대로 맨날 큰소리치던 사람이라면 예수님을 믿고부터는 좀 잠잠해져야 합니다. 잘난 척하던 사람이라면 태도가 겸손하게 바뀌어야 합니다. 회개는 턴(turn)입니다. 나 자신의 자율적인 성품에서 완전히 반대로 돌아서는 것입니다.

◆ 입으로 하는 회개가 아닌 내 성품과 습관을 돌이키는 회개의 삶을 살고 있습니까? 가족에게 회개의 메시지를 외치며 천국을 전파하십니까?

주의 길을 준비하라

그는 선지자 이사야를 통하여 말씀하신 자라 일렀으되 광야에 외치는 자의 소리가 있어 이르되 너희는 주의 길을 준비하라 그가 오실 길을 곧게 하라 하였느니라_마 3:3

내 환경에서의 해방이 진정한 해방이 아니고 주의 길이 해방입니다. 그래서 우리는 광야 같은 세상에서 외치는 자의 소리가 되어 "주의 길을 준비하라"고 예비시켜야 합니다. 하나님 아버지의 마음을 자녀에게로, 자녀의 마음을 아버지에게로 돌이키게 해야 합니다. 나의 길, 성공의 길이 아니고 주의 길을 준비하라고 외쳐야 합니다.

주의 길을 준비하라고 외치려면 의욕이 있어야 하는데, 의욕은 대상이 있을 때 생기는 것입니다. 연애할 때 연인을 생각하면 기쁘고 의욕이 생깁니다. 맛있는 음식을 먹으러 갈 때도 의욕이 생기고 인생이 기뻐집니다. 하지만 그 모든 것은 일시적인 것입니다. 이 세상에서 가장 강한 의욕으로 일할 수 있는 대상은 주님뿐입니다. 주의 일을 할 때 우리는 가장 강한 의욕으로 임할 수 있습니다.

몸이 약한 편이라서 그랬는지 저는 특별히 기쁘게 한 일이 없었습니다. 누구보다 열심히 피아노를 공부했지만 성실함과 끈기로 했을 뿐 음악에 대한 열정은 부족했습니다. 매사에 시들시들, 비실비실했습니다.

그런 제가 어떻게 지금 목회를 하고 있을까요? 저의 의욕의 대상이 주님이 되었기 때문입니다. 주님의 일을 하고 있기 때문입니다. 이 일은 내 힘으로 하는 것이 아니기 때문입니다.

고대 중동에서는 왕이 먼 길을 갈 때 종들을 앞서 보내서 왕의 여정이 방해받지 않도록 도로를 곧게 하고 정비하던 관습이 있었습니다. '오실 길'은 사람들의 마음에 이르는 길입니다. 주의 길을 준비하고 그가 오실 길을 곧게 하는 것은 사람들이 주님을 영접하도록 구원의 길을 놓는 것입니다.

구원의 길을 곧게 하려면 예수님을 믿는 데 방해되는 것을 끊고 처리해야 합니다. 구체적으로 나의 예배와 기도가 방해받지 않도록 끊어야 할 모임이 있고 사람들이 있습니다. 술, 오락, 게으른 생활 등 신앙에 방해가 되는 것들을 끊는 것이 주의 길을 곧게 하는 것입니다. 나뿐 아니라 내가 전도한 가족, 지체들이 세상 것들을 끊을 수 있도록 도와주는 것이 세례 요한의 역할입니다.

또 어떻게 곧게 할까요? 우리에게는 깊은 상처의 골이 있습니다. 높은 오해의 골, 미움의 골, 쓴 뿌리의 골들이 우리를 곧지 못하게 만듭니다. 나의 험한 상처와 미움의 골들이 예수 그리스도로 인해 메워지고 낮아질 때 주의 길이 곧게 됩니다.

◆ 요즘 힘을 다해 외치는 내용이 무엇인가요? "공부해라! 돈 벌어 와라!" 하는 소리만 의욕 있게 외치십니까? 가정 구원의 길을 곧게 하기 위해 나의 섬김으로 미움의 골을 덮고 있습니까? 비난과 원망뿐이던 나의 언어와 행동이 예수님으로 인해 곧아졌습니까?

죄를 깨닫게 하는 것이 최고의 준비다

이 요한은 낙타털 옷을 입고 허리에 가죽 띠를 띠고 음식은 메뚜기와 석청이었더라_마 3:4

사실 요즘으로 치면 메뚜기와 석청은 굉장히 비싼 웰빙(Well-being) 식품이고, 가죽 띠와 낙타털 옷은 완전히 명품 아닙니까? 하지만 시대적 배경을 무시하고 성경을 봐서는 안 됩니다. 그 시대로 말하면 요한은 '빈들의 영성'을 가진 사람입니다. 사람이 살지 않는 광야에서 청렴한 의식주 생활을 한 것입니다.

주의 길을 준비하기 위해서 청렴한 삶을 살아야 하는데, 누구든 의식주 이 세 가지 모두가 청렴하기는 어렵습니다. 각자마다 약점이 있어서, 의(衣)가 강점이면 식(食)이 약점인 사람이 있습니다. 의(衣)와 식(食)은 잘되는데, 주(住)가 안되는 사람이 있습니다. 누구나 약한 부분이 있기 때문에 다른 사람들에게 함부로 "야, 너는 예수 믿는다면서 먹는 걸 절제 못하냐? 아직도 큰 집이 좋냐?" 하고 비난할 수가 없습니다.

회개의 메시지를 외치기 위해 의식주를 청렴하게 하며 삶의 본을 보이십니까? 의식주 중에 연약한 부분이 무엇인지 구체적으로 나눠 봅시다.

사람들에게 하나님의 영광을 보여 주는 것은 나의 행동과 언어입니다. 그러므로 평범한 의식주 생활을 보편적으로 잘 하는 것이 곧 복음을 전하는 길입니다.

하지만 의식주가 청렴하다는 그 자체에 열광해서는 안 됩니다. 대부분의 사람들은 청렴 그 자체로 종교성을 논합니다. 승복이나 사제복, 도심을 떠나 산에 들어가서 사는 것, 육식을 안 하는 것, 결혼을 안 하는 것, 이런 삶을 보여 주는 것이 종교적인 능력이라고 생각합니다. 그래서인지 사람들에게 믿고 싶은 종교를 조사해 보면 1위가 천주교, 2위가 불교, 3위가 개신교입니다. 왜 그럴까요? 불교와 천주교에서 보여 주는 경건한 분위기, 평범한 사람과는 다른 의식주 생활을 하는 그들을 보며 종교적인 신비함을 느끼기 때문입니다. 반면에 개신교는 실제적인 삶에 근거를 두고 감추는 것 없이 다 드러내고 있으니 매력을 못 느끼는 것 같습니다.

기독교 학교에 다니는 학생이 종교의 자유, 예배 선택권을 요구하며 단식 투쟁까지 벌인 일이 있었습니다. 그 학교의 교목으로 섬기던 목사님은 학교를 떠나 노점상을 하면서 한국교회의 개혁을 주장하는 책을 발간했습니다. 그분은 "교리를 내세워서 안 믿으면 지옥 간다고 협박하는 한국교회의 지독한 도그마(dogma)를 깨뜨려야 한다"고 주장합니다. 성서를 바로 이해하려면 역사는 역사로, 신화는 신화로, 전설은 전설로 이해해야지 성경 말씀을 현실에 적용하려 해서는 안 된다는 것입니다.

대형 교회의 세습 관행이나 대형 성전 건축과 같은 문제에 대해서는 "예수 믿으면 천국 간다고 하니까 많은 사람이 모여 만들어지는 것이 대형 교회의 물량주의인데 그 이면에는 교인들이 많으면 헌금도 많아지고 힘도 생기고 그래서 일하기가 편해지기 때문이다"라고 했습니다.

그런 교계를 떠났기 때문에 자신은 편안하다고 합니다. 40대 가장으로 교목을 그만두고 노점상을 하는 것이 천당에서 지옥으로 추락한 것 같지만, 적당히 타협하면서 살아왔던 자신을 배반하고 신념에 따른 커밍아웃을 했다는 점에서는 오히려 지옥에서 천당으로 올라온 셈이라고 말합니다.

지금은 판교 채플이 지어졌지만 우리들교회는 오랫동안 교회 건물 없이 예배를 드렸습니다. 그러나 그것 자체가 자랑은 아니었습니다. 교회 건물이 없고, 목사가 없고, 교단에 속하지 않은 것이 무조건 빈 들의 영성이라고는 생각하지 않습니다. 신학을 하고 목사가 되고 외적으로 청렴한 삶을 살아도, 그것 자체가 교회를 개혁하는 것은 아닙니다. 진정한 개혁은 하나님 앞에서 내 죄를 깨닫는 것입니다.

> 5 이 때에 예루살렘과 온 유대와 요단 강 사방에서 다 그에게 나아와 6 자기들의 죄를 자복하고 요단 강에서 그에게 세례를 받더니_마 3:5~6

요한은 말라기 이후 400년 만에 나타난 하나님의 선지자로 인정을 받았습니다. 광야에서 그의 삶으로 외쳤기 때문에 예루살렘과 온 유대의 수많은 사람이 그에게 나왔습니다. 그의 청렴함 때문에 나왔습니까? 그를 따라서 광야에서 살겠다고 나왔습니까?

본문에서는 자기들의 죄를 자복하기 위해서 나왔다고 했습니다. 죄를 보게 해 주는 것이야말로 주의 길을 예비하는 자의 사명입니다. 구원의 첫 단추는 자기 죄를 보는 것입니다. 종교의 자유를 외친 학생도, 교계와 타협을 거부하고 개혁을 외치는 목사님도, 죄에 대한 회개 없이 개혁만을 외친다면 누구도 변화시킬 수 없습니다.

종교의 자유, 교회 개혁보다 우선되어야 하는 것은 하나님을 예배하는 것입니다. 하나님의 자녀로서 하나님과 친밀함을 누리는 것, 그러기 위해 예배로 시작하고 예배로 마쳐야 하는 것이 우리 인생입니다. 사람은 예배가 없이는 살 수 없는 존재입니다.

내 삶의 전부를 드려서 하나님을 예배하는 것이 우리 인생의 목적인데, 한 학생은 그것을 거부하고 종교의 자유를 외쳤습니다. 그런데 세상은 그 학생을 지지했습니다. 감정과 온갖 논리로 그의 주장에 동참하며, 기독교 학교들이 학생들의 예배 참석을 강요해서는 안 된다고 목소리를 높였습니다.

죄를 깨닫게 하는 외치는 소리가 없으면 감정과 논리로 성경을 보고 하나님을 믿다가 악의 길로 갑니다. 진정한 자유는 죄로부터의 자유입니다. 창조주 하나님을 부인하고 떠나는 것을 자유라고 착각해서는 안 됩니다. '여호와를 경외하는 것이 지식의 근본'입니다(잠 1:7). 교육 현장에서 가장 우선되어야 할 것이 예배이고, 하나님의 말씀입니다. 어려서부터 성경을 가르치고 하나님의 가치관을 심어 줘야 합니다.

◆ 날마다 말씀을 묵상하며 죄를 자복하십니까? 어려서부터 하나님 앞에서 자기 죄를 볼 수 있도록 자녀를 말씀으로 양육하십니까? 교회가 그 역할을 대신한다고 생각하지 말고 당장 가정예배를 드리는 것부터 적용합시다.

긴박한 마음으로 준비하라

요한이 많은 바리새인들과 사두개인들이 세례 베푸는 데로 오는 것을 보고 이르되 독사의 자식들아 누가 너희를 가르쳐 임박한 진노를 피하라 하더냐_마 3:7

세례를 받으러 나오는 경건한 바리새인들, 물질주의의 사두개인들에게 요한은 "독사의 자식들"이라고 했습니다. 사회 기득권층을 향해서 그렇게 외쳤습니다. 어떻게 이렇게 대단한 사람들을 보고 독사의 자식들이라고 할 수 있겠습니까? 아무리 외쳐도 돌아오지 않을 사람들이기 때문입니다. 실컷 자기 마음대로 살다가 세례를 받는다고 해도 멸망을 피할 자격이 없다는 것입니다.

요한은 "임박한 진노를 누가 피하라 하더냐" 하고 호통을 칩니다. 정말 사랑하면 이렇게 야단도 칠 수 있어야 합니다. "괜찮아, 괜찮아. 그래도 교회는 열심히 나갔잖아? 그러니까 우리는 절대로 힘든 일을 안 당할 거야. 망하지도 않을 거야!" 이러는 것은 독초와 쑥입니다. "너 그렇게 살면 안 돼! 빨리 돌이키고 회개해야 해! 안 그러면 멸망이야!" 이것이 사랑의 소리이고, 도움을 주는 소리입니다.

그러므로 회개에 합당한 열매를 맺고_마 3:8

사회 기득권층으로 자기 열매를 맺었어도 필요한 것은 '회개에 합당한 열매'입니다. 하나님을 믿는다고 하면서 인내하지도, 용서하지도 못하는 나를 보면서 회개할 때, 다른 사람들도 자기 죄를 보고 회개하게 됩니다. 나의 회개가 상대방을 변화시킵니다. 남편이 아내에게, 아내가 남편에게, 부모가 자식에게 자기 죄를 고백하고 회개하는 모습을 보이면, 우리 가정에 사랑과 희락과 화평과 온유와 절제와 충성의 열매가 나타납니다. 그것이 회개에 합당한 열매입니다.

> 속으로 아브라함이 우리 조상이라고 생각하지 말라 내가 너희에게 이르노니 하나님이 능히 이 돌들로도 아브라함의 자손이 되게 하시리라
> _마 3:9

회개의 메시지를 아무리 들어도 스스로 죄인이라는 것을 인식하지 못하는 사람은 속으로 이렇게 생각합니다. '내가 어떤 집 자식인지 알아? 내가 아브라함 자손이야. 우리 집안이 목회자 집안이야. 내가 신학을 했어, 목사야. 그런데 나를 보고 회개하라고?' 그러면서 겸손을 가장합니다. '나처럼 대단한 사람이 비천한 세례 요한에게 가면 굉장히 겸손해 보이겠지?'

겉으로는 안 그런 척하면서 속으로 자랑하는 '고등 교만'이 정말 무섭습니다. 겉으로 자랑하는 것은 차라리 귀엽다고 할 수 있습니다. 학벌 자랑, 집안 자랑을 겉으로 내세우는 것은 차라리 고치기 쉬운 질병입니다. 그러나 속은 아니면서 착한 척, 의인인 척하는 것이 훨씬 고치기 힘듭니다.

이 고치기 힘든 고등 교만의 병에 걸린 것이 바리새인과 사두개인들의 특징입니다. 자신들이 이미 구원받은 선민이라고 철석같이 믿고 있기 때문에 그들의 인생에 회개라고는 없습니다. 말씀을 들어도 '나는 괜찮겠지. 교회에 빠지지 않고 가니까' 합니다. 어쩌면 세례 요한에게도 굉장

히 선심 쓰는 듯하며 왔을 겁니다.

'그래, 내가 한번 가 준다' 하고 교회에 다니시는 분 있습니까? '내가 와 주는 게 얼마나 영광이냐. 나 같은 목사, 장로가 와 주는 걸 영광으로 생각해라.' 직분이 있고 뭔가를 갖춘 사람들은 이런 생각을 할 수 있다는 겁니다.

> 이미 도끼가 나무 뿌리에 놓였으니 좋은 열매를 맺지 아니하는 나무마
> 다 찍혀 불에 던져지리라_마 3:10

도끼가 나무뿌리에 놓였습니다. 너무나 긴박한 시대입니다. 급한데 교양이 문제가 아니죠.

"찍혀 불에 던져지리라!"

욕을 먹어도 구원을 위해 소리를 질러야 합니다. 부자들이나 배운 사람에게는 이런 이야기를 하기가 어렵고, 교회 다니고 있는 사람에게 하기는 더더욱 어렵습니다. 그런데 세례 요한이 그 힘든 역할을 하고 있습니다. 그만큼 마음이 긴박하기 때문입니다.

◆ 나보다 많이 배운 형제, 성공한 친구에게 학벌과 사업의 열매보다 '회개에 합당한 열매'를 맺는 것이 중요하다고 외칠 자신이 있습니까? 무조건 회개하라고 외치기보다, 먼저 나의 잘못을 인정하고 남을 용서하며 회개의 열매를 보여 주고 있습니까?

겸손함으로 준비하라

나는 너희로 회개하게 하기 위하여 물로 세례를 베풀거니와 내 뒤에 오
시는 이는 나보다 능력이 많으시니 나는 그의 신을 들기도 감당하지 못
하겠노라 그는 성령과 불로 너희에게 세례를 베푸실 것이요_마 3:11

기득권층에게 회개의 메시지를 외치며 힘든 역할을 하고 있지만 세
례 요한은 예수님을 인정하고 높였습니다. 회개의 열매를 맺는 사람은 남
을 인정할 줄 아는 사람입니다.

예수님은 당시 신분으로 보면 목수의 아들입니다. 세례 요한은 대제
사장 아론의 후손이지만, 목수의 아들 예수님을 인정했습니다. 바리새인,
사두개인들에게는 "독사의 자식들"이라고 야단을 치면서 예수님을 높였
습니다. 요한에게는 출신이나 직분보다 성령 충만한 사람이 사모의 대상
입니다. 요한은 물세례와 성령 세례는 비교할 수 없다는 것과 예수님께만
참능력이 있다는 것을 알았습니다. 능력의 예수님을 인정하는 사람은 예
수님의 꿈이 있는 사람입니다. 예수님의 꿈이 있는 사람은 겸손합니다.

◆ 나보다 학벌이 없고 직분도 없는 성도가 다른 사람들에게 은혜를 끼치고 있
  습니다. 그럴 때 그 사람을 높이고 진심으로 존경할 수 있을까요? 내세울 것
  없이 평범해도 성령이 충만한 사람을 사모합니까?

손에 키를 들고 자기의 타작 마당을 정하게 하사 알곡은 모아 곳간에 들
이고 쭉정이는 꺼지지 않는 불에 태우시리라_마 3:12

때가 되면 구원과 심판으로 나눠집니다. 그러나 그때까지 이 세상은 알곡과 쭉정이가 같이 가게 되어 있습니다. 교회에도 알곡과 쭉정이를 꼭 같이 두십니다. 쭉정이가 있어서 알곡을 깨어 있게 하고, 더 잘 자라게 하기 때문입니다. 쭉정이를 통해 훈련을 받으면서 알곡은 점점 알곡이 되고, 쭉정이는 그런 알곡을 보면서 시기 질투가 나서 괴로워하다가 교만함으로 병들어서 점점 더 쭉정이가 됩니다.

쭉정이가 알곡을 자라게 하는 역할을 했다고 해서 천국에 가겠습니까? 아무리 수고를 해도 쭉정이는 꺼지지 않는 불에 태워집니다. 꺼지지 않는 불이란, 사건이 왔을 때 말씀과 기도가 없어서 해결이 안 되는 것입니다. 사람과 돈을 의지하다가 더 큰 불을 만나고, 잠도 못 자고 밥도 못 먹는데 앉아도 서도 해결이 안 되고……. 꺼지지 않는 근심과 고통 가운데 사는 것이 쭉정이 인생입니다.

◆ 나를 꽉 찬 알곡으로 자라게 하는 쭉정이가 있습니까? 하나님의 심판이 임할 때까지 알곡으로서 준비해야 할 나의 사명은 무엇입니까?

태국에서 말씀 묵상 운동에 동참하고 있는 집사님이 이런 나눔을 했습니다. 어느 날 그 집사님께 도움을 요청하는 전화가 걸려 왔다고 합니다. 자신은 한국인 사업가로 태국어 실력이 부족해서 현지 직원을 고용했는데 그가 회사 돈을 횡령하고 달아났다는 것입니다. 이전 직장에서 비슷한 문제를 일으킨 사람인데, 그의 부인이 한국인이라서 믿고 일을 맡겼다가 사고가 났습니다.

그뿐 아니라 달아난 직원이 돈을 돌려주겠다고 해서 만나러 갔다가, 무슨 계략에 의해서인지 한국인 마피아라는 죄명으로 태국 경찰에 연행이 됐습니다. 그 모습이 현지 신문에 실려서 모두에게 알려졌습니다. 다음 날 보석으로 겨우 풀려났지만 어떻게 상황을 해결해야 할지 모르겠다고 했습니다.

그 집사님은 사업가에게 먼저 하나님을 믿는지 물었습니다. 사업가는 하나님을 믿는다고, 모태신앙인으로 집안에 목사님도 있고 말씀대로 살려고 노력하며 여기까지 왔다고 했습니다. 정말 하나님을 믿는지 재차 확인하고 집사님은 이렇게 이야기했습니다.

"우선은 그 직원이 먼저 회사에서 문제를 일으킨 것을 알면서도 그 사람을 채용한 것에 대해 말씀드리고 싶습니다. 불의한 사람임에도 당장 도움이 될 것 같아서 채용했으니 어쩌면 이 일은 사장님의 선택의 결과라고 할 수 있지 않을까요? 그리고 세금 문제 등을 투명하게 하지 않았기 때문에 그 직원에게도 떳떳하지 못한 것 아닙니까?"

듣고 있던 사업가는 억울하다는 듯 말했습니다.

"실제 가격을 기록하고 사업하는 사람은 아무도 없어요. 사업하는 사람은 누구나 하는 방법입니다. 그러지 않으면 남는 게 없어요. 외국까지 와서 이렇게 고생하는데 남아야 살죠."

"제가 하나님을 정말로 믿으시냐고 왜 두 번이나 물었겠습니까? 남들이 어떤 식으로 하든지 정말 하나님을 믿으신다면 정직하게 사업을 하셔야 한다고 생각해요. 돈을 되찾는다고 해도 다시 불법을 행하면서 사업을 한다면 하나님 보시기에 기쁜 일일까요? 남는 것이 적을지라도 정직하고 투명하게 사업을 하면 하나님이 더 복을 내리실 텐데요. 태국어도 안 되는데 여기에서 누굴 믿고 사업을 하시겠습니까? 저라고 이 문제를 당장 해결해 드릴 수는 없어요. 하지만 이 엄청난 사건이 사장님을 사랑하시는 하나님이 주신 사건이라고 말씀드릴 수 있습니다. 속고 당한 것이 분하고 억울하지만 이 일을 통해 진정한 그리스도인으로 돌아오라고 하나님이 부르십니다. 불의를 행하고도 고난은커녕 오히려 잘 먹고 잘사는 사람들도 많아요. 하지만 사장님은 하나님이 사랑하시는 백성이기에 하나님이 기뻐하시는 방법대로 살라고 이 일을 허락하신 것입니다."

집사님의 이야기를 듣고 한국인 사업가 부부는 눈물을 흘렸습니다. 그리고 함께 손을 잡고 앞으로의 모든 상황을 하나님께 맡기고, 사업이 회복되기보다 먼저 영적으로 회복되기를 기도드렸다고 합니다.

한국인 사업가가 타국에서 사업을 하기 위해 얼마나 많은 준비를 했겠습니까? 하지만 가장 중요한 준비, 예수님의 꿈을 가지고 예수님의 길을 예비하려는 준비가 없었기 때문에 한순간에 모든 것을 잃을 위기에 처한 것입니다.

태국의 집사님처럼 평신도로 아무 직분이 없어도 이렇게 힘든 사람을 도울 수 있습니다. 목사라고, 신학을 하고 직분을 가졌다고 해서 남을 도울 수 있습니까? 이분처럼 회개의 메시지를 외칠 수 있겠습니까!

주의 길을 준비하는 사람은 겸손한 사람입니다. 내가 얼마나 독사의 자식인지, 내 속에 혈통과 직분을 자랑하면서 '나는 지옥에는 안 가겠지' 하는 영적 교만이 있음을 알아야 합니다. 그래서 입으로만 하는 '무늬만 회개'가 아니라 삶에서 변화되는 회개에 합당한 열매를 맺는 것이 주의 길을 준비하는 인생입니다.

◆ 나의 모든 준비는 주의 길을 곧게 하는 준비입니까? 말로는 주의 자녀라 외치면서 내 방법 내 생각대로 준비하지는 않습니까?

•••

나의 험한 상처와 미움의 골들이
예수 그리스도로 인해 메워지고 낮아질 때
주의 길이 곧게 됩니다.

•••

말씀으로 기도하기

세례 요한은 청렴하며 빈 들의 영성을 가진 사람이었습니다. 회개와 천국을 외치는 세례 요한의 메시지를 듣고 많은 사람이 죄를 자복했습니다. 죄를 깨닫고 회개하는 것이 주님 오실 길을 예비하는 최고의 준비입니다.

사역의 때를 준비해야 합니다(마 3:1).

나의 모든 환경, 내 옆에 모든 사람을 통해 나를 훈련해 가시는 주님, 감사합니다. 거룩의 훈련을 잘 받으며 하나님께 쓰임받는 '그때'가 이르기까지 잘 준비되게 하옵소서.

회개함으로 천국을 준비해야 합니다(마 3:2).

입으로 하는 회개가 아닌 성품과 습관을 돌이키는 회개를 하기 원합니다. 무엇보다 세상을 사랑하는 마음에서 유턴하게 하옵소서. 회개의 삶을 살고 회개의 메시지를 외치며 천국을 전파하는 자가 되게 해 주옵소서.

주의 길을 준비해야 합니다(마 3:3).

광야 같은 세상에서 외치는 자의 소리가 되어 주의 길을 준비하는 사명을 제게도 주셨습니다. 무엇보다 구원의 일을 기뻐하며, 구원의 길을 곧게 하는 데 방해되는 것들을 끊을 수 있는 믿음을 허락해 주옵소서. 나의 험한 상처와 미움의 골들이 예수 그리스도로 메워지게 해 주옵소서.

죄를 깨닫게 하는 것이 최고의 준비입니다(마 3:4~6).

구원의 첫 단추는 자기 죄를 보는 것이라고 하셨습니다. 종교의 자유, 교회 개혁이나 청렴한 삶보다 하나님을 예배하고 하나님의 자녀로서 하나님과 친밀함을 누리는 것이 우선임을 깨닫게 해 주옵소서. 날마다 말씀을 묵상하며 내 죄를 자복하고, 자녀 역시 말씀으로 양육하게 하옵소서.

긴박한 마음으로 준비해야 합니다(마 3:7~10).

"독사의 자식들"이라는 세례 요한의 외침을 나에게 주시는 말씀으로 듣기 원합니다. 죄와 욕심에서 돌이켜 회개에 합당한 열매를 맺게 하옵소서. 도끼가 나무뿌리에 놓인 긴박한 이 시대에 세례 요한처럼 심판의 메시지를 담대히 전하는 자가 되게 해 주옵소서,

겸손함으로 준비해야 합니다(마 3:11~12).

예수님을 인정하고 높인 세례 요한의 겸손을 배우기 원합니다. 바리새인과 같이 혈통과 직분, 학벌과 외모를 자랑하는 내 속의 영적 교만을 회개하게 하옵소서.

우리들 묵상과 적용

저는 불신 가정에서 자라 성공과 행복만을 위해 부지런하게 계획하고 준비하며 살았습니다. 학업과 취업, 결혼 등 인생의 때마다 계획대로 이루어지니 내 힘으로 곧은 인생길을 갈 수 있다 생각하며 자만했습니다. 권위적으로 아내도 입 다물게 하고 혼자만의 행복을 즐기며 이기적이고 무심한 가장으로 살았습니다.

그러다 직장에서 당연하게 승진할 것이라 생각한 때에 예기치 않게 명예퇴직하게 되는 사건이 왔습니다. 1년의 실직 기간 동안 자존심이 바닥까지 내려갔고, 그토록 교회를 무시했던 제가 아내를 따라서 예배를 드리게 되었습니다.

저는 자유로운 삶을 살고자 손재주만 믿고 목공방을 창업하기로 결심했고 이를 준비하던 중에 교회 교육기관 건물에 붙은 현수막의 글귀인 "사람이 마음으로 자기의 길을 계획할지라도 그의 걸음을 인도하시는 이는 여호와시니라"는 잠언 16장 9절 말씀을 보게 되었습니다. 그 후부터 날마다 이 구절을 외우며 여호와께 사업을 성공으로 인도해 달라고 기도했습니다.

이전의 음란한 술자리와 화려한 향락 대신 힘든 육체노동으로 고객에게 엎드려야 먹고살 수 있는 종의 환경이 되니, 땀과 먼지투성이 작업복 차림으로 집과 공방, 교회만을 오가는 빈 들의 시간을 살게 되었습니다.

그러나 바람도 피우지 않고 도박도 하지 않으며 성실하게 살아온 저이기에 스스로 의인이라고 착각하며 예배와 공동체에서 매 주일 성도들의 간증과 나눔을 통해 회개하라는 외침을 저와 무관한 이야기로 흘려듣고 있었습니다(마 3:2).

그러던 어느 날 소그룹 나눔 시간에 아내가 결혼생활 내내 저 때문에 힘들어서 이혼과 자살을 수없이 생각했다는 고백을 듣게 되었습니다. 그 순간 도끼가 나무뿌리에 떨어진 듯 저의 인생이 둘로 쪼개지는 느낌이 들고 수치스러웠습니다(마 3:10). 그때에 소그룹 리더로부터 이 일이 저의 가정을 살리시려는 주님의 계획이라는 권면을 듣고, 그 말에 마음이 열려 돌이켜 보니 신혼여행에서부터 맥주병을 깨고 피를 보일 정도로 폭압적이었던 제 모습과 그것으로 힘들었을 아내의 아픔이 깨달아져 깊은 회개의 눈물을 흘리게 되었습니다.

이후 공동체에 속하며 말씀 묵상에 힘쓰니 제 삶의 모든 상황이 저의 사역이 시작되는 '그때'를 위한 하나님의 준비였음을 알게 되었습니다(마 3:1). 그리고 '주의 길을 준비하라'고 끊임없이 외치며 섬겨 준 공동체의 수고로 저의 가정이 살아났고, 이기적인 제가 소그룹 리더로 부르심을 받게 되었습니다(마 3:3). 이제는 주의 길을 준비하는 소명을 가지고 빈 들 같은 공방에서 만나는 고객을 복음을 전파해야 할 한 영혼으로 바라보고, 공동체 지체를 섬기는 삶을 통해 쭉정이로 끝날 인생에서 회개에 합당한 열매 맺는 인생이 되길 소망합니다.

영혼의 기도

하나님 아버지, 인생의 가장 큰 준비는 주의 길을 준비하고 그가 오실 길을 곧게 하는 것입니다. 그러기 위해 빈 들의 영성을 가지고 의식주에서부터 청렴한 것을 보여야 하는데 아직도 누리고자 하는 것이 많음을 고백합니다.

주의 길이 아닌 내 길을 준비하느라 내려놓지 못하는 것이 많음을 용서해 주옵소서.

주의 길을 준비하라고 외치는 자의 소리가 되기 위해 먼저 내 죄를 자복하기 원합니다. 내가 얼마나 독사의 자식인지 나의 교만을 보기 원합니다.

날마다 입으로만 회개하면서 속으로는 '내가 이렇게 봉사했으니까 괜찮겠지. 내가 목사인데, 장로인데, 우리 집안이 모태신앙인데 괜찮겠지' 하는 영적 교만이 있는 것을 불쌍히 여겨 주옵소서. 회개도 내 힘으로는 할 수 없사오니 주님의 은혜로 회개에 합당한 열매를 맺고 삶에서 보일 수 있도록 도와주옵소서.

예수님의 꿈이 있어야 겸손할 수 있습니다. 예수님의 길을 준비하는 자가 되기 원합니다. 그것이 인생의 가장 중요한 준비임을 알고 오늘도 가정에서 직장에서 의식주 생활부터 본을 보이며 회개의 메시지를 외치게 하옵소서. 예수님 이름으로 기도하옵나이다. 아멘.

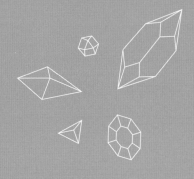

Part 2

천국의 가치관을
갖자

사역을 시작하려면

마태복음 3:13~17

하나님 아버지, 하나님의 이름을 높이도록
나를 부르시고 이제 사역의 자리로 보내십니다.
사역을 하기 위해 깨달아야 할 것들을
말씀해 주시고 돌밭 같은 나의 심령을
주님의 성령으로 뜨겁게 하옵소서.
말씀하여 주옵소서. 듣겠습니다.

경영 컨설턴트 3명이 쓴 『리더십 바이러스』라는 책을 읽었습니다. 저자들은 기업 현장에서 컨설팅을 하면서 적잖은 최고 경영자들이 리더십 바이러스에 감염되어 있는 것을 발견했다고 합니다. 리더십 바이러스란 쉽게 말하면 "그 양반 사장 되더니 목에 힘 들어갔어" 이거죠.

높은 자리에 가면 누구도 예외 없이 바이러스에 감염되는 것을 봅니다. 역대 대통령을 봐도 그 자리에만 가면 예외 없이 비리와 부정이 생깁니다. 그래서 우리나라 대통령들의 전기가 쉽게 나오지 못하나 봅니다.

바이러스에 감염되었다는 것을 알면 빨리 박멸해야 합니다. 병이 깊어지면 집안도 리더 자신도 조직도 다 망합니다. 그런데 어떻게 이것을 박멸할까요? 어떤 리더가 건강한 리더일까요?

자신을 버리는 리더

이 때에 예수께서 갈릴리로부터 요단 강에 이르러 요한에게 세례를 받으려 하시니_마 3:13

"이때에"는 '세례 요한의 외침 후에' 입니다. 요한은 확신, 또 확신에 차서 예수님이 오실 것이고, 예수님이 오시면 심판이 이루어진다고 외쳤습니다. 알곡과 가라지의 심판, 불에 태워지는 심판이 임박했다고 외쳤습니다. 나아가 '나보다 능력 많으신 이', 예수님에 대해서 외쳤습니다.

그리고 드디어 13절에 예수님이 나타나셨습니다. 그런데 심판자의 모습이 아니라 요한에게 세례를 받으러 오십니다. 요한이 헷갈리지 않았을까요? 세례는 원래 죄인들이 죄를 씻기 위해서 받는 것인데 예수님이 진짜 하나님의 아들이고 구세주라면 왜 세례를 받을까요? 세례 요한의 입장에서는 '내가 지금까지 외친 것이 다 틀렸는가?' 이런 생각이 들지는 않았을까요?

공생애의 시작, 사역의 시작은 예수님이 이 세상의 관계와 질서 속으로 들어오시는 것이었습니다. 이것이 리더의 자격, 사역자의 자격입니다.

우리를 훈련시키는 것 중에서 질서보다 위대한 것이 없습니다. 이 세상 질서에 순종한다는 것은 자기를 버리는 것입니다. 십자가를 지는 것입니다. 예수님이 세례를 받으신 것은 죄 없는 주님이 죄인으로 자처하셔서 죄인의 입장이 되신 것입니다. 온 인류의 죄를 대신해서 고백하신 것입니다.

남편이 외도를 해도 부인이 죄를 고백하고, 부모가 잘못을 해도 자식이 죄를 고백하고……. 자존심과 원망을 버리고 상대방의 죄를 대신해서 고백하는 것, 그것이 바로 나를 버리고 십자가를 지는 일입니다. 내가 그 사람의 입장이 되어 주는 것보다 더 큰 위로는 없습니다.

◆ 내가 순종해야 할 관계와 질서는 누구입니까? 남편, 상사의 인격이 아니라 하나님이 허락하신 질서이기에 순종해야 함을 알고 있습니까?

다른 사람을 세워 주는 리더

예수님이 요한에게 세례를 받으신 것을 통해 우리는 참된 겸손을 배울 수 있습니다. 감당할 수 없는 능력을 가진 분이 오셔서 요한에게 무릎을 꿇었습니다. 창조주께서 미물만도 못한 인간에게 머리 숙이는 순종을 하셨습니다. 우리가 아무리 강아지를 사랑한다고 해도 강아지에게 머리 숙이지는 않습니다. 가축을 키우면서 아낀다고 해도 소, 돼지에게 머리 숙이지는 않습니다. 그러니 주님이 요한에게 세례를 받으신 것은 얼마나 큰 낮아짐의 사건인지 모릅니다.

인간은 자기 자신을 높이는 것이 항상 주된 관심사입니다. 하지만 예수님은 하나님의 아들이신데도 자신의 권위를 내세우기 위해서 타인을 깎아내리지 않으셨습니다. 당시 선지자로 세워진 요한이 공적으로 사역을 할 수 있도록 인정하고 높여 주셨습니다. 우리에게 능력과 지식을 주신 것은 사명을 감당하라는 뜻입니다. 고통도 사명을 감당하라고 주셨습니다. 요한이 잘나서도 아니고, 내가 잘나서도 아니고, 오직 주의 일을 위해 인정해 주시는 것입니다.

누군가에게 엎드린다는 것은 참 죽을 것 같은 순종입니다. 부모, 배우자, 상사에게 엎드리는 것도 어렵고, 나보다 못한 사람 앞에 엎드리는 것은 더더욱 못할 일입니다. 내가 잘못을 했어도 잘못했다는 말을 하기가 정말 어렵습니다. 하지만 그렇게 죽을 것처럼 힘든 순종을 할 때 그것이 공적 사역을 시작할 수 있는 기초가 됩니다. 옳고 그름을 떠나 주어진 관계와 질서에 순종하는 모습을 보여 줄 때, 남들이 나를 무시하는 것이 아니라 더 인정하고 지지하는 근거가 된다는 것을 알아야 합니다.

사실, 이것을 안다고 해도 사과 한마디를 제대로 하기는 어렵습니다. 믿음이 없으면 머리라도 좋아서 지금 숙이고 들어가는 게 이익이라는 걸 알아야 하는데, '잘못했다고 해야지' 마음먹었다가도 자존심을 조금만 건드리면 "그래, 너 잘났다! 내가 이런 인간인데 어쩔래!" 이렇게 돼버립니다. 왜 그러겠습니까? 다 열등감 때문입니다.

미국 갤럽에서 미국인의 자아상을 조사하기 위해 이런 질문을 던졌습니다.

"당신은 당신의 외모에 만족하십니까?"

그러자 남자들의 28%, 여자들의 13%만이 만족한다고 했습니다. 불만족한다는 사람들에게 다시 한 번 물었습니다.

"그러면 외모를 바꾸시겠습니까?"

남자 94%, 여자 99%가 외모를 바꾸겠다고 대답을 했습니다.

이것은 자기 존재에 대한 의식이 얼마나 심하게 훼손되어 있는지를 보여 줍니다. 부정적인 자아상은 열등감에 대한 표현입니다. 열등감은 자기 학대를 낳고 나아가 자기 파괴를 가져옵니다.

우리는 하나님의 피조물입니다. 우연의 소산이 아닙니다. "주께서 내 내장을 지으시며 나의 모태에서 나를 만드셨나이다"(시 139:13). 하나님이 관여하셔서 우리가 잉태되었습니다. 이 시편을 개역한글판으로 보면 다윗은 하나님의 창조가 신묘막측하다고 표현합니다(시 139:14). 우리는 측량할 수 없을 만큼 신기하고 놀라운 존재로 지어졌습니다.

그러므로 우리의 자아상을 다른 사람들의 판단에 맡겨서는 안 됩니다. 열등감은 창조주 하나님을 부인하는 불신앙으로 이어집니다. 이것이 바로 죄입니다. 예수님을 믿었다고 하면서 아직도 부정적인 자아상을 가지고 있다면 구원의 확신을 점검해 봐야 합니다.

하나님이 우주 만물을 창조하시고 "보시기에 좋았더라"고 말씀하셨습니다. 그런데 하나님의 형상대로 지은 사람을 창조하시고는 "보시기에 '심히' 좋았더라"고 하셨습니다(창 1:31). 인간이 전부 다 배우처럼 잘생기고 미스코리아 같아서 보기에 심히 좋았다고 하셨겠습니까?

성 어거스틴은 "인간은 높은 산과 거대한 바다의 파도와 굽이치는 강물과 광활한 대양과 무수히 반짝이는 별들을 보고 경탄하면서도 자기 자신의 몸은 별 생각 없이 지나친다. 진정으로 감탄해야 할 대상은 바로 자신이다"라고 말했습니다.

『몸이라는 선물』을 쓴 정형외과 의사 폴 브랜드(Paul Brand)은 "우리 몸의 세포와 뼈와 피부와 동작의 오묘함을 다 감탄하려면 광활한 하늘의 감탄부호로 다 채워도 부족하다"라고 말했습니다.

우리는 목적을 가진 피조물입니다. 날마다 눈을 뜨면 나 자신에 대해 감탄해야 합니다. 내 육신의 장부가 얼마나 신묘막측하게 지어졌는지 날마다 감탄이 나와야 합니다. 하나님의 자녀인 나는 하나님 보시기에 '심히' 좋은 인물입니다. 죄로 인해 일그러진 자아상을 무너뜨리고 그리스도 예수 안에서 우리의 진정한 자아상을 회복해야 합니다. 그래서 나의 열등감의 문제가 해결될 때 나를 버리고 질서에 순종하는 것, 다른 사람을 높이는 것도 할 수 있습니다. 비굴하게 하는 것이 아니라 예수 그리스도의 능력으로 당당하게, 자신 있게 나를 낮추고 남을 높이게 되는 것입니다.

다른 사람을 세워 주기 위해 해결해야 할 또 한 가지는 비교 의식입니다. 비교 의식과 열등감은 똑같이 부정적인 자아상에서 비롯된다고 할 수 있습니다. 하나님의 창조를 부인하고 내게 주어진 창조 목적을 모르기 때문에, 나와 남을 비교하며 자만하거나 비굴해집니다.

하나님의 사역을 파괴하는 가장 큰 관점이 진화론입니다. 진화론은 하나님의 창조를 부인해서 사람들이 하나님이 아닌 피조물을 경배하는 우상숭배에 빠져들게 합니다. 하나님이 없어도 피조물의 힘으로 뭔가 할 수 있다고 하는 것이 진화론입니다. 그래서 잘생기고 대단한 사람들을 보면 그 능력과 외모를 숭배하는 것입니다.

케네디가(家)의 유명인 중 한 사람인 로버트 케네디(Robert F. Kennedy)의 인기가 한창 높았을 때《라이프》라는 잡지에 그의 기사가 실렸습니다. 기사에는 스키장의 눈밭에서 웃옷을 벗고 찍은 건장한 모습의 사진이 실렸습니다. 기자들이 그에게 물었습니다.

"자녀들이 몇 명입니까?"

"11명입니다."

"어떻게 그렇게 많은 아이를 두셨나요?"

"나같이 우수한 종자는 후손을 많이 퍼뜨려야 됩니다."

우스개로 한 말일 수도 있지만, 어떻게 그런 자랑을 할 수 있습니까? 로버트 케네디는 그 기사가 실린 지 얼마 되지 않아 유언 한마디 못 하고 비행기 사고로 목숨을 잃었습니다.

현대사회는 인간을 하나의 프로젝트로 생각합니다. 정자은행에 관한 기사를 읽었습니다. 노벨상 수상자의 정자를 IQ 160 이상의 여자에게

만 제공하는 정자은행이 1980년에 문을 열어서 1999년도에 문을 닫았답니다. 그런데 그 19년 동안 217명의 천재가 태어났다는 겁니다. 그런데 《뉴욕타임스》기자인 데이비드 플로츠는 결론적으로 '인간 기적 프로젝트'는 실패했다고 말합니다. 추적해 본 결과 머리가 좋게 태어났는지는 몰라도, 부모가 원하는 대로 자라 주지 않았기 때문입니다.

하나님이 아닌 피조물을 경배하고, 하나님 없이 내가 잘나가야 하기 때문에 우리는 다른 사람을 세워 줄 수 없습니다. 비교 의식이 우리의 사명을 깨뜨립니다. 비교 의식은 실패의 감정을 낳고 자신을 있는 그대로 받아들이지 못하게 합니다. 그래서 다른 사람도 세워 줄 수 없게 만듭니다.

◆ 열등감과 비교 의식을 갖고, 나보다 못한 사람은 무시하고 잘난 사람 앞에서는 비굴하게 사십니까? 공동체를 위해 내 고집을 버리고 세워 줘야 할 사람은 누구입니까?

겸손은 성품이 아니다

요한이 말려 이르되 내가 당신에게서 세례를 받아야 할 터인데 당신이 내게로 오시나이까_마 3:14

요한은 자기가 세례를 받아야 할 입장인데 자신에게 세례를 받으시겠다는 예수님을 이해할 수 없습니다.

세례 요한은 빈 들에서 의식주의 청렴을 기치로 삼고 오직 주님 오실 날만을 기다렸습니다. 완벽한 성품으로 완벽한 삶을 보여 주면서 심판의 메시지를 외쳤습니다. 그런 사람이 예수님의 행동을 이해하지 못했습니다.

예수님이 요한에게 세례를 받으시는 것은 요한이 이해를 하든 못하든 하나님이 허락하신 일입니다. 죄 없는 예수님이 우리의 죄를 대신해서 낮아지고 십자가 지실 것에 대한 상징입니다. 하나님은 인류의 구원을 위해서 이 일을 하고자 하시는데 요한은 자기 겸손으로 그 일을 말렸습니다.

다음은 미국의 대표적인 신학자 조나단 에드워즈(Jonathan Edwards)의 말입니다.

"진정으로 겸손한 사람은 예수님 외에는 어느 것도 고집하지 않는 사람이다. 그런데 사람들은 언제나 자기 나름의 기준에 따라 사람들을 대한다. 겸손을 행하지 아니하는 모조품들이 참 많다. 어떤 사람들은 감정에 들뜬 겸손이 있다. 어떤 사람들은 천성으로 낮은 마음을 가지고 있다. 어떤 사람들은 남자다운 기질이 없는 것을 겸손이라고 한다. 어떤 사람들은 우울하고 내성적인 성품을 가지고 있다. 때때로 양심의 가책을 받고 침체되어 있는 사람들을 우리는 겸손하다고 한다. 또 곤란을 당했을 때 자세를 낮게 하는 것처럼 '보여 주기식' 겸손이 있다. 사탄의 기만으로 인해 겸손한 체 가장하는 사람들이 많이 있다. 이 모든 것이 참된 겸손으로 착각될 수 있다. 여러분 자신을 시험해 보라. 겸손의 본질이 어떤 것인지를 확인하고 그것이 일종의 피상적인 것이 아닌가, 또는 마음에 있는 하나님의 심령의 역사인가를 알아봐야 한다."

예수께서 대답하여 이르시되 이제 허락하라 우리가 이와 같이 하여 모든 의를 이루는 것이 합당하니라……_마 3:15a

주님이 "세례를 받겠다"고 하시면 그냥 "네" 해야 하는데 내 생각으로 막고 있으니까 허락하라고 주님이 청까지 하십니다. '나'의 허락으로 '우리'가 의를 이루는 것이 합당하다고 하십니다.

하나님의 의를 이루는 데는 인간의 할 일도 있습니다. 나의 역할도 있습니다. 예수님이 "너하고 나하고 같이 일을 이루자"고 하십니다.

내게 돈이 있고, 머리가 좋아서, 능력이 있어서 주님이 원하시는 사역을 하는 것이 아닙니다. '19세기 남아프리카의 성자'로 불리는 앤드류 머레이(Andrew Murray)목사는 "만물의 본질에서 볼 때 하나님께 대한 전적인 의존, 이것이 겸손이다"라고 했습니다. 그것이 첫 번째 피조물의 의무이고 최고의 미덕이라고 했습니다.

그러므로 교만함, 겸손의 상실은 모든 죄악의 근원입니다. 겸손의 회복, 즉 피조물이 하나님과 원래의 바른 관계를 회복하는 것 외에 우리는 어떤 것으로도 구원될 수 없습니다. 하나님과 나와의 관계를 회복하기 위해서는 겸손밖에 없습니다.

"믿음의 시련이 인내를 만들어 내는 줄 너희가 앎이라"고 했습니다(약 1:3). 나를 겸손케 하기 위해 인내할 수밖에 없는 환경이 오는 것은 축복입니다. 사방이 꽉 막힌 환경, 숨 쉬는 것조차 사치로 여겨지는 믿음의 시련 속에서 우리는 인내를 이루고, 스스로는 아무것도 할 수 없다는 걸 인정하며 진정한 겸손을 배우게 됩니다.

매주 예배에 올 때마다 30분씩 늦는 학생이 있습니다. 그 아이를 데리고 교회에 오면서 엄마가 얼마나 인내할 일이 많겠습니까. 예배를 드리러 가야 되는데 깨워도 일어나지는 않고, 겨우 일어나서 준비해도 도무지 서두르지는 않고……. 그래서 잔소리를 하면 "엄마가 잔소리해서 나 오늘 교회 안 가" 이러는 겁니다.

대단한 고난이 아닙니다. 날마다 겪어야 하는 이런 숨 막히는 상황에서 배우자, 자녀의 믿음을 위해 인내할 수밖에 없는 훈련이 우리를 겸손하게 합니다. 죽일 수도 없고 살릴 수도 없고, 고왔다 미웠다 하는 치사한 감정을 겪으면서 하나님이 아니면 할 수 없다는 고백이 저절로 나오는 것입니다.

이 시련을 겪어 보지 않았기 때문에 행위 구원을 부르짖으며 내 힘으로 뭔가를 이루려고 하는 것입니다. 세례 요한은 제사장 가문의 사람입니다. 그래도 자기 출신을 내세우거나 가르치려고 하지 않고 광야에서 청렴한 생활을 하며 회개의 메시지를 외쳤습니다. 삶에서 겪는 치사한 훈련 없이 의롭게 살다 보니까 자기도 모르게 쌓인 겸손과 의로움으로 구원의 일을 알리게 됩니다.

시련을 겪어 보지 않고 겸손의 본질을 알 사람은 한 명도 없음을 기억하십시오. 오늘 숨 쉴 수 없게 하는 기가 막힌 사건들, 인내를 이루어야 할 환경 속에 있다면 그것은 축복입니다. 셀 수 없는 시련을 겪고 있다면 나는 복이 통째로 모인 '복덕방'(福德房)이 됩니다. 그런 복이 흘러넘치는 가정과 교회에 성령이 충만하게 임합니다.

◆ 하나님의 일인데 내 성품과 가치관으로 말리는 일은 없습니까? 내가 말씀에 순종하는 것이 하나님의 일을 허락하는 것입니다. 오늘 순종함으로 주님과 함께 의를 이룰 일이 무엇인지 구체적으로 찾아봅시다.

성령이 증거하는 리더

> 예수께서 세례를 받으시고 곧 물에서 올라오실새 하늘이 열리고 하나님의 성령이 비둘기 같이 내려 자기 위에 임하심을 보시더니_마 3:16

예수님이 세례를 받으시자 하늘이 열리고 하나님의 성령이 비둘기 같이 임했습니다. 하나님 때문에 하는 순종은 무서워서가 아니라 사랑해서 하는 것이기에, 성령도 무섭게 임하는 것이 아니라 비둘기 같은 모습으로 부드럽게 임합니다. 무슨 뜻인가요?

엄마에게 순종한다고 설거지를 하면서 요란하게 소리를 낸다든지, 남편에게 순종한다고 하면서 먼지를 털어 대며 청소를 한다든지 이렇게 시끄러운 소리를 안 낸다는 겁니다. 그런 순종은 안 하는 게 낫습니다.

자기 위에 성령이 임하심을 '보신' 예수님처럼 우리도 성령이 임한 것을 볼 수 있습니다. 나의 사랑과 순종을 성령이 증거해 주십니다. 내 삶에 성령의 열매가 나타납니다. 나에게 아직 성령이 임하지 않고 그 열매가 없는 것은 내가 나를 버릴 줄 모르기 때문입니다.

> 하늘로부터 소리가 있어 말씀하시되 이는 내 사랑하는 아들이요 내 기뻐하는 자라 하시니라_마 3:17

성령이 임한 증거는 하나님의 말씀이 들리는 것입니다. "이는 내 사랑하는 아들이요"는 왕의 노래이고(시 2:7), "내 기뻐하는 자라"는 종의 노래입니다(사 42:1). 왕으로 오신 예수님, 고난의 종으로 오신 예수님을 말씀하셨습니다. 즉 다스림과 섬김은 하나라는 것입니다.

잘 다스리려면 잘 섬겨야 합니다. 섬김이 없이 다스리려고만 하기 때문에 리더의 자리에 가면 책임감과 압박을 느낍니다. 책임감은 부담으로 바뀌고, 그로 인한 고통은 모든 일을 내 마음대로 하려는 권력으로 바뀝니다. 결국 비전을 야망으로 변질시키는 것이 '리더십 바이러스'입니다.

'리더십 바이러스'를 퇴치하는 백신은 우리가 신뢰할 대상이 사람이 아님을 깨닫는 것입니다. 세례 요한도 자기 성품으로 예수님의 일을 막았습니다. 나도 남도 절대적인 존재가 아닙니다. 우리는 내일 죽을 수도 있고, 언젠가는 죽을 수밖에 없는 존재입니다. 그것을 생각하면 모든 일에 겸손해질 수 있습니다. 리더의 자리에 올랐어도 언제든 물러날 수 있다는 걸 생각하면 다스림에 치우치지 않고 섬김을 실천할 수 있습니다.

'섬기는 리더'는 모두에게 인정을 받습니다. 가정과 교회, 직장에서 질서에 순종하며 모든 일에 잘 섬기는 사람은 누구나 따르고 싶은 리더십을 가집니다. 그것이 성령이 증거하시는 리더의 자질입니다.

축구 시합에서 열심히 뛰는 것도 중요합니다. 현란한 개인기를 가지고 공을 이리 차고 저리 차고 드리블을 하고 헤딩을 잘하고 코너킥을 잘하고…… 현란한 기술을 보여 주며 종횡무진 전후반 90분을 뛴다고 할지라도 골이 들어가지 않으면 그 게임은 진 게임입니다.

공부를 하고, 결혼을 하고, 아이를 낳고, 자녀를 좋은 학교에 보내고, 운동을 하고, 여행을 다니고, 시험을 보고, 사업을 하고, 남들 보기에 화려하게 살고…… 모두가 나를 부러워한다고 해도 영혼 구원의 골을 넣지 못하면 그것은 실패한 삶입니다. 인생의 마지막에 하나님 앞에 섰을 때 가장 중요하게 평가될 것은 영혼을 구한 골입니다.

세례를 받는 것은 하나님의 사랑하는 아들이요, 기뻐하는 자로 살겠다는 공식적인 고백입니다. 그래서 예수님을 믿어 입으로 시인하고 성부·성자·성령의 이름으로 세례를 받은 나는, 함부로 살아서는 안 됩니다. 나는 하나님의 통치를 이 땅에 실현시킬 의무를 가진 사람입니다. 나의 사업과 공부와 가정생활 모든 것은 영혼 구원의 사역에 초점을 맞춰야 합니다.

예수님과 함께 하나님의 의를 이루는 삶을 살기 위해 오늘도 성경을 통해 "이는 내 사랑하는 아들이요 내 기뻐하는 자라"고 말씀하시는 하나님의 음성을 들으십시오. 내 힘으로 하는 것이 아닙니다. 내 성품과 의로움으로 하는 것이 아닙니다. 내 힘으로 하려 했기 때문에 비교 의식과 열등감 속에서 자주 낙심하는 것입니다. 하나님의 자녀로서 내 존재의 의미와 목적을 알고 자아상을 회복할 때 우리는 사역을 시작할 수 있습니다.

◆ 나에게 임한 성령의 증거는 무엇입니까? 신비한 은사가 아니라 삶에서 보이는 사랑과 희락과 화평과 오래 참음과 자비와 양선과 충성과 온유와 절제의 증거가 있습니까? 하나님의 자녀이자 하나님의 종으로 잘 섬기는 것이 잘 다스리는 것임을 실천하고 있습니까?

말씀으로 기도하기

진정한 겸손은 나를 버리고 하나님을 전적으로 의존하는 것입니다. 그럴 때 우리에게 성령이 임하시고 구원의 열매가 맺힙니다.

진정한 리더는 자신을 버립니다(마 3:13).

공생애의 시작, 사역의 시작은 예수님이 이 세상의 관계와 질서 속으로 들어오신 것이었습니다. 이처럼 자신을 버리고 질서에 순종하는 자가 참 리더, 참 사역자입니다. 상대의 인격에 따라 좌지우지되는 것이 아니라 하나님이 허락하신 질서이기에 순종하게 하옵소서.

진정한 리더는 다른 사람을 세워 줍니다(마 3:13).

창조주 예수님이 피조물인 요한에게 세례를 받으신 것을 보며 참된 겸손을 배웁니다. 나 자신을 높이는 것에만 늘 관심을 쏟는 저를 용서해 주옵소서. 열등감과 비교의식을 버리고 겸손함으로 다른 사람을 세우는 자가 되게 하옵소서.

진정한 리더는 성품이 아닌 순종으로 겸손을 보입니다(마 3:14~15a).

예수님이 "세례를 받겠다"고 하시는데 세례 요한은 자기 겸손으로 주님을 말립니다. 성품에서 비롯된 겸손으로 하나님의 일을 막는 자가 되지 않게 하옵소서. 시련과 인내를 통과한 참된 겸손으로 하나님의 일을 함께 이루는 자가 되게 해 주옵소서.

진정한 리더는 성령이 증거하십니다(마 3:16~17).

예수님이 세례를 받으시자 하늘이 열리고 성령이 임합니다. 내 삶에도 말씀이 들리고 사랑과 순종의 열매가 맺히는 성령의 증거가 있게 해 주옵소서. 어떤 자리에서든지 영혼 구원의 사명을 감당하며 성령이 증거하시는 리더로 살아가게 하옵소서.

우리들 묵상과 적용

제게는 훤칠한 키에 잘생기고 운동을 좋아하며 남을 잘 배려하는 큰아들이 있습니다. 사실, 얼마 전까지만 해도 큰아들은 도저히 예뻐할 수 없는 '나쁜 아들'이었습니다. 제가 외국에서 유학과 직장 생활을 하는 동안 큰아들은 학업과 운동에 충실한 모범생이었지만 귀국 후 학업성적이 떨어져도 놀기만 하는 모습으로 저를 실망하게 했기 때문입니다. 7년 넘게 외국 생활을 한 아들이 외국어고 입시에 실패했을 때엔 실망을 넘어 배신감을 느꼈습니다. 교육을 위해 강남으로 이사를 왔는데도 여전히 학원에 가지 않으려 하고 축구나 게임만 하는 아들을 바로잡아야 한다는 생각에 손찌검도 서슴지 않았습니다. 아들의 공부를 직접 가르치며 다그치기도 했고, 아들을 두둔하는 아내와도 다투는 일이 잦아졌습니다.

퇴근하고 돌아오면 게임을 하다가 인사도 하는 둥 마는 둥 하고 밤늦도록 컴퓨터게임을 하는 아들을 보는 것은 제게 고통이었습니다. 타이르려고 말을 꺼냈다가도 아들의 불손한 태도에 분이 나 또다시 손찌검했고, 컴퓨터를 부숴 버리기도 했으며, 휴대폰도 몇 차례 망가뜨렸습니다. 이런 사건들로 인해 집안 분위기는 점점 엉망이 되어 갔습니다. 온 가족의 존경을 받던 가장에서 갑자기 문제 가장으로 전락했다는 느낌과 아들을 더 이상 통제할 수 없을지도 모른다는 두려움 때문에 하나님이 때마다 말씀을 주셨어도 받지 못했습니다. 사랑과 말씀으로 무장한 공동체 지체들이 "먼저 집사님의 모습을 돌아보아야 한다"고 계속 말씀해 주셨지만 듣지 않았습니다. 나름대로 사회에서 인정받으며 열심히 살아왔다는 생각에 제가 잘못됐다는 말은 전혀 들리지 않았고, 요한이 자기 생각으로 예수님을 만류했던 것처럼 저도 세상 가치관과 제 열심 때문에 아들에게도 사랑과 배려보다는 옳고 그름을 먼저 따졌습니다(마 3:14).

예수님은 성령에게 이끌리어 마귀의 시험을 받으셨지만(마 4:1), 저는 제 체면과 욕심에 이끌려 아들로 인한 시험을 견디지 못하고 폭발하곤 했습니다. 오랜 외국 생활에 익숙한 아들이 한국의 경쟁적인 학업 문화에 적응하느라 얼마나 힘들었을까를 먼저 체휼하기보다, 공부하지 않는다는 이유만으로 '나쁜 아이'로 결론짓고 무자비한 언어폭력 및 물리적 폭력까지 일삼은 것은 제 안에 사랑도, 배려도, 구원의 애통함도 없었기 때문입니다. 아들이 공부를 안 할 때보다 성적이 올랐을 때 더 집요하게 아들을 몰아붙인 것은, 아들이 아버지인 나를 통해 하나님의 사랑을 느끼는 것보다 좋은 대학에 가서 세상에서 성공하길 더 바랐기 때문입니다. 물질에 대한 욕심이 없다고 다른 사람들과 저 자신을 속이며, 더 나아가 하나님도 한구석으로 밀어 놓고 끊임없이 인정받고자 세상에 엎드려 경배한 제가 문제 부모였습니다. 이런 제게 말씀이 들리게 하시어 제 안의 물러가야 할 죄를 객관적으로 보게 하시고 아들과의 관계를 조금씩 회복해 주신 하나님께 감사드립니다.

영혼의 기도

하나님 아버지, 저는 주님의 사명을 이루기 위해 살아가는 인생입니다. 하나님의 사역자로, 진정한 리더로 서기 위해서 먼저 나를 버리라고 하십니다. 창조주 예수님이 미물만도 못한 인간에게 세례를 받으셨듯이 말도 안 되는 사람이라도 관계와 질서에 순종하라고 하십니다.

도저히 순종할 수 없다는 생각이 들 때마다 주님의 낮아지심을 기억하게 하옵소서. 주께서 우리의 죄를 대신 자백하심으로 세례를 받으신 것처럼 잘못한 사람이라도 내가 대신 죄를 고백하며 무릎 꿇기 원합니다. 회개함으로 부모에게, 남편(아내)에게, 자녀에게, 상사에게, 부하 직원에게 무릎을 꿇게 하옵소서.

세례 요한은 자신의 의로움과 겸손으로 예수님이 하시는 일을 이해하지 못했습니다. 나의 성품으로는 구원을 이룰 수 없습니다. 도리어 하나님이 하시는 일을 말리는 나의 의로움과 성품을 버리기 원합니다. 숨을 쉴 수 없는 환경 가운데 나는 아무것도 할 수 없다는 것을 고백합니다. 이 시련을 통해 성품이 아닌 믿음의 인내와 겸손을 이루게 하옵소서. 그러기 위해 내게 참을 수밖에 없는 환경과 사람을 주신 것에 감사를 드립니다. 이 환경으로 나와 내 가정의 구속사를 이루게 하시니 감사합니다.

하나님의 의를 이루기 위해 순종했을 때 성령이 비둘기같이 임한다고 하십니다. 진리의 성령이 오셔서 "너는 내 아들이라 나의 기뻐하는 자라"고 말씀하시는 축복을 주십니다. 하나님의 아들로서 다스리는 자가 되고 기뻐하는 종으로 섬기는 자가 되게 하옵소서. 하나님의 자녀라는 신분 의식을 가지고 열등감과 비교 의식을 버릴 때 남을 섬길 수 있습니다. 내가 하나님 보시기에 '심히' 좋은 존재임을 기억하게 하시고 예수 그리스도 안에서 참된 자아상을 회복하기 원합니다.

사업도 공부도 결혼도 인생의 모든 것이 영혼 구원을 위해 주신 것이오니 이제 저의 삶에 하나님의 사역이 시작된 것을 믿습니다. 함부로 살지 않게 하시고 주님의 은혜로 겸손과 인내와 사랑을 이루게 하옵소서. 예수님 이름으로 기도하옵나이다. 아멘.

8

성령에 이끌리는 시험

마태복음 4:1~11

하나님 아버지, 주님도 성령에게 이끌리어
하나님이 허락하신 시험을 받으셨는데
저 또한 시험이 왔다고 불평하지 않고
주님의 지혜로 시험을 이기기 원합니다.
말씀하여 주옵소서. 듣겠습니다.

교회에 간다는 이유로 남편에게 매를 맞고 심한 욕설을 듣는 자매가 있었습니다. 핍박이 심해도 상황이 되면 목숨을 내놓는 각오로 예배에 달려오는 자매를 보며 저를 비롯한 많은 지체가 한마음이 되어 기도를 드렸습니다. 그래도 참 오랫동안 핍박이 그치지 않더니 드디어 남편이 교회에 가겠다고 약속을 했습니다. 정말 기적과도 같은 일이 생겼습니다.

그런데! 글쎄, 담임 목사가 여자라는 이유로 우리들교회 말고 다른 교회에 가겠다는 겁니다. 그토록 오래 기도를 해 왔는데 그런 말을 들으면 제가 시험에 들까요, 안 들까요?

물론 시험에 안 들었습니다. 그런 말에 시험이 든다면 목회를 시작하지 못했겠죠. 유교적 사고가 아직 남아 있는 한국 교계에서 얼마든지 들을 수 있는 말이라고 생각합니다.

날마다 우리에게는 시험에 들고 넘어질 일이 많이 있습니다. 부부간에, 부모 자식 간에, 교회에서, 직장에서 주고받는 말 한마디에 다치고 시험에 들고 다들 상처투성이가 된 채 살고 있습니다. 자기 욕심 때문에 스스로 시험에 들어서 힘들어하는 분도 있습니다. 시험이 없는 인생은 없습니다. 예수님도 시험을 당하셨습니다. 하지만 예수님의 시험은 죄와 욕심 때문이 아니었습니다.

하나님이 허락하신 시험

> 그 때에 예수께서 성령에게 이끌리어 마귀에게 시험을 받으러 광야로 가사_마 4:1

예수님이 받으시는 시험은 '성령에게 이끌리어' 가신, 하나님이 허락하신 시험입니다. 시련이 없을 때는 누구나 윤리와 교양을 부르짖을 수 있습니다. 내가 살 만할 때는 뭐든지 다 할 수 있을 것 같아서 인심이 후해집니다.

'부모에게 효도해야지. 남편을 사랑해야지. 인내해야지' 이럽니다.

하지만 돈도 없고, 병이 들고, 누구도 나를 도와주지 않는 환경에서는 윤리와 교양이 다 소용없어집니다. 내 힘으로 할 수 있는 것이 아무것도 없는, 피를 철철 흘리면서 아파할 수밖에 없는 환경이 바로 예수님이 가신 광야입니다.

◆ 배신의 광야, 가난의 광야, 질병의 광야에 있습니까? 하나님이 허락하셔서, 성령에게 이끌려 온 광야이기에 거기에서 하나님의 뜻을 묻고 있습니까?

> 사십 일을 밤낮으로 금식하신 후에 주리신지라_마 4:2

예수님은 태어날 때부터 헤롯을 피해 다니느라 고생하시고, 비천한 나사렛에서 자라나 세례 요한에게 세례를 받으시더니, 이제 광야에서 40일 굶주림의 시험을 당하십니다.

이 모든 일을 하나님이 허락하셨습니다. 예수님이 세례를 받으실 때 "이는 내 사랑하는 아들이요 내 기뻐하는 자라" 하고 말씀하시더니(마 3:17), 바로 시험받게 하십니다. 하나님이 예수님을 인도하시는 방법이 바로 우리 인생을 다루어 가시는 방법입니다.

예수님이 보여 주시는 금식의 목적은 기적이 아니라 '주리신지라'입니다. '주리신지라'를 경험하면서 인간의 연약함을 체휼하시는 것이 목적입니다. 금식을 해 보신 분은 아시겠지만, 몇 끼를 굶다 보면 다른 욕심이 없어집니다. 예쁜 옷, 좋은 집보다 '그저 미음 한 그릇이면 족하다'는 마음이 저절로 생깁니다. 영적으로도 마찬가지입니다. 대단한 기적이 아니라 메마른 땅에서 물 한 모금을 구하는 갈급함이 있을 때 내게 은혜가 임하는 것입니다.

◆ 하나님이 어떤 것으로 나를 주리게 하셨나요? 굶주림으로 절박해져서 쓸데 없는 욕심들을 내려놓고 있습니까? 하나님의 뜻에는 관심 없이 주린 것만 묵 상하면서 더 큰 욕심을 키웁니까?

물질의 시험 – 존재의 영성

3 시험하는 자가 예수께 나아와서 이르되 네가 만일 하나님의 아들이 어든 명하여 이 돌들로 떡덩이가 되게 하라 4 예수께서 대답하여 이르

시되 기록되었으되 사람이 떡으로만 살 것이 아니요 하나님의 입으로
부터 나오는 모든 말씀으로 살 것이라 하였느니라 하시니_마 4:3~4

육체적으로 정신적으로 무엇에든 주릴 수밖에 없는 것이 인생입니
다. 오늘 사탄은 굶주림이라는 욕망을 이용해서 나를 공격합니다. '3일을
굶으면 도적질을 안 하는 사람이 없다'는 말도 있는데, 예수님께 제일 먼
저 물질의 문제, 생존의 문제라는 시험이 왔습니다. 사탄이 노리는 것은
우리의 건강이나 재물보다는 하나님의 말씀과 우리의 정체성을 훼방하
는 것입니다.

예수님을 믿지만 하는 일마다 되는 일이 없고 광야 같은 환경에서 주
리고 있는 사람에게 "얘, 너 하나님의 아들이라며? 너 하나님 믿는다며?
너 집사라며, 목사라며? 그런데 왜 그렇게 굶고 있니? 기도하면 된다면서
이 돌들을 떡덩이가 되게 좀 해 봐"라는 꼬드김이 옵니다.

그때 예수님은 "사람이 떡으로만 사는 것이 아니요 여호와의 입에
서 나오는 모든 말씀으로 살 것이라"는 말씀으로 즉시 이기셨습니다(신
8:3). 욕망으로 인한 시험을 이기는 방법은 '기록되었으되'의 말씀입니다.
하나님이 자기의 뜻을 따라 진리의 말씀으로 우리를 낳으셨기 때문에 말
씀을 듣고 행하는 것이 육신의 모든 유혹을 이기는 비결입니다(약 1:18).

"야, 네가 왜 이렇게 사니? 너는 얼마든지 돌이 떡덩이가 되게 할 수
있잖아. 네 자신을 위해서 살아야지!" 뇌물과 비리를 동원해서라도 취직
을 하라고, 눈 딱 감고 커닝 한번 하면 합격할 수 있다고, 성형수술만 하면
능력 있는 남자를 만나서 팔자를 고칠 수 있다고 하는 것이 사탄의 유혹
입니다. 지금 힘든 환경에서 도망갈 길이 있다고 그럴듯한 방법을 제시하
면서 우리를 부추깁니다.

하지만 생각해 봅시다. 내가 주렸기 때문에 시험이 왔을까요? 환경이 힘들어서 유혹이 왔습니까? 창조 이래 가장 좋은 환경이었던 에덴동산에서 아담과 하와의 원죄가 행해졌다는 걸 기억해야 합니다. 환경과 상관없이 인간의 죄는 시작되었습니다. 시험은 내 환경 때문에 온 것이 아닙니다. 환경이 바뀐다고 해서 문제가 해결되는 건 아니라는 말입니다. 사탄이 시험을 통해 건드리는 것은 환경이 아니라 내 욕심입니다. 그래서 말씀을 통해서 내 욕심을 깨달아야 시험을 이길 수 있습니다.

◆ 먹고사는 문제로 시험이 왔습니까? 환경이 아니라 내 탐심 때문에 돈의 유혹, 이성의 유혹이 왔다는 걸 인정합니까? 시험과 유혹을 이길 '기록되었으되'의 말씀을 가지고 있습니까?

생존의 문제를 가지고 꼬드기면서 사탄은 "네가 만일 하나님의 아들이어든" 하고 우리의 정체성을 의심하게 만듭니다. 사탄이 상투적으로 쓰는 표현이 '만일'입니다. "너 그러다가 만일 죽으면 어쩔래. 만일 아프면 어쩔래. 만일 떨어지면 어쩔래." 교묘하게 협박합니다.

이때 "이는 내 사랑하는 아들이요 내 기뻐하는 자라"고 하신 말씀을 붙들어야 합니다(마 3:17). '만일' 네가 하나님의 아들이어든이 아니라 내가 하나님의 아들이라는 것이 확실하기 때문에 사탄의 시험을 이길 수 있습니다. 굶주리고 당장 죽을 것 같은 환경에서도 내가 하나님의 사랑하는 아들이요, 기뻐하는 자라는 존재의 영성이 확실할 때 유혹에 넘어가지 않는 것입니다. 창조주 하나님이 "내가 너를 낳았도다" 하시는데 떡덩이 때문에, 돈 때문에, 학벌 때문에 함부로 타협할 수 있겠습니까! 내가 하나님의 아들이라면 어떤 시험도, 어떤 뇌물도, 어떤 청탁도, 어떤 부정도 거절할 수 있습니다.

어느 집사님이 맏며느리로 시집을 갔는데 시어머니는 자기보다 싹
싹하고 욕심이 많은 동서를 유난히 예뻐하셨답니다. 평소에 "나는 나중
에 둘째네랑 살 거다"라고 노래하듯 말씀을 하셨습니다. 그러다 아버님
이 중풍으로 쓰러져서 생사가 위태로울 때 맏며느리가 열심히 간호를 했
습니다. 다른 것보다 아버님이 예수님을 안 믿고 지옥 갈까 봐 병원에 계
신 6개월 동안 최선을 다해 섬기고, 퇴원 후에도 매일 찾아가서 병 수발
을 들었습니다.

아침 6시부터 밥 차려 드리고 아버님 대소변 받아 내고 씻겨 드리는
일을 하루도 안 빠지고 하는데, 동서는 저녁에 들러서 얼굴만 보고 가곤
했습니다. 그러면서도 아버님 앞으로 나오는 장애인 등록증을 이용해서
휴대폰 요금, 자동차 연료비, 전기 요금을 다 할인받고 살았습니다.

4년을 매일 찾아가서 모시는 동안 어머니는 툭하면 "얘, 너 예수 믿
는다고 나 죽으면 제사 안 지낼 거냐? 네가 그러면 나는 제사 지내 줄 딴
자식한테 갈란다" 하면서 집사님의 속을 찔렀습니다. 그러면 집사님은
'아이고 하나님, 어떻게 해요. 둘째 서방님이 제사 지낸다고 하면 어떻게
해요. 제발 제사 안 지내고 추도예배 드릴 수 있게 해 주세요. 장애인 혜택
이고 뭐고 서방님이 다 챙겨도 좋으니까 제발 추도예배만 드릴 수 있게
해 주세요' 하고 기도를 드렸습니다.

그러던 어느 날, 어머님이 맏이에게 재산을 조금 더 분배해 주겠다
고 하니까 동서가 목소리가 커졌습니다.

"그러는 게 어디 있어요. 똑같이 주셔야죠."

그 모습을 보고 집사님은 이렇게 말했습니다.

"어머니, 제가 돈 바라고 아버님 모시는 거 아니에요. 주실 게 있으

시면 똑같이 나눠 주세요. 제가 바라는 건 어머님 아버님이 예수님 믿고 천국 가시는 것이고, 돌아가시면 제사 안 지내고 추도예배 드릴 수 있게 되는 거예요."

그러니까 어머님이 그랬다는 겁니다.

"그래도 추도예배라도 드려줄 사람은 너밖에 없구나."

집사님은 장애인 등록증으로 혜택을 누리는 동서를 미워하면서 자기 욕심을 봤다고 했습니다. 돌보는 것은 안 하고 받을 것만 챙기는 동서에게 너무 시기 났지만 '나도 예수님을 안 믿었으면 똑같았겠지' 하면서 욕심을 내려놓게 해 달라고, 동서를 사랑하게 해 달라고 기도했습니다. 시부모님 모시는 것이 힘든 만큼 남편에게 생색내면서 다툼을 일으키는 자신의 악한 마음이 사라지고, 성결이 임하도록 기도를 부탁했습니다.

장애인 등록증으로 얻는 혜택 하나에 넘어지고, 재산에 넘어지고, 크고 작은 물질의 유혹에 넘어지는 일이 날마다 우리에게 찾아옵니다. 집사님이 자기 욕심을 보고 시부모님의 구원을 위해 모든 혜택을 내려놓은 것처럼, 물질의 시험을 이기는 힘은 말씀을 통해서 내 죄를 보는 것입니다. 내가 하나님의 자녀로서 세상 물질과 자랑에 함부로 타협할 수 없는 존재라는 것을 알 때 어떤 유혹과 시험도 이길 수 있습니다.

◆ 하나님의 아들이라고 하면서, 예수님 믿는다고 하면서 왜 어렵게 사느냐고 꼬드기는 소리를 듣습니까? 예수 믿는데 되는 일이 없다고 자괴감에 빠졌습니까? 환경이 아니라 하나님의 자녀로서 자존감이 회복되기를 먼저 구하십시오.

정신적인 시험 - 관계의 영성

5 이에 마귀가 예수를 거룩한 성으로 데려다가 성전 꼭대기에 세우고 6 이르되 네가 만일 하나님의 아들이어든 뛰어내리라 기록되었으되 그가 너를 위하여 그의 사자들을 명하시리니 그들이 손으로 너를 받들어 발이 돌에 부딪치지 않게 하리로다 하였느니라_마 4:5~6

물질의 문제가 해결되면 정신의 시험이 옵니다. "네가 만일 하나님의 아들이어든"이라는 말로 하나님과 나의 관계를 시험하고 있습니다. 인간관계에서도 신뢰만큼 중요한 것은 없습니다. 관계라는 것은 믿는 만큼 강해지고 의심하는 만큼 약해집니다. 신뢰하지 않는 사람을 사랑할 수 있습니까? 배우자를 신뢰하지 않으면서 사랑한다고 말할 수 있습니까? 서로 신뢰하지 못하면서 사랑한다는 것은 죽음에 이르는 십자가를 각오해야 합니다.

하나님을 신뢰하고 하나님과 내가 하나가 되는 관계의 영성을 가지면 인간관계에서 오는 시험도 이길 수 있습니다. 부부간에도 하나님 안에서의 신뢰를 바탕으로 사랑한다면 어려운 일이 올수록 더욱 견고해집니다. 하나님과의 관계가 바르지 않기 때문에 날마다 부부 관계, 지체들과의 관계에서 오해가 일어나는 것입니다.

예수님이 "기록되었으되"라면서 말씀으로 물리치시니까 사탄도 "기록되었으되"라며 시편 말씀을 이용해서 '뛰어내려도 괜찮아. 천사들이 네 발을 받들 거라고 하셨잖아' 이렇게 나옵니다. "그들이 그들의 손으로 너를 붙들어 발이 돌에 부딪히지 아니하게 하리로다"(시 91:12)라는 말씀은 하나님이 그분을 의지하는 자를 지키신다는 뜻인데 사탄이 자기 이익을 위해서 말씀을 조작하는 것을 알 수 있습니다. 그리스도의 보혈 안에서 내 죄를 보고 깨어진 관계를 회복하려 하는데 사탄이 자꾸 꼬드깁니다.

"네가 뭘 잘못했다고 그래. 그러면서 살지 마. 네가 이혼한다고 하나님이 너를 버리시는 게 아냐. 이혼해도 다 도와줄 사람이 있다니까. 네가 당장 회사 때려 쳐도 다 도와줄 사람이 있다고. 부도났다고 감옥은 왜 가니? 그냥 도망가 있으면 다 뒤처리해 줄 거야. 뛰어내려. 뛰어내려."

사랑해서 하는 말이라고 이렇게 충고할 때 '이혼하고도 얼마든지 잘 살 수 있다. 그걸 보여 주마' 하면서 뛰어내리고 싶지 않겠습니까?

> 예수께서 이르시되 또 기록되었으되 주 너의 하나님을 시험하지 말라 하였느니라 하시니_마 4:7

내 욕심으로 '하나님이 정말 나를 사랑하신다면 돈을 주셔야 하잖아?' 이러면서 뛰어내린다면 하나님과의 신뢰가 깨지고 맙니다. 내 힘으로 할 수 있다는 걸 보여 주고 싶고, 힘든 환경에서 뛰어내리고 싶은 마음이 가득하지만, 그때 "주 너의 하나님을 시험하지 말라"는 말씀을 선포하는 것이 내가 살아나는 길입니다. "어떤 일을 당해도 하나님은 나에게 선하신 분이다! 하나님은 100% 옳으신 분이다!"라고, 신뢰로 맺어진 관계의 영성으로 사탄에게 대답해야 합니다.

◆ 하나님의 옳으심이 안 믿어져서 이혼으로, 가출로, 뇌물과 타협으로 뛰어내리고 싶은 사건이 왔습니까? 힘들어서 내 멋대로 할 테니 하나님이 알아서 하시라고, 하나님을 시험하는 마음이 있습니까? 신뢰하지 않는 이에게 하나님은 어떤 일도 행하실 수 없습니다.

영적인 시험 - 사역의 영성

8 마귀가 또 그를 데리고 지극히 높은 산으로 가서 천하 만국과 그 영광을 보여 9 이르되 만일 내게 엎드려 경배하면 이 모든 것을 네게 주리라 10 이에 예수께서 말씀하시되 사탄아 물러가라 기록되었으되 주 너의 하나님께 경배하고 다만 그를 섬기라 하였느니라_마 4:8~10

여러분이 인정을 하든지 안 하든지 가장 큰 영광은 주의 일을 하는 것입니다. 그리고 주의 일에는 반드시 십자가 지는 것이 수반됩니다. 그런데 사탄은 십자가 없이 영광이 있다고 합니다. 고통 없이도 영광을 누릴 수 있다고 말합니다. 주의 비전보다는 야망을 가지라고, 내 영광을 이루라고 합니다.

문자적으로 주의 일을 한다고 하면서도 자기 영광을 구하는 사람이 많습니다. 물질의 시험을 이겨서 먹고사는 문제가 해결되고, 정신의 시험을 이겨서 관계가 회복되고 나니까 이제 영적으로 인정받고 싶어집니다. 지극히 높은 산 예루살렘 성전에서 내 공로를 쌓으려고 하는 것이 우리의 본능입니다. 목회를 하고 신학을 해도 진정한 사역보다는 인정받는 것에 목말라합니다. 그래서 교회에서 직분 싸움이 일어나고, "총회장을 하려면 돈이 얼마 든다" 이런 말이 나옵니다. "교회 장로다, 안수집사다" 하는 것이 세상 경력과 이력같이 쓰이고, 혼사를 해도 장로님·권사님 집안을 따집니다. 교회 직분이 기득권이 되어 버렸습니다.

내가 하나님의 아들이라는 존재의 영성을 가지고 욕심을 끊고 나면 관계의 영성으로 사람과의 관계가 회복되고, 나아가 반드시 사역의 열매가 나타납니다. 그런데 사역을 한다고 하면서 열매가 없기 때문에 자꾸 본질이 아닌 것으로 치장을 하는 겁니다.

사역의 영성을 가지고 열매를 맺는 사람은 천하만국을 준다고 해도 내려놓을 수 있습니다. 평신도 시절 큐티 모임을 하면서 하나님이 제게 열매를 보여 주셨습니다. 이혼을 작정했던 사람이 모임에서 말씀을 듣고 마음을 돌렸습니다. 가정이 합쳐졌습니다. 문제를 일으키는 자녀 때문에 힘들어하던 부모가 자기 문제를 깨닫고 자녀를 품게 됐습니다. 낙태로 잃을 뻔했던 생명이 말씀 때문에 세상에 나와서 건강하게 자라고 있습니다. 나에게 아무 직분이 없어도 하나님이 보여 주시는 열매가 있었기 때문에 눈에 보이는 영광이 전혀 중요하지 않았습니다. 나름대로 세상의 영광이라고 할 수 있는 피아노 교수 자리도 내려놓을 수 있었습니다.

영적인 시험을 이기기 위해서는 사역의 영성이 필요합니다. 영성은 남을 위한 것입니다. 다른 사람을 살리는 것, 그들의 영혼 구원을 목적으로 삼는 것이 최고의 영성입니다.

내 이름을 알리고, 내 능력을 인정받는 것을 좋아하지 마십시오. 예수님도 이 땅에서는 흠모할 만한 고운 것이 없으셨습니다. 예수님은 빈들의 세례 요한에게 세례받으시고 광야에서 주리셨는데 여러분은 예수님을 믿으면서도 자꾸 인생의 목적이 세상적 행복이라고 하면 안 됩니다. 아직도 눈에 보이는 행복을 좋아하고, 인정받는 것에 목말라합니까? 예수님은 "사탄아, 물러가라!"고 호통을 치셨습니다. "기록되었으되" 말씀으로 세상이 아니라 하나님만이 경배의 대상이라고 가르쳐 주십니다.

◆ 모태신앙의 높은 산, 교회 직분의 높은 산, 신학의 높은 산에 올라가서 사람들의 칭찬과 인정을 바라십니까? 누구라도 인정할 수밖에 없는 헌신과 섬김의 열매가 내게 있습니까?

이에 마귀는 예수를 떠나고 천사들이 나아와서 수종드니라_마 4:11

시험받으시는 예수님을 광야에 혼자 두시고 하나님이 얼마나 마음을 졸이고 쩔쩔매셨을까요. 그러나 예수님은 혼자가 아니었습니다. 하나님은 이미 동행하고 계십니다. 이 시험이 성령에게 이끌리어 받는, 하나님이 허락하신 시험이라는 것을 잊지 마십시오. 막막한 광야에 혼자 있는 것 같아도 하나님은 이미 내 옆에 계십니다.

로마의 기독교 박해가 한창일 때 교부 크리스토스 톰이 황제 앞에 끌려가게 되었습니다. 황제는 그를 삭막한 독방에 집어넣으라고 했습니다. 그러자 신하가 말했습니다.

"황제 폐하, 그것은 모르시는 말씀이에요. 예수 믿는 사람들은 혼자 있는 걸 얼마나 좋아하는지 몰라요. 혼자 있는 동안 하나님과 교제한다고 합니다. 그러니 독방에 두는 건 저 사람을 유익하게 하는 거예요."

황제는 다시 명령을 내렸습니다.

"그래? 그러면 악질 죄인들하고 같은 방에 넣어라."

그랬더니 다른 신하가 말렸습니다.

"아닙니다. 그건 더 위험해요. 저 사람은 아무리 악질이라도 변화시켜서 새사람으로 만든다니까요. 도리어 기독교인들이 더 늘어나게 될 겁니다."

황제는 노발대발하면서 소리쳤습니다.

"그러면 어쩔 수 없지! 당장 그놈의 목을 쳐라!"

그러자 신하들이 다시 만류했습니다.

"아이고, 폐하! 그리스도인은 순교당하는 것을 가장 큰 상으로 여긴답니다. 처형당할 때 두려워하거나 우는 사람을 못 봤어요. 오히려 얼굴에 광채가 나고 기뻐한답니다. 처형이야말로 그에게 제일 좋은 것을 안겨 주는 거예요."

목숨을 위협하는 시험이 와도 '있으면 먹고 없으면 금식하고 죽으면 천국 간다'는 확신만 있으면 됩니다. 두려워하지 마시기 바랍니다. 툭하면 "목사님은 안 당해 봐서 몰라요" 이러시는데 모르긴 뭘 모릅니까! 고난의 종류가 다를지라도 누구도 시험을 피해 갈 수 없습니다. 내가 승리하는가 못하는가 그 차이가 있을 뿐입니다.

내가 하나님의 자녀라는 존재의 영성을 가지고 하나님을 신뢰하는 관계의 영성을 회복할 때 어떤 상황에서도 나는 열매 맺는 삶을 살 수 있습니다. 사람이 나를 인정해 주지 않아도 손에 잡히는 것이 없어도 하나님만이 경배의 대상임을 아는 것, 그것이 사역의 영성으로 맺는 열매입니다. 그래서 다른 사람의 영혼에 관심을 갖고 구원을 위해 헌신하는 것이 성령에 이끌리어 사는 삶입니다.

◆ 믿음의 시련인 줄 알았는데 욕심으로 이끌린 미혹이었음을 깨달았습니까? 존재의 영성, 관계의 영성, 사역의 영성으로 마귀가 떠나고 시험에서 이긴 간증이 있습니까?

내가 하나님의 자녀라는 존재의 영성을 가지고
하나님을 신뢰하는 관계의 영성을 회복할 때
어떤 상황에서도 나는 열매 맺는
삶을 살 수 있습니다.

말씀으로 기도하기

성령에게 이끌리어 광야로 가신 예수님이 세 가지 시험을 받으십니다. 이 땅에 사는 우리도 시험을 피할 수 없습니다. 사탄이 물질로, 정신적으로, 영적으로 우리를 시험할 때 존재의 영성, 관계의 영성, 사역의 영성으로 이 시험을 이겨야 합니다.

하나님이 허락하시는 시험입니다(마 4:1~2).
예수님이 받으신 시험은 성령에게 이끌리어 가신, 하나님이 허락하신 시험입니다. 하나님이 예수님을 인도하신 것처럼 내 인생도 다루어 가고 계심을 믿습니다. 나에게 허락하신 '주리신지라'의 사건을 통해 기적이 아닌 오직 하나님의 뜻과 은혜를 구하게 해 주옵소서.

물질의 시험은 존재의 영성으로 통과합니다(마 4:3~4).
제게 시험이 온 것은 환경이 아닌 내 욕심 때문임을 알고 '기록되었으되'의 말씀으로 육신의 모든 유혹을 이기게 하옵소서. 생존의 문제로 사탄이 우리의 정체성을 의심하게 만들 때 내가 '하나님의 사랑하는 자녀요, 기뻐하시는 자'라는 존재의 영성으로 물질의 시험을 이기게 해 주옵소서.

정신적인 시험은 관계의 영성으로 통과합니다(마 4:5~7).

하나님과 내가 하나가 되는 관계의 영성으로 인간관계에서 오는 시험을 이기게 도와주옵소서. 하나님 안에서의 신뢰를 바탕으로 서로 사랑할 때 부부 관계, 지체들과의 관계가 더욱 견고해질 것을 믿습니다. 100% 옳으신 하나님을 신뢰하게 하옵소서.

영적인 시험은 사역의 영성으로 통과합니다(마 4:8~11).

주의 일을 하면서 나의 영광을 구하는 죄를 짓지 않기 원합니다. 하나님만이 경배의 대상인 것을 늘 기억하고 나를 드러내고 인정받으려는 욕심에 미혹되지 않게 하옵소서. 다른 이들의 영혼 구원을 위해 이름 없이 섬기는 사역의 영성으로 시험을 통과하여 헌신과 섬김의 열매를 맺게 하옵소서.

우리들 묵상과 적용

둘째 언니는 태어날 때부터 병약했지만, 형제자매 중에서도 유독 엄마의 기대에 부응했기에 관심과 사랑을 듬뿍 받았습니다. 반면 셋째 딸인 저는 둘째 언니와 비교당하며 사사건건 야단을 맞고 자랐습니다. 이런 엄마의 편애로 초등학교 때부터 온갖 집안일과 심부름을 도맡아 하면서 제 마음속에는 아픔과 상처에서 비롯된 열등감과 분노가 가득 차올랐습니다. 가족 내에서도 존재감이 없던 저는 언제나 '착한 딸, 착한 동생'일 뿐이었습니다. 둘째 언니만 예뻐하는 엄마를 보면서 '나는 결혼해서 자식을 낳으면 절대로 편애하지 않으리라' 다짐하고 또 다짐했습니다. 지금도 언니의 생일은 챙겨도 제 생일에는 전화 한 통을 하지 않는 엄마에게 섭섭한 마음이 들 때도 있지만, 엄마가 나를 싫어하는 것이 아니라 사랑의 표현이 다르다는 것을 이해하게 되었습니다. 하지만 그러기까지 긴 세월 동안 너무 힘이 들었습니다.

그런 제게는 성격이 전혀 다른 두 딸이 있습니다. 한 명은 온순하고, 다른 한 명은 고집이 셉니다. 큰딸은 늘 제 기대를 저버리지 않아 제 이생의 자랑거리가 되었지만, 똑같은 사랑과 교육 방법으로 양육했음에도 기대에 못 미치는 작은딸은 근심거리가 되었습니다. 저는 이혼 후 남편 없이 혼자 최선을 다해 자녀를 키웠다는 자부심이 하늘을 찔렀습니다. 그래서 열등감과 비교 의식이 있는 작은딸이 물질로 친구들에게 인정받고자 제2금융권에서 대출을 받아 돌려막기를 할 때, 딸에게 "어떻게 엄마에게 이럴 수가 있냐!"며 폭언과 폭행을 일삼고 오직 내 열심으로 힘든 상황을 극복해 보고자 노력했습니다. 그러다 내 힘으로 아무것도 할 수 없는 절박함에 빠져 있을 때, "돈이 있어도 자식이 잘못되면 아무것도 아니야"라는 둘째 언니의 권면으로 교회에 다니면서 하나님의 입으로부터 나오는 말씀을 통해 저의 모습을 직면하게 되었습니다(마 4:4).

그리고 저희 엄마가 편애하던 모습을 저도 모르는 사이에 제 속에 뿌리 깊게 답습한 것을 알게 되었습니다. 또한, 세상 가치관으로 천하만국과 그 영광을 보여 주는 마귀에게 경배하는 저를 구원하려고 작은딸이 저의 상처와 아픔을 고스란히 받아내며 수고한 것을 알게 하셨습니다(마 4:8~9). 말씀을 들어도 적용하지 못하는 저의 연약함으로 지금도 여전히 큰딸만 챙기는 저를 작은딸은 무척 힘들어합니다. 요한이 겸손한 성품으로 세례받으시려는 예수님을 막듯이 저절로 큰딸을 챙기는 저의 성품이 작은딸의 구원을 막고 있음을 깨닫게 됩니다. 얼마 전부터 작은딸과 비슷한 시간대에 같은 방향으로 일을 하러 가게 되었습니다. 차 안에서 주고받는 말 한마디에 마음이 다치고 시험에 들지만, 달리는 차 안이 피할 길 없는 광야임을 알고 시험에서 이길 수 있도록 주님이 역사해 주시기를 간절히 소망합니다(마 4:1).

영혼의 기도

하나님 아버지, 예수님은 태어날 때부터 처녀의 몸에 잉태되시고, 헤롯을 피해 애굽으로 도망가시고, 비천한 나사렛 사람이라 칭함을 받으시고, 세례 요한에게 세례를 받는 순종을 하셨는데, 이제 광야에서 40일이나 굶주리는 시험을 받으십니다. 그 시험이 성령에게 이끌리어 받는 하나님이 허락하신 시험이라고 합니다.

주님, 감당할 수 없는 시험이 왔습니다. 내게 이런 일이 왜 오는지 도무지 이해할 수 없는데, 하나님이 예수님을 인도하시는 것을 보며 저를 다스리는 방법을 배우기 원합니다. 제가 우리 가족을 구원으로 인도해야 하기 때문에 이 수준 높은 시험에서 잘 이기기 원합니다.

그러나 아직도 먹고 싶은 것도 가고 싶은 곳도 많습니다. 인정받고 싶은 야망이 너무나 많아서 시험이 올 때마다 내 속의 욕심이 나를 이끕니다. 욕심이 사탄의 꼬드김과 맞아떨어져서 사망에 이르는 일들이 너무나 많았던 것을 고백합니다. 지금도 포기 안 되는 욕심들이 있는 것을 주님 앞에 고백합니다.

시험을 두려워하지 않게 하시고 성령에게 이끌려 받는 시험이 되게 하옵소서. 주님이 나와 이미 동행하심을 믿사오니 때마다 나의 욕심을 처리해 주시며 사건마다 내 죄를 보게 하옵소서. 내가 하나님의 택한 자녀라는 것을 잊지 않게 하옵소서. 내 욕심을 십자가에 못 박기를 원합니다. 내가 하나님의 아들이라는 존재의 영성으로 이기기를 원합니다. 하나님을 신뢰하는 관계의 영성으로 이기기를 원합니다. 경배할 대상은 하나님밖에 없다는 것을 알고 선포하며 사역의 영성으로 남을 위해 헌신하며 구원의 열매를 맺게 하옵소서.

이에 마귀가 떠나는 역사가 있을 것을 믿습니다. 있으면 먹고 없으면 금식하고 죽으면 천국 간다는, 세상이 감당할 수 없는 신앙으로 모든 시험을 이미 이긴 줄을 믿습니다. 천국 가는 그날까지 성령에게 이끌리어 시험받는 인생이 될 수 있도록 축복을 내려 주옵소서. 예수님 이름으로 기도하옵나이다. 아멘.

9

비로소 전파하는 복음

마태복음 4:12~25

하나님 아버지, 예수님도 '비로소' 복음을 전파하셨는데
우리도 하나님의 때를 알아서 복음을 듣고
또 전파할 수 있도록 말씀하여 주옵소서. 듣겠습니다.

회사의 주요 업무를 맡아 성실하게 일해 온 집사님이 승진에서 누락이 됐습니다. 자신이 될 줄 알았던 자리에는 일도 못하고 성품도 원만치 않은 후배가 올라갔습니다. 그동안 업무를 진행하면서 그 후배 때문에 걸림이 될 때가 많았고, 그래도 믿는 사람으로서 후배를 용서하고 품어 가면서 업무 실적을 높였습니다. 그런데 본인은 승진이 안 되고 문제만 일으키던 후배가 승진을 했습니다. 승진이 안 되었을 뿐 아니라 좌천이라고 할 수 있는 자리로 발령이 났습니다.

이해도, 용납도 안 되고 앉아도 서도 분한 마음을 가눌 수 없었습니다. 이해가 안 된다는 집사님에게 "하나님이 집사님을 더 낮추시려나 봐요" 이랬더니 대뜸 "저 충분히 낮아졌는데요" 하십니다. 그래서 "보세요. 충분히 낮아졌다고 하시는 걸 보니 분명히 아직 안 낮아지셨네요" 이렇게 말씀을 드렸습니다. 그리고 물었습니다.

"집사님은 회사에서 누가 툭 치면 복음이 나오는 분인가요? 툭 치면 예수님이 나오는 분인가요? 복음을 전하는 분인가요?"

툭 치면 복음이 전해지지 않기 때문에, 지금 내 자리에서 아직도 복음을 전하지 못하기 때문에, 하나님이 더 훈련을 시키십니다. 우리가 '비로소' 복음을 전파할 때까지 훈련이 남아 있습니다.

물러갈 때가 있다

예수께서 요한이 잡혔음을 들으시고 갈릴리로 물러가셨다가_마 4:12

요한의 잡힘을 '들으시고' '물러가신' 예수님이십니다. 세례 요한에게 세례받는 순종을 하셨는데, 예수님의 길을 예비한 요한의 잡힘을 들으시고 도와주지 않고 물러가십니다. 내 기도를 들으시고도 물러가실 때가 있다는 것입니다.

성경은 인본주의와 신본주의의 사이에서 인본주의를 버릴 것을 가르치는 책입니다. 인본주의로 보면 세례 요한을 도와주셔야 합니다. 당장 풀어 줘야 할 사람입니다. 앞에 말한 집사님도 당연히 승진되어야 하는 사람입니다. 그러나 우리의 생각과 하나님의 생각은 다릅니다. 그것을 인정하는 것이 구속사적인 관점입니다.

요한이 큽니까, 예수님이 큽니까? 요한보다 크신 예수님이기 때문에 우리는 주님이 하시는 일을 무조건 100% 신뢰해야 합니다. 그러므로 요한은 지금 잡혀 있는 것에 순종해야 합니다. 중요한 것은 잡힌 소식을 예수님이 들으셨다는 것입니다. 주님은 내 인생을 누구보다도 확실하게 알고 계십니다. 내가 어떤 상황에 처했는지 다 아시는 주님, 내 기도를 다 들으시는 주님을 신뢰하십시오.

제가 남편의 구원을 위해 오래 기도했는데 그 기도를 들으시고도 예수님이 제 삶에서 물러가실 때가 있었습니다. 남편의 핍박이 심해질 때도 있었습니다. 때마다 치사한 감정을 겪으며 저를 낮아지게 하셨습니다. 남편이 간암으로 쓰러졌을 때도 살려 주지 않으시고 천국에 가게 하셨습니다. 인간적으로는 예수님이 물러가신 사건이지만 그것이 남편의 구원의 때였고 최고의 응답이었습니다. 그 일을 통해 저의 사역이 시작됐습니다.

하나님의 때는 지나고 보면 한 치의 오차도 없이 정확합니다. 그런데 내가 당하고 있는 동안은 인정되지 않습니다. 승진을 가로챈 후배는 좋은 것을 받았을지라도 하나님을 모르기에 감사도 기쁨도 모르는 인생입니다. 하지만 집사님은 사람이 보기에 좌천이라는 나쁜 것을 받았어도 감사하는 모습을 보여 줄 수 있습니다. 무엇이든 잘되는 모델이 아니라 안되도 기뻐하고 감사하는 모델로 하나님이 세우셨습니다. 그것이 진짜 하나님을 증거하는 것 아닙니까! 승진이 안 되었어도 여전히 기쁘고 성실하게 일하는 모습을 보일 때 복음이 전파됩니다.

내가 예수님을 믿고 복음을 전한다고 식구들이 받아들입니까? 직장 동료, 친구들이 예수님을 믿습니까? 영성 훈련이란 안 변하는 타인과 환경 때문에 내가 변화되는 과정입니다. 어디 가서 소나무 뿌리를 흔들며 기도한다고, 경배와 찬양을 한다고 영성이 깊어지는 게 아니라 나의 삶이 하나님의 말씀과 맞아떨어지는 것이 영성입니다. 이해도 용납도 안 되는 일이 말씀으로 해석되고 그래서 변하지 않는 사람과 환경을 하나님의 훈련으로 받는 것, 그 훈련을 통해 내가 변화되는 것이 영성입니다.

돈을 안 벌어다 주는 남편과 살다 보니까 돈 없이도 살 수 있다는 자신감이 생깁니다. 그것이 영성입니다. 눈만 뜨면 욕을 퍼붓는 부모, 배우자와 살다 보니까 어떤 욕을 들어도 '아, 내가 들을 소리를 듣는구나' 하게 됩니다. 상처받지 않고 평강을 누리는 영성으로 바뀝니다. 최고의 선물인 평강을 주시기 위해서 훈련의 때를 지나게 하시는 것입니다.

> 13 나사렛을 떠나 스불론과 납달리 지경 해변에 있는 가버나움에 가서 사시니 14 이는 선지자 이사야를 통하여 하신 말씀을 이루려 하심이라 일렀으되 15 스불론 땅과 납달리 땅과 요단 강 저편 해변 길과 이방의 갈릴리여 16 흑암에 앉은 백성이 큰 빛을 보았고 사망의 땅과 그늘에 앉은 자들에게 빛이 비치었도다 하였느니라_마 4:13~16

나사렛, 스불론, 납달리, 가버나움, 갈릴리 지명 하나하나에서마다 말씀을 이루시는 일을 하십니다. 내가 떠나야 할 곳, 살아야 할 곳이 모두 말씀을 이루시는 하나님의 계획 안에 있습니다.

주님은 물러가셔서 아무 일도 안 하신 것이 아니라 힘들고 어두운 땅에 가셨습니다. 예수님의 고향 유대 사람들이 너무 잘나서 예수님을 안 믿으니까 궁핍한 곳으로 가셨습니다. 집안사람들이 너무 잘나서 예수님을 안 믿습니까? 그러면 이제 물러가서 궁핍하고 힘든 사람들을 돌아보면 됩니다. 그러면 시간 낭비가 없습니다.

예수님이 가버나움에 사심으로 그곳 사람들에게 빛이 비춰졌습니다. 내가 사는 곳, 순종해야 할 환경에서 흑암과 사망의 땅에 앉은 사람들에게 빛을 비춰야 합니다. 그것이 하나님의 말씀을 이루는 인생입니다. 복음은 흑암과 사망의 땅을 비추는 큰 빛입니다. 안 믿는 가정에 시집가서 숨 막히고 힘들지만, 내가 있음으로 그 집에 빛이 비춰져야 합니다.

◆ 시집살이로 잡혔습니까? 육신의 병으로, 부도로, 불합격으로, 실연으로 잡혔

습니까? 예수님이 물러가신 것 같은 지금이야말로 하나님에 대한 신뢰와 평강을 보이며 빛을 비출 기회인 것을 알고 있습니까?

이 때부터 예수께서 비로소 전파하여 이르시되……_마 4:17a

이때부터 비로소 전파하셨습니다. 마태는 세례 요한이 잡히고 나서 예수님의 사역이 시작됐음을 보여 줍니다. 대단한 의로움과 세력을 가진 요한이 잡힌 후에야 '비로소' 예수님의 공생애 사역이 시작됐습니다.

나의 의로움과 인본주의가 잡혀야 예수님이 일하실 수 있습니다. 요한은 옥에 갇혀 있을 때 "오실 그이가 당신이오니이까 우리가 다른 이를 기다리오리이까" 하면서 예수님을 의심했습니다(마 11:3). 하나님의 선지자로 의로운 사람이지만 그 역시 연약한 죄인입니다. 나의 연약함을 인정하고 잡힌 환경에 순종하면 예수님이 비로소 일을 시작하십니다.

또 예수님의 입장에서는 요한이 잡힐 때까지 기다리셨습니다. 요한과 비교할 수 없는 큰 능력을 갖추셨어도 "내가 할 테니까 너는 물러가라" 하지 않으시고 그가 잡힌 후에야 사역을 시작하십니다. 주의 일에는 '비로소'의 때가 있습니다. 그때까지 내게 능력이 있어도 기다려야 합니다.

때를 아는 것이 곧 믿음입니다. 요한의 입장에서는 잡혀야 할 때가 있고 예수님의 입장에서는 '비로소' 전파하실 때가 있습니다. 그때를 분별하기 위해서 인간적인 생각을 버려야 합니다. 인간적으로 옳고 그른 것을 따지고 내가 인정받는 것만 생각하면, 잡혀야 할 때인지 전파할 때인지를 몰라서 거꾸로 적용을 합니다.

안 믿는 남편이 교회 가는 것을 싫어하면 예배만은 드릴 수 있게 해 달라고 하면서 나머지 시간은 잡혀 있어야 합니다. 그런데 대부분은 '주의 일'을 외치면서 남편이 싫어하는 걸 알면서도 온갖 성경공부, 봉사를 하러 다닙니다. 반대로 전도하고 봉사해야 할 때가 있는데 "남편이 싫어한다"는 이유를 대고 아무 일도 안하는 분도 있습니다.

남편이 살아 있을 때 제가 외출하는 것도 주일예배 외에 교회 가는 것도 싫어했습니다. 그래서 제가 교회에서 봉사를 못 했지만 그렇다고 아무것도 안 하지는 않았습니다. 외출을 못 해도 남편의 병원에서 환자들에게 전도하고, 간호사들에게 전도하고, 시장에 가서도 전도하고 열심히 복음을 전했습니다. 나가서 만나지 못하니까 전화로 큐티한 것을 나누고 상담과 양육을 다 했습니다.

일주일에 한 번 집에서 성경공부를 하는데 그 시간을 허락받기 위해 나머지 6일 동안은 남편이 앉으라고 하면 앉고 서라면 서고 전화를 하다가도 끊으라고 하면 끊었습니다. 구원을 위해서 맹종이 아닌 순종을 했습니다. 그렇게 잡혀 있었더니 주님이 남편의 구원을 이루어 주셨습니다. 그 후로는 나가서 간증을 통해 말씀을 전파하게 하시고 큐티 모임과 목회로 지경을 넓혀 주셨습니다.

구원이 목적이 돼야 내가 잡혀 있어야 할 때인지 나가서 전파해야 할 때인지를 분별할 수 있습니다. 인간적으로 잘 보이고 비위를 맞추려고 하면 앉아도 욕을 먹고 서도 욕을 먹습니다. 때를 모르기 때문입니다. 그래서 큐티가 필요합니다. 날마다 말씀을 묵상하며 내 환경에 어떻게 적용할지 생각하면, 때를 알고 때에 맞는 순종을 하도록 지혜를 주십니다.

◆ 세례 요한의 입장에서 가정에 잡히고 직장에 잡힘으로 복음을 전해야 할 대상은 누구입니까? 예수님의 입장에서 내가 얼마든지 주의 일을 하고 복음 전할 능력이 있어도 잡히기까지 기다려야 할 세례 요한은 누구(무엇)입니까?

하기 힘든 말을 해야 할 때

이 때부터 예수께서 비로소 전파하여 이르시되 회개하라 천국이 가까
이 왔느니라 하시더라_마 4:17

우리는 '축복받는다'는 설교를 좋아합니다. 고난에 대한 설교를 하
면 교인의 절반이 떠나고, 죄에 대한 설교를 하면 전부 떠난다고 합니다.
그런데 예수님의 공생애 첫 메시지는 "회개하라"입니다.

회개를 해야 하는 이유는 천국이 가깝기 때문입니다. 천국에 들어가
는 조건이 회개입니다. 그런데 목사가, 부모가 "회개하라"고 외치면 다들
알아서 회개를 합니까? 회개의 메시지를 전하려면 누구라도 설득할 수
있는 삶이 있어야 합니다. 세례 요한과 같은 빈 들의 영성도 필요하고, 예
수님처럼 핍박받고 낮아지는 삶이 있을 때 회개의 메시지를 외치기 쉽습
니다. 진리와 삶은 분리될 수 없습니다.

어떻게 삶으로 보여 줄까요? 천국이 가까웠다고 외치려면 내가 오
늘 망할 것처럼 살아야 합니다. 천국이 가까웠다고 하면서 천년만년 살
것처럼 돈에 집착하고 건강에 집착한다면 사람들이 설득이 되겠습니까?
천국이 가까웠다고 하면서 망하는 걸 두려워하고 죽음을 두려워한다면
그 메시지가 공감을 얻겠는가 말입니다.

"회개하라"는 메시지를 외치기 위해서 내가 회개하는 것을 보여 줘
야 하고, 천국이 가까웠다고 외치려면 내가 세상 것을 내려놓는 것을 보

여 줘야 합니다. 하나님 때문에 용서할 수 없는 사람을 용서하고 사랑할 수 없는 사람을 사랑하는 걸 보여 줘야 합니다. 안 믿는 사람들보다 더 성실하게 사는 삶을 보여 줘야 합니다. "예수님을 믿어라, 회개하라"고 하면서 카드빚을 지고, 다른 사람에게 신세지려고 하면 전도하기가 어렵습니다. 망해도, 아파도 하나님 때문에 '있으면 먹고 없으면 금식하고 죽으면 천국 간다!'는 자신감을 보여 줘야 합니다.

◆ 많은 것을 가졌지만 예수님을 모르는 가족, 친구들에게 어떻게 회개의 메시지를 외쳐야 할까요? 입으로는 천국을 전하면서 이 땅에서 잘사는 것에 집착하며 복음의 능력을 깎아 내리지는 않습니까?

제자를 부르시는 때

갈릴리 해변에 다니시다가 두 형제 곧 베드로라 하는 시몬과 그의 형제 안드레가 바다에 그물 던지는 것을 보시니 그들은 어부라_마 4:18

회개의 메시지를 전파해서 천국으로 이끌려면 예수님처럼 열심히 다녀야 합니다. 손으로 가고 발로 가고 마음으로 다니다가, 베드로와 안드레 같은 사람들을 만나야 합니다. 예수님을 믿는 내게는 어디를 다니는 것도 누구를 만나는 것도 우연이 아닙니다. 그러니 함부로 아무 데나 가고 아무나 만날 수 없습니다.

예수님은 많은 사람 중에 바다에 그물 던지는 어부, 자기 일을 열심히 하는 사람들을 유심히 보셨습니다. 마태도 세리로서 세관에 앉았을 때

부르셨습니다. 다윗도 양치기로 양을 치고 있을 때 부르셨습니다. 엘리사도 농부로 밭을 갈고 있을 때 부르셨습니다. 어부, 세리, 양치기, 농부는 사람들이 선망하는 직업은 아닙니다. 직업이 무엇인지는 상관이 없습니다. 주님은 자기 일에 충실한 사람들, 직업과 본분에 충실한 사람들을 제자로 부르십니다.

미국 오하이오 주의 부호(富豪) 테일러의 농장에 초라한 행색의 청년이 찾아왔습니다. 17세의 '짐'이라는 이 청년은 건초더미에서 자도 좋으니 일자리가 필요하다고 했습니다. 그렇게 창고에서 먹고 자며 열심히 일을 했습니다. 그런데 3년이 지나면서 테일러의 외동딸과 사랑하는 사이가 되었습니다.

"돈 없고 가문도 비천한 주제에 감히 내 딸을 넘보다니 말도 안 돼!"

화가 난 테일러는 짐을 마구 때리고 보따리 하나 없이 빈손으로 내쫓았습니다. 그 후 35년이 지난 어느 날, 짐이 먹고 자던 창고를 헐던 일꾼들이 짐의 보따리를 발견했습니다. 그의 보따리 속에는 한 권의 책이 들어 있었고 거기에 짐의 본명 '제임스 아브라함 가필드'라는 이름이 적혀 있었습니다. '제임스 아브라함 가필드.' 그는 바로 당시 미국 대통령이었습니다. 35년 후 대통령이 될 사람을 알아보지 못하고 그의 진실함과 성실함을 무시했기에, 테일러는 대통령을 사위로 둘 수 있는 기회를 놓친 것입니다.

세상은 물질이 있고 없음에 따라서 인간의 권리와 가치를 다르게 평가하고, 그것을 당연하게 여깁니다. 우리의 전공은 사람을 외모로 평가하는 것입니다. 배우자를 고를 때도, 직원을 뽑을 때도, 교회에서도, 심지어는 자식에게도 외적인 조건을 갖다 댑니다.

◆ 예수님이 어떤 모습의 나를 보기 원하실까요? 손을 들고 찬양하고 눈물 흘리
  며 기도할 때 부름받는 것으로 생각합니까? 하나님이 언제라도 부르고 싶은
  일꾼이 되도록 현재 나의 학업과 직업과 역할에 성실합니까?

> 19 말씀하시되 나를 따라오라 내가 너희를 사람을 낚는 어부가 되게 하
> 리라 하시니 20 그들이 곧 그물을 버려 두고 예수를 따르니라 21 거기서
> 더 가시다가 다른 두 형제 곧 세베대의 아들 야고보와 그의 형제 요한이
> 그의 아버지 세베대와 함께 배에서 그물 깁는 것을 보시고 부르시니 22
> 그들이 곧 배와 아버지를 버려 두고 예수를 따르니라_마 4:19~22

예수님은 환경이 아니라 사람을 보셨습니다. 환경이 아니라 사람에
게 관심이 있고 사람에게 목적을 두셨습니다. 사람을 목적으로 삼으면 환
경이 문제가 되지 않습니다. 힘들고 열악한 환경에서도 바르고 훌륭하게
자라는 사람이 얼마나 많습니까? 유명한 목사님들의 간증을 들어 보세
요. 대부분 가난하고 아프고 못 배우고 힘든 가운데서 하나님의 부르심을
받았습니다.

어떤 사람은 사람을 얻기 위해서 환경을 사용하고, 어떤 사람은 환
경을 얻기 위해서 사람을 사용하기도 합니다. 환경이 목적이 되고 사람
이 수단이 되면 잠시 성공하는 것 같아도 결국은 몰락할 수밖에 없습니
다. 세상의 물질문화는 우리 인생의 목적을 환경에 두도록 유혹하지만 우
리는 사람을 목적으로 삼아야 합니다. 사람에게 관심을 두고 환경이 아닌
사람을 사랑해야 합니다. 사람 낚는 어부가 되는 것보다 더 영광스러운
일은 없습니다.

모든 일이 그렇겠지만 피아노 공부는 끊임없는 저 자신과의 싸움이

었습니다. 같은 곡을 수없이 반복해서 연습하고 그때의 훈련이 매일 큐티를 하는 데 확실히 도움이 되었다고 생각합니다. 그런데 목회를 해 보니 복음을 전파하고 제자 삼는 일이 얼마나 고된 일인지 알게 됩니다. 노동자가 4시간 동안 일하는 에너지와 30분 설교하는 에너지가 같다고 합니다. 인간적인 스트레스를 생각하면 누가 이 일을 하겠습니까? 입으로만 해서되는 게 아니고 누군가를 변화시키려면 삶이 따라 줘야 하는데, 그 부담을 어떻게 견디겠습니까? 하나님의 은혜가 아니면 할 수 없는 일입니다.

베드로와 야고보가 고기 잡고 그물 깁다가 그 일이 싫어서 그물을 버리고 부친을 버려 두고 예수님을 따른 게 아닙니다. 저도 피아노를 가르치는 것이 싫어서 그만둔 것이 아닙니다. 예수님의 부르심을 듣고 지금 내 직업보다 사람 낚는 일, 영혼 구원의 일이 중요하다는 것을 알았기에 힘든 적용을 한 것입니다. 직장이 힘들고 상사가 싫어서 직업을 버려 두고 신학을 하는 것은 주님을 따르는 게 아닙니다. 내 일에 충실할 때 주님의 부르심을 듣고 내 가치관이 변화되어서 주님을 따라야 합니다.

◆ 선교의 비전, 목회의 비전이 있습니까? 어떤 모습으로든 주의 일을 하겠다고 서원했습니까? 그렇다면 지금 내 옆의 사람에게 얼마나 관심을 가졌는지 돌아보십시오. 세상 문화가 싫고 자신이 없어서가 아니라 오직 영혼 구원에 대한 열망으로 헌신했습니까?

가르치며 전파하며 고치는 때

예수께서 온 갈릴리에 두루 다니사 그들의 회당에서 가르치시며 천국 복

음을 전파하시며 백성 중의 모든 병과 모든 약한 것을 고치시니_마 4:23

비로소 전파하시는 예수님은 본격적으로 가르치고, 전파하고, 고치는 사역을 시작하셨습니다.

예수님이 가르치시면 우리는 "네, 배우겠습니다" 하고, 전파하시면 "네, 듣겠습니다" 하고, 고치시면 "네, 고침받겠습니다" 해야 하지 않겠습니까? 그런데 "아유, 설교 들어 봤자 배울 게 뭐가 있어? 들을 것도 하나도 없더라. 병이 병원에 가야 낫지 예수 믿는다고 낫냐?" 이러면 됩니까?

예수님이 가르치고 전파하고 고치시는 데도 반응이 없는 분들은 정말 어쩔 도리가 없습니다. 날마다 붙잡고 말씀을 전하고 가르치는데도, 하나님의 말씀으로 치유가 일어났는데도 믿지 못하는 분들은 도대체 왜 그런 걸까요? 어떤 사람이 예수님의 가르침을 잘 듣는가를 보면, 왜 예수님이 안 믿어지는지도 알 수 있습니다.

24 그의 소문이 온 수리아에 퍼진지라 사람들이 모든 앓는 자 곧 각종 병에 걸려서 고통 당하는 자, 귀신 들린 자, 간질하는 자, 중풍병자들을 데려오니 그들을 고치시더라 25 갈릴리와 데가볼리와 예루살렘과 유대와 요단 강 건너편에서 수많은 무리가 따르니라_마 4:24~25

어떤 사람들이 예수님을 따릅니까? '각종 병에 걸려서 고통당하는 자, 귀신 들린 자, 간질하는 자, 중풍병자들'입니다. 이 사람들에게는 왜 예수님의 가르침이 잘 들릴까요? 그만큼 간절하기 때문입니다. 그러니 말씀이 안 들리고 안 믿어진다는 건 자신에게 간절함이 없기 때문이라는 걸 알아야 합니다.

저는 사람이 가진 각종 병이 이렇게 많은지 몰랐습니다. 육신의 병도 셀 수 없이 많지만, 마음의 병도 많습니다. 과대망상, 피해망상, 알코올중독, 마약중독, 노름 중독, 쇼핑 중독, 채팅 중독에 의처증, 의부증도 있습니다. 병적인 게으름, 병적인 교양, 병적인 열심도 있습니다.

안면 기형으로 태어나서 얼굴 전체가 시커멓고 수포로 덮인 아이를 텔레비전에서 보았습니다. 그런데 그 모습이 끔찍하다고 온 집안 식구가 두들겨 패고, "너 때문에 우리 집안이 저주받았다"고 하면서 음식을 못 먹게 치아를 다 뽑았다고 합니다. 치과에 간 것도 아니고 집게로 생니를 뽑았다는 겁니다. 누가 병자입니까? 아이가 아니라 식구들이 병자 아닙니까?

하나님이 이 시대에만 장애를 주신 것이 아닙니다. 예수님 당시에도 각종 장애가 있었습니다. 장애우에게도 하나님의 계획이 있습니다. 한 집 안에 장애를 가진 생명이 태어난 것은 우리 집의 흑암에 빛을 비추려고 온 사건입니다. 우리 집안의 죄와 저주가 물러가게 하려고 하나님이 주신 특권입니다. 장애를 통해 하나님의 사랑을 나타내고 복음을 전하라고 주신 기막힌 선물입니다. 그것을 저주라고 생각하고 죽이고 낙태한다면 하나님이 얼마나 가슴 아파하실까요. 장애를 저주라고 생각하는 마음, 장애 가진 사람을 미워하고 외면하는 그 마음이 바로 병든 것입니다.

유명한 교회에 다니는 권사님 한 분을 만났는데 교회 자랑이 대단했습니다.

"우리 교회는 부자들이 많이 모여요. 목사님이 너무 세련돼서 30분 이상 설교를 하시는 법이 없어요."

교회에 부자가 많고, 목사님이 엘리트이고 이런 게 자랑이 아닙니다. 본문에 예수님의 가르침을 사모하는 사람들처럼 각종 병자들이 모이는 것이 교회의 자랑이 되어야 합니다.

교회에 유능한 사람들이 많이 모인다고 해서 문제가 해결됩니까? 집안에 장애우가 있다고 해서, 병에 걸렸다고 해서 하나님을 떠나는 사람들이 얼마나 많습니까! 모든 문제를 영적으로 보지 못해서, 말씀이 없어서 아무리 큰 교회를 멋있게 하고 다녀도 결정적일 때는 도움을 못 받는 겁니다.

내 힘으로는 어쩔 수 없는 문제를 통해 하나님을 만났다면 그것이 축복입니다. 이 진리를 믿으면 하나님이 고치십니다. 내가 각종 병에 걸렸다는 것을 인정하고 예수님을 따르면 됩니다. 하나님이 가르치시는 대로 배우고, 전파하시는 대로 듣고, 고치시는 대로 고침을 받으면 됩니다. 그런 사람들이 모이는 교회가 건강한 교회이고 성장하는 교회입니다.

나는 어떤 병에도 안 걸렸다는 분들, 손들어 보십시오. 그렇다면 하나님이 필요 없다고 하는 것과 같습니다. 모두가 죄와 중독의 병에 걸렸기 때문에 우리에게는 하나님이 필요합니다. 복음이 필요합니다.

저는 그런 분들이 모이기를 소원합니다. 각종 병에 걸린 사람들, 각종 병에 걸린 식구들 때문에 힘든 사람들이 우리들교회에 모이기를 소망합니다. 그래서 주님의 가르치심과 전파하심과 고치심이 더욱 능력을 발하는 그런 교회가 될 것을 믿습니다!

◆ 감추고 싶은 장애, 정신적인 병이 있습니까? 중풍처럼 무기력하고 굳어진 아픔이 있습니까? 그 아픔이 수치스러운 것이 아니라, 그 아픔 때문에 예수님을 따르게 된 것에 감사하며 복음을 전파하십니까?

말씀으로 기도하기

예수님은 요한이 잡혔음을 들으시고 물러가셨다가 비로소 사역을 시작하십니다. 모든 일에는 때가 있습니다. 때를 아는 것이 곧 믿음입니다. 제자로 부르시는 때가 있고 가르치며 전파하며 고치시는 때가 있습니다. 우리는 내 의를 내려놓고 주님의 때를 기다려야 합니다.

물러갈 때가 있고 '비로소'의 때가 있습니다(마 4:12~17a).

한 치의 오차도 없는 하나님의 때를 신뢰하며 변하지 않는 사람과 환경을 하나님의 훈련으로 받고 내가 먼저 변화되는 기적이 있게 하옵소서. 그 때를 분별하기 위해 인간적인 의로움과 인본주의를 버리기 원합니다. 날마다 말씀 묵상을 통해 때를 알고 그 때에 맞는 순종을 할 수 있도록 도와주옵소서.

하기 힘든 말을 해야 할 때가 있습니다(마 4:17).

회개의 메시지를 전하기 위해서는 내가 먼저 회개하는 것을 보여 주고, 천국이 가까웠다고 외치려면 내가 먼저 세상 것을 내려놓는 모습을 보여 줘야 한다는 것을 알았습니다. 하나님 때문에 용서할 수 없는 사람을 용서하고, 사랑할 수 없는 사람을 사랑함으로 천국을 보여 주는 인생이 되게 하옵소서.

제자로 부르시는 때가 있습니다(마 4:18~22).

주님은 자기 직업과 본분에 충실한 사람들을 제자로 부르셨습니다. 하나님이 언제라도 부르고 싶은 일꾼이 되도록 먼저 제 일에 충실하게 하옵소서. 세상 문화가 싫고 자신이 없어서가 아니라 오직 영혼 구원에 대한 열망으로 주님의 부르심을 듣고 주를 따르게 하옵소서.

가르치며 전파하며 고치는 때가 있습니다(마 4:23~25).

내가 죄와 중독의 병에 걸린 것을 인정하고 간절함으로 주님을 따르기 원합니다. 이제는 예수님이 가르치시는 대로 배우고, 전파하시는 대로 듣고, 고치시는 대로 고침받게 해 주옵소서. 각종 병으로 굳어진 아픔을 수치스러워하지 않고, 그 아픔 때문에 예수님을 따르게 된 것에 감사하며 복음을 전파하게 하옵소서.

우리들 묵상과 적용

저희 가족은 교회 가까운 곳에 있는 주택 3층에 세를 들어 살았습니다. 그런데 결혼한 딸과 아들, 며느리 등 20여 명의 대가족이 함께 사는 주인 할머니 집에서는 하루가 멀다 하고 싸우는 소리가 들렸습니다. 온갖 고성과 욕설로 저희 가족은 곤혹스러웠으며, 정서적으로 불안한 환경에서 초등학생인 두 아이를 키우는 것이 염려되었습니다. 더구나 한겨울에는 밤새 얼어붙은 문이 열리지 않아 식칼로 얼음을 떼어 내고 출근해야 하니 저의 삶은 피곤하고 우울해졌습니다. 그러다 보니 퇴근길에 교회로 물러가서 기도와 말씀 묵상을 하며 교회를 천국으로 여기게 되었습니다(마 4:12). 그해 이른 봄, 아내에게서 복음을 들은 주인 할머니와 그 가족은 흑암에서 빛을 보고 구원받은 백성이 되었습니다(마 4:16). 30여 년이 지난 지금은 집사와 권사, 주일학교 교사와 성가대장으로 각처에 흩어져 예수님을 잘 믿고 있다는 소식을 듣습니다.

이와 달리 저는 '학위만은 꼭 받겠다'는 학벌 우상으로 대학원에 들어가, 원우회장을 뽑는 선거 과정에서 동창들과 다투어 지금까지 어색한 관계를 맺고 있습니다. 가버나움 사람들 같은 전도 대상자들에게 예수님을 전할 기회조차 잃어버린 것입니다(마 4:13). 그보다 더 가슴 아픈 기억은 교회에서 구원과 관계없는, 신·구임 담임 목사님들의 분쟁과 지체 간의 세력 다툼으로 저를 비롯한 성도들이 상처를 입고 뿔뿔이 흩어졌던 일입니다. 이처럼 요한이 잡힌 것 같은 사건 가운데 예수님이 물러가신 이유를 모르는 저는 세상으로 나가 '나는 억울하니 쾌락을 즐기며 살아도 괜찮다'며 악하고 음란한 삶을 살았습니다(마 4:12).

그럼에도 주님은 영적·육적으로 피폐해진 저를 다시 교회로 불러 주셔서 큰 빛을 보게 하셨습니다(마 4:16). 소그룹 예배 때 리더 분이 외도하여 혼외자를 낳은 죄를 고백했습니다. 그것이 제게 "회개하라!"고 외치시는 주님의 음성처럼 들렸지만(마 4:17), 이전에 신앙생활을 하며 받은 상처와 내 죄 때문에 회피하며 '이제는 예배만 드리고 헌금도 익명으로 하자'고 다짐했습니다. 그러나 예배와 양육훈련을 통해 저의 교만과 외도의 죄를 고백하며 세상 명예의 그물을 버리게 되었고, 마침내 사람을 낚는 어부인 소그룹 리더로 부르셔서 주님을 따르는 삶을 살게 되었습니다(마 4:20~22).

도박 중독이라는 귀신 들린 자, 외도라는 간질병 환자, 자기 고집만 내세우는 중풍병자 등 소문을 듣고 찾아온 수많은 무리가 교회에서 예배와 큐티를 통해 "회개하라, 천국이 가까이 왔다!"는 주님의 음성을 듣고, 자기 죄를 보고 삶이 해석되어 가정이 회복되는 것을 보았습니다(마 4:24~25). 현재 나의 잡힌 환경에 순종할 때 주님이 비로소 일하심을 알게 해 주신 하나님, 감사합니다(마 4:12, 17)

영혼의 기도

하나님 아버지, 세례 요한의 잡힘을 들으시고 예수님은 물러가셨습니다. 요한의 의로움과 인간적인 것이 잡혀야 예수님의 사역이 시작됩니다. 예수님이 다니신 곳이 비천한 곳이었는데 내가 잡혀 있음으로 힘든 우리 가정, 시댁, 친정, 공동체에 빛이 비추일 것을 믿습니다. 주님의 일이 시작될 것을 믿습니다. 나의 잡힘을 들으시고도 물러가신 그 뜻을 알고, 100% 옳으신 주님을 신뢰하기 원합니다.

회개의 메시지를 외치기 위해 살게 하옵소서. 수치와 조롱과 핍박이 있는 그곳에서 예수님의 사랑을 보이기를 원합니다. 이해 안 되는 어떤 일에도 사랑과 감사를 보일 때 회개의 메시지를 외치고 천국이 가까웠음을 증거하게 될 줄 믿습니다.

잡혀 있을 때와 전파할 때와 사람을 분별하기 원합니다. 주어진 환경이 변하기를 바라는 것이 아니라, 환경을 굴복시키고 제자 삼는 일을 하게 하옵소서. 사람을 외모로 평가하지 않으며 자기 일에 충실할 때 예수님의 부르심을 듣고 따르는 자가 되게 하옵소서.

주님이 가르치시고 전파하실 때 각종 병 걸린 수많은 무리가 주님을 따랐습니다. 돈 병에 걸리고 사람에게 집착하는 병에 걸리고 게으름의 병, 교만의 병, 온갖 중독의 병에 걸린 자이지만 그 병 때문에 주님 앞에 왔습니다. 다른 길이 없어서 주님께 왔습니다. 제가 이 사실을 인정할 때 비로소 주님이 제 병을 고치심을 믿습니다.

비로소 전파하시는 주님의 때에 잘 배우고, 듣고, 고침받는 자가 되게 하옵소서. 주님의 복음이 저와 가정과 직장과 교회와 모든 사람에게 꽂히기를 원합니다. 수많은 무리가 되어 주님을 따르기 원합니다. 은혜를 내려 주옵소서. 예수님 이름으로 기도하옵나이다. 아멘.

10

〔팔복1〕 복받는 비결
마태복음 5:1~4

하나님 아버지, 하나님이 복을 받을 수밖에 없는
인생으로 우리를 지으셨습니다.
말씀을 통해 하나님이 우리에게 주시는 복이
어떤 것인지 알게 하시고 그 복을 누리게 하옵소서.
말씀하여 주옵소서. 듣겠습니다.

홍성읍 오관리 천하명당 복권방에서 로또복권 1등이 다섯 번이나 당첨되었다고 합니다. 그 후 이곳에서 복권을 사겠다는 사람들 때문에 평일엔 하루 한 번, 휴일엔 두세 번씩 관광버스가 운행을 한다고 합니다. 게다가 우편으로 복권을 구입하는 단골 고객도 하루 평균 60명 이상입니다. 그야말로 '대박'이 터졌습니다.

제 설교가 인터넷 홈페이지에 게시되는데 본문처럼 '복받는 비결'이라는 제목의 설교는 조회수가 엄청나게 높습니다. 우리는 참 복(福)을 좋아합니다. 복권의 '복' 자만 생각해도 기분이 좋고, 새해를 맞을 때마다 "복 많이 받으세요!" 인사합니다. 그리고 그 복의 내용은 거의 돈으로 귀결됩니다. 복권(福券)도 돈이고, 공부와 사업과 결혼도 돈으로 좌우됩니다. 예수님을 믿어도 돈이 있어야 복을 받았다고 여깁니다.

그런데 주님이 말씀하시는 복은 어떤 것일까요? 그냥 복도 아니고 복이 여덟 개나 되는 팔복(八福)에 대해 말씀하시는데, 어떻게 그 복을 받을 수 있을까요?

제자 되기

1 예수께서 무리를 보시고 산에 올라가 앉으시니 제자들이 나아온지라
2 입을 열어 가르쳐 이르시되_마 5:1~2

4장에서 예수님이 가르치고 전파하고 고치시는 사역을 시작하시면서 각종 병을 앓고 있는 수많은 무리가 예수님을 따랐습니다(마 4:24~25). 예수님은 그 무리를 보시고 산에 올라가 앉으셨는데 제자들이 나아왔습니다.

20년을 넘게 큐티 사역을 하면서 수많은 무리가 제 모임을 거쳐 갔습니다. 그런데 이 본문을 보면서 '내가 길러낸 제자가 과연 얼마나 될까' 생각했습니다. 매주 천 명 가까이 모이는 큐티 모임을 했는데 조직도 없고 누구나 참여할 수 있게 하다 보니 삶을 나눌 기회가 없었습니다. 제가 전한 것에 대해서 어떻게 삶에서 적용하고, 어떤 결단을 했는지 궁금한데 홈페이지 외에는 서로 나누고 양육할 방법이 없었죠. 소수를 가르치더라도 제자 삼는 사역을 하고 싶었지만 그 방법을 몰라서 난감했습니다. 이미 천여 명이 모이고 있으니 소그룹 사역을 하기가 쉽지 않습니다.

그런데 교회 사역을 시작하면서 그 소원이 저절로 이루어졌습니다. 교회 안에서 목자들을 세우고, 목자가 목원을 양육하고 목장과 가정이 하나의 교회가 되어서 나눔과 양육이 일어나니까 수많은 무리 중에서 헌신하는 제자들이 생기고 있습니다.

교회는 수많은 무리를 제자화시킬 사명이 있습니다. 온 성도가 가르치든지, 배우든지 둘 중의 하나를 하는 교회가 되어야 합니다. 우리들 교회는 날마다 큐티하는 사람들이 모여서 집에서 나누고 목장에서 나누

고, 양육을 받고 목자 훈련을 받습니다. 온 성도가 일주일 내내 가르치고 배우는 자가 되어서 움직이고 있습니다. 삶이 헌신이 되니까 집에서 모이고, 사무실에서 모입니다. 모두가 바쁘게 사는 요즘에 돈 받고 하라면 그렇게 하겠습니까? 수많은 무리 중에서 주님의 제자가 되기로 결단한 사람들이 말씀으로 살아나고 변화되고 있기 때문에 저절로 양육이 이루어지는 것입니다.

◆ 예수님을 믿어서 육신과 마음의 병 고침을 받고 예수님께 나아갑니까? 건강해진 몸으로 나 자신을 위해 살면서 시간과 물질을 헌신하지 못하는 무리 속에 있지는 않나요?

가난

심령이 가난한 자는 복이 있나니 천국이 그들의 것임이요_마 5:3

본문에 쓰인 '가난하다'는 원어로 '푸투코이-웅크리다'라는 말에서 유래된 말입니다. 웅크린 거지의 모습, 의지할 곳 없는 거지 나사로(눅 16:20)나 두 렙돈을 바친 과부(눅 21:2)에게 쓰인 단어입니다. 궁핍함보다 훨씬 심한 절대 빈곤의 상태에 있지만, 무엇을 간구하는 능동적인 모습이 아니라 삶에 찌들고 시달림을 당한 수동적인 형용사입니다. 스스로 할 수 있는 게 없어서 구걸에 의존해야 하는 사람, 괴롭힘과 고난을 당하고 더 이상 기댈 곳이 없는 사람, 겸손하려고 노력하지 않아도 저절로 겸손할 수밖에 없는 사람이 바로 주님이 말씀하시는 "가난한 자"입니다.

누가복음 15장 탕자의 비유에서 둘째 아들은 아버지에게 자기 상속분을 미리 받아 가출을 했습니다. 그 결과 둘째 아들의 삶은 첫째로 허랑방탕하게 되고, 둘째로 다 낭비했으며, 셋째로 다 없앴고, 넷째로는 엎친 데 덮친 격으로 흉년이 들었으며, 다섯째로 궁핍하게 되었습니다. 또 여섯째로 이방 백성에게 붙어서 살게 되었고, 일곱째로 돼지를 치게 되었고, 여덟째로 너무 굶주려서 돼지가 먹는 쥐엄 열매를 먹고자 했으며, 아홉째로 그 쥐엄 열매마저 주는 자가 없게 되었습니다.

이 아홉 단계를 거치기 전에 가난한 것을 인정하고 돌아오면 얼마나 좋겠습니까. 아홉 단계를 다 거치고 쥐엄 열매도 주는 자가 없어서 주려 죽게 돼서야 "하늘과 아버지께 죄를 지었사오니" 하고 돌아왔습니다(눅 15:18). "아버지의 아들이라 일컬음을 감당하지 못하겠나이다. 나를 품꾼의 하나로 보소서" 하며 자신의 죄와 가난함을 고백하게 됐습니다(눅 15:19).

내가 지금 가난하다고요? 돈이 없습니까? 집이 없어요? 병이 걸렸습니까? 그런데 아직도 "하늘과 아버지께 죄를 지었사오니"의 고백이 나오지 않는 것은 내가 가난하다는 것을 인정하지 못하기 때문입니다. 돼지가 먹는 쥐엄 열매마저 얻을 수 없어서 주려 죽게 되었다는 것을 인정하지 않기 때문입니다.

가난한 사람은 부자 앞에 서면 자신의 빈곤함을 더 느끼게 됩니다. 부자들 사이에 있으면 왠지 위축이 됩니다. 마찬가지로 영적으로 부요한 사람을 보면서 심령의 가난함을 느껴야 합니다. 하나님 앞에서 말할 수 없는 나의 누추함과 더러움을 봐야 합니다.

가난한 환경을 보라는 게 아닙니다. 그 환경이 있어서 내가 하나님만 바라보게 됐음을 기억해야 합니다. 그럼에도 빨리 가난한 환경만 해결되기 바라는 나의 연약함, 힘든 환경과 사람에게서 도망치고 싶은 나의 가난을 보라는 것입니다. 참으로 나의 가난함이 보이는 것보다 더 큰 축복은 없습니다.

나의 가난함을 보는 것은 노력으로 되는 것이 아닙니다. 영국 복음주의 설교가인 마틴 로이드 존스(David Martyn Lloyd Jones)는 이렇게 말했습니다.

"심령이 가난하다는 것은 세상에서 칭찬을 받지 못하는 태도이다. 세상은 강한 자기 확신을 가지고 나아가라고 권면한다. 그것이 바로 성공의 비결이라고 한다. 교회 안에서도 자기 PR과 광고는 공공연하게 있고 자기를 겸손히 낮추고 숨기는 일은 이제는 찾아보려야 찾아볼 수 없게 되었다. 팔복의 성품은 내적인 성품이 아니라 성령 사역의 결과이다."

◆ 하나님이 허락하신 가난의 내용이 무엇인가요? 환경의 가난, 애정의 가난, 건강의 가난이 결국 영적인 가난으로 이어져 천국을 사모하게 되었습니까?

애통

애통하는 자는 복이 있나니 그들이 위로를 받을 것임이요_마 5:4

애통함은 '가까운 가족이 죽었을 때 느끼는 극한의 슬픔'을 의미합니다. 정말 가슴을 찢는 슬픔입니다. 그런 슬픔으로 울어야 할 것은 바로 내 죄 때문입니다. 죄를 슬퍼하며 애통하는 사람이 하나님의 위로를 얻습니다. 내가 죄인이라는 것을 깨닫고 하나님 앞에서 엉엉 우는 자를 하나님이 위로하십니다.

그런데 우리는 애통함이 얄팍하기 때문에 위로도 얄팍합니다. 병에 걸렸을 때 대부분의 사람은 통증과 서러움 때문에 슬퍼합니다. 병 낫기를 바라면서 애통한 마음이 됩니다. 당사자도 슬프고 힘들지만 날마다 통증으로 우는 사람을 지켜보는 것 또한 얼마나 고통스러운 일인지 모릅니다. 아픈 사람은 자기 아픈 것 때문에 울지만, 그 아픔을 보면서 함께 울지 못해서 우리는 애통합니다. 내 고통만 보이고 남의 고통을 돌아보지 못하는 것 때문에 애통해야 합니다. 하나님을 사랑하고, 가족을 사랑한다고 하면서 편하고만 싶은 나의 이기심 때문에 애통해야 합니다.

그러면 하나님이 오늘 위로를 주신다고 약속해 주셨습니다. 하나님의 위로가 최고 아닙니까? '나같이 힘들게 산 사람은 없어. 누가 나만큼 아파 봤어!' 이러는 사람은 하나님의 위로를 받을 수 없습니다.

◆ 무엇 때문에 애통합니까? 내 아픔에도 남의 아픔에도 무뎌져서 애통함이 없이 하나님의 위로를 받지 못하는 불쌍한 사람은 아닌가요?

가난해야 애통한다

가난함과 애통함은 같이 오는 것입니다. 가난해야 애통합니다. 내가 구걸할 수밖에 없는 자이고, 어쩔 수 없는 죄인이라는 것을 깨달을 때 애통함이 나옵니다. "오호라 나는 곤고한 사람이로다 이 사망의 몸에서 누가 나를 건져내랴" 하는 사도 바울의 고백이야말로 진정한 그리스도인의 탄식입니다(롬 7:24).

텔레비전 토크쇼에 개그맨들이 나와서 대화를 하는데 학창 시절 성적에 대한 이야기가 나왔습니다. 진행자가 "아무개 씨는 성적표가 어땠느냐"고 물으니까 한 개그맨이 "나는 성적이라고 할 것도 없었다. 정말 공부를 못했다. 그런데 속상할 게 하나도 없는 것이 그때 공부 잘했던 친구들이 지금까지 부모님한테 용돈 타서 살더라. 그런데 나는 용돈을 드리고 있다"고 대답을 합니다.

또 다른 출연자에게 물으니 "나는 초등학교 때부터 성적표에 빠지지 않는 내용이 '주의가 산만하다'는 것이었다. 그때는 무슨 뜻인지 몰랐다. 왜냐하면 우리 집 세 형제 모두 성적표에 '주의가 산만하다'는 말이 적혀 있었다. 그래서 좋은 말인 줄 알았다"고 했습니다.

공인이라도 이처럼 솔직한 이야기를 해야 인기를 얻지 않을까요. 우리의 마음을 감동시키는 언어는 이런 솔직함입니다. 솔직해야 세상에서도 사람의 마음을 얻는 것입니다.

그런데 우리는 "내가 공부를 못했다" "내가 부족했다" 이런 이야기를 못 합니다. 그런 고백 없이 "형 때문에 내가 고생했다. 부모님 때문에 내가 비뚤어진 것이다. 돈이 없어서! 몸이 약해서!" 이것이 평생의 주제가입니다. 내가 인정하고 "하늘과 아버지에게 죄를 지었다"고 고백만 하면 아버지가 달려와서 안아 주고 가락지를 끼워 주고 좋은 옷을 입혀 줄 텐데 말입니다(눅 15:20~22).

부모 입장에서 자식이 "엄마가 나한테 해 준 게 뭐가 있어요? 아버지가 해 준 게 뭐가 있어요? 공부를 시켜 줬나요? 돈을 줬나요?" 그러면 주고 싶은 마음이 생기겠습니까? 방송에 나온 개그맨들처럼 "내가 부족했다, 내가 공부를 안 했다, 내가 효도를 못 했다" 이러는 자식에게 뭐라도 더 주고 싶지 않겠습니까. 내 잘못을 인정하고 가난하고 애통하는 사람에게는 하나님이 무엇이든 주실 수밖에 없습니다.

양은 산길을 가다가 맛있는 풀을 발견하면 1미터 아래 절벽이라도 폴짝 뛰어내린다고 합니다. 내려가서 신나게 풀을 뜯어 먹을 땐 좋았는데 다 먹고 나서는 그 1미터를 아무리 애써도 못 올라옵니다. 아래에는 더 무서운 낭떠러지가 있고, 진퇴양난입니다. 그런데 그 모습을 보고 목자가 줄을 내려서 끌어 올리려고 하면 자기를 잡아 가두려는 줄 알고 뒷걸음질 하다가 낭떠러지로 떨어져서 죽는답니다.

그러니 그 양을 살리려면 지칠 때까지 지켜보고 있어야 합니다. 굶주림으로 정신을 잃을 때까지 보고 있다가 완전히 쓰러지면 줄로 몸을 감아서 끌어 올린다는 것입니다.

내가 아직은 쓰러질 만큼 주리지 않았기 때문에 하나님이 나를 도와주실 수가 없습니다. 하나님은 내가 완전히 힘을 잃을 때까지 기다리십니다. 내 힘이 다 빠져서 저항할 수 없을 때까지, 가난해지기까지 기다리십니다.

지금 내 발목을 잡고 있는 힘들고 답답한 환경이 원수가 아닙니다. 원수는 내 안에 있는 욕심이고 내가 할 수 있다고 생각하는 교만입니다. 아직도 내 힘으로 살아 보겠다고 버둥거린다면 하나님이 주시는 복을 거절하는 것입니다.

하나님은 내게 복을 주시는 분입니다. 복을 주려고 기다리시는 분입니다. 내 힘으로는 아무것도 할 수 없으니 이제 손들고 돌아오라고 가난하고 애통한 환경으로 나를 몰아내십니다. "내가 하늘과 아버지께 죄를 지었사오니 아버지의 아들이라 일컬음을 감당하지 못하겠나이다. 나를 품꾼의 하나로 보소서"하고 스스로 돌이켜 돌아오기를 원하십니다.

하나님의 복, 하나님의 위로가 최고입니다. 이제는 수많은 무리에서 나와 제자가 되기로 결단하십시오. 환경이 아니라 내 죄 때문에 가난하고 애통해야 하나님의 위로를 받을 수 있습니다. 하나님의 위로를 받는 자는 누구도, 어떤 사건도 문제가 되지 않습니다. 진정한 천국을 소유할 수 있습니다.

◆ 절박한 어려움과 고통 속에서 하나님도 필요 없다고 버둥거리고 있습니까? 주님의 제자 되기를 결단하고, 믿음이 성숙할수록 나의 가난함을 보고 그것 때문에 애통하며, 그래서 세상이 줄 수 없는 위로와 천국의 복을 누리고 있습니까?

＊＊＊

환경이 아니라 내 죄 때문에
가난하고 애통해야
하나님의 위로를 받을 수 있습니다.

＊＊＊

말씀으로 기도하기

예수님이 팔복을 이야기하십니다. 그 복은 세상에서 이야기하는 복과는 다릅니다. 예수님의 제자가 되기로 결단하고 내 죄 때문에 가난하고 애통할 때 하나님의 복, 팔복이 임합니다.

제자가 되어야 합니다(마 5:1~2).
예수님을 따르는 수많은 무리가 아니라 주님의 제자가 되기로 결단합니다. 교회 공동체에 속하여 말씀을 배우고 가르치는 훈련을 잘 받아 말씀으로 살아나고 변화되게 하옵소서. 나만을 위해 살기보다 먼저 주님을 위해 시간과 물질을 드릴 수 있는 믿음을 주옵소서.

가난함이 복입니다(마 5:3).
환경 때문이 아니라 내 죄 때문에 가난한 심령이 되게 하옵소서. 저절로 겸손할 수밖에 없는 사람이 가난한 자라고 하시는데, 가난한 환경이 해결되기만을 바라는 나의 연약함과 거기서 도망치고 싶은 나의 가난함이 영적인 가난으로 이어져 천국을 사모하길 원합니다.

애통함이 복입니다(마 5:4).
내 죄를 슬퍼하며 애통하는 사람이 하나님의 위로를 얻습니다. 내 고통만 보이고 남의 고통을 돌아보지 못하는 것 때문에 애통하기 원합니다. 하나님과 지체를 사랑한다고 하면서 내 육신의 편함만을 추구하고 다른 이들의 아픔을 체휼하지 못하는 저의 이기심 때문에 애통하기 원합니다. 내 아픔에도 남의 아픔에도 무뎌져서 애통함이 없는 무감각한 저를 불쌍히 여겨 주옵소서.

가난해야 애통합니다(마 5:1~4).

절박한 어려움과 고통 속에서도 내 욕심과 내 힘으로 할 수 있다는 교만으로 주님 손을 거절했던 어리석음과 악함을 회개합니다. 하나님 아버지께 죄를 지었음을 고백하고 스스로 돌이켜 돌아오게 하옵소서. 내 죄 때문에 가난한 심령으로 애통할 때 주님이 주시는 위로와 천국의 복을 누릴 줄 믿습니다.

우리들 묵상과 적용

친정아버지의 형제는 모두 4남매인데, 몇 년 전 큰 고모를 마지막으로 모두 돌아가셨습니다. 믿음의 불모지였던 집안에서 결국 네 분 다 천국에 가시는 복을 누렸습니다(마 5:3). 그리고 현재 저희 남매들도 모두 주님을 믿는 성도들이 되었습니다.

어릴 적 모범생 기질이 있던 저는 스스로 '괜찮은 사람'이라 여기며 자신이 얼마나 교만한지 모른 채 주님을 거부하며 살았습니다. 그러다 결혼 후 남편 따라간 교회에서 성경공부를 하면서 주님을 인격적으로 만나게 되었습니다. 이렇듯 주님은 오랜 시간 저를 기다려 주시고 지금도 양육해 가고 계시는 반면, 저는 믿지 않는 식구들을 믿음과 인내로 기도하며 기다리지 못하고 있습니다.

지난 2년여 동안 작은며느리를 예배로 인도하고자 시간을 내서 쌍둥이 손자들을 돌봐 주었습니다. 며느리는 자신을 통해 남편과 아이들에게 믿음이 생기기를 바라는 저의 마음을 알고 소그룹 예배에 꼭꼭 나가며 애썼습니다. 하지만 며느리는 "지금은 믿음의 필요가 느껴지지 않으며 자기 생각과 부딪치는 것도 있다"고 합니다.

작은아들 역시 "우리 아이들이 자신의 의사와 상관없이 계속 예배에 가는 것을 고민하고 있다"고 합니다. 그간 아들의 모습으로 봐서 짐작은 했지만, 아들의 인본적인 말을 듣고 억장이 무너져 하염없이 눈물을 흘렸습니다. 그리고 다시 한 번 구원의 일을 강권할 수밖에 없는 어미의 안타까운 심정을 전했습니다. 아들 내외는 "저희도 죄송한 마음이지만,

좀 더 기다려 주세요"라고 합니다.

그동안 가족의 구원 때문에 노심초사하다 보니 전도하지 못한 것에 낙심되어 마음이 지치고 안식이 없었습니다. 그런데 말씀을 묵상하면서 복 있는 사람의 사명을 망각한 채 제 가족의 문제에만 머물러 있는 저의 이기심을 깨닫고 정신을 차리게 됩니다. '사람의 본분은 하나님을 영화롭게 하고 그분을 영원토록 즐거워하는 것'인데, 입술로만 구원을 말하면서 정작 제 뜻대로 되지 않으면 낙심하는 저의 완악함을 회개합니다.

저는 믿지 않는 식구들 때문에 잘 때나 깨어 있을 때도 주의 이름을 부를 수밖에 없습니다. 이를 아시는 주님이 본문에서 "심령이 가난하고 애통하는 자가 복이 있다"고 위로해 주시니 다시 힘을 얻습니다(마 5:3~4). 저의 남은 인생, 주님의 뜻에 따라 의에 주리고 목마른 심령으로 제가 가진 복을 다른 사람들에게 전하고(마 5:6), 식구들에게는 오직 믿음으로 사는 모습만 보이기를 결단해 봅니다. 오직 구원은 주께 달려 있음을 알기에 내 열심으로 아들과 며느리를 압박하지 않고, 감정이 섞이지 않은 구원의 언어와 때를 따라 돕는 지혜로 복음을 전하게 되기를 바랍니다.

영혼의 기도

하나님 아버지, 하나님은 내가 복받기를 원하십니다. 복을 주기 위해 너무나 애를 쓰십니다. 그런데 저는 아직도 수많은 무리 중에 있습니다. 주님의 제자가 되지 못하고 주님이 가르치시는 약속의 말씀을 내 것으로 받지 못합니다. 제자가 되고, 제자 삼아야 하는 사명을 감당하지 않고 군중 속에 끼어서 '나 홀로 신앙'으로 예배에만 왔다 갔다 하는 것을 불쌍히 여겨 주옵소서. 주님의 제자가 되기 원합니다. 제자 삼는 사역에 동참하기로 결단합니다.

그러므로 이제 나 자신의 무능함을 보며 내가 구걸할 수밖에 없는 인생임을 인정하고 주님께 나아갑니다. 탕자처럼 궁핍하게 되어도, 허랑방탕하게 되어도, 흉년이 들어도 가난을 모르는 모습이 저에게 있습니다. 그래서 돼지가 먹는 쥐엄 열매를 얻어먹고 그것마저 주는 사람이 없는, 주리고 비참한 지경까지 갈 수밖에 없습니다.

그럼에도 하나님이 사랑하셔서 "내가 하늘과 아버지께 죄를 지었사오니 아버지의 아들이라 일컬음을 감당치 못하겠고 품꾼의 하나로 여겨 달라"고 돌이키게 하시니 감사합니다. 나의 가난함을 솔직하게 인정하고 고백하게 하시니 감사합니다.

환경이 아니라 내 죄 때문에 가난한 심령이 되게 하옵소서. 그 죄와 욕심과 교만에 발목이 잡혀 있는 나를 보며 애통하게 하옵소서. 참으로 끈질기게 끊어지지 않는 악한 저이기에 가난하고 애통한 환경으로 몰아가실 수밖에 없음을 깨닫게 하옵소서.

힘든 사람, 힘든 환경이 너무 싫었습니다. 그러나 그로 인해 내가 가난하고 애통한 자가 되었으니 그 힘든 대상이 얼마나 축복의 통로입니까! 그 힘든 대상 때문에 사람의 위로를 바라지 않고 오직 하나님의 위로를 바라게 되었습니다. 내가 가난하고 애통한 자가 되어서 주님께 돌아오게 되었습니다.

그것이 진정 복받는 비결인 것을 잊지 않게 하시고 환경이 변하든지 안 변하든지 항상 나 자신을 보며 가난하고 애통한 자로 살아갈 수 있도록 은혜를 내려 주옵소서. 예수님 이름으로 기도하옵나이다. 아멘.

11

〔팔복2〕누가 천국을 누릴 것인가

마태복음 5:5~7

하나님 아버지, 왕이신 하나님을 높이는 자가
천국을 누릴 줄 믿습니다. 천국을 누리는
우리가 될 수 있도록 긍휼히 여기시고
말씀하여 주옵소서. 듣겠습니다.

《복음과 상황》이라는 잡지에 '바람난 천국'이라는 표제의 기사가 실렸습니다. 천국을 보고 왔다는 사람들의 이야기인데 가장 흥미로운 내용은 천국에도 이 땅에서처럼 빈부 격차가 있다는 것입니다. 십일조를 하고 담임 목사님에게 충성을 하면 굉장히 큰 집에 살게 된다고 합니다. 어떤 사람들은 꽃밭에 살고 있기에 물었더니 "부끄러운 구원을 받아서 천국에 왔기 때문에 집 지을 재료가 없어서 꽃밭에 있다"고 하더랍니다.

또 어떤 천국에는 모두가 찬양만 하고 있어서 성가대를 하지 않으면 하나님 보좌 앞에 못 앉는다고 합니다. 천국에 들어갈 때 하나님이 "십일조 했냐? 전도했냐? 봉사했냐? 성경 읽었냐?" 이런 것을 물어보시더라는 목사님도 있습니다. 세상을 일찍 떠난 사람들은 어린이 천국에 있고, 물질은 많은데 봉사할 시간이 없었던 사람들은 수용소 천국, 천국의 변두리에 있더라는 사람도 있습니다.

천국과 지옥에 대한 간증 집회가 열리면 사람들이 구름같이 몰려듭니다. 천국을 보고 왔다고 하면서 책을 내면 베스트셀러가 됩니다. 그런데 그 내용들 대부분은 천국을 이 땅에서와 같은 개념으로 그리고 있습니다. 세상 복의 개념을 천국에 그대로 적용하며 부동산 투기하듯 '천국 투기'를 불러일으킵니다. 하지만 주님이 말씀하시는 천국은 가난하고 애통한 자들의 것입니다. 천국은 죽음 이후에 누리는 것이 아니라 지금, 여기에서, 어떻게 살 것인가를 결정하는 실존의 문제입니다.

온유한 자가 천국을 누린다

온유한 자는 복이 있나니 그들이 땅을 기업으로 받을 것임이요_마 5:5

온유한 자는 어떤 자입니까? 똑똑한 자입니까? 능력 있는 자입니까? 돈이 많은 사람입니까? 아니면 착한 사람입니까?

표정과 말씨가 온유하다고 해서 온유한 사람이 아닙니다. 온유를 문자적으로 해석하면, 짐승을 조련할 때 쓰는 말로 '길들여져 주인 뜻대로 사는 것'을 의미합니다. 내가 짐승만도 못하다는 것을 날마다 인정하고, 그래서 하나님께 길들여지고 하나님의 뜻대로 살고자 하는 사람이 온유한 사람입니다.

그러면 온유한 자가 땅을 기업으로 받는다는 것은 무슨 뜻일까요? 땅을 준다고 하시니까 귀가 번쩍 열렸습니까? 부동산 등기를 내 앞으로 해 준다는 뜻일까요?

"그러나 온유한 자들은 땅을 차지하며 풍성한 화평으로 즐거워하리로다"(시 37:11). 땅을 차지하고 화평을 즐기는 것이 땅을 기업으로 받는 것입니다. 등기 소유가 내 것이 되지 않아도 이 땅을 즐기는 사람이 땅을 차지하는 것입니다.

예전에 별장을 가진 친구가 초대를 해도 저는 별장이 없다는 게 열등감이 들어서 안 갔습니다. 그런데 거듭나고 나서 천지가 다 내 것이라고 생각하니까, 시간이 없어서 못 갈 뿐이지 얼마든지 즐길 수 있게 됐습니다. 그랜드캐니언도 내 것이고, 알래스카도 내 것이고, 설악산도 내 것인데, 시간이 없어서 못 갈 뿐입니다. 그렇게 세상을 다 차지한 사람이 온유한 사람입니다.

시편 37편에는 "의인이 땅을 차지함이여, 주의 복을 받은 자는 땅을 차지하고, 여호와를 바라고 그 도를 지키면 땅을 차지한다"고 반복해서 말하고 있습니다. 온유한 자는 그래서 의인이며, 주의 복을 받은 자이고, 여호와를 바라고, 그 도를 지키는 자입니다.

◆ 어떤 땅을 기업으로 받았습니까? 등기부에 내 소유의 땅이 없어도 하나님이
  지으신 이 땅의 모든 것을 누리고 있습니까?

성경의 인물 중에 온유함으로 유명한 사람은 모세입니다. "이 사람 모세는 온유함이 지면의 모든 사람보다 더하더라" 하고 성경이 증거합니다(민 12:3). 그런데 그 말씀이 어떤 상황에서 나왔습니까? 앞서 민수기 11장에서 백성들이 모세를 돌로 쳐 죽이려고 할 때 나온 게 아닙니다.

"모세가 구스 여자를 취하였더니 그 구스 여자를 취하였으므로 미리암과 아론이 모세를 비방하니라 그들이 이르되 여호와께서 모세와만 말씀하셨느냐 우리와도 말씀하지 아니하셨느냐 하매 여호와께서 이 말을 들으셨더라"(민 12:1~2). 모세의 친형제인 미리암과 아론이 비방할 때 그의 온유가 지면의 모든 사람보다 더하다는 말씀이 나왔습니다.

즉, 내 식구가 나를 힘들게 할 때 가장 큰 온유가 나온다는 것입니다. 나와 가장 가까운 가족의 비방, 특별히 믿는 사람들끼리의 비방이 얼마나 힘든 것인지 모릅니다. 우리가 온유함을 갖기 가장 힘든 관계가 가족, 곧 부부지간 형제지간이라는 것을 모세를 통해 보여 주십니다.

백성들은 애굽에서 고기 먹던 생각을 하면서 불평하고 모세를 죽이려고 합니다. 그 상황에서 형제들이 모세를 도와도 시원찮을 판에 도리어 비방을 했습니다. 그럴 때 온유하기가 얼마나 힘들겠습니까? 하지만 이 때 모세가 입을 다물었다는 것이 중요합니다.

민수기 12장 2절 마지막에 '여호와께서 이 말을 들으셨더라' 하지 않습니까? 하나님이 다 들으실 것이기 때문에 모세는 참았습니다. 하나님을 바라고 기대하는 사람은 누가 비방을 해도 반응하지 않고 입을 다물 수 있습니다. 그것이 온유입니다.

우리는 날마다 죄인이라고 고백하면서도 누가 나의 죄를 지적하는 걸 못 들어 줍니다. 누가 나를 비방할 때 내가 옳다 네가 옳다 할 것 없이 하나님이 들으시겠구나 하고 가만히 있으면 됩니다. 나를 오해해서 비방한다고 해도 하나님이 풀어 주실 때까지 기다리면 됩니다. 그걸 못 기다리고 내 지위와 능력으로 상황을 바꾸려고 해서는 안 됩니다. 온유는 자신의 지위 뒤에 자기를 숨기지 않는 것입니다.

진정한 온유는 그래서 성품이 아닙니다. 어떤 사람은 다른 사람과 좋은 관계를 가지려고 무조건 져 주는 사람이 있습니다. 그것은 온유가 아니라 연약함입니다.

진짜 온유는 진리를 붙드는 것이고 그러기 위해서 순교까지도 하는 강함입니다. 온유한 사람은 그야말로 외유내강(外柔內剛)한 사람입니다.

겉으로 드러나는 태도가 아무리 부드러워도 십자가를 경험하지 않은 온유는 가짜입니다. 십자가를 경험한 온유는 내게 많은 재주와 은사와 능력과 지위와 권세가 있을지라도, 예수님의 능력만 나오도록 하는 것입니다. 그래서 누가 나를 판단해도 불편해하지 않는 것입니다. 억울한 소리를 들어도 나서서 해결하지 않고 기다리는 것입니다.

어느 집사님이 우연히 남편의 휴대폰을 들여다보다가 첫사랑 여인과 문자메시지를 주고받는 사실을 알게 됐습니다. 순간 심장이 떨리고 너무나 불쾌한 마음에 남편에게 "어떻게 그럴 수 있냐"고 따졌습니다. 그런데 남편이 "너 같은 여자랑은 피곤해서 못 살겠다. 이혼하자" 하더랍니다. 그럴 때 어떻게 온유한 모습을 보이겠습니까?

또 다른 분의 남편은 어느 교회의 안수집사님인데 지속적으로 외도를 하고 있답니다. 그것을 확인하느라 남편의 주머니를 뒤지고 휴대폰을 체크하기 일쑤였는데, 누구보다 부인의 마음이 지옥이었습니다. 그래서 하나님의 도우심만을 구하며 남편 주머니도 휴대폰도 다시는 들여다보지 않았다고 합니다.

이것이 온유입니다. 알면서도 속고 모르면서도 속아 주는 것, 전능하시고 죄 없는 예수님이 순종함으로 십자가를 지신 것처럼 나의 능력을 사용할 수 있어도 사용하지 않는 것이 바로 십자가로 처리된 온유입니다.

◆ 착한 사람이라는 말을 들으며 내가 온유하다고 착각하지는 않습니까? 성품이 아닌 십자가의 온유, 하나님 때문에 인내하고 순종하는 온유가 있습니까?

의에 주리고 목마른 자가 천국을 누린다

의에 주리고 목마른 자는 복이 있나니 그들이 배부를 것임이요_마 5:6

의(義)는 하나님의 뜻이 내게 이루어지는 것입니다. "세상이 다 틀려 먹었어. 노동자 권리를 위해서 노조는 있어야 해! 저런 나쁜 사람들은 다 감옥에 보내야 해!" 이런 게 의가 아닙니다. 우리가 주리고 목말라해야 할 의는 내 뜻, 내 가치관이 아니라 하나님의 뜻이 내 삶에 이루어지는 것입니다.

사람들은 행복을 추구하지만, 그것은 마치 환자가 자기 병의 원인을 찾아서 치료하지 않고 그저 고통만 제거해 달라고 말하는 것과 같습니다. 의의 개념을 모르기 때문에 우리는 행복에 주리고, 돈에 주리고, 애정에 주립니다. 남편에 주리고, 자녀의 성적에 주립니다.

그 모습이 얼마나 매력 없는지 알아야 합니다. 누군가를 굶주려 하면 할수록 상대방은 도망가게 돼 있습니다. 남편, 자식에게 굶주려 있으면 그 부담을 견디지 못해서 다 밖으로 도는 겁니다. 사람에게 주리고 세상에 주릴수록 채워지지 않는다는 것만 알게 됩니다. 더 비참한 목마름과 주림만 경험할 뿐입니다.

그러나 내가 하나님의 뜻에 주리고 목말라할 때 하나님은 반드시 채워 주십니다. 인생의 목적, 결혼의 목적이 거룩이라는 것을 알고 거룩을 원할 때 주님이 내 인생도 가정도 책임져 주십니다. 하나님의 음성을 듣고 싶은 굶주림이 있어야 합니다. 하나님의 뜻을 알고 싶은 목마름이 있어야 합니다. 그러기 위해 우리를 더 주리고 목마르게 하시는 것이 주님의 사랑입니다. 하나님의 의를 더욱 사모하도록 나를 가난하고 애통하게 만드는 사람과 환경이 내게 축복입니다. 그것을 깨달을 때 진정으로 배부른 자가 되는 것입니다.

치매를 앓는 시어머니를 7년 동안 모셨다는 집사님이 이런 고백을 했습니다. 남편은 막내이고 형님이 두 분이나 계셨지만 막내의 정 때문인지 늘 어머니와 함께 살고 싶어 했습니다. 그래서 이 집사님이 시어머니를 모시게 됐습니다. 직장도 그만두고 치매인 어머니를 모시면서 말로 표현할 수 없이 힘들었다고 합니다. 특히 중3인 아들과 고2 딸에게 아무것도 해 줄 수 없었습니다. 행여 아이들의 성적이 떨어지지는 않을까 날마다 불안했습니다.

그러던 어느 날 집사님이 잠깐 잠든 사이에 시어머니가 거실에 온통 대소변을 묻혀 놓았습니다. 그때 중학생 아들이 집에 돌아왔습니다. 광경을 본 아들은 정신을 놓고 앉아 있는 집사님을 방으로 들여보내더니 할머니를 욕실에 모시고 들어가 씻겨 드리기 시작했습니다.

"할머니, 엄마 말 잘 듣고 있을 줄 알고 내가 이렇게 과자 사 왔는데 왜 그랬어."

아들은 어린아이를 어르듯 할머니를 씻겨 드리고는 짓무른 사타구니에 분을 발라 옷까지 갈아입혔습니다. 그리고 그 모습을 끝까지 바라만 보고 있던 집사님에게 이렇게 말했습니다.

"엄마, 할머니를 사랑하는 마음으로 대해 보세요. 그렇게 심란한 마음으로 같이 지내려니까 엄마가 병이 들죠. 엄마가 남몰래 흘린 눈물을 아니까 제가 커서 다 갚아 드릴게요."

아들의 말을 듣는 순간 집사님은 그동안 자신의 신세를 한탄하며 손윗동서들을 원망했던 것, 남편과 살기 싫었던 마음들을 회개하게 되었습니다. 아들이 공부할 시간에 할머니를 챙기는 것이 싫었는데, 자신의 모든 것을 지켜보고 있는 아들 앞에서 한없이 부끄러웠다고 합니다.

이 아들이야말로 온유한 자이고 의에 주리고 목마른 자입니다. 스스로 사랑을 보이며 엄마를 책망한 것이 아니라 "내가 엄마의 눈물을 다 보고 있다"고 엄마의 아픔을 감싸 안았습니다. 치매 할머니, 힘든 엄마를 보며 의에 주리고 목마른 환경이 되었기 때문에, 어린 나이에도 지혜와 사랑을 갖게 된 것입니다.

◆ 내가 끊임없이 주리고 목말라하는 것은 무엇입니까? 좋은 집과 좋은 차에 주립니까? 사람의 관심과 인정받는 것에 목마릅니까? 내가 부족해서 하나님의 뜻에 주리지 못했어도, 주리고 목마른 환경을 통해 영적인 배부름을 알게 하신 것에 감사드립니까?

긍휼히 여기는 자가 천국을 누린다

긍휼히 여기는 자는 복이 있나니 그들이 긍휼히 여김을 받을 것임이요
_마 5:7

긍휼은 창자가 끊어지듯이 아파하는 것을 말합니다. 다른 사람의 아픔에 아파하고, 나를 사랑하듯 남을 사랑하고, 나를 이해하듯 남을 이해하고, 내게 관대하듯 남에게 관대한 것이 긍휼입니다.

한 부인이 공동체의 지도자와 불륜을 저질렀습니다. 그 사실을 안 남편이 그 지도자를 죽이고 구속되었습니다. 입이 있는 사람들은 다 그 부인을 비난하고 정죄의 화살을 쏘아 댑니다. 그러나 어쩌면 가장 아픈

사람이 간음을 행한 그 여인 아닐까요? 하루아침에 남편은 살인자가 되고 정부는 죽고 말았습니다. 우리가 비난하지 않아도 이미 벌을 충분히 받고 있다고 생각합니다.

주님은 음욕을 품는 것 자체가 간음이고 미워하는 것이 살인이라고 하셨습니다. 나도 간음한 자이고 살인자인데 하나님의 긍휼로 멀쩡하게 살아가고 있습니다. 하나님의 은혜가 아니면 우리도 마찬가지로 죽이고, 죽고, 음욕대로 행하며 살 수밖에 없습니다.

그런데 나는 그렇게 하나님의 긍휼로 살아가면서 어떻게 시마다 때마다 다른 사람을 정죄하고 비판할 수 있겠습니까. 그 부인이 옳다는 게 아닙니다. 그런 소식을 들으면 그 속에서 나의 모습을 보면서 함께 기도해야 합니다.

하나님이 아니었으면 나는 분노와 상처로 아파서 정신병원에 있어야 할 사람입니다. 그래도 건강하게 살고 있는 것이 하나님의 긍휼입니다. 자신이 얼마나 긍휼이 필요한 존재인지를 아는 사람은 남을 긍휼히 여길 수 있습니다. 마음으로 불쌍해하고 염려하는 것이 긍휼이 아니라 찾아가서 상처를 만져 주고 안아 주고 문제를 해결하도록 돕는 실천까지 가는 것이 긍휼입니다.

하나님께 긍휼히 여김을 받으며, 내가 긍휼히 여겨야 할 사람이 옆에 있다면 그것이 나의 복입니다. '저 사람만 없으면' 나한테 복이 있는 게 아닙니다. '그 사람이 있어서' 내게 복이 있습니다.

『지선아 사랑해』의 저자 이지선 자매는 화상과 치료의 아픔이 너무 끔찍해서 엄마에게 울부짖기도 했답니다. 엄마가 이 고통을 감당할 수 있겠냐고, 엄마가 대신 당하라고 하면 당하겠냐고. 그랬을 때 지선 자매의 엄마는 "그럼, 그럴 수만 있다면 천 번도 만 번도 네 고통을 대신 감당할 수 있지. 정말 그럴 수만 있다면……" 하고 말했다는 겁니다. 지선 자매는 그 사랑에서 독생자 예수님의 사랑, 하나님 아버지의 사랑을 느꼈습니다.

전신의 55%에 화상을 입은 그 고통이 얼마나 컸겠습니까. 자신이 입원한 중환자실에서 17명이 죽어 나가는 것을 봤다고 합니다. 얼마나 두려웠을까요. 그럼에도 하나님의 은혜로 살아나서 많은 수술을 거쳐 일상생활도 무리 없이 할 수 있게 되었습니다. 손가락이 다 없어졌어도 글씨만 쓸 수 있게 해 달라고 기도했는데, 이제는 글씨도 쓸 수 있게 되었습니다.

조금씩 회복되는 자기 모습이 감사해서 홈페이지에 사진을 올렸는데 누군가가 지선 자매의 모습이 너무 혐오스럽고 무섭다고 글을 올렸다고 합니다. 스스로 가난과 애통을 경험해 보지 않은 사람은 그렇게 남의 고통에 함부로 말을 합니다. 그 글에 지선 자매는 "뭐 그렇게 솔직할 것까지 있나요" 하고 말았답니다.

회복되고 교회에 갔을 때 유아부 아이들이 "어, 저기 괴물 봐라. 괴물 봐!"라고 해서 지선 자매는 "하나님, 그래도 제가 사람으로는 보이게 해 주세요" 하고 기도했답니다. 그리고 3년 후 교회에서 어떤 아이가 "엄마, 저기 이상한 사람 왔어" 하더랍니다. 그래서 너무 감사했대요. 사람으로 보이도록 하나님이 응답해 주셨다고요. 한번은 사우나에 갔는데 지선 자매의 울퉁불퉁한 몸을 보고 한 할머니가 "얼마나 아프고 힘들었을까. 얼마나 애썼냐. 그런데 신통하게 얼굴은 하나도 안 다쳤구나" 하셨답니다. 물론 사우나 수증기에 할머니가 노안이시라 제대로 안 보여서 그렇게 말씀하신 것이지만, 그것도 하나님의 응답이라고 감사를 드렸습니다.

지선 자매는 자신의 다친 몸을 감추지 않고 여름에는 다른 사람들처럼 반팔 티셔츠를 입고 다닙니다. 얼굴도 마스크로 가리지 않고 다닙니다. 그러면서 "나는 가릴 수 없는 상처라서 모든 사람에게 이렇게 내어놓고 다니는데 가릴 수 있는 상처라서 드러내지 못하고 죽어 가는 사람이 너무 많다"고 말합니다.

예전 사진을 보니 지선 자매는 교통사고로 화상을 당하기 전에 참 예뻤습니다. 하지만 지선 자매는 옛날로 돌아가고 싶지 않다고 합니다. 사고 전에는 시집 잘 가서 잘 먹고 잘사는 것이 인생의 목적이었는데, 지금은 하나님의 형상을 회복했기 때문에 행복하다고 했습니다. 내게 지선 자매와 같은 상황을 주셔도, 내 옆에 똑같이 힘든 사람이 있어도 내가 온유한 자가 되고 하나님의 뜻에 목말라하고 긍휼히 여기는 마음을 가질 때 그것이 천국입니다. 나의 연약함을 알기에 다른 사람의 연약함을 끌어안고 창자가 끊어지는 아픔으로 같이 아파할 수 있는 것이 천국을 누리는 삶입니다. 함께 온유하고 주리고 목마르고 긍휼히 여길 수 있는 환경을 주신 것이 복 있는 삶입니다.

◆ 비록 가족이라도 그 인연을 끊고 싶은 연약한 식구가 있습니까? 연민을 느끼지만 찾아가거나 만나기는 싫어서 돈만 부치는 얄팍한 긍휼을 보이진 않나요? 주님이 십자가에 못 박혀 죽으시는 순종으로 내게 베푸신 긍휼을 생각하며 '몸으로 실천하는 긍휼'을 보여 줍시다.

자신이 얼마나 긍휼이 필요한 존재인지를
아는 사람은 남을 긍휼히 여길 수 있습니다.
마음으로 불쌍해하고 염려하는 것이 긍휼이 아니라
찾아가서 상처를 만져 주고 안아 주고
문제를 해결하도록 돕는 실천까지 가는 것이 긍휼입니다.

말씀으로 기도하기

예수님은 온유한 자, 의에 주리고 목마른 자, 긍휼히 여기는 자가 천국을 누릴 것이라고 말씀하십니다. 천국은 죽음 이후뿐만 아니라 지금, 여기에서, 어떻게 살 것인가를 결정하는 실존의 문제입니다.

온유한 자가 땅을 기업으로 받습니다(마 5:5).
온유한 자는 날마다 하나님의 뜻대로 살고자 하는 사람임을 알았습니다. 가족의 비방에도 온유했던 모세처럼 누가 나를 오해하고 비방해도 하나님이 풀어 주실 때까지 기다리게 하옵소서. 예수님이 순종함으로 십자가를 지신 것처럼, 저도 성품이 아닌 십자가의 온유로 하나님 때문에 인내하고 순종하여 영적인 땅을 기업으로 받게 하옵소서.

의에 주리고 목마른 자가 배부를 것입니다(마 5:6).
하나님의 뜻이 내게 이루어지는 것이 의라고 하시는데, 하나님의 뜻보다 내 뜻이 이루어지는 것에 주리고 목마르다 보니 더 비참한 목마름과 주림을 경험하게 되었습니다. 하나님의 의를 사모하도록 나를 가난하고 애통하게 만드시는 환경이 축복임을 깨닫고, 영적으로 배부른 자가 되게 하옵소서.

긍휼히 여기는 자가 긍휼히 여김을 받습니다(마 5:7).
나 자신이 얼마나 긍휼이 필요한 존재인지를 먼저 깨닫고 남을 긍휼히 여기는 자가 되기 원합니다. 내 옆에 긍휼히 여겨야 할 사람이 있음을 복으로 알고, 주님이 내게 베푸신 긍휼을 생각하며 '몸으로 실천하는 긍휼'을 보이게 하옵소서.

우리들 묵상과 적용

모태신앙인인 저는 9살 때 어머니의 외도로 인해 부모님의 이혼과 아버지의 재혼을 겪으면서 누구에게도 말하지 못하는 수치스러움을 느꼈습니다. 아버지의 사업 부도로 가난까지 더해지니 저의 자존감은 바닥을 쳤습니다. 이런 환경에서 하나님은 제게 명문대 법대 합격을 허락해 주셨고, 저는 학교에서 장학금 받고 다니면서 아르바이트하고, 교회도 빠지지 않고 나갔습니다. 그러니 당연히 하나님이 사법고시도 패스하게 해 주실 거라고 믿었는데 예상과 다르게 고시에 떨어졌습니다. 저는 이를 인정하는 것이 힘들어 폐인처럼 방에 틀어박힌 채 하나님을 원망하며 1년 정도 교회에 나가지 않았습니다.

그러다 목회자 자녀인 지금의 아내를 만나면서 교회에 다시 나가고 대기업에도 취직하게 되었습니다. 취직 후 부모님께 결혼 승낙을 받으려 했지만 저희 부모님은 처가의 가난을 이유로 결혼을 반대하셨고 결국 결혼식에도 오지 않으셨습니다. 이에 분노한 저는 부모님과 7년간 연락을 아예 끊었고, 아버지로 인해 해결되지 않은 분노와 혈기는 술, 음란, 도박, 골프 등 다양한 중독으로 옮겨 갔습니다.

회사에서는 거절 못 하는 예스맨으로 일하고, 교회에서는 교사로 봉사까지 했지만 아내와의 관계는 점점 더 악화되었고 저는 아무에게도 이를 말할 수 없었기에 답답했습니다. 그러다 바람피운 것까지 들키게 되어 아내는 우울증으로, 첫째 딸은 분노조절장애로, 둘째 딸은 야뇨증으로 가정은 이혼 직전까지 가게 되었습니다. 진정한 의의 개념을 모른 저는 성공과 인정 중독에 굶주리며 살았고, 아내와 자녀는 이런 저 때문에 더 깊은 비참함과 목마름을 경험하게 되었습니다.

그러던 중 우연히 어느 집사님을 통해 우리들교회와《큐티인》을 알게 되었습니다. 인터넷으로 목사님 설교와 성도들의 간증을 듣다 보니 기적처럼 제 삶이 조금씩 해석되기 시작했고, 저의 죄 때문에 울며 애통하게 되었습니다. 그 후 저는 의에 주리고 목이 마른 자처럼 매주 부부 소그룹 모임에 참석했고 수치스럽던 제 가족의 사연과 제 속의 분노와 미움, 원망, 혈기를 소그룹에서 쏟아 내게 되었습니다(마 5:6). 교회에서 양육을 받으며 더 깊이 제 죄를 돌아보게 되었고, 그렇게 정죄하고 비난했던 아버지로 인해 천국을 사모하게 되니 오랫동안 응어리졌던 마음이 풀리기 시작했습니다. 하나님께 긍휼히 여김을 받으면서 저도 가족들을 긍휼히 여기니 자연스럽게 아내의 우울증, 아이들의 분노조절장애와 야뇨증도 회복되었습니다(마 5:7). 또 부모님께는 매월 용돈을 보내 드리고 명절과 생신 때 함께 식사하며 영화도 보게 되었습니다.

어릴 적부터 자존감 없던 저를 "아들아"라고 불러 주시고 하나님의 긍휼하심으로 부모님과 가족들을 넉넉히 담을 수 있는 마음을 주셔서 천국을 누리는 가정이 되게 하시니 감사합니다(마 3:17).

영혼의 기도

하나님 아버지, 이 세상의 땅이 내 것이 아닐지라도 천국을 누림으로 세상 모든 것을 누리고 즐기는 자가 되기 원합니다. 알고도 속고 모르고도 속으며 내 지위와 능력을 감추고 남을 섬기기 원합니다. 그렇게 십자가로 처리된 온유를 행하며 영적인 땅을 넓히는 자가 되게 하옵소서. 온유한 부모가 되기 원하고, 온유한 남편(아내), 온유한 자녀가 되기 원합니다.

내 뜻이 아닌 하나님의 뜻을 이루기 위해 나의 모든 환경을 주셨으니 그 환경에서 육적인 것에 주리지 않고 오직 하나님의 의에 주리고 목마른 자가 되게 하옵소서. 말씀에 주리고 기도에 주리고 구원에 주린 자가 되게 하옵소서. 오직 주님으로 배부른 자가 되기 원합니다.

하나님의 긍휼이 없으면 저도 간음하고 수많은 미움 때문에 살인을 행할 수밖에 없는 사람입니다. 나의 죄와 상처를 긍휼히 여기신 하나님의 사랑을 생각하며 다른 이들에게 함부로 정죄와 비방의 화살을 날리지 않게 하옵소서. 나를 사랑하듯 남을 사랑하고 이해하고 내 옆 사람의 아픔을 함께 아파하기 원합니다. 서로가 하나님의 긍휼을 더욱 풍성히 받으며 천국을 누리는 가정과 교회와 직장이 되게 하옵소서. 예수님 이름으로 기도하옵나이다. 아멘.

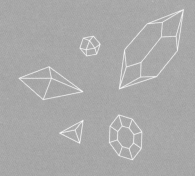

〔팔복3〕 천국이 저희 것임이라

마태복음 5:8~12

하나님 아버지, 팔복의 시작과 결론인
천국을 소유하기 위해서 오늘도 주님의 말씀을
들려주시고 깨닫게 해 주옵소서.
말씀하여 주옵소서. 듣겠습니다.

『천로역정』의 작가 존 번연은 죽음에 대해서 이런 이야기를 했습니다. 세상에서 이상한 것 두 가지를 보았는데, 한 가지는 노인들이 영원히 살 것처럼 이생의 일들을 추구하는 것이고, 또 한 가지는 하나님을 믿는 사람들이 남편과 아내와 자녀의 죽음과 같은 슬픔을 겪을 때에 너무 번민하고 낙담하는 모습이라는 겁니다.

초대 교부이자 서머나교회 감독이었던 폴리갑은 로마에 의해 화형 당했습니다. 형을 집행하기 전 서머나의 로마 총독은 폴리갑에게 지금이라도 그리스도를 욕하고 모른다고 하면 살려 주겠다고 했습니다. 그러나 폴리갑은 조금도 두려워하지 않고 이렇게 말했다고 합니다.

"지금까지 86년 동안 성실하게 주님이 나를 지켜 주시고 사랑해 주셨는데 내가 어떻게 주님을 배반할 수 있겠습니까? 나는 주님을 사랑합니다."

그는 하늘을 우러러 자신을 순교자의 하나로 택하사 부활과 영생의 잔을 주신 주님께 감사하면서 천사와 같은 얼굴로 칼에 찔리고 불에 타

순교하였다고 합니다. 이것이 천국을 가진 사람 아니겠습니까?

　　팔복은 "천국이 그들의 것임이요"로 시작해서(마 5:3) "천국이 그들의 것임이라"로 끝납니다(마 5:10). 그리고 그 복을 누리는 조건은 가난으로 시작해서 박해로 끝났습니다. 이것은 천국에 대해서 모르면 전혀 알수 없는 복입니다.

하나님을 보는 천국 – 청결

마음이 청결한 자는 복이 있나니 그들이 하나님을 볼 것임이요_마 5:8

　　하나님께 가까이 가면 갈수록 우리는 내 마음이 청결하지 못한 것을 발견하게 됩니다. 어두운 집 안에서 거울을 보면 안 보이는데 밖으로 나가서 햇빛에서 거울을 보면 얼굴에 주름이 자글자글합니다. 밝은 빛으로 나아갈수록 나의 주름과 잡티들이 다 드러납니다.

　　"너희가 진리를 순종함으로 너희 영혼을 깨끗하게 하여"(벧전 1:22). 진리를 순종함으로 깨끗하게 되는 것이지 진리를 앎으로 깨끗하게 되지 않습니다. 유리창이 투명해야 안을 들여다볼 수 있습니다. 유리가 더러우면 아무것도 안 보입니다. 내가 아무리 진리를 알아도 그 진리로 날마다 나를 닦지 않으면 소용이 없습니다. 진리에 순종해서 닦아 내지 않으면 하나님과 나 사이에는 불투명한 가름막이 생깁니다. 하나님 대신 돈이 보이고 출세가 보여서 하나님을 볼 수가 없는 것입니다.

　　마음이 청결하다는 것은 욕심 없는 빈 마음이나 행위의 청결만을 의미하지 않습니다. 다윗 왕은 유부녀 밧세바와 불륜을 행하고, 계략을 세워서 그 남편 우리아를 죽음으로 몰아넣었습니다. 간음에 거짓말도 모자라 살인까지 저질렀습니다. 행위로는 청결하다고 할 수 없는 사람입니다. 털어서 먼지 안 나올 사람 없다고 하지만 당시 누군가 도청을 했다면 얼마나 걸릴 일이 많았습니까. 당장 왕위에서 물러날 만한 엄청난 스캔들입니다.

그러나 다윗은 마음이 청결한 자였습니다. 나단 선지자가 와서 죄를 지적했을 때 다윗은 모든 죄를 인정하고 고백했습니다. 밧세바 사건을 통해 모친이 죄악 중에서 나를 잉태했다고, 눈물로 침상을 적시며 우슬초로 나를 정결하게 해 달라고, 자신의 죄가 씻어지기를 간구했습니다.

자기 죄를 고백하며 흘리는 눈물이 우리 마음을 청결하게 합니다. '나는 정말 깨끗한 사람이야. 나는 잘못한 게 없어' 이런 사람이 청결한 사람이 아닙니다. 어떤 부도덕과 비리를 저질렀어도 그 죄를 인정하고 회개하는 사람이 청결한 사람입니다.

청결한 자는 하나님을 본다고 했습니다. 예수 그리스도의 보혈로 죄 씻음을 받고 거듭난 사람은 믿음의 눈으로 하나님을 보게 됩니다. 불신자는 결코 볼 수 없는 하나님이지만, 구원받은 하나님의 자녀는 자연만물을 통해서도 환경을 통해서도 하나님을 볼 수 있습니다.

우리에게 두 눈을 주신 것은 두 곳을 보라는 것이 아니라 한 곳을 정확하게 보라는 뜻입니다. 카멜레온은 한쪽 눈은 이쪽을 보고 다른 쪽 눈은 저쪽을 볼 수 있는데, 그러다 보니 아무것도 제대로 못 본다고 합니다. 사람을 사랑할 때도 양쪽을 쳐다보고 두 마음을 품는 것은 배신입니다. 양다리 걸치는 사람을 누가 좋아하겠습니까? 다들 자신만을 쳐다보길 바랍니다.

그래서 "일심으로 주의 이름을 경외하게 하소서"(시 86:11)라고 기도하지만, 사도 바울의 고백처럼 마음속에 두 마음이 있어 날마다 싸움이 있는 것도 사실입니다(롬 7:21). 그것을 인정하는 것이 청결입니다. 내가 날마다 세상과 하나님 사이에서 갈등할 수밖에 없다는 것을 인정하고, 나의 연약함과 죄 때문에 아파하는 자가 청결한 자입니다.

◆ 하나님이 내게는 안 보인다고 불평합니까? 내 죄를 회개하는 눈물로 마음이 청결하게 되어 주변의 모든 환경과 사람을 통해 하나님을 보고 있습니까?

하나님의 아들 – 화평

> 화평하게 하는 자는 복이 있나니 그들이 하나님의 아들이라 일컬음을 받을 것임이요_마 5:9

남편의 수입이 적어서 생활에 어려움을 겪던 가정주부가 동네에서 구멍가게를 내고 장사를 시작했습니다. 부인이 정직하고 친절하게 장사를 하니까 물건들이 잘 팔렸고 날마다 트럭으로 물건을 실어 와도 모자랄 지경이 되었습니다. 그런데 하루는 남편이 들어와서 "여보, 어쩌지? 우리 집 때문에 동네 다른 가게들이 망하게 생겼어. 오늘 저 건너편 가게가 완전히 문을 닫았대" 하고 말했습니다.

그러자 다음 날부터 부인은 트럭으로 물건을 받지 않았습니다. 몇 가지만 선별해서 받고, 손님들이 오면 건너편 가게나 다른 가게에서 살 것을 권유했습니다. 그리고 주어진 여유 시간에는 자신이 좋아하던 책 읽기와 글쓰기를 마음 놓고 했습니다.

그 부인이 쓴 소설이 바로 그 유명한 『빙점』입니다. '척추카리에스'

라는 장애를 가진 주부 미우라 아야꼬가 이해타산을 포기하고 여유 시간에 쓴 글이 세계적인 베스트셀러가 되었습니다. 이웃과의 화평을 위해 내 이익을 포기했을 때 하나님은 돈도 주고 명예도 주셨습니다.

천국에 속한 사람은 화평하게 하는 자입니다. 화평이라는 단어는 성경에 무려 400번 정도 나옵니다. 그만큼 성경은 평화를 중요시합니다.

화평하게 하는 자가 하나님의 아들이라 일컬음을 받는 것은, 하나님과의 평화가 이루어지고 내 속에서의 평화가 이루어졌을 때 이웃과 화평하게 되고 그 일을 통해 세상 가운데 하나님의 자녀임을 증거하게 되기 때문입니다.

하나님의 아들이신 예수 그리스도가 나를 위해 죽어 주심으로 하나님과 나 사이에 화목제물이 되어 주셨다면 우리도 남을 위해서 화목제물이 될 수 있습니다. 수동적으로 평화를 유지하는 자가 아니라 적극적으로는 화평하게 하는 자가 되어서 갈등과 다툼과 원망의 자리에 들어가 화목제물의 역할을 해야 합니다.

어떻게 그 역할을 하겠습니까? 레위기에서 하나님께 드리는 제사의 순서를 보면 제물을 태워서 드리는 번제, 내 죄를 속하는 속죄제를 드린 후에 화목제가 드려집니다. 우리는 큰 세력, 큰 교회, 큰 지위가 화평을 가져다줄 것으로 생각합니다. 그러나 화목, 화평을 이루는 것은 나를 태우는 희생(번제)과 죄에 대한 회개(속죄제)가 있을 때 가능한 일입니다.

남편이 바람을 피우고, 아내가 카드 빚을 지는 등 상대방의 잘못으로 갈등이 일어났다고 해도 내가 하나님의 자녀이기 때문에 먼저 내 죄를 보고 상대방을 용납할 때 "아, 저 사람이 정말 예수 믿는 사람이구나" 하는 소리를 듣게 됩니다. 직장에서 다툼이 일어날 때 이해타산하지 않고 먼저 사과하고 회개하는 모습을 보인다면, "역시 예수 믿는 사람이라서 다르구나" 하고 '하나님의 아들'이라 일컬음을 받게 됩니다.

그래서 가난한 자, 애통한 자, 의에 주리고 목마른 자, 청결한 자에게는 붙이지 않았던 '하나님의 아들'이라는 호칭을 화평하게 하는 자에게 붙이셨습니다.

사자와 소가 만나서 결혼을 했습니다. 처음 허니문 기간에는 서로가 좋아서 문제가 없습니다. 그런데 사자는 소를 생각해서 맛있는 살코기를 뜯어다가 가져다주자 소는 싫어도 "아이~ 맛있어" 하고 기쁘게 받아 줍니다. 소도 사자를 위해서 정성껏 풀을 뜯어서 먹으라고 주자 사자는 "좋아. 좋아" 하면서 먹는 시늉을 합니다. 하지만 둘 다 서로가 주는 음식을 먹지 못하고 병들어 갑니다.

허니문 기간이 끝나면 서로 싸울 일밖에 없습니다. 처음엔 받아 주다 끝내 지쳐 버립니다. 물고 뜯고 피비린내 나는 전쟁을 하다가 결국 헤어집니다. 그러고는 "나는 최선을 다해서 먹을 것도 차려 줬다. 할 만큼 했다" 이러는 겁니다.

화평을 이룬다는 것은 내 입장에서 잘한다고 되는 게 아닙니다. 잘해 준다고 하면서 상대방의 입장을 전혀 배려하지 않는 것은 도리어 불행의 원인이 됩니다. 자기 죄를 모르는 사람은 100% 자기중심적이기 때문에 자기밖에 모릅니다. 그래서 사랑이라는 이름으로 자기 욕심을 들이대며 상대방에게 상처를 주고 싸움을 일으키는 것입니다.

그렇다고 무조건 상대방의 비위를 맞추는 것이 화평은 아닙니다. 예수님은 "내가 세상에 화평을 주러 온 줄로 생각하지 말라 화평이 아니요 검을 주러 왔노라 내가 온 것은 사람이 그 아버지와, 딸이 어머니와, 며느리가 시어머니와 불화하게 하려 함이니"라고 말씀하셨습니다(마 10:34~35). 무슨 뜻일까요?

무조건 배려하고 참아 주는 것이 화평이 아니라 복음을 위해 부딪쳐야 할 때도 있다는 것입니다. 복음으로 이루어진 평화만이 진정한 평화입니다. 좋은 게 좋은 거라고 주일예배 빠지고 가족 여행을 간다면 그것이 화평입니까? 괜히 분위기 망치지 않기 위해 회식 자리에서 술 마시고 놀아 주는 게 화평입니까? 그것은 눈가림이고 일시적인 평화입니다. 그렇게 유지하는 평화는 언젠가 더 큰 갈등으로 깨어지게 돼 있습니다. 하나님과 분리된 인간, 분리된 공동체는 무엇으로도 화목해질 수 없기 때문입니다.

가족들에게 복음이 들어가고, 우리 가정이 믿음으로 하나 되기 위해서는 거룩한 갈등이 필요합니다. 부딪히기 싫고 박해받기 싫다고 침묵해서는 안 됩니다. 복음을 전할 때는 갈등이 있기 마련입니다. "교회 가자"고 한 번만 말해도 "너는 입만 열면 교회 소리냐!"고 큰소리가 납니다. "아침마다 큐티하자"고 하면 "자식들 공부나 시킬 것이지 성경은 왜 보게 하냐!"고 난리가 납니다. 그것이 싫어서 입을 다물고 있다면 정말 이기적인 사람입니다. 나만 천국 가고 내 식구는 지옥 가도 상관없다는 것 아닙니까?

당장은 불화 같아도 구원을 위해 할 말을 하는 것이 진정한 평화로 가는 길입니다. 듣기도 지겹다고 진저리를 쳐도 "예수님을 믿어야 한다. 주일예배는 반드시 드려야 한다. 불신결혼은 안 된다. 이혼은 안 된다" 끊임없이 말하고 들려줘야 합니다. 그것이 거룩한 갈등입니다.

우리는 화평하게 해야 하지만 또한 인간의 화평을 깨뜨리는 복음을 전할 수도 있습니다. 기억해야 할 것은 예수님의 모범입니다. 예수님이 화평하게 하신 방법은 하나님의 아들이심에도 자신을 낮추시고 십자가를 지신 것입니다. 십자가 지는 순종과 헌신으로 복음을 전할 때 일시적인 화평을 잃더라도 진정한 화평을 이루게 될 것입니다.

◆ 가정과 직장 내의 갈등에서 하나님을 믿는 사람으로서 인내와 섬김을 보이며
화평을 이룹니까? 인간적인 의리나 이해타산 때문에 간에 붙었다 쓸개에 붙
었다 하는 비겁한 화평은 아닌가요?

천국을 가진 사람 · 의를 위해 박해받는 것

10 의를 위하여 박해를 받은 자는 복이 있나니 천국이 그들의 것임이라
11 나로 말미암아 너희를 욕하고 박해하고 거짓으로 너희를 거슬러 모
든 악한 말을 할 때에는 너희에게 복이 있나니 12 기뻐하고 즐거워하라
하늘에서 너희의 상이 큼이라 너희 전에 있던 선지자들도 이같이 박해
하였느니라_마 5:10~12

내가 주님 때문에 가난하고, 애통하고, 온유하고, 의에 주리고, 목마
르고, 긍휼히 여기고, 청결하게 되고, 화평하게 하면 무엇이 우리를 기다
리고 있을까요?
주님의 말씀을 듣고 팔복대로 사는 사람에게 기다리고 있는 것은 박
해입니다. 팔복대로 살기 시작하면 잘했다고 칭찬을 해 주는 게 아니라
본격적인 욕과 박해와 악한 말이 기다리고 있는 것입니다.
부부가 함께 교회에 다니지만, 남편 때문에 힘들어하는 부인이 있었
습니다. 그 부인은 평소 자신을 무시하는 남편의 말과 태도 때문에 우울
증을 앓았고 날마다 무기력하게 늘어져서 시체처럼 살았습니다. 그러다

우리들교회에 와서 살아나기 시작했습니다. 시체 같던 사람이 얼굴도 환해지고 소그룹 모임에서 교제도 잘 하고 건강해졌습니다.

그래서 신이 나서 남편에게 교회 이야기를 하자 남편은 "너 그 교회 가더니 광신도 됐구나. 교회 가지 마! 그냥 우울증으로 누워 있어. 그게 더 낫다!"고 했다고 합니다. 남편은 비록 교회에 다니는 사람이지만 부인이 믿음으로 기쁘고 즐거워졌는데도, 믿음의 색깔이 다르니까 박해를 했습니다.

다 당해 본 건 아니지만, 육체적으로 고문을 당하고 거짓말에 당하고 악한 말을 듣고 누명을 쓰는 것까지는 그래도 참을 수 있을 것 같습니다. 하지만 그런 박해 속에서 적극적으로 기뻐하고 즐거워한다는 건 너무 어렵지 않겠습니까? 그런데 하나님은 기뻐하고 즐거워하라고 하십니다. 스데반처럼, 폴리갑처럼 나를 죽이려는 사람들 앞에서도 기뻐하고 즐거워하라고 하십니다. 내가 믿음 때문에 박해당할 때 즐거워하는 것, 이것이 천국이고 부활입니다. 우리는 부부 싸움만 해도, 자식이 말을 안 들어도 "나는 못 살아! 못 살아!"가 주제가인데 말입니다.

팔복의 핵심은 가난이고 주제는 박해입니다. 팔복은 시작도 끝도 천국입니다. 주님으로 인해 박해받지만 환경을 초월하시는 주님 때문에 기뻐하고 즐거워하는 것이 하나님의 백성, 주님의 제자가 갈 길입니다.

인도의 인권 운동가였던 마하트마 간디는 산상수훈 설교를 너무 좋아했는데, 가난에서 화평까지는 박수를 치면서 "옳아. 옳아" 하고 듣다가, 의를 위해 박해받는 자가 상이 크다고 하니까 성경을 집어 던졌다고 합니다. 팔복대로 사는 기쁨은 예수 그리스도의 보혈 없이는 이해할 수 없는 것입니다.

복음은 세상의 고정관념을 깨는 말씀입니다. 그래서 복음을 외치는 사람들, 복음대로 사는 사람들은 세상의 미움과 박해를 받을 수밖에 없습니다. 하나님의 아들 예수님이 세상에 오셨을 때 세상은 그를 미워했고 마지막에는 십자가에 못 박아서 죽였습니다. 이것이 세상이 하나님의 자녀를 대하는 태도라는 말입니다.

팔복 말씀을 거꾸로 풀어 놓으면 이렇게 됩니다.

심령이 부유한 자는 화가 있나니 지옥이 저희 것임이요.
죄 때문에 애통하지 않는 자는 화가 있나니 위로받지 못할 것임이요.
혈기 부리는 자는 화가 있나니 땅을 얻지 못할 것이요.
자기 의를 자랑하는 자는 화가 있나니 저희가 배고플 것이요.
긍휼히 여기지 않는 자는 화가 있나니 긍휼히 여김을 받지 못할 것임이요.
더러운 자는 화가 있나니 하나님을 보지 못할 것임이요.
분열하게 하는 자는 화가 있나니 사탄의 자식이라 일컬음을 받을 것임이요.
박해받지 않는 자는 화가 있나니 지옥이 저희 것임이라.

영적으로 철이 들어야 합니다. 하나님을 사랑한다고 하면서도 팔복대로 살기를 끔찍하게 생각하고 세상에 한눈팔아서는 안 됩니다. 성경적으로 가장 확실한 투자는 가난하고 애통하고 의에 주리고 박해받는 것입니다. 팔복대로 사는 삶이 가장 성공적인 삶입니다.

천국에 들어갈 수만 있다면 어떤 환난과 고통을 당할지라도 우리는 괜찮습니다. 어떤 욕을 먹고 억울한 소리를 들어도 우리는 괜찮습니다. 모든 것을 포기해야 천국에 갈 수 있다면 모든 것을 포기해도 우리는 괜찮습니다.

잠을 자지 않으면 원하는 대학과 직장에 합격을 보장해 주겠다고 하면, 그까짓 잠 얼마든지 포기하지 않겠습니까? 그런데 잠을 자고 싶어서 대학과 직장을 포기한다면 얼마나 어리석은 일입니까? 잠을 안 자는 고난이 일시적이라는 것을 알기 때문에 우리는 얼마든지 잠을 포기할 수 있습니다. 이 땅에서의 가난과 박해가 영원하지 않기에 우리는 세상을 포기할 수 있습니다. 그것을 포기 못 해서 영원한 천국을 포기한다면 그것보다 어리석은 일은 없습니다.

우리의 목표는 하나님 나라입니다. 그곳에 갈 수만 있다면 어떤 일도 괜찮고 가난도 문제 되지 않습니다. 울어도 괜찮고, 잠 못 자는 것도 괜찮고, 자존심 상하는 것도 괜찮습니다. 남편이 바람을 피워도, 부도가 나도, 자식이 가출을 해도 문제가 되지 않습니다.

우리의 유일한 문제는 하나님 나라에 들어가지 못하는 것입니다. 그러니까 어떤 일이 있어도 우리는 "천국이 저희 것임이라"는 약속을 내 것으로 만들어야 합니다. 사람과 환경에서 오는 시험과 갈등 때문에 신앙생활을 포기해서는 안 됩니다. 남편하고 잘 지내겠다고 주일성수를 포기하고 놀러 다니면 거기에 천국이 있습니까? 천국은 한 믿음으로 말이 통하고, 한 말씀으로 기쁘고 즐거워하는 곳입니다. 이 땅에서 잘 지내겠다고 예배를 포기하고 성경을 포기하고 믿음의 공동체를 포기해서는 안 됩니다. 어떤 일을 당해도 천국을 놓지 마십시오.

◆ 크리스천으로서 뇌물을 거절하고, 술자리를 거절해서 따돌림의 박해를 받습니까? 믿음 때문에 참고 양보했다가 미련하다는 악한 말을 듣습니까? 그것을 참고 인내하는 수준이 아니라, '하나님이 내 믿음을 높게 보셨구나' 하며 적극적으로 기뻐합니까?

244

팔복의 핵심은 가난이고 주제는 박해입니다.
팔복은 시작도 끝도 천국입니다.
주님으로 인해 박해받지만 환경을 초월하시는
주님 때문에 기뻐하고 즐거워하는 것이 하나님의 백성,
주님의 제자가 갈 길입니다.

말씀으로 기도하기

예수님은 마음이 청결한 자, 화평하게 하는 자, 의를 위해 박해받는 자가 천국을 누린다고 하십니다. 팔복을 누리는 조건은 가난으로 시작해서 박해로 끝났습니다. 팔복은 천국을 모르면 알 수 없는 복입니다.

마음이 청결한 자가 하나님을 볼 것입니다(마 5:8).
하나님께 가까이 갈수록 내 마음이 청결하지 못한 것을 발견하게 됩니다. 날마다 세상과 하나님 사이에서 갈등할 수밖에 없음을 인정하고 나의 연약함과 죄 때문에 아파하게 하옵소서. 예수 그리스도의 보혈로 죄 씻음을 받고 거듭나 믿음의 눈으로 하나님을 보기 원합니다.

화평하게 하는 자가 하나님의 아들이라 일컬음을 받습니다(마 5:9).
하나님의 아들이신 예수님이 자신을 낮추사 십자가를 지시고 나를 위해 죽으심으로 하나님과 나 사이에 화목제물이 되어 주신 것처럼, 저도 갈등과 다툼의 자리에서 화목제물의 역할을 감당하기 원합니다. 일시적인 화평이 아닌 복음으로 진정한 화평을 이루는 일에 십자가를 질 때 예수 믿는 사람이라 일컬음을 받게 하옵소서.

의를 위해 박해받는 자가 천국을 누립니다(마 5:10~12).

주님의 말씀을 듣고 팔복대로 살면 세상에서 미움과 박해가 기다리고 있지만, 믿음 때문에 박해당할 때 '하나님이 내 믿음을 높게 보셨구나' 하며 오히려 적극적으로 기뻐하고 즐거워하게 하옵소서. 이 땅에서의 가난과 박해가 일시적이라는 것을 알고, 어떤 환난과 고통을 당할지라도 영원한 천국을 포기하지 않게 하옵소서.

우리들 묵상과 적용

가정 형편이 어려웠던 어린 시절, 가끔 종로 5가에서 아버지가 운전하던 버스를 타고 종점까지 갔다 오는 것으로 가족 여행을 대신했습니다. 아버지는 우유와 빵을 사 주셨고, 동생과 제가 버스에서 내릴 땐 차비를 받는 바구니에서 한 움큼씩 돈을 집어 주셨습니다. 그것이 회삿돈을 훔치는 것인지 그땐 몰랐습니다. '그래도 되는 것이구나!' 생각하며 저는 어린 동생에게 동전 몇 개만 주고 나머지 돈을 전부 가졌습니다. 학교에서 불우이웃돕기로 쌀이나 돈을 내라고 할 땐 '내가 불우이웃인데 누굴 돕는다는 말인가?' 하는 마음이 늘 먼저 들었습니다.

대입 학력고사 때 문제가 평이하게 나왔는데도 모의고사보다 못 봐서 제가 희망하던 S대에 가기엔 점수가 부족했습니다. 부모님의 만성적인 불화와 넉넉하지 않은 가정 형편 때문에 재수는 안 된다는 생각으로 K대에 지원했는데, S대가 미달이어서 K대보다 합격선이 30점이나 낮았습니다. S대에 못 간 것이 아쉽지 않으냐는 친구들의 물음에 "사회 나가서 성공하면 된다"며 아무렇지 않은 체했지만, '나는 왜 이리 운이 없는가' 하는 생각에 괴로웠습니다.

그러나 법관으로 공직에 있다 보니 예수님이 말씀하신 팔복(八福)의 삶과는 점점 거리가 멀어지는 듯했습니다. 이해관계인들이 밥을 사고, 술을 사고, 때때로 용돈도 가져왔습니다. 서른이 넘은 나이였는데도 선배들 대부분이 아무렇지 않게 받아들이는 것을 보며 저도 '알고 보면 다 학교 동문이고 사법고시 선후배인데 이 정도야 괜찮겠지' 하는 청결하지 못한 마음으로 뇌물과 미풍양속을 분별하지 못했습니다(마 5:8). 아무리 밥을 사고 술을 사도 공무 처리의 결론이 바뀌는 건 아니라고 합리화했지만, 그것은 얻어먹은 죄로 자기도 모르게 이해관계인에게 각별한 친절과 편의를 제공하게 되는 비겁한 공무원의 '우아한 거짓말'에 불과했습니다. 제가 속한 곳에서 먼저 내 죄를 돌아보고 복음 전파를 위해 화평한 자가 되어야 하는데 도리어 죄악 된 세상과 화평하려 가책도 없이 죄를 저지른 것입니다(마 5:9).

아이들이 유치원에 다닐 때, 공직에 있으면서도 '제대로 살려면 돈이 필요하다'는 생각이 절실했습니다. 부동산 투기 열풍이 일기 직전, 우연히 대출을 끼고 분양을 받은 아파트의 시세가 단기간에 50% 이상 급등한 적이 있습니다. '직장도 있어야겠지만 돈은 이렇게 버는 것이구나' 하는 생각에, 명백한 투기를 '재테크'로 포장하며 살지도 않을 집을 세 채나 더 분양을 받았습니다. 그러나 중과세 기간을 피해 집을 팔려고 하니 이미 부동산 시장의 침체가 시작되었습니다.

지나온 시절을 돌이켜보면, '내 코가 석 자인데 누굴 돌보느냐'고 변명하면서 불법과 불의를 밥 먹듯 하고 나 살기에만 바빴던 제 모습이 선명하게 들어옵니다. 100% 옳으신 하나님 앞에 나아가 가난하고 애통한 마음으로 회개하고 갈 길을 묻는 인생이 되기를 오늘도 소망합니다. 주여! 보잘것없는 인생을 말씀 앞에 서 있게 해 주시니 감사합니다.

영혼의 기도

하나님 아버지, 우리가 그렇게 간절히 원하는 천국은 심령이 가난한 자와 의를 위해서 박해받는 자의 것이라고 하십니다. 가난하고 애통하고 온유하며 의에 주리고 목마르며 긍휼히 여기며 청결하며 화평하게 하며 박해받는 자의 것이라고 하십니다.

그 약속을 믿으며 청결함으로 하나님을 보기 원합니다. 행실의 깨끗함만을 따지기보다 말씀의 거울로 내 죄를 보는 청결함이 있기 원합니다. 더러운 나의 죄를 주님 앞에 내어놓고 씻음받게 하옵소서. 회개의 눈물로 씻은 다윗의 청결을 생각하며 하나님을 보는 축복을 누리게 하옵소서.

내가 내 죄를 본다면 어떻게 하나님과 화평하지 않을 수 있겠습니까? 이웃과 화평하지 않을 수가 있겠습니까? 내 죄를 생각할 때 내가 참았다고, 용서했다고 생색을 낼 수 있겠습니까? 어떤 자리에서도 주님으로 인해 화평하게 하는 자가 되어서 "정말 저 사람은 예수 믿는 사람이야. 하나님의 아들이야" 이런 말을 듣기 원합니다. 교회를 다니면서도 "너 예수 믿는 사람 맞냐?" 하는 말을 들을 때가 있는 것을 불쌍히 여겨 주옵소서.

주님 때문에 인내하고 순종해도 박해는 올 수밖에 없습니다. 배우자가, 자녀가, 부모가 하나님을 모르기 때문에 나를 박해한다면 그것을 감당하게 하옵소서. 주님이 다 보고 계시기에, 슬픈 것이 아니라 기뻐하고 즐거워하게 하옵소서. 이 땅에서 아플지라도 하늘에서의 큰 상을 바라보며 승리하게 하옵소서.

천국을 소유하기 위해 이 땅에서 어떤 일을 당해도 뒤로 돌아가지 않겠습니다. 천국에 갈 수 있다면 그 어떤 것도 문제가 되지 않습니다. 어떤 말을 들어도 어떤 일을 당해도 천국을 놓지 않겠습니다. 그러므로 천국의 소망이라는 굳건한 목표를 붙잡고 팔복의 삶을 살기 원합니다. 가난한 심령으로 박해받는 것이 최고의 복인 줄 알고 내 삶을 투자하기 원합니다. 팔복의 삶을 살아감으로 이 땅에서도 천국의 복을 누릴 줄 믿습니다. 예수님 이름으로 기도 하옵나이다. 아멘.

Part 3

주님의 온전함을
배우자

13

영광을 돌리게 하는 인생

마태복음 5:13~20

하나님 아버지, 주님께 영광을 돌리는 것이
제 삶의 목적이고 이유인데
어떻게 그 삶을 살 수 있는지
말씀하여 주옵소서. 듣겠습니다.

지방에 사는 어느 분이 제게 메일을 보내왔습니다. 그 자매님은 안 믿는 집안에 시집을 가서 교회에 다닌다는 이유로 남편과 시댁 식구들에게 매를 맞고 살았답니다. 10년 넘게 박해받다가 몇 년 전부터는 겨우 교회에 다니도록 허락을 받았습니다. 여전히 남편이 핍박했지만, 예배드릴 수 있다는 것 자체가 너무 감사해서 초등학생 딸을 데리고 열심히 교회를 다녔다고 합니다.

그런데 얼마 전에 자신의 딸이 그 교회 목사님에게 1년 넘게 성추행을 당했다는 충격적인 사실을 알게 됐습니다. 남편이 알면 다시는 어떤 교회도 다닐 수 없을 텐데, 이 상황에서 목사님에게 찾아가 따져야 할지 경찰에 신고해야 할지 어쩔 줄 모르는 고통을 메일에 담아 보냈습니다.

이런 상황에서 우리가 해야 할 역할은 무엇일까요? 믿는 사람으로서 어떻게 행하는 것이 하나님께 영광을 돌리게 하는 것일까요?

내 정체를 인식하라 – 소금

너희는 세상의 소금이니 소금이 만일 그 맛을 잃으면 무엇으로 짜게 하리요 후에는 아무 쓸 데 없어 다만 밖에 버려져 사람에게 밟힐 뿐이니라_마 5:13

팔복의 삶을 사는 사람, '가난하고 애통하고 온유하고 의에 주리고 긍휼히 여기고 마음이 청결하고 화평하게 하고 의를 위해 박해받는 자'인 너희는 세상의 소금이요 빛이라고 하십니다. '소금이 되라'고 하지 않으시고 '소금이다'라고 하셨습니다. '빛이 되라'라고 하지 않으시고 '빛이다'라고 하셨습니다. 천국 시민으로서, 예수님의 제자로서, 팔복을 누리는 사람들의 사회적 역할이 바로 '소금과 빛'입니다.

소금은 생명을 유지하는 데 절대적으로 필요한 요소입니다. 소금의 역할을 하는 성도가 없으면 세상은 생명이 없는 곳과 같습니다. 소금은 부패를 막는 방부제 역할을 하고 또한 조미료로도 쓰입니다. 식품업계가 낳은 20세기 최대의 걸작이 '라면'이라는데, 그 라면 맛의 중심에도 소금이 있습니다.

소금은 치료제 역할도 합니다. 치통을 다스리는 데도 쓰이고, 고대에는 신생아를 소금으로 씻었다고 합니다. 그 용도만 따져 보아도 무려 14,000여 가지라고 들었습니다.

성도는 교회의 소금이 아니라 세상의 소금입니다. 14,000여 곳에 쓰이는 소금처럼 우리도 세상 가운데, 80억 인구가 80억 가지로 쓰임받기 위해 지어진 인생임을 알아야 합니다.

그런데 하나님은 쓸데없는 소금도 있다고 하시네요.

한 알갱이의 소금은 쓸 수가 없습니다. 연합해야 쓰일 수 있습니다. 또 불순물이 섞인 더러운 소금은 쓸 수 없습니다. 물에 녹지 않는 소금도 쓸데없어서 밖에 버려져 밟힙니다.

소금은 흔한 자원입니다. 강대국이 소금에 대한 권리를 독점해서 금을 팔듯이 고가에 팔았던 시절도 있었지만, 소금은 지구상 어디에서나 얻을 수 있는 흔한 자원입니다. 바다가 가깝지 않은 곳에서는 산속에 있는 암염으로 소금을 얻을 수 있게 하셨습니다.

세상의 소금인 우리가 제대로 쓰임을 받으려면 누구하고든 섞이고 어울릴 수 있는 편한 존재가 되어야 합니다. 공주 소금, 왕비 소금, 귀족 소금은 쓸데가 없습니다. 소금은 자신을 드러내지 않고 녹아서 그 역할을 합니다. 소금이 된다는 것은 어떤 일을 하든지 나를 드러내지 않는 자기희생입니다. 그런데 어디에서도 녹지 않고, 연합도 안 되고, 혼자 딱딱하게 굳어 있는 한 알갱이 소금이라면 버려져 밟힐 수밖에 없습니다.

'버려져 밟힌다'는 말씀이 수동형으로 쓰였습니다. 자신의 의지와 상관없이 밟히게 된다는 뜻입니다. 또 현재형이 쓰여서 '항상 밟힌다'는 뜻이 됩니다. 소금의 역할을 못 하는 사람은 아무리 스스로 잘난 척해도 항상 사람들에게 밟히는 무가치하고 비참한 존재가 된다는 것입니다. 녹지 않는 소금은 교회에서도 세상에서도 밟히게 됩니다. 교회와 세상에 양다리를 걸치고 있기 때문에 양쪽에서 다 밟힙니다.

바닷물 한 컵에 들어 있는 소금의 양은 약 50g이라고 합니다. 바다는 참으로 신비합니다. 바다는 짠 소금기를 가지고서 산과 하천에서 바다로 몰려드는 불순물들을 정화시켜 대지로 다시 돌려줍니다.

교회가 바로 이 역할을 해야 합니다. 세상에서 상처받고 죄지은 온갖 사람들을 하나님의 사람으로 정화시켜서 다시 세상으로 내보내는 것이 교회의 역할, 성도의 역할입니다.

교회는 어떤 사람이라도 변화시킬 수 있어야 하고, 그러기 위해서 성도가 소금이 되고 교회가 바다가 되어야 합니다. 바다는 어떤 쓰레기 같은 사람도 변화시킬 수 있습니다. 우리 집안에 망나니 같은 누구라도 포기할 수 없습니다. 내가 소금이 되고 바다가 되면 우리는 그 사람을 변화시킬 수 있습니다.

구역 모임에 힘든 사람이 있다고 '구역이 빨리 바뀌면 좋겠어. 저 사람을 안 봐야 내가 은혜를 받든지 말든지 할 거 아냐' 이러지 마십시오. 내가 대하기 힘든 사람이라면 다른 사람도 다 힘들어합니다. 그렇다면 내가 그 사람을 감당하는 소금이 되고 바다가 되기로 결단해야 합니다. 그러면 하나님이 감당할 수 없는 축복을 부어 주실 것입니다.

◆ 교회에서나 교회 밖에서나 쓸모 있는 소금의 역할을 합니까? 어디에서도 섞이지 못하고 버려지는 소금은 아닌가요? 소금이 되고 바다가 되어 품고 변화시켜야 할 사람은 누구입니까?

내 정체를 인식하라 - 빛

너희는 세상의 빛이라 산 위에 있는 동네가 숨겨지지 못할 것이요
_마 5:14

다니엘서에 보면 "많은 사람을 옳은 데로 돌아오게 한 자는 별과 같이 영원토록 빛나리라"고 합니다(단 12:3). 태양과 같이 빛난다고 하지 않

고 별과 같이 빛난다고 하신 것은 별이 밤에 빛나기 때문입니다.

칠흑같이 어두운 밤이라도 예수님을 믿는 한 사람이 있으면 그곳이 환해집니다. 캄캄하고 막막한 우리 가정에 예수님 믿는 나 한 사람이 있어서 온 가정이 환해집니다. 내가 어두움 가운데 빛이 되어서 문제 해결의 길이 보이게 할 수 있습니다.

하나님의 빛 가운데 숨겨지지 못하는 것, 숨기고 싶어도 숨길 수 없는 것은 내 영광이 아니라 나의 죄와 부족함입니다. 우리들교회에서 많은 수치와 죄를 오픈하며 '오픈의 능력'이 나타나는데, 그 이유는 100% 죄인인 내가 오픈할수록 드러나는 것이 죄밖에 없기 때문입니다. 죄를 드러내고 내게 선한 것이 없다는 것을 인정하고 자존적인 교만에서 벗어나게 되면, 그것이 치유와 회복의 능력이 됩니다. 죄를 드러내지 않고 숨기고 앉아 있는 모임은 병든 공동체가 될 수밖에 없습니다. 하나님의 은혜로 숨기지 못하고 드러나야 빛이 될 수 있습니다. 나의 어둠을 깨고 드러냄으로 다른 사람의 어둠에 빛을 비출 수 있는 것입니다.

사람이 등불을 켜서 말 아래에 두지 아니하고 등경 위에 두나니 이러므로 집 안 모든 사람에게 비치느니라_마 5:15

산 위의 동네를 비추다가 이제 집 안 모든 사람에게 비추게 됐습니다. 처음 예수님을 믿고 많은 사람에게 비추고 열심히 섬기다가 결국은 내 가장 가까운 가족들이 제일 힘든 대상이라는 걸 알게 됩니다. 신앙이 성숙하면서 영적으로 지경이 넓어진다는 것이 외적인 사역의 확장일 수도 있지만, 또 다른 의미에서는 타인에게서 내 가족으로 훈련의 수준이 높아지는 것일 수 있습니다. 대인 관계에서 가장 나를 훈련시키는 대상이 바로 헤어질 수도, 버릴 수도 없는 내 가족이기 때문입니다.

교회 공동체에서 죄를 고백하고 드러내며 빛의 역할을 했다면 궁극적으로 돌아가야 할 곳은 집 안입니다. 교회 공동체에서만 하는 게 아니라 자존심 때문에 미안하다는 말도 할 수 없었던 배우자, 자녀에게 미안하다는 말을 하고 내 부족함을 인정하는 것, 이것이 산 위에서 집 안 모든 사람에게로 지경이 확장되는 것입니다.

◆ 나의 연약함을 인정하고 드러냄으로 가는 곳마다 빛이 되고 있습니까? 산 위의 동네에서 구원 때문에 묶어 주신 가족들에게로 지경이 넓어졌습니까? 밖에서는 밝은 빛인 것 같은데 식구들에게는 오히려 짜증과 이기심을 드러내며 집 안을 어둡게 하고 있지는 않나요?

이같이 너희 빛이 사람 앞에 비치게 하여 그들로 너희 착한 행실을 보고 하늘에 계신 너희 아버지께 영광을 돌리게 하라_마 5:16

하나님께 영광을 돌리는 착한 행실은 사건마다 하나님의 주권을 인정하는 것입니다. 내게 일어나는 모든 일에 하나님의 뜻을 분별하고 하나님의 옳으심을 인정하며, 포기하고 감사하는 모습을 보이는 것이 착한 행실입니다. 인간으로서는 포기할 수 없는 것을 포기하고 감사할 수 없는 것에 감사하는 모습을 사람 앞에 보일 때, 그들이 나를 통해 하나님께 영광을 돌리는 것입니다.

남편의 핍박 속에서도 열심히 예배를 드리고 교회를 섬겼는데 딸이 성추행을 당했다는 날벼락 같은 사건이 왔습니다. 다른 사람도 아닌 목사님에게 당했기 때문에 알릴 수도 없고, 덮어 두자니 너무 억울합니다. 그럴 때 어떻게 하는 것이 착한 행실이겠습니까? 무조건 덮어 두고 용서한다고 착한 행실이라고 하겠습니까? 교회에 알려서 심판을 받게 하는 것이 착한 행실이겠습니까?

어떤 경우에도 내가 보여야 할 착한 행실은 내 죄를 보는 것입니다. 핍박 속에 교회를 다닌 것이 의로움이 될까 봐 하나님이 사건을 주셨다고 생각합니다. 그것을 알고 하나님의 옳으심을 인정하는 것이 착한 행실입니다. 무조건 인정하라는 것이 아니라 지금 사건 속에서 객관적으로 나 자신을 보고 세상을 보는 올바른 견해를 가져야 합니다. 누구를 탓할 수 없습니다. 세상은 갈수록 악하고 음란합니다. 교회라고 해서 누가 지켜 주는 게 아닙니다. 부모가 영적으로 깨어서 자녀를 지키고 가르쳐야 합니다. '내가 이렇게 핍박당하면서도 교회에 가니까 하나님이 다 지켜 주시겠지. 내가 기도하니까 하나님이 책임지시겠지'가 아니라 나는 내 자리에서 해야 할 역할이 있습니다.

그 교회를 나가고 안 나가고의 문제가 아닙니다. 내 열심으로 하던 신앙생활을 이제는 하나님의 말씀대로 인도함을 받는 신앙생활로 바꾸어야 합니다. 그래도 그 어머니가 섣불리 말을 내지 않고 제게 메일을 보내신 것이 성숙한 결정이었다고 생각합니다. 당장 쫓아가서 따지고 싶고 슬프고 분하고 미워할 수밖에 없는 일이지만, 이 사건에서 하나님의 뜻을 깨닫고 기뻐하는 모습을 보일 때 그분과 그 가정이 소금과 빛의 역할을 하게 될 것을 믿습니다.

◆ 나의 행실이 하나님을 높이고 있습니까? 하나님의 옳으심을 인정할 수 없고, 도저히 착한 행실을 보일 수 없는 상황에서 오직 하나님의 이름을 위해 취해야 할 행실은 어떤 것일까요?

율법을 완전하게 하는 것 – 회개

17 내가 율법이나 선지자를 폐하러 온 줄로 생각하지 말라 폐하러 온 것이 아니요 완전하게 하려 함이라 18 진실로 너희에게 이르노니 천지가 없어지기 전에는 율법의 일점 일획도 결코 없어지지 아니하고 다 이루리라 19 그러므로 누구든지 이 계명 중의 지극히 작은 것 하나라도 버리고 또 그같이 사람을 가르치는 자는 천국에서 지극히 작다 일컬음을 받을 것이요 누구든지 이를 행하며 가르치는 자는 천국에서 크다 일컬음을 받으리라 20 내가 너희에게 이르노니 너희 의가 서기관과 바리새인보다 더 낫지 못하면 결코 천국에 들어가지 못하리라_마 5:17~20

서기관과 바리새인보다 낫지 않으면 천국에 못 들어간다고 하십니다. 내가 소금과 빛이 되기 위해서 모든 율법을 다 알고 지키라는 뜻일까요? 그러지 않으면 천국에 못 들어가는 것일까요?

수학 시간에 선생님이 "1쪽부터 50쪽까지의 문제를 풀어라"라고 했습니다. 그러면 서기관과 바리새인들은 딱 50쪽까지 풀고 안심을 합니다. 이제는 수학을 다 안다고 생각하고 사람들을 가르치기까지 합니다.

문제집 50쪽 풀었다고 수학을 다 알 수 있습니까? 공부는 해도 해도 끝이 없는 것이고 수학을 잘하기 위해 수많은 다른 방법이 있습니다. 그런데 선생님이 하라는 것만 딱 해 놓고 다 안다고 생각하고, 게다가 가르치기까지 하는 것이 서기관과 바리새인의 모습입니다.

성경을 백 번, 천 번 읽었다고 의로운 것이 아닙니다. 신학을 하고 성경공부, 무슨 학교, 온갖 프로그램을 다 거쳤어도 하나님을 다 안다고 하며 누구를 가르칠 수 있는 게 아닙니다.

큰 자는 문제집 50쪽이 아니라 100쪽을 풀어도 "나는 다 알 수 없다"고 하는 자입니다. 처음에는 "내가 수학 문제집 50쪽을 풀었어" 하고 잘난 척하다가도 수학을 알아갈수록 내 힘으로는 문제를 풀 수도 없고 알수도 없다고 도움을 구하는 자가 큰 자입니다.

성경을 아무리 공부하고 줄줄 읽고 외워도 나는 그 가르침대로 살수 없다는 것, 누구를 사랑할 수도 용서할 수도 없는 존재라는 것을 인정하는 자가 큰 자입니다.

실력 있는 자, 큰 자가 되고 싶다면 성경을 읽어야 합니다. '가르치기'위해서가 아니라 '살기' 위해서 읽어야 합니다. 실력 중의 실력은 성경대로 사는 실력입니다. 내 힘으로는 살 수 없습니다. 하지만 날마다 성경의일점일획을 소중히 여기며 묵상하고 기도하는 사람은 실력을 갖게 됩니다. 아는 것에 그치지 않고 한 절이라도 깨달은 대로 적용하는 사람이 최고입니다. 내가 성경대로 살고자 하면 누구도 나를 무시할 수 없습니다.

고난이 있든지 없든지 한결같이 말씀을 소중히 여기며 날마다 읽는다는 것은 그것 자체가 고난이고 훈련입니다. 하지만 미리 말씀을 읽고순종하는 훈련을 하게 되면 사건이 왔을 때 저절로 내 죄를 보고 순종하게 됩니다.

말씀으로 내 죄를 깨닫고 그 말씀에 순종하는 삶, 이것이 율법을 완전하게 하는 것이라고 믿습니다. 날마다 말씀대로 살고자 하는 여러분을보며 모든 사람이 하나님께 영광을 돌리게 될 줄 믿습니다.

◆ 천국의 조건이 도덕적인 완전함이 아니라 내 죄에 대한 회개와 예수 그리스도의 죄 사함의 완전함인 것을 아십니까? 교회 지도자 위치에 있으면서도 큐티하지 않고, 말씀에 대한 적용 없이 성경 지식만 나열하지는 않습니까?

말씀으로 기도하기

예수님은 우리가 세상의 소금과 빛이라고 말씀하십니다. 예수님의 제자로서 팔복을 누리는 사람은 소금처럼 생명을 살리고 치유하고, 어둠 가운데 구원의 빛을 비춥니다. 그러나 내 힘으로는 소금과 빛으로 살 수 없습니다. 날마다 말씀을 사모하여 말씀대로 살고자 할 때 하나님께 영광을 돌리는 삶을 살게 됩니다.

나는 세상의 소금입니다(마 5:13).
잘 녹아진 소금처럼 누구하고든 섞이고 어울릴 수 있는 편한 존재가 되어 생명을 살리고 치유하는 역할을 감당하게 하옵소서. 소금 같은 성도, 바다 같은 교회가 되어 어떤 사람도 하나님의 사람으로 변화시키게 도와주옵소서.

나는 세상의 빛입니다(마 5:14~16).
주님의 빛 가운데 숨길 수 없는 내 죄를 고백하며 다른 사람들의 어둠에 빛을 비추는 인생이 되게 하옵소서. 산 위에 있는 동네뿐만 아니라 구원 때문에 묶어 주신 집 안 모든 사람에게도 구원의 빛을 비추게 하옵소서. 어떤 상황에서도 내 죄를 보며 하나님의 주권과 옳으심을 인정하는 착한 행실로 하나님을 높이게 하옵소서.

율법을 완전하게 하는 것은 회개입니다(마 5:17~20).

성경을 아무리 읽고 줄줄 외워도 그 가르침대로 살 수 없고 그 누구를 사랑할 수도 용서할 수도 없는 죄인임을 인정합니다. 내 힘으로는 말씀대로 살 수 없음을 고백하오니 고난이 있든지 없든지 한결같이 말씀을 소중히 여기며 날마다 묵상하고 순종할 수 있는 은혜를 베풀어 주옵소서.

우리들 묵상과 적용

불임의 고난으로 힘들어했던 저는 기적적으로 잉태하게 되자 하나님을 믿기 시작했습니다. 하지만 그 뒤에도 고난의 사건들은 연이어 일어났습니다. 첫째로 태어난 딸은 선천성 심장병이었고, 큰아들은 차에 치여 머리를 크게 다쳤습니다. 그리고 막내아들이 태어난 후에는 남편의 외도 사건이 일어났습니다.

남편의 외도에 큰 충격을 받은 저는 죽고만 싶었는데 도리어 남편은 "너 때문에 바람이 난 거야"라고 하면서 술만 마시면 제게 폭력을 행했습니다. 결국 저는 세 자녀를 데리고 집을 나와 남편과 이혼을 했습니다.

힘든 마음을 주체할 수 없어 밤마다 술을 마셨고, 돈을 벌기 위해 술집에서 일하기도 했습니다. 그러면서 재혼을 꿈꾸고 여러 남자를 만나 음란을 행하니 맛을 잃은 소금처럼 밖에 버려져 사람에게 밟히는 생활을 했습니다(마 5:13).

더 이상 내려갈 수 없을 만큼 비참한 밑바닥 인생이 되어 일어날 힘 없는 바로 그때, 주님은 "내가 잠시 너를 버렸으나 큰 긍휼로 너를 모을 것이요"(사 54:7)라는 말씀으로 찾아오셨습니다. 그리고 이혼은 하나님의 뜻이 아님을 깨닫게 하셔서 힘든 남편과 다시 살겠다는 기도를 드렸습니다. 그런데 기도를 한 지 몇 시간 후 남편이 뺑소니차에 치여 삼 일을 못 넘긴다는 연락을 받았습니다. 저는 달려가 남편이 듣든지 안 듣든지 복음을 전했고, 남편은 가까스로 구원받고 천국을 갔습니다.

그러나 남편의 죽음 후 시댁부터 친정까지 남편을 죽게 만든 장본인이 저라고 하니 저는 죄책감에 눌려 밤마다 술을 마셨고 점점 알코올중독자가 되었습니다. 내 힘으로는 도저히 술을 끊지 못하고 죄책감에 시달릴 때 '오픈이 능력이다'라는 목사님의 말씀이 저를 사로잡았습니다. 처음에는 그 말이 이해가 안 됐고 오히려 더욱더 비난당하고 밟히는 인생이 될까 봐 두려웠습니다. 하지만 성령님의 도움으로 용기를 내어 저의 죄를 고백하며 나아가니 기적처럼 하루아침에 술 중독이 끊어졌고, 제 옆의 사람들이 살아나는 기적도 보게 하셨습니다. 그리고 그동안 잔소리가 듣기 싫어 잘 찾아뵙지 않았던 친정어머니에게도 연약함을 드러내고 하나님의 옳으심을 인정하는 착한 행실을 보이니, 하나님은 저로 하여금 친정어머니의 어두운 마음을 비추는 빛이 되게 하셨습니다(마 5:16).

　날마다 말씀 묵상하며 내 죄만 보았을 뿐인데, 사람들에게 밟히는 인생이 아닌 '세상의 소금과 빛'이라는 정체성을 갖게 하시니 감사합니다. 이제는 힘든 가족들에게 말씀을 사모하고 말씀대로 사는 본을 보이며 빛 된 인생을 사는 자가 되길 기도합니다.

영혼의 기도

하나님 아버지, 나를 보고 남들이 하나님께 영광을 돌리게 하는 인생을 살기 위해 정체성을 가지라고 합니다. 내가 세상의 소금과 빛이라고, 내 존재의 가치와 이유를 알라고 하십니다.

14,000여 곳에 쓰일 수 있는 소금이지만 쓰임받기 위해서는 연합하고 녹아야 합니다. 녹지 않으면 쓸데없는 소금이 되어 버려지고 밟힐 수밖에 없습니다. 주님, 제가 미움과 상처와 다툼이 있는 곳에 녹아지게 하옵소서. 어떤 힘든 사람, 쓰레기 같은 사람이 몰려와도 받아 내며 하나님의 사람으로 변화시킬 수 있는 소금과 같은 성도, 바다와 같은 교회가 되게 하옵소서.

그래서 어둠 가운데 빛을 비추는 인생을 살기 원합니다. 예수님을 믿기 때문에 나는 이미 빛입니다. 어둠에 처한 사람들에게, 내 가정에 길을 보이고 빛을 비춰야 할 사명이 저에게 있습니다. 저의 죄와 수치를 주님의 빛 가운데 고백하게 하시고 서로 고백하고 오픈함으로 빛 된 인생을 사는 자가 되게 하옵소서.

오직 내가 보일 착한 행실은 모든 사건에 하나님을 인정하는 것이오니 어떤 일에도 하나님으로 인해 감사하는 기쁜 모습을 보이게 하옵소서. 어디에 말할 수도 없고 분하고 슬프고 막막한 사건에서도 내가 올바른 견해를 가지고 먼저 내 죄를 깨닫기 원합니다.

율법을 완전하게 하는 것은 내가 완전히 행할 수 없다는 것을 아는 것입니다. 내 힘으로는 할 수 없사오니 말씀의 일점일획을 소중히 여기며 날마다 말씀의 인도를 받기 원합니다. 날마다 큐티와 기도 생활을 통해 말씀의 한 절이라도 순종하기 위해서 살 때 내 인생이 해석될 줄 믿습니다. 말씀을 사모하고 말씀대로 살려고 하는 본을 보일 때 나를 통해 나의 가족들도 변화될 줄 믿습니다. 성경을 길로 놓고, 십자가를 길로 놓고 가는 제가 될 수 있도록 은혜를 내려 주옵소서. 예수님 이름으로 기도하옵나이다. 아멘.

14

하나님께서 원하시는 예물

마태복음 5:21~26

하나님 아버지,
저와 제 인생의 모든 것이
하나님이 원하시는 예물이 되기 원합니다.
말씀하여 주옵소서. 듣겠습니다.

로키산맥 해발 3,000m 지점에 수목한계선 지대가 있습니다. 이 지대의 나무들은 매서운 바람으로 인해서 곧게 자라지 못하고 무릎을 꿇은 구부정한 모습을 하고 있습니다. 그런데 세계적으로 가장 공명이 잘되는 명품 바이올린이 바로 그곳의 나무로 만들어진다고 합니다.

예배 때 우리는 각자의 예물을 준비합니다. 주일헌금, 십일조, 구제헌금, 봉사와 섬김 중에 하나님이 기쁘게 받으시는 예물은 무엇일까요? 하나님의 명품 예물이 되기 위해 어떤 삶을 살아야 할까요?

주님의 생각을 듣자

21 옛 사람에게 말한 바 살인하지 말라 누구든지 살인하면 심판을 받게 되리라 하였다는 것을 너희가 들었으나 22a 나는 너희에게 이르노니……_마 5:21~22a

"옛사람에게 말한 바"는 전통인데, 주님은 그것 말고 지금 "너희에게 이르노니" 하는 말씀을 들으라고 하십니다. 말씀을 벗어나는 율법과 전통에 귀 기울이지 말고 진짜 주님의 생각을 들으라는 것입니다.

출애굽기 19장에서 모세에게 율법을 주실 때는 모세만 산 위에 올라가고 백성들은 아래에서 기다려야 했습니다. 너무 엄위한 말씀이었기 때문에 마음대로 올라갔다가는 '죽음'이었습니다. 그래서 지도자들이 백성에게 말씀을 해석해 주다 보니까 그들이 강조하는 형식이나 율법이 말씀 자체보다 중요하게 됐습니다. 내용은 모르고 전통만 강조하니까 맹인이 맹인을 인도하는 형국이 됐습니다.

히스기야 왕이 성전 개혁을 할 때 가장 먼저 제사장과 레위 사람들을 모았습니다. 제사장, 지도자 그룹이 일순위 개혁 대상이었습니다. 주님도 유대인의 지도자인 서기관, 바리새인의 성경 해석이 외적인 형식에 치우쳤기 때문에 그들의 잘못된 것부터 끄집어내십니다. 말씀이 중요한 것이지 전통이 중요한 게 아니기 때문입니다.

주님은 이제 산 위에서 제자들에게 "너희에게 이르노니" 하고 직접 말씀하십니다. 주님은 살아 계신 말씀입니다. 어떤 형식이나 전통보다 이 말씀을 잘 들어야 합니다.

◆ 성경공부를 했다고, 성경 통독을 했다고 과거에 주신 말씀만 되새김질합니까? 옛사람이 아닌 오늘 내게 이르시는 말씀을 듣기 위해 매일 규칙적인 큐티 생활을 하고 있습니까?

살인에 대한 주님의 생각

나는 너희에게 이르노니 형제에게 노하는 자마다 심판을 받게 되고 형제를 대하여 라가라 하는 자는 공회에 잡혀가게 되고 미련한 놈이라 하는 자는 지옥 불에 들어가게 되리라_마 5:22

"살인하면 심판을 받게 되리라"는 말씀을 옛사람인 바리새인들은 형사 재판 정도의 심판으로 제한시켰습니다. 그러니까 '법에 걸리면 죄이고, 걸리지 않으면 죄가 아니다!' 이 정도 수준으로 격하시킨 것입니다.

그러나 살인에 대한 주님의 생각은, 분노가 곧 살인이라는 것입니다. 세상 법정은 동기를 생각하지 않고 결과를 가지고 죄인지 아닌지를 판가름합니다. 하지만 예수님은 살인 행위보다 큰 죄가 분노라고 하십니다.

어느 집사님은 딸이 얼마나 힘들게 하는지 뉴스에 나오는 '존속 살해'의 심정을 이해하겠다고 했습니다. 이분이 이상한 겁니까? 죄를 짓고 하나님께 쫓겨난 인간이 최초로 한 행동이 살인입니다. 그러므로 죄가 있는 곳에 살인이 있습니다. 우리가 100% 죄인이기 때문에 우리 중 누구라도 살인죄에서 자유로울 사람이 없습니다. 환경이 막고, 교양이 막았을 뿐이지 누구라도 죽이고 싶은 분노와 미움이 우리 안에 꿈틀대고 있습니다. 이것을 인정해야 합니다.

◆ 교양과 체면 때문에 누르고 있다가도 만만한 가족을 대할 때, 터져 나오는 분노가 있습니까? 대상과 상관없이 내 속에서 터지는 분노와 미움이 살인보다 심각한 것임을 알고 있습니까?

형제를 대하여 '라가'라 하는 것은 인격을 모욕하는 심한 욕설입니다. '미련한 놈'이라는 것은 하나님을 부정하는 자라는 뜻입니다. 종교적인 정죄입니다. '멸망받는다'는 가장 심한 저주의 욕설입니다.

노하는 자는 '심판을 받고' 라가라 하는 자는 '공회에 잡혀가고' 미련한 놈이라고 하는 자는 '지옥 불에 들어간다'고 하셨습니다. 점점 형벌이 세지고 있습니다. 예수님은 형제의 명예를 더럽히는 욕설이 살인보다 더한 죄라고 하십니다.

◆ 습관적으로 뱉는 욕설과 무시하는 말로 배우자와 자녀를 아프게 하지는 않나요? 나의 혀로 그들의 자존감을 해치고 죽이진 않는지 심각하게 돌아봅시다.

화목의 예물

23 그러므로 예물을 제단에 드리려다가 거기서 네 형제에게 원망 들을 만한 일이 있는 것이 생각나거든 24 예물을 제단 앞에 두고 먼저 가서 형제와 화목하고 그 후에 와서 예물을 드리라_마 5:23~24

죄를 짓고 쫓겨난 인간이 최초로 저지른 죄가 살인이라고 했는데, 그 주인공이 가인입니다(창 4장). 다른 사람도 아닌 형제 아벨을 죽인 이유가 무엇이었습니까? 아벨이 무슨 잘못을 해서 죽인 게 아니라, 하나님이 자기 제사는 안 받고 아벨의 제사만 받으신다고 시기가 나서 죽였습니다.

우리가 다 그렇게 이유 같지 않은 이유로 살인을 행하면서, 그것을 죄라고 생각하지 못합니다. 형제가 가난해서 괴로움을 당하는데 '네가

게을러서 못사는 거야. 저축도 안 해 놓고 멍청하게 살아서 저렇지' 이러면서 모르는 척합니다. 그 형제가 내 생각을 알았다면, 원망하지 않겠습니까? 이런 생각을 하는 것도 원망 들을 만한 일입니다. 그런데 열심히 교회 다니고 헌금을 드리면서도 그것이 죄라는 것을 깨닫지 못하는 겁니다.

미국의 남북전쟁이 노예 문제로 일어났는데, 전쟁에 패한 후에도 남부 사람들은 노예제도를 쉽게 폐지하지 못했습니다. 주로 목화 농사를 짓는 그들에게는 반드시 노예가 필요했기에 그 기득권을 포기하기가 어려웠습니다.

그런데 미국의 교단 중에서 남부의 남침례교는 특별히 개인의 경건을 강조했습니다. 노예제도는 폐지하기 싫으니 그 보상으로 헌금도 잘 하고, 구제도 잘 하고, 봉사도 잘 하는 것이 남침례교의 모습이었습니다.

형제 사랑을 실천하지 않고 시기와 질투로 살인을 하면서 참 열심히 예물을 드립니다. 예물로 나를 합리화하고 행위의 거룩함을 강조하면서 위안을 삼습니다.

그래서 주님은 먼저 화목하라고 하십니다. 예배당에 들어가 헌금을 드릴 때 먼저 원망 들을 만한 일이 있으면 생각나게 해 달라고 기도하시기 바랍니다. 그리고 생각이 나면 먼저 가서 화목하라고 하셨습니다.

형제와의 사이가 불편하면 내 마음이 불편하게 돼 있습니다. 아벨을 향한 시기 때문에 몹시 분하여 안색이 변한 가인의 모습을 생각해 보십시오(창 4:5). 전형적인 우리의 모습 아닙니까? 형제가 육적으로 잘되어도 시기가 나고, 영적인 것에도 시기가 나서 안색이 변하는 것이 우리 모습입니다. 그런 모습으로 예물을 드리니까 아무리 내가 열심히 드려도 하나님이 그것을 받으실 수가 없습니다.

하나님을 모르는 사람, 교회 안 다니는 사람에 대해서는 이런 말을 할 필요가 없습니다. 가인은 누구보다 성실하고 신앙생활도 열심히 한 사람입니다. 그런데도 자신보다 칭찬받는 아벨을 죽이고 싶도록 미워하는 마음이 있었습니다. 그래서 결국 죄의 소원을 다스리지 못하고 아벨을 죽였습니다.

하나님은 가인에게 "네가 선을 행하면 어찌 낯을 들지 못하겠느냐"라고 하셨습니다(창 4:7). 내가 선을 행하지 않고 제물을 드리니까 지금 그 제물을 안 받으십니다. 아벨이 양을 드려서 받으시고 가인이 곡물을 드려서 안 받으신 게 아닙니다. 예물의 종류가 무엇이냐, 양이 얼마냐 이게 문제가 아니라는 겁니다.

◆ 주일 아침에 늦장을 부리는 식구들과 다투다가 예배 내내 마음이 불편했던 기억이 있으세요? 예배당에 들어가기 전에 먼저 사과하고 화해하는 편입니까? 아니면 설교 시간에 '저건 내 배우자에게 주시는 말씀이야. 지금 듣고 있으면 좀 찔리겠지?' 하면서 하나님이 받지 않으실 예배를 드립니까?

급히 화해하라

너를 고발하는 자와 함께 길에 있을 때에 급히 사화하라 그 고발하는 자가 너를 재판관에게 내어 주고 재판관이 옥리에게 내어 주어 옥에 가둘까 염려하라_마 5:25

'사화하라'는 말은 서로 원한을 풀고 화평하라는 뜻입니다. 화목은 내가 잘못했나, 저 사람이 잘못했나, 뭘 잘못했나 생각하고 따지면서 해결할 문제가 아닙니다. 살인은 미움과 분노로 일어나는 순간적인 행동이기 때문에 죄의 소원을 다스리기 위해서 급히 가서 화해해야 합니다. 예물을 제단 앞에 두고 다녀올 만큼 급한 일입니다.

하나님이 회개하고 화해할 기회를 주시는데 그 기회를 놓치면 우리는 옥에 갇히게 됩니다. 가인의 문제는 살인을 저지른 것보다 하나님이 회개를 촉구하셨어도 그 기회를 놓쳤다는 것입니다.

아벨의 입장에서는 하나님이 제물을 받으셨다는 것 때문에 죽임을 당했습니다. 내가 바른 믿음으로 예수님을 믿고 섬겼더니 나를 죽이려고 하는 사람이 생긴 것입니다. 의를 위하여 박해받는 모델이 아벨입니다.

그런데 가인은 그런 아벨을 죽이고도 회개하지 않습니다. 그가 가진 것은 죄책감과 두려움뿐입니다. "주께서 오늘 이 지면에서 나를 쫓아내시온즉 내가 주의 낯을 뵈옵지 못하리니 내가 땅에서 피하며 유리하는 자가 될지라 무릇 나를 만나는 자마다 나를 죽이겠나이다"(창 4:14).

죄를 회개하지 않는 사람은 죄책감으로 괴로울 수밖에 없습니다. 죄를 짓고도 회개하지 않기 때문에 항상 죽을 것처럼 두렵습니다. 후회와 절망과 원망의 옥에 갇힌 자가 됩니다.

오늘 내게 무슨 일이 생길지 모릅니다. 회개해야 할 죄가 있다면 지금 하십시오. 사과해야 할 일이 있다면 지금 하십시오. 항상 오늘이 마지막이라고 생각하고 나 자신을 돌아보며 급히 화목을 이루어야 합니다.

우리가 분을 낼 수 있습니다. 연약해서 시기가 나고 미워하고 욕할 수 있습니다. 하지만 그것이 살인이라는 걸 깨달았다면 오늘이 가기 전에 급히 가서 사과하면 됩니다. 화해하면 됩니다. 그걸 못 하고 있으면 시간이 갈수록 옥에 갇혀서 폐쇄적이 되고, 점점 더 사람이 미워지고, 가는 사람 오는 사람 다 상처를 주고받으면서 더 무서운 감옥에 갇히는 것입니다.

진실로 네게 이르노니 네가 한 푼이라도 남김이 없이 다 갚기 전에는 결코 거기서 나오지 못하리라_마 5:26

"한 푼이라도 남김이 없이" 갚으라고 하시는 것은 심각한 갈등뿐 아니라 사소한 의견 대립도 빨리 해결하라는 것입니다. 문제없는 가정이 없고 문제없는 교회가 없습니다. 아무리 큐티하는 사람들이 모였다 해도, 아무리 우리들교회라 해도 문제가 없겠습니까? 어느 공동체나 갈등과 대립이 생기기 마련이지만 문제가 생길 때마다 빨리 정신을 차리고 서로 죄를 회개하면 건강한 공동체를 이룰 수 있습니다. 그런데 사소한 것이라고 '사과 안 해도 알겠지' 하고 넘어가면 더 큰 오해를 부르고 자칫 영원한 감옥에 갇힐 수 있습니다.

소식이 끊긴 가족이나 친구를 찾아서 만나게 해 주는 방송 프로그램을 봤습니다. 어려서 고아원에서 자란 두 형제가 있는데 형이 고아원을 나오면서 동생을 찾으러 가겠다고 약속을 했습니다. 그런데 돈이 쉽게 벌리지 않았습니다. 형은 처음에는 돈이 없어서 못 가고, 시간이 갈수록 미안해서 못 갔습니다. 약속을 지키지 못한 채 20년의 세월이 흘렀습니다. 그래도 동생을 잊지 못한 형이 찾을 길이 없어서 고민하다가 방송을 통해 동생을 찾은 것입니다.

형은 사연을 말하면서도 끝없이 눈물을 흘렸습니다. 자기가 너무 잘못했다고 계속 울었습니다. 사연을 듣고 제작팀이 동생을 찾는 장면이 나오는데, 뜻밖에도 동생은 형을 안 만나겠다고 했습니다. 버릴 때는 언제고 이제 와서 왜 찾느냐고 형을 용서할 수가 없다고 했습니다.

그래도 제작팀이 사정을 해서 동생이 방송에 나오긴 했습니다. 칸막이가 쳐진 방 안에서 동생은 형이 울면서 하는 이야기를 다 들었습니다.

그런데 동생이 눈물 한 방울 안 흘리는 겁니다. 사연이 끝나고 나오라고 하는데도 한참을 안 나오더니 나와서도 전혀 울지 않았습니다.

20년 만에 동생을 만난 형은 동생 앞에 무릎을 꿇었습니다. 미안하다고 숨을 못 쉴 정도로 통곡을 하고 진행자들도 주체를 못하고 울었습니다. 그래도 동생은 전혀 요동이 없었습니다.

이 동생이야말로 옥에 갇힌 사람입니다. 20년이 지나고, 형이 아무리 용서를 빌어도 원망의 옥에 갇혀서 나오지 못하는 것을 보았습니다. 형이라고 삶이 편했겠습니까? 부모도 아니고 형으로서 책임을 다하기 위해 나름대로 수고하고 평생 미안한 마음으로 살았을 텐데요.

동생 앞에 무릎을 꿇은 형의 모습이 얼마나 아름다웠는지 모릅니다. 높은 산맥에서 바람을 맞고 자라 무릎을 꿇은 나무가 명품 바이올린을 만들어 내는 것처럼, 무릎을 꿇은 형의 모습에서 하나님이 원하시는 예물의 모습을 볼 수 있었습니다.

바이올린의 울림이 많은 사람에게 감동을 주듯, 아픔과 인내를 통한 우리의 울림이 분노와 미움을 사라지게 하고 진정한 화목의 예물로 주님께 드려질 것입니다.

◆ 급히, 남김없이 해결해야 할 오해와 갈등이 있습니까? 자존심과 변명 때문에 기회를 놓치고 평생 원망의 감옥에 갇혀 살진 않습니까?

♦♦♦

오늘 내게 무슨 일이 생길지 모릅니다.
회개해야 할 죄가 있다면 지금 하십시오.
사과해야 할 일이 있다면 지금 하십시오.
항상 오늘이 마지막이라고 생각하고 나 자신을 돌아보며
급히 화목을 이루어야 합니다.

♦♦♦

말씀으로 기도하기

예수님이 화목한 관계에 대해 말씀하시면서 제단에 예물을 드리기 전에 "먼저 형제와 화목하라"고 하십니다. 이것은 율법과 전통에서는 찾아볼 수 없던 살아 계신 주님의 말씀입니다.

주님의 생각을 들어야 합니다(마 5:21~22a).

말씀을 벗어나는 율법과 전통에 귀 기울이지 말고 진짜 주님의 생각을 듣기 원합니다. 주님의 생각대로 살기 힘들다고 전통과 타협하지 않게 하옵소서. 오늘 내게 이르시는 말씀을 듣기 위해 매일 규칙적인 큐티 생활에 힘쓰게 하옵소서.

살인에 대한 주님의 생각은 우리와 다릅니다(마 5:22).

주님은 분노가 곧 살인죄와 같다고 하시는데, 제 속에서 터지는 분노와 미움 때문에 욕설과 무시하는 말로 가족을 살인한 죄를 회개합니다. 용서해 주옵소서.

화목의 예물을 드리는 자가 되어야 합니다(마 5:23~24).

형제 사랑은 실천하지 않고 시기와 질투로 살인하면서 하나님이 받지 않으시는 예배를 드렸습니다. "먼저 형제와 화목하라"는 말씀대로 원망 들을 만한 일이 생각나거든 먼저 가서 화해를 청하고 화목의 예물을 드리게 해 주옵소서.

"급히 화해하라" 하시는 말씀에 순종해야 합니다(마 5:25~26).

잘잘못을 따지지 말고, 죄의 소원을 다스리기 위해 "급히 화해하라"
고 하십니다. 하나님이 기회를 주실 때 지금 즉시 순종하게 하옵소서. 한
푼이라도 남김없이 갚으라고 하신 말씀처럼 사소한 일이라도 먼저 화해
의 말을 건네게 하옵소서. 자존심과 변명 때문에 평생 후회와 원망의 옥
에 갇혀 사는 어리석은 자가 되지 않게 해 주옵소서.

우리들 묵상과 적용

20년 전쯤 형과 사소한 문제로 크게 다툰 적이 있습니다. 당시 대학생이었던 형은 아르바이트로 캐주얼 의류 모델 활동을 하고 있었고, 형이 협찬으로 받아 온 신상 의류는 외모에 관심이 많았던 저에게 오아시스와 같았습니다. 당시 저는 형과 체격이 비슷했기 때문에 아무렇지 않게 형의 옷과 신발을 내 것처럼 사용했습니다. 하루는 제가 형이 새로 받아 온 운동화를 신고 나갔다가 더럽혀진 상태로 밤늦게 들어왔습니다. 형은 그 일로 폭발했고, 제가 "뭐 그깟 일에 그렇게 화를 내냐"고 맞받아치면서 다툼은 걷잡을 수 없이 커졌습니다. 시간이 흘러 우리는 각자 결혼하여 가정을 이뤘고, 명절이나 부모님 생신 등 가정의 대소사가 아니면 서로 연락하지 않고 지낸 지 20년이 되어 갑니다.

　뒤돌아보면 운동화 사건은 서로의 깊은 상처에 불을 지핀 도화선이 된 것 같습니다. 삼 형제 중 둘째로 태어난 저는 심하게 엄한 아버지와 막내만을 특별히 편애하는 어머니 밑에서 자랐습니다. 그러다 보니 둘째로 살면서 인정받기 위해서는 형보다 뭐든지 잘해야 하고 동생보다는 항상 우월해야 한다고 생각했습니다. 인정 중독은 교만으로 이어졌고, 저는 공부 못하는 형과 동생을 대놓고 무시했습니다. 매사에 저와 비교당했던 형은 그런 스트레스를 저에게 폭력으로 풀었습니다. 부모님은 형의 폭력을 대수롭지 않게 생각하면서도 제가 동생한테 뭐라 하면 엄청 나무라셨습니다. 저는 이런 가정 환경을 핑계로 밖으로 돌기 시작했고, 이것은 수십 번의 가출과 잦은 학교 결석 등의 일탈로 이어졌습니다. 이때 가졌던 형에 대한 원망과 분노는 고스란히 제 마음속에 남았고 결국 운동화 사건으로 표출되어 20년째 형과 남처럼 지내고 있는 것입니다.

어린 시절 온 가족이 교회를 다녔지만 지금은 삼 형제 중 저희 가정과 부모님만 교회를 다닙니다. 한때 교회에 열심이던 형과 동생은 20년 전 즈음부터 세상이 좋다며 교회를 떠났습니다. 저는 항상 그런 형과 동생에 대한 부담은 있지만 여전히 내 상급, 내 제단 쌓는 것이 중요하여 예물을 제단 앞에 두고 먼저 가서 형제와 화목하는 것이 어렵고, 여전히 제 아픔만 보여 형에게 먼저 미안하다는 말 듣기만을 원합니다(마 5:24).

저의 교만한 행동과 무시로 인해 상처받았을 형에 대해 생각해 본 적이 없습니다. 늘 제가 옳았고 피해자라고 생각했기에, 먼저 다가갈 수 없었습니다. 그러나 오늘 말씀을 통해 형제에게 원망 들을 만한 일을 생각나게 하신 하나님께 감사드립니다(마 5:23). 예물을 내려놓고 형에게 먼저 가서 사과하고 화목할 수 있기를 간절히 기도합니다.

영혼의 기도

하나님 아버지, 하나님이 원하시는 예물이 되기 위해 먼저 주님의 생각을 들으라고 하십니다. 주님의 생각은 살인보다 무서운 것이 분노와 미움이 라는 것입니다. 하지만 저는 주님의 생각대로 살기가 힘들기 때문에 전통 과 타협합니다. 분노하지 않고 미워하지 않기가 너무 어렵기 때문에, 행 위로 살인하지 않았다는 그 사실에 안주하고 싶습니다.

배우자가 싫고, 자녀가 밉고, 시댁 식구들 때문에 분노하는 마음이 제게 있습니다. 누군가가 미워서 죽고 싶고, 죽이고 싶은 마음이 있습니 다. 그래서 내 자녀에게까지 '라가'라고 인격적인 모욕을 주고, 입만 열면 미련하다고 욕을 합니다.

주님, 하나님이 주신 가족이고 자녀인데 나의 분노로 저주했던 것을 용서해 주옵소서. 시기하고 미워하느라 인생을 낭비하며 지옥 불에 살고 있는 저를 불쌍히 여겨 주옵소서.

하나님을 믿는다고 예배를 드리고 가인처럼 제단에 예물을 드리면 서도 원망 들을 만한 일이 너무나 많은 저입니다. 예물을 드리기 전에 그 일들이 생각나게 하옵소서. 급히 가서 사과하고 회개하고 화해하게 하옵 소서. 회개의 기회를 놓쳐서 평생 미움과 절망의 옥에 갇히지 않게 하옵 소서.

모든 것을 다 주셔도 한 가지 안 되는 것 때문에 시기하고 살인하는 가인의 모습이 제게 있습니다. 주님, 제가 죄인입니다. 환경이 막아서 행 동으로 옮기지 않았을 뿐 날마다 마음으로 살인하는 죄인입니다. 그것을 인정하고 먼저 사과하기 원합니다. 먼저 화해의 말을 하기 원합니다. 화목의 첫 단추를 제가 끼울 수 있기를 원합니다.

한 푼이라도 남김없이 갚지 못하면 감옥에서 나올 수 없다고 하셨사오니 '그 정도는 이해하겠지' 하면서 무시하지 않고 사소한 것이라도 나의 잘못을 인정하게 하옵소서. 오늘이 가기 전에 찾아가서 무릎을 꿇는 적용을 하게 하옵소서.

그래서 화목을 이루는 저의 가정과 공동체가 되기를 원합니다. 하나님의 명품으로, 하나님이 원하시는 예물로 드려지는 우리 모두가 되길 원합니다. 예수님 이름으로 기도하옵나이다. 아멘.

15

진짜 유익한 삶

마태복음 5:27~32

하나님 아버지, 이 땅에 사는 동안
누군가에게 유익한 삶을 살고 싶습니다.
그러기 위해 적용할 것들을
말씀으로 듣고 그대로 살기 원합니다.
말씀하여 주옵소서. 듣겠습니다.

미국의 전문 잡지에서 '35년 이내에 사라질 가치, 사상, 제도들'에 대한 기사를 실었습니다. 각계의 사상가 16명이 열여섯 가지 사라질 것들을 이야기했는데 그중에 신학자 하비 콕스가 예언한 것이 '일부일처제'입니다.

일부일처 제도는 재산의 대물림과 여성의 보호를 위해 지금까지 유지되었지만, 이제는 사회적 자유가 많아지고 수명이 길어지면서 한 사람과의 연애에 만족하지 않을 것이라는 주장입니다. 기술의 발달로 성과 사람과 출산 간의 연계 고리도 느슨해졌기 때문에 이제는 남녀 각각 동시에 여러 명의 연인을 갖게 된다는 것입니다.

하지만 35년이 지나도 천 년이 지나도 사라지지 않는 것은 하나님의 창조 질서입니다. 하나님은 일부일처제를 하나님의 섭리로 두셨습니다. 하나님이 주신 창조 질서 안에 사는 것이 우리에게 유익한 삶입니다. 어항에 사는 물고기가 어항이 싫다고 밖으로 튀어나오면 그것은 자유가 아니라 죽음입니다. 물 밖으로 나가려는 욕망을 제어해야 진정한 자유를 가질 수 있습니다. 많은 사람이 욕망을 따라 사는 것이 행복한 삶이라고 합니다. 그러나 욕망을 제어하면서 사는 것이 진짜 행복하고 유익한 삶입니다.

간음하지 않는 유익

27 또 간음하지 말라 하였다는 것을 너희가 들었으나 28 나는 너희에게
이르노니 음욕을 품고 여자를 보는 자마다 마음에 이미 간음하였느니
라_마 5:27~28

부모 자식 간의 질서를 유지하기 위해서 "부모를 공경하라"는 명령
을 주셨습니다. 사람 사이의 질서를 유지하기 위해서 "살인하지 말라"는
명령을 주셨습니다. 그리고 이 땅에서 가장 친밀한 관계인 부부간의 질서
를 유지하기 위해서 "간음하지 말라"는 명령을 주십니다.

성욕과 간음을 혼동해서는 안 됩니다. 장성한 남녀가 결혼을 했는데
하나님이 성의 기쁨을 주지 않으셨다면, 종교는 있으나 믿음은 없고 교회
는 있으나 구원이 없는 것과 마찬가지라고 할 수 있습니다. 인생은 100%
죄인이고, 연약합니다. 남남인 부부가 만나 살면서 시집살이, 돈 문제, 성
격 차이를 어떻게 감당하고 살겠습니까? 결혼하고 나니 배우자의 성격도
이상하고 몰랐던 병도 알게 되고 힘든 일투성이인데 어떻게 결혼을 유지
하겠습니까?

하나님이 진짜 영적인 후손을 내기 위해 육적으로도 성의 신비한 즐
거움을 주셨습니다. 그것이 없었다면 결혼생활을 유지하기가 어렵기 때
문입니다. 성의 즐거움은 하나님이 주신 선물임이 분명합니다. 결혼한 부
부가 많이 즐긴다고 해서 죄의식을 느낄 필요는 전혀 없습니다. 건강이

허락되지 않는 경우 외에, 결혼하고도 성행위를 거부하는 것은 또 다른 형태의 음란과 간음이라고 할 수 있습니다. 하나님이 부부간에 주신 이 기쁨을 부부가 아닌 다른 사람과 즐기는 것도 간음입니다.

세계 최대 강국인 미국에서 하루 동안에 다음과 같은 일이 일어난다고 합니다. 하루에 태어나는 9,077명의 아이들 중 1,282명이 사생아이고, 하루 5,962쌍이 결혼하고 1,986쌍이 이혼을 합니다. 하루에 2,740명의 아이들이 집을 나가고, 하루에 69,493명의 십 대들이 성병에 감염됩니다. 하루에 2,740명의 10대 소녀들이 임신이 됩니다. 강간이 8분마다 한 건씩 일어나고 살인이 27분마다, 강도 사건은 78초마다, 절도는 10초마다, 차량 도난은 33초마다 한 건씩 일어납니다. 이것이 약 15년 전 통계이니 지금은 얼마나 더하겠습니까.

이 통계를 근거로 어느 교수가 가족 문제를 연구한 결과를 보면, 가정불화의 75%는 십계명 중 7계명인 "간음하지 말라"는 계명을 어긴 것 때문에 생긴다고 합니다.

간음으로 인해 이렇게 많은 불행이 일어나고 있는데 "간음하지 말라"를 외친다고 간음을 안 하게 될까요? 수많은 사람이 성경을 보면서도 간음을 하는데, 들키면 간음이고 안 들키면 그냥 없었던 일이 될까요?

우리는 유명 연예인들이나 주변 사람들의 스캔들과 외도와 이혼 이야기를 열심히 듣고 재미있어 합니다. 농담 속에서 음담패설을 즐기고, 다른 사람들의 음란한 행위를 즐깁니다. 교회에서도 서로 모여서 음담패설을 하는데 어떤 분은 그것을 견딜 수 없어서 모임을 그만두고 싶다고 털어놓기도 했습니다.

예수님은 음욕을 품는 자는 이미 간음한 자라고 하십니다. 간음을 행하는 것이 남의 이야기라고 해도, 그것을 즐기는 내 속의 음욕이 이미 간음입니다. 음욕이 본질이고 그것이 나타나는 현상이 간음이라는 것입니다. 육체적으로 순결하다고 해도 마음속에 퇴폐적인 생각과 음란한 생각이 가득 차 있다면 그것은 이미 순결이 아닙니다.

◆ 불륜 관계, 포르노 사이트 중독, 음란 채팅 등 실제적인 간음의 문제에 빠져 있지는 않습니까? 배우자가 아닌 사람과 지나친 농담을 주고받거나 교회에서도 이성의 시선을 즐기는 음욕은 없습니까?

순결은 남녀 간의 사랑을 완성해 가는 중에서 선하고 깨끗한 마음을 간직하는 것입니다. 그것을 지키기 위해 얼마나 많은 정성과 노력이 필요한지 모릅니다. 하지만 나의 의도와 상관없이 성폭행을 당했다면 그것은 성기에 대한 손상일 뿐이지 육체적 순결과는 관계가 없습니다. 그런데 많은 사람들은 "제 몸 하나도 간수하지 못했다"고 하면서 자책하거나 크게 불결한 것으로 여깁니다. 우리나라의 경우는 순결을 지키지 못한 것이 여성들에게는 너무 창피한 일이고, 남성들에게는 자랑거리가 되고 있는 실정입니다.

날마다 딸을 붙들고 "너는 네 몸을 지키지 못하면 끝장이다. 여자는 순결을 잃으면 그걸로 인생 끝장이야" 이렇게 가르치다가 혹시 성폭행을 당한다면 그 문제를 어떻게 해결하겠습니까? 끝장이라고 했는데 무슨 말이 위로가 되겠습니까? 순결을 그런 식으로 가르쳐서는 안 됩니다. 성교육도 성경적인 가치관으로 개념을 잘 정리해 줘야 합니다.

모세오경 중 출애굽기부터 하나님이 이스라엘 백성에게 주시는 여러 규범을 보면 성교육에 대한 것이 다 나와 있습니다. 신명기 22장에는 강간에 대한 규범이 나오는데 성읍에서 당했다면 돌로 쳐 죽이라고 하고,

들에서 당했다면 그것은 죄가 없다고 했습니다. 성읍에서는 도와줄 사람들이 있는데도 소리 지르지 않은 것은 그 죄에 동참한 것이고, 들에서는 아무도 도와줄 사람 없이 당한 것이기 때문에 죄가 없다는 것입니다. 성적인 죄에 대한 책임 여부를 보여 주는 말씀입니다. 그것을 모르고 함부로 '순결을 잃었다, 인생이 끝났다'고 생각해서는 안 됩니다.

한국성폭력상담소에 하루 500건 이상의 상담이 들어오는데 반 이상이 미성년자고 13세 미만도 25%에서 30%를 차지한다고 합니다. 더구나 30% 정도가 친족에 의한 성폭력 피해자라고 합니다. 친아버지, 의붓아버지, 양아버지, 친오빠, 의붓오빠, 삼촌, 고모부, 이모부 등 가장 의지하고 배려를 받아야 할 사람들에게 아무 방비책이 없는 어린아이들이 지속적으로 유린을 당하고 있는 것입니다. 성폭력에 희생된 아이들은 인간에 대한 기본적인 신뢰감을 상실하고 자기비하의 후유증을 앓게 됩니다. 그 심각성은 말할 수 없이 큽니다.

가족 중에 이런 일이 있을 때 어머니의 역할이 가장 중요합니다. 성폭력이 일어나는 가정의 대부분은 가출과 사망으로 어머니가 없거나 먹고살기 바빠서 아이들이 방치된 가정이라고 합니다.

이런 상황에서 어머니로서, 부모로서 어떻게 자녀들에게 순결을 가르칠까요? 혼전 순결을 지켜야 한다는 것, 함부로 이성을 유혹하거나 범해서는 안 된다는 것을 어떻게 심어 줄까요? 어려서부터 순결에 대해 가르치지 않고 아이들만 탓할 수는 없습니다. 혼전 순결을 가르치는 것은 개인에게만 국한된 것이 아니라 스스로를 사랑하고 부모를 사랑하고 가족을 사랑하는 길입니다.

제 친구 중에 고등학생 때부터 7년 동안 연애하다가 결혼한 친구가 있습니다. 남편은 목사님의 아들로 신실한 사람이었습니다. 연애를 못 했딘 저는 친구의 연애 이야기를 들으면서 나름대로 연애 기분을 즐겼습니다. 서울에 데이트 코스가 그렇게 많다는 걸 친구 때문에 알았습니다.

"태릉에 갔었다. 동작동 국립묘지에 갔는데 너무 좋았다."

그 말을 듣고 다른 친구들하고 가 보면 무덤밖에 없고 하나도 안 좋더라고요. 두 사람은 연인끼리 가니까 좋았겠죠. 아무튼 7년 연애하는 동안 설악산으로, 대천으로 둘이서 여행 다니는 것도 봤습니다. 그리고 그들은 7년 만에 결혼을 하게 됐는데 결혼 전에 친구가 이런 말을 했습니다.

"그런데 우리 아무개 씨가 혹시 불구가 아닌가 모르겠어."

무슨 말인가 했더니 7년 동안 그렇게 여행을 다니고 데이트를 해도 손만 잡고 다녔지 자신에게 전혀 손을 안 대더라는 겁니다.

하지만 결혼해서 보니 신체 건장한 남성이었습니다. 친구가 남편에게 그동안 어떻게 참았느냐고 물었더니 "내가 당신을 지켜 주려고 형극의 길을 걸었다" 이러더랍니다. 만날 때마다 주머니에 조약돌을 넣고 와서는 참기 힘들 때마다 돌을 만지면서 이를 갈면서 참았다는 겁니다.

그때부터 지금까지 두 부부가 얼마나 다정하게 잘 사는지 모릅니다. 남편이 장로님으로 교회를 열심히 섬기면서 하나님의 창조 질서대로 항상 부인을 우선에 두니까, 자녀들도 아빠 엄마를 존경합니다. 외국에서 살 때 방이 없어서 아이들과 함께 지냈는데, 아들은 엄마가 주무시니까 화장실에서 공부를 했다고 합니다. 아이들 모두 공부도 잘하고 성실하게 잘 자랐습니다.

그 부부를 보면서 7년 동안 순결을 지켜 준 사람이라면 무엇을 해도 잘할 것이라고 생각을 했습니다. 사랑하는 사람의 순결을 지켜 준 사람은 자녀도 사랑하고, 부인도 사랑하고, 부모도 사랑하고, 직장의 모든 사람을 사랑하고, 온 교회 사람을 사랑할 수 있는 능력을 가진 사람이라고 생각합니다. 연애를 오래했다고 함부로 허락해서는 안 됩니다. 결혼 날짜를 잡았다고 '결혼할 사이인데 어때?' 이게 아닙니다.

결혼 전에 미리 허락했다가 결혼하자마자 그것이 문제가 되는 경우를 수없이 보았습니다. 요셉이 마리아를 데려와서 "아들을 낳기까지 동침하지 아니하더니" 이것을 지킨 것이 얼마나 큰 적용인지 모릅니다. 혼전 순결을 지키는 것이 나에게, 가정에게, 자손 대대로 얼마나 축복인지를 알아야 합니다.

◆ 자녀에게 어떤 순결 교육을 하고 있나요? 혼전 순결을 지키고, 결혼 후에는 배우자와 관계에 순결을 지킴으로 나 자신뿐 아니라 가정이 지켜지는 것을 믿으십니까?

빼어 버리고 찍어 내는 유익

29 만일 네 오른 눈이 너로 실족하게 하거든 빼어 내버리라 네 백체 중 하나가 없어지고 온 몸이 지옥에 던져지지 않는 것이 유익하며 30 또한 만일 네 오른손이 너로 실족하게 하거든 찍어 내버리라 네 백체 중 하나가 없어지고 온 몸이 지옥에 던져지지 않는 것이 유익하니라_마 5:29~30

간음에 대한 하나님의 명령은 나를 실족하게 하는 오른눈과 오른손을 빼어 내버리고 찍어 내버리라는 명령입니다. 하나님은 명령을 주시면 반드시 약속도 주십니다. 빼어 내버리고 찍어 내버리면 그것이 내게 유익하다고 하십니다.

오른눈과 오른손은 신뢰와 권능을 나타내는 표현인데 몸의 지체 중에 가장 유용하고 가치 있는 것을 말합니다. 꼭 신체 일부가 아니라도 자신에게 가장 유용한 것이 있는데 그것이 만약 죄의 도구가 된다면 가차 없이 희생시키라는 뜻입니다.

눈은 음욕의 주요 경로이고, 손은 간음의 주요 수단입니다. 손으로 도둑질을 하는데 간음은 성적 도둑질입니다. 우리의 생각과 감정을 하나님은 다 보십니다. 범죄한 눈과 손보다 더 무서운 것은 죄를 짓고 싶은 내 생각과 마음입니다. 외적인 것을 아무리 빼내고 찍어 버려도 속사람이 변하기 전에는 죄를 안 지을 수가 없습니다. 손 자르는 것보다, 눈 빼 버리는 것보다 더 무서운 것이 죄로 인한 실족입니다.

하나님의 마음에 합한 자였던 다윗도 전쟁을 하면서 처첩들을 계속 취했습니다. 그런데도 하나님이 전쟁마다 승리하게 하셨습니다. 그랬더니 다윗이 안일해졌습니다. 당시에 암몬과의 전쟁으로 언약궤와 군대가 동행하는 중요한 싸움이었는데 '그동안 수고했으니까 좀 쉬어도 돼' 하고 한가하게 궁에 머물다가 사건이 났습니다.

저녁에 홀로 왕궁 지붕 위를 한가하게 거닐다 보니 보이는 게 있습니다. 목욕하는 아름다운 여인, 밧세바를 보게 된 것입니다. 밧세바가 유부녀인 것을 알았지만 음욕으로 달궈진 죄의 감정은 막을 수 없었습니다. 밧세바를 불러 동침하고 간음을 행했습니다(삼하 11장).

다윗은 한가하게 거닐다가 밧세바를 보고, 음욕을 품고 죄를 지었습니다. 내 시간을 주님을 위해서 쓰지 않으면 육신의 정욕과 이생의 자랑과 안목의 정욕을 위해서 쓰게 되어 있습니다. 누구도 예외가 없습니다. 열심히 사랑하는 사람은 누구를 미워할 틈이 없습니다. 땀 흘려서 열심히 일하는 사람은 정욕에 빠질 틈이 없습니다. 열심히 전도하는 사람은 잘못된 관계의 유혹에 빠질 틈이 없습니다.

여러분이 교회에 안 오고 소그룹 예배에 안 가면서 대단히 중요한 일을 하는 것 같지만, 그래서 안일해집니다. 주일에 교회 오는 것보다, 소그룹 예배를 드리는 것보다 더 중요한 것은 없습니다.

한 번의 간음보다 무서운 것이 지속적인 음욕입니다. 특급열차가 사고를 내면 훨씬 큰 사고를 내듯이 다윗이 중요한 사람이다 보니까 대형사고가 됐습니다. 큰 죄악으로 이어졌습니다.

하나님이 사랑하는 사람은 이렇게 한 번 간음을 해도 표시가 나게 돼 있습니다. 누구는 수십 년 간음을 해도 안 들키는 사람이 있는데 다윗은 한 번 간음에 임신이 되고 말았습니다. 이것이 하나님이 사랑하신다는 징표입니다. 안 들키는 게 축복이 아니고 들키는 게 축복입니다.

그래도 다윗은 인정하고 싶지 않아서 자기 죄를 감추기 위해 전쟁에 나가 있던 밧세바의 남편 우리아를 불러왔습니다. 그에게 술을 먹이고 집으로 보내 동침하게 해서 밧세바를 임신시킨 것이 우리아라고 속이려고 했습니다. 하지만 충직한 우리아는 전쟁 중에 동료들이 수고하는데 어떻게 편하게 집에서 잘 수 있겠는가 하고 왕궁 문에서 잤습니다.

다윗이 다시 한 번 재촉합니다.

"너 왜 그래? 빨리 집에 가서 그 아리따운 밧세바하고 동침을 해."

그러나 우리아가 이렇게 말합니다.

"언약궤와 이스라엘과 유다가 야영 중에 있고 내 주 요압과 내 왕의 부하들이 바깥 들에 진 치고 있거늘 내가 어찌 내 집으로 가서 먹고 마시고 내 처와 같이 자리이까"(삼하 11:11).

이렇게 옳은 말을 하는데도 다윗은 이 말이 들리지 않았습니다. 다윗이 깨달아야 할 것을 우리아가 말해 주고 있는데 죄 가운데 있기 때문에 들리지가 않습니다. 죄 가운데 있으면 말씀이 안 들립니다.

우리아와 다윗이 너무 대조되지 않습니까? 아마도 밧세바는 이런 경건한 남편하고 사는 것이 고난이었을지도 모르겠습니다. 아니 왜 거기까지 와서 안 자고 그냥 가는 겁니까? 그러니까 밧세바가 바람을 폈죠. 안 그래요? 우리끼리 하는 이야기입니다.

사실 우리아라고 그러기가 쉬웠겠습니까? 밧세바를 사랑하지 않아서 그랬다고는 생각하지 않습니다. 저는 우리아의 모습이 눈을 빼고 손을 찍는 적용이라고 생각합니다. 우리아는 무엇이 우선순위인지를 알고 자신의 정욕을 다스릴 줄 아는 사람이었습니다. 하나님을 사랑하고, 상사인 다윗을 사랑하고, 밧세바를 사랑하는 적용이었습니다. 비록 다윗의 계략에 빠져서 죽임을 당했지만 우리아가 신실함을 지킴으로써, 다윗을 살리고, 예수님 집안을 살렸습니다. 예수님의 계보에 이름이 올라 두고두고 기념되는 인물이 되었습니다.

◆ 마음의 음욕이 간음으로 가지 않도록 빼어 버리고 찍어 내야 할 환경은 무엇입니까? 혼자 있는 공간과 시간, 인터넷 사용, 이성이 섞인 세상 모임을 버리기로 결단하십시오. 환경에 관계없이 내 몸은 내가 지킬 수 있다고 착각하진 않습니까?

이혼하지 않는 유익

31 또 일렀으되 누구든지 아내를 버리려거든 이혼 증서를 줄 것이라 하였으나 32 나는 너희에게 이르노니 누구든지 음행한 이유 없이 아내를

버리면 이는 그로 간음하게 함이요 또 누구든지 버림받은 여자에게 장 가드는 자도 간음함이니라_마 5:31~32

가정불화의 75%가 "간음하지 말라"는 계명을 어겨서 생긴다면 거의 모든 사람이 간음을 행하고 있다는 말입니다. 그런데 간음을 행한다고 모두가 가정을 깨야 하겠습니까?

배우자가 부정을 저지르는 경우에는 교회법으로도 이혼이 가능하다고 돼 있습니다. 부정이란 성적으로 부도덕한 생활방식으로 계속 사는 것을 말합니다. 여자에 절어서 살고, 남자에 절어서 살고, 술과 도박에 절어서 살면서 지속적으로 회개하지 않는 것입니다. 그런 사람들이 우리 주위에 75% 존재하고 있습니다. 다 드러내지 않을 뿐입니다. 그런데 그런 이유로 이혼해야 한다면 이혼 안 하고 살 사람이 있을까요?

하나님은 "아내가 수치되는 일을 행하면 이혼 증서를 써서 내보내라"고 말씀하셨습니다(신 24:1). 그것은 이혼을 정당화하기 위한 말씀이 아닙니다. 유대 사회에서 간음을 행한 여자는 돌로 쳐서 죽였기 때문에 그 여자가 나가서 죽게 될까 봐 이혼 증서를 쓰게 한 것입니다. 이혼 증서는 여성을 보호하려는 여성 인권에 대한 법이었습니다.

그런데 바리새인들은 이것을 자유롭게 해석해서 남자들이 아내들을 쉽게 버릴 수 있는 구실을 주었습니다. '수치되는 일'이라고 하면서 밥을 태워도 내보내고, 빨래를 못해도 내보내고, 마음대로 내버렸습니다.

결혼한 지 얼마 안 된 새댁이 시어머니와 남편에 의해 집에서 쫓겨났습니다. 남편에게 다른 여자가 있는 것 같은데 정확한 이유도 밝히지 않고 온갖 이유를 대고 괴롭히면서 쫓아냈습니다. 그러고는 소송을 하면서 "분방하지 말라"는 말씀을 가지고 새댁을 공격했습니다(고전 7:5). 남편이 쫓아내서 집을 나간 것인데 증명할 길이 없습니다.

바리새인들은 성경 박사 아닙니까? 성경 박사들이 그렇게 이혼을 했습니다. 지금도 엘리트들이 잔인하게 이혼을 합니다. 없는 사람보다 있는 사람들이 위자료 한 푼이라도 안 주려고 정말 치사한 방법으로 이혼을 합니다.

결혼의 목적은 거룩입니다. 결혼은 신성한 것입니다. 일평생의 헌신입니다. 이 뜻을 몰라서 다들 자기 마음대로 이혼을 하는 겁니다.

사도행전 17장 21절을 보면 소크라테스, 플라톤, 아리스토텔레스의 고향인 아덴 사람들이 새로운 것에만 관심을 쏟는다고 했습니다. 남자들이 좋아하는 건 무조건 예쁜 여자가 아니라 '새로운 여자'랍니다. 제가 보니까 예쁜 부인과 결혼한 남편들이 더 바람을 피웁니다. 예쁜 것이 좋아서 결혼했다가 익숙해지니까 더 예쁜 새 여자를 찾아다니는 겁니다. 여자도 마찬가지입니다. 외모가 멋있어서 결혼하면 그 외모가 평생 가지 않기에 금세 새로운 매력에 한눈을 팔게 됩니다.

그런데 안 예쁜 부인, 못난 남편하고 살아 보십시오.

'저 사람은 내가 버리면 같이 살아 줄 사람이 없어.' 이러면서 잘살지 않겠습니까? 예쁘고 잘생긴 것 좋아하지 마시기 바랍니다. 힘들고 어려운 가운데 인격적인 성숙이 이루어지는 것처럼 외모가 아닌 내적인 것을 취할 때 성숙한 사랑을 맛보는 겁니다.

음행을 이유로 부인을 버리라고 한다면 하나님이 호세아에게 아내 고멜을 데려오라고 하셨겠습니까? 고멜은 한 번도 아니고 지속적으로 음행을 저질렀는데, 하나님은 호세아에게 값을 주고 그녀를 데려오게 하셨습니다. 예수님의 조상인 다말은 시아버지 유다와 동침했고, 라합은 기생이었고, 밧세바는 불륜을 행했습니다. 예수님은 남편이 다섯이었다는 사

마리아 여인을 만나 주시고 "영과 진리로 예배하라"며 영적으로 회복해 주셨습니다(요 4:24).

행위 자체로는 누구도 판단할 수 없습니다. 하나님이 원하시는 진실을 찾고 구할 때 하나님은 나를 순결하게 대접해 주십니다. 어제까지 어떤 음란을 행했더라도 오늘 회개하는 나를 순결하다고 하십니다.

청년 한 명이 우리들교회 홈페이지에 기도 부탁을 했습니다. 공무원 시험을 준비하는 28세 청년입니다. 예수님을 믿은 지 거의 10년째 되어 갑니다. 그런데 무슨 일을 하든지 오래 집중하지 못하고 쉽게 산만해집니다. 그 이유를 오랫동안 생각해 봤는데 가장 큰 것이 음란 때문이었습니다.

저는 어려서부터 해 온 자위행위를 예수님을 믿은 이후로도 끊지 못하고 있습니다. 예수님을 믿고 수백 번 그만두려고 해 봤지만 계속 좌절하고 실패하다가 최근에 다시 도전해 현재 80일 가량 자위행위를 하지 않고 음란물을 보지 않고 있습니다. 자위행위에 잡혀 있는 남자들에게 인터넷 음란물은 큰 적입니다. 이제는 음란물과 자위행위에서 완전히 벗어나고 싶습니다. 하루 한 시간 기도와 예배를 드리며 주님과의 교제를 통해 자위행위와 음란을 완전히 물리칠 수 있도록 기도해 주세요. 이를 통해 공부에 집중해서 하루에 다섯 시간의 공부 시간을 확보할 수 있도록 기도 부탁드립니다.

마음에 품은 음욕이 간음으로 나타나지 않았지만 청년은 스스로 죄를 고백하고 기도 부탁을 했습니다. 행동으로 간음을 행하면서도 죄의식이 없는 사람들을 부끄럽게 하는 고백입니다. 우리가 행위로 간음하지 않아도 하나님의 기준에 이르지 못함을 알고 이 청년처럼 애통해야 합니다.

많은 사람이 음란과 간음의 문제를 숨기고 있습니다. 교회 안에서도 이런 문제를 내놓기가 어렵습니다. 75%의 가정에 간음 문제가 있다는데, 아무도 그 아픔을 내놓지 못합니다. 누가 치료를 하겠습니까!

팔복은 우리 삶의 기준을 낮추는 것이 아니라 자만심을 낮추는 것입니다. '나는 음욕을 품지 않을 자신이 있어. 나는 간음하지 않았어' 이런 자신감을 가지고 있다면 아직 그리스도인의 기준을 이해하지 못한 것입니다. 육적인 음욕이 없다고 해도 우리는 하나님 자리에 돈과 외모와 지위를 가져다 놓고 영적 간음을 행하고 있습니다. '나는 간음과는 상관없어' 이렇게 말할 수 있는 사람은 없습니다.

우리아가 다윗보다 행위로는 의로워도 하나님은 다윗을 높이셨습니다. 다윗이 정직하지 못하고 흠이 많았지만 그는 자신의 한계를 아는 사람이었습니다. 평생 자신의 죄를 눈물로 고백하고 회개하며 시편을 통해 하나님을 찬양했습니다. 다윗이 모든 타락을 고백하고 갔기 때문에 우리가 우리아보다 다윗을 사랑하지 않을 수 없는 것입니다.

죄 고백이 얼마나 능력인지 모릅니다. 죄인임을 날마다 고백하는 사람은 다른 힘든 사람들을 주님께로 이끌 수 있습니다. 배우자가 부정을 행하고 음행의 연고가 있어도 나 역시 하나님 앞에 죄인이라는 것을 인식하면 우리는 이혼하지 않고 가정을 지킬 수 있습니다. 어떠한 경우에도 가정을 지키는 것이 자녀에게 줄 가장 큰 예물이고 예단입니다.

◆ 배우자의 불륜을 알게 됐습니까? 내가 저지른 불륜이 드러났습니까? 이혼을 정당화하고 위자료를 확보하기 위해 상대방의 잘못을 낱낱이 찾아내고 있습니까? 배신감과 수치로 고통스러워도 가정을 지키려는 결정이 최고의 축복임을 믿습니까?

말씀으로 기도하기

주님은 순종하며 사는 삶을 유익한 삶이라고 말씀하십니다. 무엇보다 간음하지 말 것과 이혼하지 말 것을 강조하십니다. 성적인 문란함으로 깨어지는 가정이 속출하는 이 시대에 하나님의 창조 질서를 따라 사는 것이 진짜 행복하고 유익한 삶입니다.

간음하지 않는 것이 유익입니다(마 5:27~28).

하나님이 부부간에 주신 성의 기쁨을 부부가 아닌 다른 사람과 즐기고, 음욕을 품는 것이 간음을 행하는 것이라고 하십니다. 내 속의 음욕이 이미 간음임을 알고, 음란의 죄를 날마다 회개하기 원합니다. 혼전 순결을 지키고 결혼 후에는 배우자와의 관계에서 순결을 지킴으로 나 자신과 가정을 지키게 해 주옵소서.

빼어 버리고 찍어 내는 것이 유익입니다(마 5:29~30).

마음의 음욕이 간음으로 이어지지 않도록 빼어 버리고 찍어 내야 할 나의 환경이 무엇인지 깨닫게 하옵소서. 죄로 실족하지 않기 위해 예배를 드리고 믿음의 공동체에서 나누면서 내 시간을 주님을 위해 쓰게 하옵소서.

이혼하지 않는 것이 유익입니다(마 5:31~32).

결혼의 목적은 거룩인데, 이것을 몰라서 자기 마음대로 이혼을 합니다. 마음으로 간음을 행하고, 하나님의 자리에 돈과 외모와 지위를 놓고 영적 간음을 행하고 있는 저의 죄를 용서해 주옵소서. 배우자가 부정을 행하고 음행의 연고가 있어도 나 역시 하나님 앞에 죄인이라는 것을 인식하고 가정을 지키게 하옵소서.

우리들 묵상과 적용

저는 제 뜻대로 일이 잘 안 풀리거나 누군가가 규범이나 질서를 잘 지키지 않으면 화가 나곤 합니다. 아무도 지켜보는 사람이 없는 새벽에도 교통신호를 꼭 지키고, 누군가와 만나기로 했으면 약속 장소에 반드시 10분 전에 나가서 상대방을 기다립니다. 그리고 처음 사용하는 물건을 사면 사용설명서를 몇 번이고 보면서 그 설명서에 안내된 대로 사용합니다. 그래서 자기 관리를 제대로 하지 않거나 계획 없이 사는 사람을 보면 '왜 저러고 살지?' 하며 정죄하고 무시했습니다.

저는 성공한 사람들의 자기계발서를 섭렵하면서 제 나름대로 지켜야 할 규칙들을 정해 놓고 하나하나 실천하며 살았습니다. 마치 바리새인들이 그랬던 것처럼 현모양처의 율법을 스스로 정해 놓고 그것을 지키기위해 열심을 냈습니다. 그러다 보니 매사 두리뭉실한 남편과 사는 것이 너무 힘들어서 결국 이혼을 선택하고 말았습니다. 그러나 이혼은 제 인생을 뿌리째 흔들어 놓았습니다. '처음부터 다른 남자를 만나 결혼했더라면 이렇게 불행해지진 않았을 텐데……' 하고 하루에도 수십 번씩 후회하다가 때로는 저의 결혼과 이혼을 막지 않고 수수방관하신 것 같은 하나님을 원망하기도 했습니다.

상한 마음을 달래고자 큐티를 시작한 것은 그 무렵부터입니다. 매일 말씀을 묵상하니 조금씩 저의 연약함과 죄가 보였습니다. 저 스스로 정한 율법에 얽매여 살다가 이혼을 했으면서도 결혼을 지켜 주지 못한 무능력한 하나님이라며 불평한 것이 깨달아졌습니다. 또한, 제가 집 안을 철저히 쓸고 닦아도 그것은 정작 남편을 위한 것이 아니었음을 알게 되었습니다. 남편은 시부모와 잘 지내는 아내를 원했는데 저는 그러지 못했고, 남편은 집에서도 곱게 차려입은 아내를 원했는데, 저는 넝마를 입고 열심히 쓸고 닦으며 "나처럼 살림 잘하는 여자 잘 만난 줄 알라"며 잘난 척을 해 댔습니다. 그뿐만 아니라 남편을 미워하여 살인한 죄인임이 깨달아졌습니다(마 5:21).

늘 남편을 다른 남자와 비교하고, 행여 멋진 남자를 보게 되면 그런 사람을 탐함으로 간음을 일삼았습니다(마 5:28). 결국, 그로 인해 남편과의 관계가 멀어지고 이혼을 초래하였음에도 '나는 간음한 적도, 살인한 적도 없으니 계명을 잘 지키고 있다'고 착각에 빠져 살아온 것입니다. 하나님과 사람 앞에 범죄한 것이 깨달아지니 엎드려 회개할 수밖에 없었습니다. 모든 화해의 근간이신 하나님과 화해하게 되니 비로소 '도저히 용서할 수 없었던 남편'을 8년 만에 찾아가 용서를 구하고 사과할 수 있었습니다(마 5:25). 저 자신에게만 유익한 율법을 만들어 놓고 하나님을 원망하며, 간음과 살인을 하고도 스스로 의롭게 여기며 살아온 이 바리새인을 지옥 불에서 건져 주시고, 천국으로 인도해 주시는 하나님, 감사합니다(마 5:22).

영혼의 기도

하나님 아버지, 진짜 유익한 삶을 살고 싶습니다. 그러기 위해 간음하지 말라고 하십니다. 내 배우자, 내 자녀, 내 부모가 문자적으로 간음을 행하고 있습니다. 내가 간음을 행하고 있습니다. 그것이 너무 싫고 밉고 끝없이 정죄하는 마음이 있습니다.

하지만 간음보다 무서운 것은 내 속의 음욕이라고 하셨습니다. 행위가 문제가 아니라 하나님 자리에 배우자를 놓고 자식을 놓고 돈을 놓은 저의 음욕을 보라고 하십니다.

그 음욕을 물리치기 위해 나의 오른눈을 빼고, 오른손을 찍는 적용을 하기 원합니다. 보지도 말고 가지도 말아야 할 것에 대해서 망설임 없이 적용하기 원합니다.

문제아는 없고 문제 부모만 있다고 했습니다. 배우자가 어떤 부정을 행했을지라도 자녀에게 가정을 지키는 모습을 보여 주게 하옵소서. 먼저 내 속의 음욕을 회개하게 하옵소서. 음란에 빠진 배우자, 자녀, 가족들을 불쌍히 여겨 주시고 그들이 하나님을 찾고 만날 수 있도록 도와주옵소서.

다윗이 많은 죄를 지었어도 그의 회개로 말미암아 주님은 그를 높이 셨고, 지금까지 우리에게 은혜를 끼치고 있습니다. 서로를 정죄하지 않고 오직 회개함으로 치유가 일어나게 하시고 이제는 하나님의 순결한 자로 살아가는 저와 우리 가정이 되게 하옵소서. 예수님 이름으로 기도하옵나이다. 아멘.

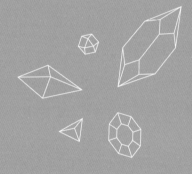

16

하나님이 하신다

마태복음 5:33~37

하나님 아버지, 내 힘으로 하고 싶은 것이 많지만
모든 것을 하나님이 하신다고 합니다.
모든 것을 내려놓고 하나님이 하시는 것을
알게 하옵소서.
말씀하여 주옵소서. 듣겠습니다.

전문직 의사 부부로 남들이 너무나 부러워하는 가정이 있습니다. 부인은 결혼 전에 믿음을 가지고 있다가 안 믿는 신랑감을 만났는데, 그래도 교회 가자고 하니까 싫어하지 않고 결혼 전 6개월 동안 교회에 잘 출석했습니다. 그것만 보고 불신결혼의 정해진 코스를 밟아 '앞으로 믿겠지' 하고 결혼을 했습니다.

그런데 결혼 후 부부가 다 돈을 잘 버니까 점점 주일도 잊어버리고 놀러 다니기 바빠졌고, 어느 때부터인가 남편은 강압적인 태도로 교회에 가지 말라고 했습니다. 그리고 이제는 교회에 가지 말라는 정도가 아니라 식사 기도도 못 하게 하고, 성경도 못 보게 하고, 아이들도 교회에 못 보내게 했습니다. 핍박이 극에 달해서 부인은 자기 발등을 찍고 싶은 심정이 됐습니다. 그 남편이 얼마나 착하고 교양 있고 인품이 좋은지 다른 사람들은 남편에게 그런 면이 있다고는 상상을 못 합니다.

부인은 최고의 복음적인 교회에서 신앙생활을 해 온 사람입니다. 그리고 결혼 전에 하나님께 맹세도 했다고 합니다. 의대 공부를 할 때 집안

304

형편이 어려워서 6년 과정을 10년에 걸려서 했는데 그때 '장학금을 받게 해 주시면 선교에 헌신하겠다'고 맹세를 했다는 겁니다.

헛맹세를 하지 말라

또 옛 사람에게 말한 바 헛 맹세를 하지 말고 네 맹세한 것을 주께 지키라 하였다는 것을 너희가 들었으나_마 5:33

진실에 근거하지 않은 맹세, 맹세를 변질시켜서 그 위에 무엇을 더 하는 것이 헛맹세입니다. 바리새인들은 거짓말만 아니면 맹세를 해도 된다고 했습니다. 그러나 맹세가 필요한 것은 이미 자신의 진실성이 의심받고 있기 때문입니다. 맹세 없이도 상대방에게 신뢰받을 수 있는 삶을 살아야 하는데 그러지 못하기 때문에 자꾸 맹세를 남발해서 신뢰를 얻으려고 하는 것입니다.

제 남편은 선을 보는 자리에서 저에게 맹세를 많이 했습니다.

"나는 볼펜 한 자루, 책 한 권도 내 것을 너무 사랑하고 아끼는 사람이다. 하물며 내 아내를 사랑하지 않겠는가. 절대로 눈물 흘릴 일은 없게 해 주겠다!"

그래서 눈물 흘릴 일이 제게 없었습니까! "내 것을 너무 아끼고 사랑한다"는 말이 나를 사랑해 준다는 말인 줄 알았는데 그만큼 자기애가 강했던 겁니다.

그런데 저 또한 자기애가 강했기 때문에 그 맹세에 넘어갔죠. 내가 대단히 품질이 좋은 줄 알았고 나의 품위를 유지하기 위해서 돈이 필요했습니다. 결국 돈을 사랑해서 남편의 맹세에 넘어갔습니다. 남편이나 저나 다를 게 없습니다.

남편이 또 한 가지 맹세했던 것은 피아노를 전공한 저를 위해 1년에 한 번씩 독주회를 열어 주겠다는 것이었습니다. 교만과 허영심으로 가득 했던 저에게 얼마나 달콤한 맹세입니까. 드디어 교수의 꿈을 이루겠구나! 좋아서 시집을 갔습니다.

물론 그 맹세는 지켜지지 않는 헛맹세였습니다. 결혼하자마자 시작된 시집살이에, 독주회는커녕 피아노 앞에 앉을 시간도 없고, 내 독주회가 아니라 남의 독주회를 보러 갈 시간도 없었습니다. 밤낮으로 청소하고 걸레 빨고, 걸레 하나 때문에도 눈물 흘릴 일이 수없이 많았습니다.

남편에게 "당신이 나한테 그렇게 약속하고 맹세하지 않았느냐?"고 원망하면, 남편은 "아니, 그 말을 믿는 사람도 있어? 결혼 전에는 무슨 말을 못 해?" 이렇게 나왔죠. 제가 시집살이 5년 만에 주님을 만났으니 처음에 믿음도 없이 당할 때는 얼마나 펄펄 뛰고 싶었겠습니까!

그런데 주님은 그럴 때 펄펄 뛰지 말라고 하시네요. 5장 37절에 보니 "오직 너희 말은 옳다 옳다, 아니라 아니라 하라 이에서 지나는 것은 악으로부터 나느니라" 하시며 모두가 내 삶의 결론이니까 "예", "아니요" 만 하라고 하십니다.

나 자신을 사랑하고 돈을 사랑해서 남편의 헛맹세에 넘어갔는데 다행히도(?) 제게 돈을 안 주니까 제가 낮아졌습니다. 나 자신을 보게 되었습니다. 내가 얼마나 자기애가 강하고, 돈 좋아하는 사람인지 저의 실체를 알게 됐습니다.

그것을 깨닫지 못하기 때문에 우리는 속았다고 펄펄 뜁니다. 속고 속이면서 서로 속였다고 참소합니다. "이럴 줄은 몰랐어. 당신이 어떻게 나한테 그럴 수가 있어!" 하면서 분해서 넘어갑니다.

예수님이 없는 사람은 어떤 약속도, 어떤 맹세도 헛된 것을 말할 수밖에 없습니다. 교회를 다니고 선교에 헌신하겠다고 해 놓고도 아무 가책 없이 안 믿는 남자를 만나서 결혼하는데, 하나님을 모르는 사람에게 기대할 것이 있습니까? 헛맹세로 허풍을 떨고 스스로 높이고, 그래서 결론은 쾌락으로 가는 것이 누구도 예외 없는 과정입니다. 나의 교만과 허영 때문에 스스로를 속이고 남도 속였다는 걸 인정해야 합니다. 말 그대로 내 삶의 결론입니다.

◆ 배우자와 자녀에게 어떤 맹세를 남발합니까? "예", "아니요" 할 자신이 없어서, 자신의 부족함을 감추기 위해 헛된 맹세로 가장합니까? 지키지 못할 맹세와 약속 때문에 가족에서 상처를 준 일은 없었나요?

진짜 맹세도 하지 말라

34 나는 너희에게 이르노니 도무지 맹세하지 말지니 하늘로도 하지 말라 이는 하나님의 보좌임이요 35 땅으로도 하지 말라 이는 하나님의 발등상임이요 예루살렘으로도 하지 말라 이는 큰 임금의 성임이요 36 네 머리로도 하지 말라 이는 네가 한 터럭도 희고 검게 할 수 없음이라
_마 5:34~36

하나님을 모르는 사람이야 세상 쾌락을 좇아 헛맹세를 한다고 하지만 믿는 사람들은 '하나님의 이름으로, 하나님께' 맹세를 잘 합니다. "내

가 ~하면 손에 장을 지진다" 이러다가 예수님을 믿고 나면 "성경에 손을 얹고 맹세한다. 하나님께 맹세한다" 이렇게 바뀝니다. 여러분도 한 번쯤 해 보셨죠? 저도 모태신앙인이다 보니 어려서부터 "나는 정말 몰라. 하나님께 맹세해" 이런 말을 잘 했던 것 같습니다.

그런데 헛맹세보다 더 위험한 것이 하나님께 하는 '진짜 맹세'입니다. "평생 호강시켜 주겠다" 이런 맹세는 어느 정도 허풍으로 생각하지만 하나님께 맹세한다고 했을 때는 신뢰하기가 쉽습니다. 그래서 진짜 맹세는 믿음이 좋아 보이고 상대방에게 쉽게 신뢰를 주기 때문에 더 나쁜 악입니다.

성경의 인물 중에서 '진짜 맹세'를 한 사람을 소개하겠습니다. 바로 사사기 11장에 나오는 입다입니다. 입다는 당시 이스라엘의 사사로서 암몬과의 큰 전쟁을 앞두고 기도하는 중에 여호와의 영이 임해서 서원을 했습니다.

"하나님이 전쟁을 이기게 해 주시면 집에 돌아갈 때 처음 마중 나온 사람을 하나님께 번제로 드리겠습니다."

그런데 누가 마중을 나왔습니까? 입다가 사랑하는, 하나밖에 없는 딸이 마중을 나왔습니다. 분명 여호와의 영이 임해서 서원을 하고 맹세를 했는데 왜 이런 일이 생겼을까요?

입다는 기생의 아들로 어렸을 때부터 가족 사이에서도 따돌림을 당했습니다. 그래서 돕 땅의 잡류들하고 놀았습니다. 그런데 하나님께 사사로 부르심을 받은 후에도 잡류와 놀던 세상 방식이 아주 없어지지 않았습니다. 그래서 입다의 서원은 세상 방식의 흥정이었습니다.

우리도 너무 절박할 때 흥정을 합니다. 사업이 안될 때 맹세합니다.

"하나님, 사업만 잘되게 해 주시면 제가 건축헌금을 하겠습니다."

또 병에 걸리면 이렇게 기도합니다.

"이 병만 고쳐 주시면 주의 일을 하겠습니다. 평생을 주님께 바치겠습니다."

물론 간절함으로 그렇게 기도하고 진심으로 서원할 수 있습니다. 하지만 "이것만 해 주시면, 저것만 해 주시면" 하는 것은 하나님을 상대로 흥정하는 것입니다.

입다가 하나님과 흥정을 하면서 기도했어도 하나님은 전쟁에서 이기게 하셨습니다. 암몬의 26개 성읍을 치고 항복을 받아 냈습니다. 그래서 입다의 맹세가 헛맹세가 아니고 진짜 맹세가 되게 하셨지만 그래도 그런 맹세는 안 해야 합니다. 입다의 맹세는 민족의 구원과 딸의 목숨을 맞바꾸는 잘못된 것이었습니다.

우리가 자식을 놓고 얼마나 맹세를 잘 하는지 아십니까?

우리들교회 예배당이 있는 휘문고등학교에서 한 학생을 만났습니다. 전도를 하려고 이런저런 이야기를 물으니, 그 학생은 자신도 교회에 다닌다고 했습니다. 그래서 반가워서 그 학생에게 우리 교회에서 같이 예배를 드리자고 했습니다. 그랬더니 그 학생이 "엄마가 교회 가는 것은 허락하는데, 허락된 시간이 일주일에 딱 한 시간이에요. 한 시간에서 일 분만 지나도 엄마가 용서를 안 해요. 다음에 기회가 되면 올게요" 하고 인사를 꾸벅하고 갔습니다. 한 시간에서 일 분도 안 지나고 뚝딱 끝나는 예배가 있는 모양입니다.

100% 죄인인 인간은 무엇에든 중독되기 마련인데, 우리나라에서 가장 심각한 중독 하나를 꼽으라면 '입시 중독'을 꼽을 수 있습니다. 자녀의 학군 때문에 강남 집값이 올라가고 국가적인 문제가 돼서 학군을 조종하는 부동산 정책이 나오기도 했습니다. 자녀 교육 때문에 이사 가고, 이

민 가고, 조기 유학을 보내고, 기러기 아빠가 생기고, 거기에서 문제가 생겨서 이혼을 하고, 같은 서울 안에서도 강남과 비(非)강남 사이에 위화감이 생기고……. 그 모든 일의 중앙에 입시 문제가 있습니다.

그런데 "내가 술 중독이에요", "담배 중독이에요", "게임 중독이에요" 이런 건 인정하지만, "집사님, 자녀 입시에 중독되신 거예요. 자녀를 내려놓으세요!" 이렇게 말하면 입을 꽉 다물고 절대 듣지 않습니다.

부모 마음대로 자라 주는 자식이 얼마나 됩니까? 자녀를 키우는 것은 정말 내가 하는 것이 아니고 하나님이 하시는 것인데, 다른 어떤 것보다 자녀를 내려놓기가 참 어렵습니다.

그래서 부모들은 자식을 놓고 서원을 합니다. "하나님, 우리 애를 고쳐 주시면 선교사로 만들겠습니다." "우리 아들을 대학에만 붙여 주시면 감사헌금을 하겠습니다." 자식에 대한 욕심과 기대를 놓고 맹세와 서원기도를 참 많이 합니다. 진심으로 하나님께 서원하면서 나름대로 확신에 차서 맹세를 합니다.

하지만 이런 맹세는 신앙 본질의 문제이기 때문에 헛맹세보다 더 심각한 악입니다. 우리가 성경의 언어로, 확신에 차서 맹세한다고 그것이 이루어집니까? 내가 맹세를 하면 진심이고, 맹세를 안 하면 진심이 아닙니까? 바리새인들이 성경 박사로 얼마나 유창하게 기도를 하고 서원을 했겠습니까? 성경을 모르고 하는 맹세도 문제지만 성경을 아는 지식으로 맹세하면서 "하나님, 제가 한나처럼 아들을 주님의 일꾼으로 바치겠습니다. 그러니까 제발 대학에만 붙여 주세요", "하나님, 저 보기 싫은 과장만 피하게 해 주시면 직장을 선교지로 삼겠습니다!" 이런 식으로 음욕을 합리화하고, 미움을 합리화하는 사람들이 얼마나 많은지 모릅니다.

맹세 자체가 나쁜 것은 아닙니다. 예수님이 "도무지 맹세하지 말라"

고 하셨지만 하나님도 맹세하셨다는 표현이 성경에 나옵니다.

중요한 것은 하늘, 땅, 예루살렘, 머리 어떤 것도 맹세의 도구로 삼아서는 안 된다는 것입니다. 자식과 돈, 건강 전부 하나님이 주시는 것이고 하나님의 일인데 그것을 맹세의 도구로 삼는 것은 심각한 교만입니다.

◆ "남편은 못 믿어도 자식만은!" 하면서 자녀를 두고 맹세한 것들이 있나요? 목사, 사모, 선교사를 만들겠다고 자식의 은사에 관계없이 맹세를 했습니까? 자식은커녕 내 머리카락 하나도 마음대로 할 수 없는 인간이라는 것을 알고 있습니까?

Yes, No, Thank You, Sorry!

오직 너희 말은 옳다 옳다, 아니라 아니라 하라 이에서 지나는 것은 악으로부터 나느니라_마 5:37

우리는 머리털 하나를 희게 할 수도 검게 할 수도 없습니다. 염색을 하면 된다고요? 잠시 눈가림은 되겠지만 뿌리에서 올라오는 본래의 색깔은 내 마음대로 할 수 있는 게 아닙니다. 머리털 하나도 마음대로 하지 못하면서 무슨 장담을 하고 맹세를 할 수 있겠습니까? 나는 머리털 한 가닥도 마음대로 할 수 없는 존재이기 때문에, 오늘은 할 수 있을 것 같아도 내일 일을 모르는 존재이기 때문에 어떤 것도 함부로 맹세할 수 없습니다. 오직 보여 줄 것은 진실한 언어와 삶의 태도입니다.

말에는 인격과 책임과 정직성이 다 들어 있습니다. 솔직하고 단순하게 "예", "아니요"만 하면 되는데 "내가 맹세하는데 내 말이 맞아. 맹세컨대 난 정말 아니야" 이렇게 말하는 것은 그 속에 진실이 없기 때문입니다. 믿을 수 없다는 것을 스스로 나타내는 것입니다.

하지만 이 세상 말 중에 "예", "아니요"를 말하기가 얼마나 어려운지 모릅니다. 누가 나를 비판할 때 "예, 옳습니다. 지적해 주셔서 고마워요" 이 말을 하기가 참 어렵습니다. 너무 탐나는 것으로 나를 유혹할 때 "아니요. 그것은 옳지 않아요. 죄송하지만 거절하겠습니다" 이러기가 정말 어렵습니다.

그래서 "Yes", "No", "Thank You", "Sorry!" 이 네 가지 말을 잘 구사하는 사람은 언어의 완벽성을 가진 사람입니다. 우리는 어떻게든 변명을 하고 싶죠. "예", "아니요"로 끝내기엔 억울한 일이 많습니다. 하지만 어떤 말을 들어도, 무슨 일을 당해도 "예", "아니요", "감사합니다", "미안합니다" 이 말을 하는 훈련이 되면, 하나님에게 인정받고 사람에게도 인정받을 수 있습니다. 말을 해서 얼마든지 설명되는 일이라고 해도 꾹 참고 말의 군더더기를 제하면, 먼저 나 자신에 대해서 객관적이 되고 진실이 무엇인지를 깨달을 수 있습니다.

입다 이야기를 더 하겠습니다. 누구도 입다보고 딸을 내놓으라고 한 사람은 없습니다. 스스로 그렇게 기도했습니다. 하지만 막상 딸을 번제로 드리려니 얼마나 고통이겠습니까! 누구에게 설명하고 넋두리한다고 그 고통이 해결되겠습니까?

그래도 할 말이 많았겠죠. 내가 나라를 구하고 26개 성읍을 얻었는데 딸을 죽이는 것이 말이 됩니까? 내가 하나님 때문에 전쟁을 치렀는데 이럴 수 있느냐고 하나님을 설득하고 싶었을 겁니다. 사람들을 모아 놓고 "여러분도 내가 딸을 바치는 것에 전부 반대하시지요?" 하면서 어떻게든 딸을 살릴 이유를 찾고 싶었을 겁니다.

우리도 때마다 하고 싶은 말이 많습니다.

"남편이 배신한 고통을 누가 알겠어. 내가 남편하고 애들한테 얼마나 잘했는지는 하늘도 알고 땅도 알아. 입 있는 사람은 말해 보라고요!"

회개의 말은 "내가 믿음이 없어서 남편을 힘들게 했어요" 이런 한마디로 끝입니다. 그러나 회개에 이르지 못해 한 시간 동안 변명하는 것이 우리 모습입니다.

예수님은 '예', '아니요'에서 더 지나면 악이라고 하십니다. 정말 내 죄를 깨달았다면 우리는 '예', '아니요' 외에는 할 말이 없습니다. 무슨 말만 하면 얼굴이 붉으락푸르락해서 "아니, 김 집사가 나에 대해서 뭘 안다고 그래?" 하지 마십시오. "예, 맞아요. 그렇게 말해 주셔서 고마워요. 제가 부족하니까 저를 위해 기도해 주세요" 이런 말이 나오면 상대방도, 나도 악에서 벗어날 수 있습니다.

우리들교회 정 집사님의 남편은 젊은 여자를 만나 아이까지 낳고 두 집 살림을 하고 있습니다. 그 남편 때문에 아들도 방황하고 집사님은 고난 중에 하나님을 만났습니다.

남편이 이 집 저 집을 오가다가 기분이 틀리면 몇 달씩 안 오곤 했는데 그런 시기에 집사님이 생일을 맞았습니다. 남편은 집을 나가 있으니 기대할 것도 없고 아들이 케이크와 꽃다발로 축하해 줬습니다. 서운한 마음도 있지만 남편의 심정도 편치 않을 거라는 생각에 이해가 됐는데 남편에게서 전화가 왔습니다.

"당신 오늘 생일인데 내가 아무것도 준비를 못 했네. 미안해."

예전 같으면 "두 집 살림을 하다 못해서 이제는 마누라 생일도 못 챙겨요? 생일날까지 집에 안 들어오고 그럴 수가 있어!" 당장 이랬을 텐데 집사님은 이렇게 대답했다고 합니다.

"괜찮아요. 여태까지 살면서 선물 많이 받았잖아요. 바쁜데 전화해 줘서 너무 고마워요. 당신 마음이 풀어져서 집에 들어오는 게 나한테는 제일 큰 선물이에요."

전화를 끊고 나니 아들이 "엄마, 짱!" 하면서 엄지손가락을 세우더랍니다. 이분이 남편이 없어서 생일이 슬펐을까요? 아들은 케이크와 꽃다발로 축하해 주더니 동서는 생일상을 차려 놓고 집사님을 불렀습니다. 그리고 편지 한 통을 주었습니다.

사랑하는 형님, 생일을 진심으로 축하합니다. 우리들교회에 와서 말씀으로 변화된 형님 모습이 너무 보기 좋아요. 앞으로도 큐티 열심히 하시고 교회에서 맡으신 사명도 잘 감당하세요. 형님을 진심으로 좋아하고 사랑합니다. 형님이 있어서 행복하고 좋아요. 앞으로도 우리 모든 식구의 버팀목이 되어 주세요. 건강하시고 행복하세요.
- 형님을 진심으로 사랑하는 동서가

동서도 집사님이 전도해서 교회에 나오고 있습니다. 형님 동서 사이에 이러기가 쉽습니까? 생일상을 얼마나 푸짐하게 준비했는지 동서를 통해 하나님의 위로를 맛보았다고 했습니다. 남편이 외도를 하고 두 집 살림을 해도 원망도 변명도 없이 "예", "아니요"만 하면 이렇게 매력 있는 사람이 됩니다. 집사님의 적용을 아들이 보고, 동서도 봤습니다. 그리고 온 식구에게 위로자가 되어서 집안을 살리고 있습니다.

입다의 인생을 보면서 저도 생각했습니다. 입다가 성실한 사람인데, 아들도 없이 하나밖에 없는 딸을 왜 데려가셨을까? 자기 딸이 마중 나올 줄 모르고 그런 맹세를 했는데, 그러니 말을 번복해도 누구도 뭐라 하지 않을 텐데 왜 그렇게 하셨을까 생각해 보았습니다.

하나님의 길에 들어섰다면 돌이킬 수 없는 것이 성도의 인생입니다. 그래서 이 일은 하나님과 입다와의 문제입니다. 누구도 설명해 줄 수 없고 위로받을 수 없는 문제입니다. 하나님이 아니시면 위로받을 수 없는 애통을 하나님이 입다에게 허락하셨습니다. 그리고 그 딸의 순종을 통해 맹세를 이루셨습니다. 딸의 순종이 입다의 연약함을 도왔습니다.

"딸이 그에게 이르되 나의 아버지여 아버지께서 여호와를 향하여 입을 여셨으니 아버지의 입에서 낸 말씀대로 내게 행하소서 이는 여호와께서 아버지를 위하여 아버지의 대적 암몬 자손에게 원수를 갚으셨음이니이다 하니라 또 그의 아버지에게 이르되 이 일만 내게 허락하사 나를 두 달만 버려 두소서 내가 내 여자 친구들과 산에 가서 나의 처녀로 죽음을 인하여 애곡하겠나이다 하니"(삿 11:36~37).

입다의 딸이 두 달의 기간을 구한 것은 전도를 위한 시간입니다. 내가 오늘 구원받고 천국에 갈 수 있지만 한 사람도 전도 못 하고 어떻게 갈 수 있겠습니까? 두 달 동안 친구들과 산에 올라가서 죽음을 애곡하겠다고 했으니까, 친구들은 그 두 달을 평생 잊지 못했을 것입니다. 처녀로서 죽음이 고난처럼 보여도 그 일을 통해 구원을 보여 준다면 두고두고 기념할 만한 사람이 됩니다. 오래 살고 짧게 살고는 중요한 문제가 아닙니다.

제가 믿음이 좋아서가 아니라 하나님이 구원의 절박함을 주셨기에 남편 구원을 위해 생명을 내놓고 기도를 드렸습니다. 제 생명을 거두어 가시더라도 남편을 구원해 주시라고 기도했습니다. 그리고 하나님은 급성 간암으로 남편을 데려가시며 그의 구원을 이루셨습니다.

남편의 구원이 저의 연약함을 도왔습니다. 남편이 구원받고 갔기 때문에 제가 영혼 구원을 위한 사역을 하게 되었습니다.

입다의 맹세가 부족한 것이었어도 주님은 딸의 죽음을 통해 그를 믿음의 인물로 인정하셨습니다. 히브리서 11장 믿음의 인물에 당당하게 입다의 이름이 올라가 있습니다! 부족했어도 입다의 말이 진실했기 때문입니다. 부족해도 입다는 자신의 맹세를 지켰고 하나님은 선으로 갚으셨습니다.

내가 진실하기만 하면 하나님은 책임지시고 모든 맹세를 선하게 이루십니다. 나의 언어와 삶이 진실할 때 모든 것을 하나님이 하십니다.

◆ "옳다", "아니다" 한마디로 끝내기에는 억울한 일이 왔습니까? 내가 아무리 맹세를 했어도 결과가 너무 부당하다고 생각합니까? 하나님보다 앞서갔기 때문에 내가 틀렸다는 것, 하나님만이 옳으시다는 것을 인정합니까?

◆◆◆

내가 진실하기만 하면 하나님은 책임지시고
모든 맹세를 선하게 이루십니다.
나의 언어와 삶이 진실할 때 모든 것을 하나님이 하십니다.

◆◆◆

말씀으로 기도하기

주님은 헛된 맹세로 주님 앞에 흥정하는 것이 죄라고 말씀하십니다. 함부로 장담하거나 맹세하지 않고 오직 하나님이 하시는 일을 믿고 기도하며 기다려야 합니다. 어떤 말을 들어도, 무슨 일을 당해도 '예', '아니요', '감사합니다', '미안해요' 이 말을 하는 훈련이 잘되면 하나님과 사람에게 인정받을 수 있습니다.

헛맹세를 하지 마십시오(마 5:33).

내 욕심 때문에 속고 속이는 맹세를 한 것을 깨달았습니다. 자기애와 자기 확신에 빠져 헛맹세를 남발하고 또 그런 맹세에 속는 저를 불쌍히 여겨 주옵소서. 나의 교만과 허영 때문에 스스로를 속이고 남도 속인 것을 인정하고 회개하게 해 주옵소서.

무엇으로도 맹세하지 말아야 합니다(마 5:34~36).

예수님은 도무지 맹세하지 말라고 하시는데, '이것만 해 주시면, 저것만 해 주시면'이라고 하면서 하나님을 상대로 흥정한 죄를 용서해 주옵소서. 자식과 돈, 건강과 지위 등 모든 것은 하나님이 주시는 것임을 깨닫고, 그것을 맹세의 도구로 삼는 교만을 버리게 해 주옵소서.

"Yes, No, Thank you, Sorry"를 잘 해야 합니다(마 5:37).

억울한 상황에서 변명하고 싶을 때에도 "예, 아니요, 감사합니다, 죄송합니다"를 잘하고 말의 군더더기를 제하는 사람이 되게 해 주옵소서. 입다가 부족한 서원을 했어도 딸을 통해 구원을 이루신 것처럼, 나의 언어가 진실할 때 하나님이 그분의 일을 이루실 것을 믿고, 하나님과 사람 앞에 진실한 언어를 사용하게 하옵소서.

우리들 묵상과 적용

"따르릉~!" 울리는 집 전화벨 소리가 두려워 받기 싫은 적이 한두 번이 아닙니다. 신혼 초부터 20년 가까이 월말마다 돈을 빌려 달라고 전화하시는 시어머니 때문입니다. 처음에는 어쩔 수 없이 빌려드리기도 했지만 점점 액수가 커지고 이런 일이 반복되니 짜증이 났습니다. 제가 암 치료를 받는 중에도, 요양센터에 있을 때도 변함없이 돈을 빌려달라는 어머니의 말에 '내가 친딸이어도 이러실까?' 싶은 마음에 어머니를 정죄했습니다.

저는 7년간 교제한 남편과 결혼하기 전부터 시댁에 자주 오갔습니다. 딸처럼 저를 예뻐하신 시아버지와 조금은 차갑게 대하는 시어머니, 그리고 당시 고등학생과 초등학생인 시누이와 시동생을 '내 가족처럼 평생 섬기며 살리라' 하며 스스로 헛맹세를 했습니다(마 5:33). 결혼 후엔 예수 믿는 며느리로서 집안에 꼭 필요한 사람으로 인정받고 싶은 욕심에 "예, 예" 하며 살다 보니 돈을 요구하실 때마다 분별없이 드렸고, 그것이 얼마나 악인지 그 당시엔 몰랐습니다. 시아버지가 돌아가신 후, 빚 문제로 시달리는 시어머니를 위해 먼저 신용카드를 없애고 대책을 마련하자고 가족들에게 수차례 알렸지만, 남편조차 이 문제를 회피했습니다. 머리카락 한 터럭도 희고 검게 할 수 없는 존재인 제가 저의 죄를 못 보니 빚이 얼마냐고 묻는 제게 시어머니는 "네가 갚아줄 것도 아닌데 왜 물어보냐"고 화를 내셨습니다(마 5:36).

이로 인한 눌림과 두려움에 말씀을 붙드니, 거절하지 못하는 '착함병'이 제게 있다는 것과 시어머니의 잘못된 물질 관리에 제가 일조했다는 것이 인정되었습니다. 그리고 말씀에서 얻은 지혜로 시어머니께 나의 형편을 솔직히 고하며 "옳다, 아니다"를 때에 맞게 하여 정중히 거절할 수 있었습니다(마 5:37). 그러나 시동생들에게도 돈을 빌리신 시어머니는 결국 빚이 산더미가 되어 몇 년 전 집을 은행권에 넘기고 개인회생 절차에 들어갔습니다. '망하는 사건이 곧 구원의 사건'임을 알기에 감사했지만, 송사를 위해 저희 집을 담보로 몇 억을 요구하니, 저도 망할 것 같아 겉옷은커녕 속옷조차 내어줄 수 없었습니다(마 5:40). 제게 비난의 돌을 던지는 시어머니와 시동생들이 원망스러워 저도 눈은 눈으로, 이는 이로 갚고 싶었습니다(마 5:38).

　　그러나 세 겹 줄로 단단히 매여진 공동체 안에서(전 4:12) 아무 자격 없는 저를 구원하신 주님이 '온전하라' 명하신 대로 하루하루 내 힘을 빼고 가니(마 5:48), 시댁 식구들을 대적하는 마음이 없어집니다(마 5:39). 이제는 진실한 언어와 진실한 삶의 태도로 시댁 식구의 구원을 위해 섬길 수 있길 기도합니다.

영혼의 기도

하나님 아버지, 머리털 하나 희게도 검게도 못하는 저인데 오늘도 헛된 맹세와 장담을 했습니다. 나는 그럴 사람이 아니라고, 내 남편, 자녀는 그럴 리가 없다고 맹세하고 장담하다가 감당할 수 없는 배신의 아픔을 겪습니다. 맹세했던 만큼 수치스럽고 아파서 내 잘못을 인정하기가 어렵습니다.

내가 헛맹세를 했기 때문에, 헛맹세를 믿었기 때문에 모든 사건이 나의 결론인 것을 알게 하옵소서. 주님이 옳으시다고, 내가 틀렸다고 인정하게 하옵소서. 그 외의 것은 악으로부터 난다고 하셨으니 나의 변명과 합리화를 버리기 원합니다.

입다는 주의 일을 하면서 서원을 했는데도 사랑하는 딸을 잃었습니다. 하나님을 믿기 때문에 하나님의 일을 위해서 맹세를 했는데도 받아들이기 힘든 결론을 얻었습니다. 하나님이 이걸 해 주시면 나도 저걸 하겠다고 세상적인 방법으로 하나님과 흥정하려고 했던 죄를 보게 하옵소서. 하나님의 이름으로 맹세하는 것이 믿음이 좋아 보이고 정직해 보이지만 그것 때문에 나도 속고 남도 더 쉽게 속일 수 있다는 경고의 말씀을 깨닫기 원합니다.

입다가 부족한 서원을 했어도 약속을 이루시고 딸을 통해 구원을 이루신 것처럼 나의 언어가 진실할 때 하나님은 하나님의 일을 이루실 것입니다. 그것을 믿고 오늘 나의 언어가 하나님과 사람 앞에 진실하게 하옵소서.

내가 남발한 맹세와 약속들이 부끄럽지만 그 결론에 책임을 지고

"옳다", "아니다"만 할 수 있는 제가 되기를 원합니다. 함부로 장담하거나 맹세하지 않고 오직 하나님이 하시는 일을 믿고 기도하며 기다리기 원합니다. 은혜를 내려 주옵소서. 예수님 이름으로 기도하옵나이다. 아멘.

온전함을 이루는 인생

마태복음 5:38~48

하나님 아버지,
하나님으로 인해 온전한 삶을 살기 원합니다.
말씀으로 깨닫게 해 주시고
저의 부족함을 보게 하옵소서.
말씀하여 주옵소서. 듣겠습니다.

홧김에 장모를 죽이고 처남과 처제에게 중태를 입힌 사람의 기사를 보았습니다. 왜 화가 났는가 보니 장모가 자기 부인, 즉 딸을 데려다가 술집 접대부 일을 시켰다고 합니다. 딸에게 접대부 일을 하게 한 장모도 문제고, 살인으로 분노를 해결한 사위도 문제였습니다. 가정 안에서 실제로 그런 일이 일어나고 있는 것이 더욱 큰 문제였습니다.

그 가족들이 하나님을 믿는지, 안 믿는지는 잘 모르겠습니다. 그런데 신앙생활을 하는 가정이라고 온전할까요?

어느 집사님이 아이들 때문에 마음이 아프다고 해서 이야기를 들어 보니 대학에 다니는 아들과 딸이 사이가 너무 안 좋다고 합니다. 어느 정도 사이가 안 좋은지 아십니까? 길거리에서 남매가 마주쳤는데 여동생은 휴대폰으로 통화를 하면서 오빠를 본 척도 안 하고 지나갔습니다. 그런데 통화를 하면서 웃는 여동생을 보고 오빠가 "너 지금 나 비웃었지!" 이러고는 길거리에서 위협을 하며 욕설을 퍼부었습니다. 동생은 동생대로 오빠에게 악을 쓰며 대들다가 경찰에 신고까지 했습니다. 그러고는 오빠가 싫고 무섭다고 집을 나가 버렸습니다.

환경이 안 좋은 집도 아닙니다. 나름대로 갖출 것은 다 갖춘 가정입니다. 아버지는 안 믿지만 어머니는 열심히 신앙생활 하고 아이들도 교회에 다녔습니다. 그런 가정에서도 미워하고 때리고 경찰에 신고까지 하는 일들이 일어나고 있습니다. 하나님을 믿든지 안 믿든지 도무지 온전할 수 없는 우리가 어떻게 온전함을 이루는 인생을 살 수 있을까요.

공정한 복수는 없다

또 눈은 눈으로, 이는 이로 갚으라 하였다는 것을 너희가 들었으나
_마 5:38

예수님이 헛맹세든 진짜 맹세든 맹세를 하지 말라고 하셨는데 우리는 자기도 모르는 사이에 자꾸 맹세를 합니다(마 5:33~36). 배우자가 잘해 주면 "내 배우자는 절대 바람피울 사람이 아니야" 하면서 장담을 하고, "우리 애는 누구를 속일 애가 아니야" 자식을 두고 장담을 합니다. 돈을 두고도 장담하고, 건강을 두고도 장담합니다.

그런데 그렇게 장담하고 맹세하다가 배신을 당하면 얼마나 속이 상하겠습니까? "너만은 믿었는데!" 하면서 더 이를 갈지 않겠습니까? 그래서 "눈에는 눈으로 이에는 이로 갚으리라"는 복수의 감정이 생기는 것입니다.

인간이 가진 죄의 감정 중에서 대표적인 것이 복수심입니다. 믿었던만큼 배신의 아픔도 크기 때문에 더 세게 복수를 합니다. 내가 당했다고

생각하니까 도덕과 신의와 온갖 이름을 붙여서 '정의의 이름으로!' 복수를 합니다. 복수는 복수를 낳고, 복수의 연결 고리가 끝없이 이어집니다. 모든 드라마나 영화의 줄거리가 복수의 이야기로 꾸며집니다.

"눈에는 눈, 이에는 이"라는 법이 함무라비 법전에도 실려 있는데 함무라비의 법은 보복의 정당화를 위한 것이지만, 성경의 법은 '공정성'에 대한 것입니다. 자기가 받은 피해만큼 공정하게 복수를 하는 사람은 거의 없기 때문입니다.

지나가던 사람이 내 머리를 한 대 쳤다고 합시다. 그럴 때 대부분 "야! 너 왜 때려!" 하면서 몇 대 더 때립니다. 내가 한 대 맞은 만큼 그 세기와 강도를 조절해서 정확하게 한 대만 갚아 주는 사람이 있습니까? 엉겁결에 매를 맞았다는 놀라움과 분노를 실어서 "너 미쳤냐!" 하고 마구 때려 줍니다. 그래서 하나님이 "눈에는 눈, 이에는 이"라고 공정한 보복에 대해 법을 정하셨습니다.

그리고 이 법은 개인에게 적용하는 것이 아니라 재판정에서 사용되는 공적인 법입니다. 그런데 사사로이 보복의 법을 남발하고 공동체를 파괴하는 경우가 많습니다. "박 집사가 나를 욕했어" 이러면 딱 그만큼 욕하고 끝내는 게 아니라 만나는 사람마다 붙잡고 박 집사 욕을 해 줍니다. 그래서 개인의 갈등이 공동체로 번지고 공동체를 병들게 합니다.

죽어도 원수를 갚아 주겠다는 분들은 일대일로 해결하시기 바랍니다. 그리고 정확하게 받은 만큼만 갚아 주십시오. 그럴 자신이 없다면 "대적하지 말라"는 예수님의 명령을 들어야 합니다(마 5:39).

♦ '내가 얼마나 힘들었는지 너도 한 번 당해 봐라' 하면서 갚아 주고 싶은 사람이 있습니까? 당한 만큼 공정하게 갚을 자신이 있나요? 그 사람을 원망하고,

326

미워하고, 보복하려 했던 시간이 내가 당한 시간보다 길진 않을까요?

반대로 행하라

나는 너희에게 이르노니 악한 자를 대적하지 말라 누구든지 네 오른편
뺨을 치거든 왼편도 돌려 대며_마 5:39

우리의 모든 문제는 사소한 데서 출발합니다. 누가 나를 총으로 쏘
고, 칼로 찔러서 원수가 되는 게 아니라 뺨 한 대를 맞으면 원수가 됩니다.

마주 선 사람의 오른편 뺨을 치려면 왼손을 사용하거나 오른손의 손
등으로 세게 치는 방법이 있습니다. 왼손으로 맞는 것도, 손등으로 맞는
것도 유대인에게는 아주 모욕적인 일이었습니다. 또 오른편 뺨을 친다는
것을 원어로 보면 막대기로 매우 세게 친다는 뜻이 있습니다.

학벌과 지성과 신앙을 가졌어도 구타의 문제로 고통당하는 가정이
너무 많습니다. 술에 취해서 때리고, 의심해서 때리고, 도박에 빠져서 돈
가져 오라며 때리고…… 결국 가족들은 폭력과 함께 인격적인 모욕을 당
하게 됩니다.

치가 떨리는 모욕과 폭력에도 주님은 대적하지 말라고 하십니다. 그
렇다고 구타와 모욕에 대해 무조건 참고 악을 묵인하라는 것은 아닙니다.
대적하지 말고 왼편도 돌려 대라는 것은 '적극적으로 사랑하라'는 뜻입니
다. 악에 대해 악으로 반응하지 말고 반대의 영으로 반응하라는 뜻입니다.

거짓말하는 사람에게는 정직으로, 화를 내는 사람에게는 화평으로,
두려워하는 사람에게는 담대함으로, 욕하고 때리는 사람에게는 부드러

움으로 대하라는 뜻입니다.

하나님을 모르는 사람들도 얼마든지 참고 인내할 수 있습니다. 그들과 하나님을 믿는 우리의 차이는 환난을 그냥 참는 것이 아니라 기뻐할 수 있다는 것입니다. 분하고 슬프고 미워할 수밖에 없는 환난 속에서 기뻐하는 것, 그것이 왼편 뺨을 돌려 대는 적용입니다.

◆ 부모 자식 간에, 부부간에 폭언과 폭력으로 상처가 있습니까? 의심하는 배우자에게 신뢰로, 욕하는 자녀에게 칭찬으로, 무시하는 부모에게 그 사람을 높여 줌으로써 왼편 뺨을 돌려 대는 적용이 있습니까?

선택이 없는 인생

또 너를 고발하여 속옷을 가지고자 하는 자에게 겉옷까지도 가지게 하며_마 5:40

남편의 도박빚으로 집을 잃게 되었다는 분이 상담을 하러 왔습니다. 남편은 도박을 끊지 못하고 집마저 날리게 되었으니 서류상으로 이혼을 해서라도 집을 지켜야 하지 않겠느냐고 합니다. 남은 것도 없는데 집이라도 지키라고 주변에서도 이혼을 권했습니다. 그런데 마지막 도장을 찍기 전에 저를 찾아온 것입니다. 여러분은 어떻게 대답하시겠습니까?

제가 물었습니다.

"집사님, 정말 남편이 예수님을 믿고 구원받기를 원하세요?"

"그렇다"고 대답을 합니다. 다시 물었습니다.

"도박빚이 문제가 아니라 남편이 구원받고 하나님을 만나야 도박도 끊을 수 있다는 걸 인정하세요?"

역시 "그렇다"고 대답을 했습니다.

"진심으로 구원을 원하신다면 집을 잃는 것도 두려워하지 마세요. 툭하면 집을 담보로 빚을 얻어서 도박을 한다고 했는데, 집이 없어야 남편도 도박을 못하죠. 잡혀 먹을 재산이 없으면 빚도 질 수가 없잖아요? 힘들어도 집을 잃는 것이 남편이 돌아오는 방법일 수 있습니다."

저녁에 기온이 뚝 떨어지는 중동 지방에서 겉옷은 생명과 직결되는 옷입니다. 한낮에 다니던 차림으로는 얼어 죽을 수 있기에 겉옷은 저당 잡아서도 안 되고, 혹 잡았더라도 해지기 전에 돌려주라고 했습니다. 겉옷이 그렇게 중요한데 하나님은 속옷을 달라는 사람에게 겉옷까지 주라고 하십니다.

도박하는 남편과 지금까지 살아 준 것만 해도 어딘데 이제 집까지 잃고 거리에 나앉게 됐습니다. 이제는 내 권리를 지키기 위해서 고발을 하고 싶죠. 이혼을 해서라도 집을 지키고 싶습니다. 사실 그 남편은 불신자도 아니고 평신도도 아니고, 교회 사역자입니다. 겉으로 보기에는 대단한 인격자라고 합니다. 사역자라고 해도, 인격자라고 해도 끊지 못하는 죄와 중독이 있습니다. 그것을 인정하고 "죽으면 죽으리라. 굶으면 굶으리라" 하고 가야 하는데 우리는 당장 죽을 것 같아서 못합니다. 내 겉옷을 주면, 집마저 잃어버리면 죽을 것 같습니다. 그래서 '내가 이날 이때까지 참고 살았는데' 하면서 이제는 내 권리를 부르짖고 싶습니다.

하지만 이혼하지 말라는 것은 하나님의 명령입니다. 하나님이 모든 것의 주인이신데 집을 지키는 것보다 하나님의 명령을 지켜야 하지 않겠습니까! 하나님이 겉옷까지 주라고 하실 때는 자신이 있어서 하시는 말씀입니다. 내가 매를 맞아도, 집이 없어서 오갈 데가 없어도 하나님은 나를 지키십니다. 하나님을 신뢰하기 때문에 권리를 행사할 수 있어도 하지 않는 것, 그것이 온전함을 이루는 인생입니다.

> 41 또 누구든지 너로 억지로 오 리를 가게 하거든 그 사람과 십 리를 동행하고 42 네게 구하는 자에게 주며 네게 꾸고자 하는 자에게 거절하지 말라_마 5:41~42

하나님의 관점은 자신의 권리보다 다른 사람의 권리, 나의 필요보다 남의 필요를 먼저 생각하라는 것입니다. 그렇다고 돈 꾸어 달라는 사람한테 무조건 꾸어 주는 적용을 하시면 안 됩니다. 주님이 문제 삼으시는 것은 이기심과 돈 욕심으로 도움이 필요한 사람을 외면하는 마음입니다.

억지로 오 리를 가게 한다는 것은, 왕이 조서를 전달할 때 일반 백성을 징발해서 그의 짐을 비우고 문서를 전달하게 한 당시 법에 근거한 말입니다. 이때 규정된 거리가 바로 오 리인데 오 리는 약 1.5Km 정도 되는 거리입니다. 억지로 오 리를 가는 것이 죽을 것 같지만 사실 그렇게 긴 거리가 아닙니다. 내가 평생 힘들게 사는 것 같지만 칠십 평생이 그렇게 긴 시간이 아니라는 겁니다.

오 리를 가는 것이 내 뜻은 아니지만 왕의 명령입니다. 왕이 가라고 하고, 상사가 가라고 하는데, 내 마음대로 안 갈 수 있습니까? 오 리를 가라고 하는 것이 부당하다고 '나는 억지로는 죽어도 못 간다' 이럴 수 있습니까? 잘못된 명령으로 오 리를 가라고 했어도 내가 '기쁘게' 십 리를 가면 상사가 잘못을 뉘우치게 됩니다. 말도 안 되는 부모, 배우자, 상사가 나를 억지로 부려 먹어도 그 일을 기쁘게 열심히 하면 저절로 나의 순종이 드러나는 것입니다.

아랫사람 노릇을 잘 해야 윗사람 노릇도 잘 합니다. 저는 딸 넷의 막내로, 며느리로, 여자로, 평신도 집사로 아랫사람의 자리에 있었습니다. 그리고 이제 목회를 하면서 어떤 부분에서는 윗사람 노릇을 하게 됐습니다. 오랫동안 평신도 사역을 했기 때문에, 또 여성 목회자라는 것 때문에 저를 인정하기 어려운 분들도 있을 것입니다. 그런데 한편으로는 제가 오랫동안 아랫사람 노릇을 했기 때문에 그만큼 하나님이 리더십도 주셨다고 생각합니다.

윗사람이라는 지위는 권리를 행사하는 자리가 아니라 책임을 지는 자리입니다. 제가 목사라는 이유로 권리를 행사하려 한다면 교회도 세상과 같이 아수라장이 될 수밖에 없습니다. 그럼에도 20년 큐티 사역을 하고 교회를 하면서 별다른 분쟁 없이 여기까지 온 것은 시집살이, 결혼생활 13년 동안 아랫사람 자리에 있으면서 억지로 받게 하신 하나님의 훈련이 있었기 때문입니다.

하나님은 피아노를 계속 공부해서 교수가 되고 싶었던 제게 억지로 살림을 하고, 억지로 걸레질을 하게 하셨습니다. 남편을 통해 억지로 집에만 있게 하셨습니다. 남편은 외식하러 가다가도 기분이 나빠지면 다시 집에 들어가서 밥하라고 하고, 돈 만 원도 내 마음대로 못 쓰게 했습니다. 주님은 때로는 부당해 보이는 이런 요구에도 저를 억지로 응하게 하셨습니다.

그렇게 하기 싫은 일을 13년 동안 하면서 남편의 구원을 위해 "죽으면 죽으리라"의 마음이 되었습니다. '피아노 치던 손으로 걸레를 빨라고? 내가 명문대를 나왔는데, 내가 얼마나 실력이 있는데 어떻게 나한테 이런 일을 시키는가!' 하며 부당하다고 화내고 불평하는 마음이 사라지게 하셨습니다.

억지로 오 리를 가게 했다고 불평하는 것은 천국이 임하지 않았기 때문입니다. 오 리가 아니라 오십 리를 가라고 하셔도 그것 때문에 구원이 이루어진다면 기쁘게 갈 수 있습니다. 이왕에 가야 할 길이라면 기쁘게 가십시오. 이왕에 해야 할 일이라면 기쁘게 하십시오. 힘든 일도 기쁘게 감당하는 모습을 보고 나를 부당하게 대우한 사람이 부끄러움을 느끼게 됩니다. 억지로 떠맡겨진 일까지 기쁘게 하는 모습을 보일 때 윗사람도 아랫사람도 인정하는 리더십을 가질 수 있습니다.

◆ 가족의 의무로 나를 고발하며 속옷을 달라고 하는 사람이 있습니까? 목자의 의무로 고발하며 오 리를 가자고 하는 목원이 있습니까? 책임감과 부담으로 나를 압박하고 요구하는 이들은 누구인가요? 그들의 구원을 위해 억지로라도 하게 하시는 것이 사랑을 키우는 훈련임을 깨닫습니까?

자신을 직시하고 타인을 사랑하라

43 또 네 이웃을 사랑하고 네 원수를 미워하라 하였다는 것을 너희가 들었으나 44 나는 너희에게 이르노니 너희 원수를 사랑하며 너희를 박해하는 자를 위하여 기도하라 _마 5:43~44

성경 어디에도 '원수를 미워하라'는 말씀은 없습니다. 그런데 유대인은 "이웃을 사랑하라"는 말씀을 그만큼 '원수를 미워하라'는 것으로 해석했습니다. 우리는 누군가를 사랑하는 것만큼 미워합니다. 인간의 사랑은 사랑하는 것만큼 미워하게 돼 있습니다. 하지만 내가 하나님과 얼마나 원수가 되었던가를 생각한다면 남을 미워할 수가 없습니다. 예수님을 믿으면서 누리는 가장 큰 축복이 원수를 사랑하는 것입니다. 나를 박해하는 자를 위해서 기도하는 것입니다.

> 45 이같이 한즉 하늘에 계신 너희 아버지의 아들이 되리니 이는 하나님이 그 해를 악인과 선인에게 비추시며 비를 의로운 자와 불의한 자에게 내려주심이라 46 너희가 너희를 사랑하는 자를 사랑하면 무슨 상이 있으리요 세리도 이같이 아니하느냐 47 또 너희가 너희 형제에게만 문안하면 남보다 더하는 것이 무엇이냐 이방인들도 이같이 아니하느냐 48 그러므로 하늘에 계신 너희 아버지의 온전하심과 같이 너희도 온전하라_마 5:45~48

죄로 인해 원수 되었던 나를 죽기까지 사랑하신 하나님은 어떤 악인과 원수에게도 자비와 사랑을 베푸시는 분입니다. 하나님은 그리스도인에게만 햇빛과 비를 주시는 분이 아닙니다. 나 좋다는 사람 좋아하고, 내가 사랑하는 사람만 끼고돌고, 나에게 잘못하면 미워하고 보복하는 것은 세상의 사랑입니다.

헨리 나우웬(Henri J. M. Nouwen)은 "사역이란 인간의 상태를 직시하는 섬김"이라고 했습니다. 자식을 잃고 괴로워하고 있는 여인에게 사역자가 해 주어야 할 말은 "당신에게 아직도 아름다운 자녀가 남아 있습니다"라는 말이 아닙니다. "당신이 당한 일은 누구나 당할 수 있는 보편적인 일입니다." 이렇게 얘기를 해 줘야 한다는 것입니다. 그래서 나 자신이 죽을 수밖에 없는 깨어진 존재라는 것, 나의 더러움과 솔직한 상태를 보게 하는 것이 사역입니다. 그래서 자신을 직시할 때 인간에게 소망이 생긴다고 말했습니다.

제가 늘 외친 것처럼 "인간은 100% 죄인이다! 하나님은 100% 옳으시다!"가 바로 이 말입니다. 억울해 보이는 상황에서 무조건 위로하기보다 "당신의 죄를 보세요. 모든 일이 살아온 날의 결론입니다" 이렇게 이야기하면 상대방이 시원하게 되고 문제가 해결되는 것을 수없이 보았습니다.

원수를 사랑하라고 하는 종교는 없습니다. 세상의 심리학이나 다른 종교들은 원수를 갚으라고, 혹은 잊어버리라고 합니다. 박해를 받으면 당당한 자세로 갈등을 해결하거나 아니면 떠나라고 합니다. 하지만 하나님은 원수를 사랑하라고 하십니다. 내 힘으로는 사랑할 수 없기 때문에 박해하는 자를 위해 기도하라고 하십니다.

내 감정으로 좋은 사람 위해서 잘하는 것은 누구라도 할 수 있습니다. 나를 괴롭히는 사람, 내 자존심을 짓밟는 사람, 미워하고 따돌리는 누구라도 사랑하라고 하십니다. '사랑하다'는 동사입니다. 그들을 미워하지 않고 가만히 있기도 힘든데, 하나님은 나의 의지를 드려서 그들을 사랑하기 원하십니다.

온전함의 기준은 하나님이십니다. 슈바이처, 아무개 집사가 아니고 하나님이 원수 사랑의 기준이 되어야 합니다. 주님이 몸소 본을 보이지 않으셨습니까? 창조주 예수님이 육신을 입고 이 땅으로 낮아지셨고 자아를 버리고 생명을 내어놓으셨습니다.

그것이 너무 힘들지만 하나님의 명령이니까 그대로 따르면 상이 있습니다. 이웃 사랑이라는 적당한 순종에 머물지 않고 원수 사랑의 수준까지 갈 때 하나님의 상을 얻습니다. 어떤 상입니까? 남을 용서하는 사람은 용서하지 않는 사람보다 두 배의 기쁨을 안고 살아갑니다. 용서할 수 없는 사람을 용서하고 사랑함으로 기쁨을 누리는 것이 하나님이 주신 큰 상급이고 우리 인생의 목표입니다.

중국에서 선교 사역을 하고 계신 사모님을 만났습니다. 사모님의 남편은 미국에서 박사 학위를 받은 전문 인력으로 중국 선교에 헌신한 분입니다. 10년 동안 중국에 신학원을 세우고 복음 전파를 위해 수고하셨는데, 선교사님이 하루아침에 교통사고로 돌아가셨습니다. 중국의 신학원과 세 아이, 그리고 배 속의 아이가 사모님에게 남겨졌습니다.

중국에서 사역할 때는 끊임없이 공안의 감시를 받아야 하기 때문에 신학원을 운영하면서 아이들까지 키우는 것이 결코 쉬운 일이 아닙니다. 그런데 설상가상으로 새로 태어난 아들은 다운증후군이었습니다. 그 아이의 이름이 요셉입니다.

제가 신학원을 방문했을 때는 요셉이가 다섯 살이었습니다. 남편을 잃고, 사역을 계속해야 하고, 아이들 양육에 장애아까지 키우는데, 사모님의 삶은 기쁨으로 가득했습니다. 하나님이 남편을 데려가시고 요셉이를 주셨다고, 요셉이가 사모님의 기쁨이고 감사 제목이라고 했습니다.

요셉이는 엄마를 보면 뺨을 부비고, 웃음이 그치지 않고, 예배를 드릴 때는 "아멘! 할렐루야!"가 입에서 끊이지 않았습니다. 엄마가 기도를 하면 열심히 따라합니다. 얼마나 예쁜 짓을 하는지 사모님이 왜 요셉이를 기쁨이라고 하는지 알았습니다. 저도 요셉이 때문에 실컷 웃고 왔습니다. 건강한 다섯 살 아이보다 훨씬 더 큰 기쁨과 웃음을 저에게 주었습니다.

사모님이 남편 잃고, 장애를 가진 아이까지 키우면서 왜 위험한 중국에 남아서 사역을 하겠습니까? 그 힘든 중에도 어떻게 큰 기쁨과 감사를 누릴 수 있을까요? 중국에 대한 사랑, 중국의 영혼들에 대한 사랑이 있기 때문입니다. 그 신학원에서는 힘들고 어려운 사람도 돕지만 중국의 엘리트들을 말씀으로 양육하고 있습니다. 중국에서 복음을 전할 영적 지도자들을 키워 내고, 그렇게 자란 사람들은 하나님을 위해 헌신하고 있습니다. 영혼 구원을 위해 피도 안 섞인 그들에게 겉옷을 내주고, 십 리를 동행하는 선교사님과 사모님의 사랑이 눈에 보이는 열매로 나타나고 있었습니다.

주님은 우리가 형제에게만 문안하면 남보다 더하는 것이 무엇이냐고 하시는데, 사실 우리는 형제에게도 문안하지 못합니다. 중국에 있는 영혼은 더더욱 관심이 없습니다. 원수까지 갈 것도 없고, 중국까지 갈 것 없습니다. 내 옆의 한 영혼을 위해 헌신하는 것도 참 어렵습니다.

겉옷을 주고 십 리를 동행하는 헌신, 원수와 박해하는 자를 위해 기도하는 사랑은 내가 죽어지지 않으면 할 수 없습니다. 바리새인들은 율법으로 자신들의 자아를 감싸고 이기심을 지켰습니다. 하지만 주님은 율법의 본질은 사랑이라고, 그러기 위해 내가 죽어져야 한다고 하십니다.

예수님이 원하시는 것은 허다한 무리가 아니라 죽어지는 제자입니다. 교회에 주님을 위해 생명을 내놓고자 하는 사람이 열두 명만 있으면 부흥이 일어날 수밖에 없습니다. 가정에 구원 때문에 생명 내놓는 한 사람이 있으면 어떤 깨어진 가정도 회복되고 살아납니다. 중국의 사모님이 그 한 사람을 키우기 위해 자신의 모든 삶을 드리고 있기 때문에 놀라운 하나님의 역사가 그곳에서 일어나고 있습니다.

율법의 완성은 사랑입니다. 사람을 사랑하고 살리는 일보다 더 귀한 일은 없습니다. 그 일을 위해 내가 죽어지는 것이 하나님이 원하시는 온전함에 이르는 길입니다.

◆ 사랑할 수 없지만 사랑해야 하는 원수는 누구인가요? 형제 사랑을 넘어 내가 문안하고 찾아가야 할 사람은 누구인가요? 세상 사람과 똑같이 나 싫다는 사람 싫어하고, 나 좋다는 사람 좋아하는 것이 화끈한 성격이라고 생각합니까? 크리스천으로서 사랑의 배려와 실천을 보이지 못해서 하나님의 사랑을 왜곡하지는 않습니까?

말씀으로 기도하기

당한 만큼 돌려주는 세상 이치에 익숙한 우리에게 주님은 "원수를 사랑하라"고 말씀하십니다. 하나님과 내가 얼마나 원수 되었던가를 생각함으로 용서할 수 없는 사람을 용서하고 사랑할 수 없는 사람을 사랑하는 것이 하나님의 온전함에 이르는 길입니다.

공정한 복수는 없습니다(마 5:38).
장담하고 맹세하다가 배신당하면 믿었던 만큼 아픔이 더 크기에 더 세게 복수를 하려 하고, 당한 것의 몇 배를 갚아 주고 나서도 속이 풀리지 않아 상대를 원망하고 미워했습니다. 당한 만큼 공정하게 보복하는 것이 불가능함을 알고, "대적하지 말라"는 주님의 명령에 순종하게 하옵소서.

반대로 행해야 합니다(마 5:39).
누가 오른편 뺨을 치거든 왼편도 돌려 대라는 말씀대로 악에 대해 악으로 반응하지 말고 반대의 영으로 반응하게 하옵소서. 거짓말하는 사람에게 정직으로, 화를 내는 사람에게 화평으로 반응하게 하옵소서.

나를 버려야 합니다(마 5:40~42).
생명과 직결된 겉옷까지 내주고, 억지로 오 리를 가는 것도 모자라 십 리를 동행하라고 하시는데, 이기심과 돈에 대한 욕심으로 그동안 도움이 필요한 사람을 외면해 온 저를 불쌍히 여겨 주옵소서. 주님의 명령을 지킬 때 하나님이 나를 지키신다는 것을 믿고 구원 때문에 힘든 일도 기쁘게 감당하게 하옵소서.

원수를 사랑해야 합니다(마 5:43~48).

예수님을 믿으면서 누리는 가장 큰 축복이 원수를 사랑하는 것입니다. 하나님과 내가 얼마나 원수 되었던가를 생각함으로 용서할 수 없는 사람을 용서하고 사랑할 수 없는 사람을 사랑하게 하옵소서. 사람을 사랑하는 것보다 더 귀한 일이 없음을 알고, 그 일을 위해 내가 먼저 죽어짐으로 하나님의 온전함에 이르게 하옵소서.

우리들 묵상과 적용

성경에 손을 얹고 결혼을 했던 저는 결혼 후 세상의 인정과 명예를 따르며 일에 열심을 내느라 교회에 안 갔고 자연스레 가정도 등한시했습니다. 혼자서 살림과 육아를 하다 지친 아내는 우울을 벗어나기 위해 밖으로 나돌기 시작했습니다. 그러던 중 금융권에 큰 빚을 지게 되면서, 빚을 갚기 위해 저는 대학병원 교수직을 그만두게 되었고 변두리의 작은 집으로 이사했습니다. 행복하게 잘살 거라고 장담했는데 상황이 힘들어지니 거의 매일 '너 때문이야!'를 외치며 부부 싸움을 했습니다. 잦은 부부 싸움 끝에 급기야 아내는 어린 아이들을 남겨둔 채 가출을 했고, 가출한 지 2년이 지났을 즈음에 저는 "눈에는 눈, 이에는 이"라는 생각으로 이혼을 결심했습니다(마 5:38). 그때 교회로 인도받았는데 예배에서 말씀을 계속 듣다 보니 제가 잘못한 것도 많다는 생각을 처음으로 하게 되었습니다.

스스로의 모습을 직시하기 시작하면서 교회의 양육과 소그룹 모임에 열심히 참석하였고 매일 말씀 묵상을 했습니다. 그렇게 말씀을 묵상하다 보니 "너희 원수를 사랑하며 너희를 박해하는 자를 위하여 기도하라"는 말씀이 마음에 와닿아 아내의 고통과 아픔이 이해가 되기도 했습니다(마 5:44). 그러나 잠시 돌아와 함께 예배드리고 가정을 돌보던 아내는 다시 가출을 했고 그 후로는 돌아오지 않았습니다.

어린아이들을 돌보며 직장 생활을 병행하게 된 저는 너무 힘들어서 가끔 "눈에는 눈, 이에는 이"라는 복수의 마음이 올라오기도 했습니다. 그럴 때마다 "너희 원수를 사랑하며 너희를 박해하는 자를 위하여 기도하라"는 말씀처럼 상대방을 용서하는 마음과 사랑하는 마음을 가질 수 있게 도와 달라고 하나님께 기도했습니다(마 5:44). 그렇게 기도하니 죄로 인해 원수 되었던 저를 죽기까지 사랑하신 하나님의 은혜가 떠올라 상한 마음이 잠잠해졌습니다. 그러면서 자신만을 사랑하기에 타인을 전혀 사랑하지 못했던 이기적인 제 모습을 보게 되어 아내에 대한 미움이 많이 사그라지는 것을 경험하게 되었습니다.

결국 아내가 가출한 지 10년 정도 지났을 때 이혼을 하게 되었지만, 제가 하나님께 돌아올 수 있도록 아내가 수고했다는 생각이 들어 오히려 감사한 마음이 들었고, 아내를 위해 온전한 기도를 할 수 있었습니다. 비록 저는 연약하여 내 힘으로는 '거짓말하는 사람에게는 정직으로, 화를 내는 사람에게는 화평으로, 욕하고 때리는 사람에게는 부드러움으로' 대하는 것이 어렵지만, 저를 위해 핍박받고 생명을 내놓으신 예수님의 사랑을 생각하며, 그 길을 따라 온전함에 이를 수 있기를 기도합니다.

영혼의 기도

하나님 아버지, 배우자와 자녀를 놓고 장담하고 돈과 건강을 놓고 쉽게 장담하다가 배신을 당했습니다. 장담했던 만큼 배신의 상처가 커서 눈에는 눈, 이에는 이로 보복하고 싶은 마음이 있습니다. 미움과 복수의 연결 고리가 끊이지 않는 인생임을 주님께 고백합니다. 하지만 누가 받은 만큼 공정하게 보복을 할 수 있겠습니까. 공정한 보복은 불가능하기에 대적하지 말라는 주님의 명령을 듣기 원합니다.

나를 모욕하고 비난하면서 오른편 뺨을 쳐도 왼편 뺨을 대라고 하시는 말씀을 듣기 원합니다. 끊임없이 구타하고 욕하는 사람에게 부드러움의 영으로 대하게 하옵소서. 거짓말하는 사람에게 정직으로 대하게 하옵소서. 비난하고 싸움을 걸어오는 사람에게 화평으로 대하게 하옵소서.

아직도 저 자신만 사랑하고 돈을 사랑하기 때문에 타인을 사랑하지 못합니다. 생명과 직결된 겉옷까지 내주라고 하시는데 내가 살기 위해 어떤 것도 내주지 못합니다. 오 리를 가는 것도 부당한데 십 리를 가자고 하는 사람을 용납하지 못합니다.

주님, 어떻게 내 힘으로 누군가를 사랑할 수 있겠습니까. 하나님과 원수 되었던 나를 사랑하신 하나님의 사랑을 생각하게 하옵소서. 그리하여 가족 중에, 직장에서, 교회에서 원수로 자리매김하고 있는 사람들 앞에서 오직 저의 죄를 보게 하옵소서.

나의 이기심과 교만을 버리고 죽어지는 주님의 제자가 되기 원합니다. 세상이 감당할 수 없는 믿음과 헌신으로 하나님의 상을 받기 원하며 하나님의 온전함에 이르기 원합니다. 역사해 주옵소서. 예수님 이름으로 기도하옵나이다. 아멘.

Part 4

가르침대로
기도하자

하나님이 갚아 주시는 상

마태복음 6:1~8

하나님 아버지,
무엇보다 하나님이 주시는 상을 받기 원합니다.
하나님이 갚아 주시는 상이 무엇인지
말씀하여 주옵소서. 듣겠습니다.

탈북 청소년 학교인 여명학교 1주년 기념예배에 참석했던 날은 저의 기억에 오래 남아 있습니다. 여러 순서 중에 가장 인상 깊었던 것은 여명학교 교감을 맡고 계신 조명숙 선생님이 학생들을 소개하던 시간이었습니다. 서른 명의 아이들을 한 명씩 소개하면서 그야말로 '온몸으로' 소개를 하시는데 그 내용이 감격이었습니다. 처음에는 아무 생각 없이 웃으면서 듣고 있다가 나중에는 제가 받아 적었습니다.

(키 작은 학생을 소개하며) "장차 자라서 크게 될 아무개! 여러분 이 아이에게 미리 사인을 받아 두시기 바랍니다."
"시편 1편 말씀을 너무 좋아해서 언제나 시편 1편을 암송하고 사는 일편단심 고편심!"
"하루에 열 번 이상 우리를 웃겨 주는 아무개!"
"아이들을 섬세하게 챙기는 챙김이 아무개!"
"여명학교의 장동건! 잘생긴 미남 아무개!"

"여명학교의 살인미소! 우리를 편안하게 해 주는 아무개!"

"여명학교를 든든히 세워가는 아무개!"

"별명이 비아그라, 사랑이 넘치는 아무개!"

"누가 아이큐 자랑만 하면 째려보는 아무개!"

"남한 땅의 도지사감 아무개!"

"여명학교의 인기를 한 몸에 받고 있는 인기짱 아무개!"

"몸매라면 따라갈 자가 없는 몸짱 아무개!"

"지금 우리가 깔고 앉은 이 방석을 빨아 오겠다고 애를 쓰는 아무개!"

"친구 역할을 잘 하는 우리 모두의 영원한 아무개!"

"또 우리 모두의 형님! 피부가 끝내주는 아무개!"

한 아이, 한 아이의 소개마다 교감선생님의 눈물이 실렸습니다. 아이들에 대한 사랑이 어찌나 깊고 생생한지 저도 눈물이 났습니다. 고향 땅과 가족을 떠난 아이들, 부모를 두고 온 아이들이 그 사랑 때문에 건강하고 밝게 자라고 있었습니다.

우리는 참 상에 목말라 있습니다. 우등상, 개근상, 정근상, 공로상…… 학교에서도 상 하나 받아 보려고 얼마나 애쓰는지 모릅니다. "내가 너를 구속하였고 내가 너를 지명하여 불렀나니 너는 내 것이라"고 하셨는데(사 43:1) 우리는 무엇보다 반장, 부반장, 회장으로 지명되어 불리기를 원합니다. 직장에서도 상을 못 받아서 열등감이 들고, 상을 받으면 교만해집니다.

유대의 성경 주석인 미드라쉬에 이런 이야기가 있습니다. 다윗이 어느 날 보석 세공업자에게 명령을 내렸습니다.

"나를 위해 반지 하나를 만들어라. 그 반지에는 내가 잘나갈 때도 자만해지지 않고, 낙심할 때는 다시 일어서게 하는 글귀를 새겨 넣어라."

보석 세공업자가 아무리 생각해도 잘 모르겠어서 솔로몬에게 찾아 갔습니다. 그러자 솔로몬은 이 글귀를 새기라고 했다고 합니다.

"이것 역시 곧 지나가리라."

성공에 도취되어 있을 때에도 '이것 역시 지나가리라', 낙심할 때도 '이것 역시 곧 지나가리라' 이 말을 기억해야 합니다. 하지만 잘될 때는 교만하고, 안될 때 낙심하는 것이 우리의 전공이기 때문에 그것을 깨닫기가 참 어렵습니다. 어려서 학교에서 상을 받았다고 어른이 되어서도 상을 타겠습니까? 어른이 되어서 날마다 상을 탄다고 해도 죽음의 순간에 상 받는 자가 될 수 있겠습니까?

우리가 이 땅에서도 받고 죽어서도 받을 수 있는 상은 하나님이 주시는 상입니다. 그 상은 어떤 것일까요. 어떻게 해야 그 상을 받을까요?

상을 받는 구제는 따로 있다

1 사람에게 보이려고 그들 앞에서 너희 의를 행하지 않도록 주의하라 그리하지 아니하면 하늘에 계신 너희 아버지께 상을 받지 못하느니라 2 그러므로 구제할 때에 외식하는 자가 사람에게서 영광을 받으려고 회당과 거리에서 하는 것 같이 너희 앞에 나팔을 불지 말라 진실로 너희에게 이르노니 그들은 자기 상을 이미 받았느니라_마 6:1~2

마태복음 5장까지 예수님은 제자들에게 팔복 설교를 들려주시고 세상의 소금과 빛이 되라고 하시고, 음욕을 품지 말고 헛맹세를 하지 말고 원수를 사랑하라고 하셨습니다. 그런데 그 가르침대로 살기가 얼마나 어렵습니까? 행위로 간음을 하지 않아도 지속적으로 음욕을 품고 있습니다. 끊기가 어렵습니다. 원수를 사랑하라고 하시는데 내 부모 형제도 사랑하지 못합니다. 내가 받고 싶은 대로 대접하라고 하시는데 그 일을 하기가 너무 어렵습니다.

그런데 할 수 있는 방법을 찾았습니다. 뭘까요? 유대인이 가장 경건하게 여기는 구제와 기도와 금식입니다. 가난하고 애통한 마음으로 사는 것, 원수를 용서하고 사랑하는 것은 힘들고 하기 싫은데 기도하고 구제하고 금식하는 건 얼마든지 하겠다는 겁니다. 그것으로 모든 사람에게 내 믿음을 증명해 보이겠다 이겁니다.

예수님은 '만약' 너희가 기도한다면, '만약' 너희가 구제한다면 이런 식으로 표현하지 않으셨습니다. 기도와 구제와 금식은 선택이 아니라 당연히 해야 하는 것이기 때문입니다. 외식이든 아니든 반드시 행해야 하는데 주의할 것은 그 동기입니다.

예수님이 산상수훈 설교를 하신 후에 외식에 대해서 경고하신 것은, 사람들이 말씀대로 살지 못하면서 그 보상으로 기도와 구제와 금식에 매달릴 수 있기 때문입니다. 시어머니 병간호하기 싫고, 남편 밥 차려 주기 싫어서 교회 중보기도 모임에 열심히 다니면서 눈물로 뉘우치는 기도를 하고는 '그래도 내가 시어머니와 남편 위해서 기도했다' 이럴 수 있습니다.

사람에게 보이려고 의를 행하면 상을 얻지 못한다고 경고하셨는데, 반면에 이미 상을 받은 구제도 있습니다. 외식적인 종교 행위는 그 목적이 이루어지면 끝나게 돼 있습니다. '외식(外飾)'을 글자 그대로 풀면, 배우가 가면을 쓰고 연극하는 것입니다. 연극은 무대에 막이 내리면 그걸로 끝입니다. 그래서 예수님은 외식하는 자는 이미 상을 받았다고 하시는 것입니다.

우리는 구제를 해도 사람이 많이 모이는 회당이나 거리에서 하기를 좋아합니다. 내가 구제하는 걸 알아 달라고 나팔을 붑니다. 그 행위의 동기가 하나님이 아니라 '사람에게 보이려고' 하는 것이기 때문입니다. 물론 사람 앞에 어쩔 수 없이 보일 수도 있습니다. 요즘은 세무 정책상 정확한 기록을 요구하기 때문에 헌금이나 기부금 액수를 비밀로 하기가 참 어렵습니다.

신학자 브루스는 "드러내고자 할 때에 숨기고, 숨기고자 할 때에는 드러내는 것이 참 구제의 정신이다"라고 했습니다. 드러나고 드러나지 않고 그 자체는 문제가 아닙니다. 그 행위의 동기가 사람에게 보이려는 것인지 아닌지가 문제라는 겁니다. 내가 하나님의 영광을 위해서 창조된 인생인데 구제하고 금식하면서 자꾸 내 영광을 생각하게 됩니다. 그래서 나팔 불고 구제를 해서 사람들에게 박수를 받았다면 그것으로 상은 그만입니다. 진짜 중요한 상, 하나님이 주시는 상은 받을 수 없습니다.

◆ 나는 어떤 것에 외식(外飾)이 있습니까? 기도하지 않으면서 기도한 것처럼, 큐티하지 않으면서 큐티하는 것처럼 행동하는 것은 외식이 아니라 가식입니다. 기도하고, 큐티하고, 구제하고, 금식하면서 하나님과의 교제보다는 사람에게 보이고 가르칠 생각만 하진 않습니까?

루터가 대단한 값을 치르고 종교개혁을 이루어 개신교가 시작되었는데, 초기에는 영국과 미국의 많은 교회가 소위 '지정석 제도'라는 것을 받아들였습니다. 교회에 돈을 주고 자리를 사서 예배를 드리는 것이 지정석 제도입니다. 교회당을 아름답게 지어 놓고는 건물 유지 비용을 마련하기 위해 예배 좌석을 판 것입니다. 그러다 보니 교회는 상류층의 모임이 되고 가난한 사람들은 갈 수 없는 화려한 곳이 되었습니다.

존 웨슬리(John Wesley)가 "평범한 사람들이 모이는 교회"를 주장하며 감리교를 시작하고 평범한 교회의 모범을 보였지만, 감리교가 부흥하면서 다시 교회당 짓기 경쟁이 벌어지고 부자들의 돈이 필요해지니까 다시 지정석 제도가 생겼습니다. 지금도 '누구누구 기념관' 하면서 교회당에 이름을 붙여 주면 헌금이 많이 나오는 것이 현실입니다.

거기에 반대해서 자유감리교회의 창시자 로버츠는 가난한 사람들을 위한 교회를 외쳤습니다. 로버츠는 예수님의 복음은 가난한 사람들을 위한 것이었다고 하면서 그들이 마음 놓고 와서 예배를 드릴 수 있느냐 없느냐가 참된 교회의 중요한 기준의 하나라고 강조했습니다. 19세기 후반에 복음주의 교회들은 지정석 제도를 사실상 폐지했습니다.

인도의 간디가 영국에 있을 때 교회에 예배를 드리러 갔는데, 흑인과 백인의 자리를 따로 만들어 놓고 유색인종은 저 뒤에 가서 앉으라고 하니까 이후로 교회를 안 갔다고 합니다. 대단한 간디가 하나님을 믿을 뻔했는데 그런 외식 때문에 아예 멀어졌습니다.

외식은 그리스도의 옷을 입고 사탄의 말을 하는 것입니다. 사탄은 외식으로 우리를 유혹합니다. 이단을 구별하기 어렵고 막기 힘든 것도 외식 때문입니다. 이단이 얼마나 정통을 강조하고 성경을 강조하고 또 얼마나 경건해 보이는지 모릅니다. 의심 없이 묶어 두려니까 형제 사랑도 얼마나 열심히 하는지 모릅니다. 지정석 제도가 있을 때 부자들이 깨끗한 옷을 입고 교회에 앉아 있으면 얼마나 경건해 보였겠습니까?

한국교회도 처음에는 평범한 사람들을 주요 선교 대상으로 삼았습니다. 그런데 세월이 지나면서 점점 교회가 화려해지고, 가난한 사람들이 가면 왠지 불안한 교회가 생기기 시작했습니다.

우리들교회는 판교 채플과 대치동 휘문 채플에서 예배를 드리고 있습니다. 교회가 강남 대치동에 있다고 하니까 "그 교회에는 부자가 많겠네요?" 이렇게 물어보는 분들이 많습니다. 그런데 실상은 대치동에 있는 학교 건물을 빌려 쓰고 있고, 성도들도 강남에 사는 분들은 거의 없습니다. 땅값 비싼 강남 한복판에 환난당하고 빚지고 원통한 사람들, 힘들고 어려운 사람들만 모인 곳이 우리들교회입니다.

강남에 사는 분들도 당연히 오시면 좋겠지만 정말 부자들은 안 나옵니다. 힘든 분들은 한두 시간씩 차를 갈아타면서 오느라 제가 차비 걱정을 할 정도인데, 걸어서 올 수 있는 강남 분들이 안 나옵니다. 왜 그럴까요?

제 생각으로는 정식 교회 건물도 없이 냉난방도 안 되는 체육관에서 예배를 드리니까 그런 것 같습니다. 돈도 돈이지만 학교 체육관 건물이 낡아서 냉난방 시설을 제대로 할 수가 없습니다. 냉난방기가 있긴 하지만 시설을 잘 갖춘 건물들과 비교하면 빈약한 수준입니다. 겨울에는 다들 두터운 코트를 입고 앉아서 예배를 드리고, 한여름에 천 명이 넘게 모여 있으면 그야말로 찜질방이 따로 없습니다.

그런데 돈 있고 교양 있는 분들이 멋있게 차려입고 와서 땀 뻘뻘 흘리며 예배드리겠습니까? 저라도 안 나오죠. 판교 채플이 지어지긴 했지만 교회를 오가는 마땅한 대중교통이 없어 성도들 대부분이 버스와 지하철을 몇 번씩 갈아타며 오가는 실정입니다. 정말 어지간한 고난이 없으면 오기 힘든 곳이 우리들교회입니다. 그 수고만큼 하나님이 복을 부어 주시리라 믿습니다!

◆ 개인과 교회의 구제 활동이 힘든 사람들에게 초점을 두고 있습니까? 교회 안

에 있는 힘든 한 사람을 돌아보기보다 대외적인 구제에만 애쓰고 있지는 않습니까? 구제하는 사람, 구제하는 교회로 유명해졌다면 이미 상을 받은 자가 아닐까요?

상을 받는 기도는 따로 있다

5 또 너희는 기도할 때에 외식하는 자와 같이 하지 말라 그들은 사람에게 보이려고 회당과 큰 거리 어귀에 서서 기도하기를 좋아하느니라 내가 진실로 너희에게 이르노니 그들은 자기 상을 이미 받았느니라 6 너는 기도할 때에 네 골방에 들어가 문을 닫고 은밀한 중에 계신 네 아버지께 기도하라 은밀한 중에 보시는 네 아버지께서 갚으시리라_마 6:5~6

기도도 이미 상을 받은 기도가 있습니다. 하나님과의 교제, 경건 생활의 가장 중요한 덕목인 기도조차 외식으로 할 수 있습니다.

경건한 유대인은 집에서나 밖에서나 하루에 세 번씩 기도를 했는데 그것이 공개적인 기도 모임으로 발전됐습니다. 특별히 예루살렘 성전과 각 지방의 회당이 기도하기 좋은 곳이었죠. 그래서 각 회당에서 정해진 시간에 모여서 기도를 했는데, 정해진 시간에 도착하지 못하는 사람들이 오는 도중 거리에서 기도하는 일이 생겼습니다. 못 오면 각자 자기 집에서 하면 되는데, 점점 '내가 회당에 가다가 늦어서 못 갔다'고 하면서 큰 거리에 나가서 기도하는 사람들이 늘었다는 겁니다. 그 경건한 모습을 보고 사람들이 존경하고 칭찬하지 않겠습니까? 그러니 그들도 이미 상을 받은 겁니다.

'기도하다'의 원어는 '프로시코마이'라는 단어인데, 방향을 나타내는 전치사 '프로스'와 '원하다'라는 뜻의 '유코마이'가 합성된 단어입니다. '프로스'는 단 하나의 방향을 나타냅니다. 오직 하나님 한 분만을 향한 소원이 바로 기도인 것입니다.

그러므로 기도의 목적은 오직 하나님의 응답을 구하는 것이어야 합니다. 내가 기도를 한다고 남에게 과시한다든지 칭찬받기를 원해서는 안 됩니다.

◆ 하루의 기도 생활은 어떻습니까? 공적인 예배 시간, 모임 외에 개인의 기도 시간을 지키고 있습니까?

> 7 또 기도할 때에 이방인과 같이 중언부언하지 말라 그들은 말을 많이 하여야 들으실 줄 생각하느니라 8 그러므로 그들을 본받지 말라 구하기 전에 너희에게 있어야 할 것을 하나님 너희 아버지께서 아시느니라
> _마 6:7~8

하나님 앞에서든 사람 앞에서든 진실을 말해야 중언부언하지 않게 됩니다. 서로 신뢰가 없는 사이에는 변명이 많습니다. 배우자가 잘못을 해도 서로 신뢰가 있으면 '저 사람이 오죽하면 그랬을까?' 생각하고 따지거나 변명하지 않습니다. 그런데 서로를 못 믿으니까 "도대체 왜 그랬냐?" 따지고 "내가 잘못한 건 다 이유가 있다. 네가 원인 제공을 했다" 이러면서 중언부언 앞뒤도 안 맞는 말을 늘어놓는 겁니다.

제가 아는 어떤 분은 결혼할 때 학벌을 속이고 했는데, 지금 40년이 넘도록 안 들키고 잘 살고(?) 있습니다. 가장 가까운 남편, 가족을 속이면

서 잘 산다고 할 수 있겠습니까? 상대방에 대한 신뢰가 없기 때문에 '내가 솔직히 말하면 저 사람이 날 안 좋아할 거야. 나한테 실망할 거야' 미리 짐작하면서 자식 낳고 살면서도 솔직하게 이야기를 못합니다. 사실을 감추려니 얼마나 중언부언 말을 많이 꾸미겠습니까?

기도는 그 대상을 올바르게 인식하는 것에서부터 시작해야 합니다. 내 기도의 대상이 어떤 분인지를 모르기 때문에 기도하면서 말이 많아집니다. 하나님이 얼마나 나를 사랑하는지, 나를 위해 어떤 것도 할 수 있는 전능자이심을 모르기 때문에, 하나님에 대한 신뢰가 없기 때문에 갈급함은 없이 말만 많이 합니다. 눈물을 흘리고 악을 쓰고 애원을 합니다. 지성이면 감천이라고, 내 수고와 정성이 응답을 가져오는 줄 알고 한(恨)을 푸는 기도를 합니다.

왜 그렇습니까? 하나님이 나를 몰라 주신다고 생각하기 때문입니다. 남편하고 싸웠을 때 조용히 울어도 되는데 악을 쓰면서 우는 건 '내가 얼마나 속상한지 좀 알아라' 이거 아닙니까? 속 썩이는 자식이 집에 있으면 '기회는 이때다' 하고는 조용히 기도해도 될 것을 "아버지! 주여! 저 자식을 불쌍히 여겨 주옵소서!" 들으라고 기도를 하죠.

물론 그것도 좋습니다. 통성으로 부르짖으며 기도하는 것도 맞습니다. 그런데 뭔가를 의식해서 그러면 안 된다는 겁니다. 사람을 의식해서, 또 '내가 이 정도로 세게 기도를 해야 하나님이 들어주시겠지' 하며 드리는 기도가 외식하는 기도입니다.

주님은 열심으로 외식하는 기도를 본받지 말라고 하시는데, 우리가 본받고 싶은 기도 모임이 정말 많습니다. "그 교회 기도 모임에 다녀서 그 집 애가 붙었대. 저 권사님이 기도해 줘서 병이 나았대" 하며 종목별로 잘 나가는(?) 기도 모임을 본받으러 다닙니다.

저를 보고도 어떤 분이 "우리들교회 청년부는 취직이 잘된다면서요? 취직을 위한 기도 모임은 언제인가요?" 하시더군요. "우리들교회 가더니 애들이 큐티를 하고, 불신교제를 안 하고 성경적인 가치관이 생긴다면서요?" 이래야 하는데 "기도 잘 해서 취직이 잘된다!" 이런 소문이 있나 봅니다. 뭐 그것 때문에라도 오시면 좋습니다.

저라고 외식이 없겠습니까? 주일예배 때 기독교 TV에서 설교를 촬영하니까 늘 카메라가 의식이 되고 사람이 의식이 됩니다. 옷도 편하게 못 입습니다. 같은 말이라도 어떻게 표현을 할까, 복음 때문인지 외식 때문인지 아무튼 잠도 제대로 못 자고 설교 준비를 합니다. 제가 워낙 눈물이 많은데, 우는 것도 "오버한다"고 할까 봐 절제하려고 애를 씁니다.

우리들교회 집사님들에게도 물어보니 목장에서 간증을 해도 그것이 인정받기 위한 것이었는지 자꾸 돌아보게 된다고 합니다. 고난을 오픈하고도 '내가 사람을 의식해서 안 해야 될 말을 한 건 아닐까?' 고민을 한다는 겁니다. 하지만 그렇다고 나눔을 그만둬야 하겠습니까? 어쩔 수 없이 사람을 의식할 수밖에 없는 우리이기에 설교와 간증과 나눔에 성령이 임하시기만을 간구할 뿐입니다. '내가 외식하는 게 아닐까?' 고민하는 분은 도리어 외식이 없습니다. 외식하는 사람일수록 '나는 절대 외식하지 않는다니까!' 이러기 마련입니다.

눈물 흘리면서 애통하라고 하더니 우는 게 외식이라고 하니까 헷갈리시죠? 눈물을 안 흘리면 왜 은혜가 없냐고 하고, 울면서 악쓰면 외식이라고 하고, 그건 아닙니다. 기도하면서 눈물을 흘릴 수도 있고 안 흘릴 수도 있습니다. 외식에 대한 주님의 경고는 형식 자체로 옳고 그름을 따지는 것이 아니라 겉으로 드러나는 것으로 진실을 왜곡하고 과장하는 것에 대한 경고입니다. 눈물을 흘리든 안 흘리든, 소리를 지르든 안 지르든 하나님은 내 속의 진실을 보신다는 것입니다.

◆ 내 기도에 쓰이는 언어가 주로 어떤 것인지 돌아봅시다. 하나님의 관심은 상관없이 나의 필요품 목록만 나열하진 않나요? 성경 말씀 한 구절도 없이 똑같은 소리, 의미 없는 구절만 반복합니까? 큐티를 통해 성경대로 기도하는 훈련을 합시다.

은밀한 중에 갚으신다

3 너는 구제할 때에 오른손이 하는 것을 왼손이 모르게 하여 4 네 구제함을 은밀하게 하라 은밀한 중에 보시는 너의 아버지께서 갚으시리라 _마 6:3~4

오른손 왼손이 따로 일할 수는 없습니다. 그런데도 오른손이 하는 것을 왼손이 모르게 하라는 것은 그 정도로 나 자신을 잊고 구제하라는 뜻입니다. 정말 나를 드러내지 말고 하라는 뜻입니다.

그런데 우리는 얼마나 악한지 내가 은밀히 행했다는 것이 또 은밀히 알려지기를 원합니다. 다 제 이야기입니다. 내가 은밀히 행한 구제와 선행과 금식과 기도가 은밀히 알려지길 원하면서 남에게는 이렇게 말합니다.

"나는 정말 드러나는 걸 원하지 않아. 그런데 왜 저 집사는 저렇게 나팔 불고 잘난 척을 하는 거야? 왜 금식했다고 얼굴이 죽상이 돼서 저렇게 티를 내고 다니는 거야? 아유, 나는 정말 안 드러내고 다 한다니까!"

그런 소리 할 필요가 없는 것이, 정말 드러나기 원하지 않는 사람은 하나님이 소문을 내 주십니다. 신문에 광고가 나가는데 내 돈 주고 하는 것과 전면이 아닌 작은 박스 기사라도 신문기자가 기사를 써서 광고해 주는 것과는 천지 차이 아닙니까? 몇 억을 주고 전면 광고하는 것보다 기자가 써 주는 기사 한 줄이 훨씬 광고 효과가 큰 겁니다.

또 드러나기를 원하면서 은밀히 행하는 구제와 선행이 있을 수 있죠. 정말 우리는 구제와 선행을 은밀히 행할 수가 없는 악한 인간입니다. 십자가를 지는 겸손, 내 자아가 완전히 죽어지는 겸손이 아니고는 그것을 은밀히 행할 수가 없습니다.

연애할 때나 신혼 시절을 생각해 보세요. 사랑하는 사람하고는 둘이 만 있고 싶은 것이 누구나 같은 마음입니다. 대상이 중요하지 장소는 전혀 관계가 없습니다. 허름한 골방이라도 사랑하는 사람과 함께라면 아무도 모르게 둘만의 밀어를 속삭이고 싶은 겁니다. 그런데 사랑하지 않는 사람과 골방에 단둘이 있다면 생각만 해도 어색하고 싫을 겁니다.

하나님을 진짜 사랑하면 골방의 기도를 사모하게 됩니다(마 6:6). 하나님과 나, 일대일로 교제하는 개인 기도 시간을 사모하게 됩니다. 그런 시간이 답답하고 싫다면, 내가 하나님을 사랑하지 않기 때문이라는 걸 알아야 합니다.

산상수훈을 통해 주님이 가르쳐 주신 살인하지 않는 것, 간음하지 않는 것, 원수를 용서하고 사랑하는 것은 사람에 대한 것이기 때문에 드러나게 해야 할 때가 있습니다. 그러나 구제와 금식과 기도는 하나님을 향한 것이기 때문에 은밀하게 해도 하나님이 은밀한 중에 빠짐없이 보시고 은밀하게 갚아 주십니다.

하나님이 갚아 주시는 가장 큰 상은 평강과 사랑입니다. 외식하는 사람에게는 평강이 없습니다. 사람들이 알아줄까 안 알아줄까 그것 때문에 날마다 속을 끓입니다. 외식은 자기 욕심으로 하는 것이기 때문에 외식하는 사람에게는 사랑이 없습니다. 사랑이 있는 것처럼 보이지만 진심이 아니기 때문에 얼마 못 가서 실체가 드러납니다. 사랑으로 하지 않기 때문에 본인도 상대방도 평강을 누리지 못합니다.

탈북 청소년 대안 학교인 여명학교에서는 개교 1주년 만에 7명이 대학에 입학했습니다. 교감선생님이 아이들을 소개하면서 보여 주신 그 사랑, 아이들의 특징 하나하나를 기억하고 칭찬하시는 선생님들의 사랑이 열매를 맺었습니다.

영양실조 상태로 건너온 아이들을 위해 매일 여러 교회가 돌아가면서 아이들의 점심을 해 주고 있습니다. 교회마다 후원금을 보내서 학교 운영을 돕고 있습니다.

학생들을 진심으로 대하는 외식하지 않는 사랑 덕분에, 힘들 수밖에 없는 탈북청소년 사역이 원활하게 진행되고 있습니다. 깨진 독에 물 붓기 같지만, 그 아이들을 양육하는 것이 통일 한국의 가장 큰 대안이라고 합니다. 그 아이들이 지도자가 되고 징검다리 역할을 해서 통일 한국을 이끌어 갈 것입니다. 그것이 외식하지 않는 구제와 금식과 기도에 대한 하나님의 상입니다.

안타까운 기사를 읽었습니다. 척수염으로 휠체어 생활을 하는 남편을 30년 동안 수발한 부인이 있습니다. 청소부에 포장마차 장사에, 안 해 본 일 없이 고생하면서 자녀 셋을 키우고 막내는 명문 대학에까지 보냈습니다.

30년을 대소변 다 받아내고 남편을 돌봤는데, 1995년도에 남편이 농약을 먹고 자살을 기도했다고 합니다. 그러나 미수에 그쳤고 그 후유증으로 간호는 더 힘들어졌습니다. 그리고 10년을 더 살았는데 2005년 5월

남편이 다시 자살을 기도하다가 부인에게 들켰습니다. 남편은 붕대로 자기 목을 감으며 "나 같은 놈이 살아서 뭐하는가. 나는 정말 죽고 싶다. 제발 나를 죽여 달라"고 부인에게 애원했습니다. 결국 부인이 남편의 목을 졸라 죽였다고 합니다.

이 부인은 남이 보기에도 정성으로 남편을 보살폈습니다. 일하고 돌아와서 피곤해도 저녁마다 산책을 시켰다고 합니다. 30년 동안 헌신을 다 했습니다. 그런데 육십이 넘은 나이에 남편을 죽인 살인자가 되었습니다.

그렇다고 해서 이분이 30년 동안 한 것이 외식이라고 생각합니까? 30년을 진심으로 남편에게 한 것처럼, 잘못된 판단이었을지라도 마지막 그 일도 남편을 위한 진심이 아니었을까요?

30년을 병 수발하며 생계까지 책임져야 하는 이런 극심한 고난 속에 있는 사람은 외식을 생각할 수도 없습니다. 당장 죽고 사는 문제 앞에서 다른 사람에게 어떻게 보일까 생각할 겨를이 없습니다. 내게 고난이 없기 때문에 인정받고 싶어서 몸부림을 치며 외식을 하는 겁니다.

지금 내 고난은 '무엇이 될까'보다는 '어떻게 보일까'를 생각하기 때문에 온 것입니다. 행복하게 되기보다는 행복하게 보이기를 원하고, 선하게 되기보다는 선하게 보이기를 원하기 때문에, 아는 것보다 아는 것처럼 보이기를 원하기 때문에 내 인생이 힘든 것입니다.

사람에게 인정받으려고 하는 그 굴레에서 벗어나야 합니다. 가정에서도, 직장에서도, 교회에서도 내가 인정받고 싶어서 외식하기 때문에 문제가 일어납니다.

은밀히 행하는 구제가 돈으로부터 나를 자유롭게 합니다. 은밀히 행하는 금식과 기도가 사람의 인정으로부터 나를 자유롭게 합니다. 그래서 돈이 없어도 내가 평강하고, 나를 알아주지 않아도 한결같은 태도로 상대방을 사랑하게 되는 것, 그것이 하나님이 은밀히 갚아 주시는 최고의 상입니다.

◆ 내 이름은 없이 남편과 아내로, 며느리로, 자식으로 섬기는 것이 무의미하게 느껴집니까? 드러나지 않는 나의 기도와 수고와 눈물을 하나님은 남김없이 보고 계심을 믿습니까? 사람이 몰라도 하나님이 알아주시는 것이 최고의 상인 것을 믿습니까?

외식에 대한 주님의 경고는 형식 자체로
옳고 그름을 따지는 것이 아니라 겉으로 드러나는 것으로
진실을 왜곡하고 과장하는 것에 대한 경고입니다.
눈물을 흘리든 안 흘리든, 소리를 지르든 안 지르든
하나님은 내 속의 진실을 보신다는 것입니다.

말씀으로 기도하기

주님은 아무리 기도하고 구제해도 그것이 외식하는 자들과 같다면 하나님의 상을 받지 못할 것이라고 말씀하십니다. 그러나 우리가 은밀하게 구제하고 기도할 때 하나님이 그것을 보시고 갚아 주십니다.

상을 받는 구제는 따로 있습니다(마 6:1~2).
하나님과의 깊은 교제를 사모하지 않고 사람에게 보이고 싶은 욕심으로 구제한 것을 용서해 주옵소서. 구제해서 사람들에게 박수를 받았다면 이미 상을 받은 것이라고 하시는데, 진짜 중요한 상, 하나님이 갚아 주시는 상을 받기 위해 늘 내 행위의 동기를 살피게 하옵소서.

상을 받는 기도는 따로 있습니다(마 6:5~8).
오직 하나님 한 분만을 향한 소원이 기도인데, 남에게 과시하고 칭찬받으려고 기도해 온 것을 회개합니다. 성경 말씀 한 구절도 없이 중언부언하는 기도를 그만 그치게 하옵소서. 이제는 하나님에 대한 신뢰를 가지고 말씀대로 기도하게 도와주옵소서.

은밀한 중에 갚으십니다(마 6:3~4).

은밀히 행하는 구제와 헌신조차 은밀히 알려지기 원하는 악함을 용서해 주옵소서. 골방에서 말씀을 묵상하고 기도할 때 주님과의 사랑을 회복하고 외식과 위선에서 벗어나게 될 줄을 믿습니다. 사람은 몰라도 하나님이 알아주시는 것이 최고의 상급임을 믿고 늘 평강을 누리게 하옵소서.

우리들 묵상과 적용

5년 전 대학원에 다닐 때, 학회 참석 차 태국에 갔습니다. 학회 일정상 홀로 참석하게 되었고, 자유를 만끽할 수 있다는 생각에 마음이 설레었습니다. 주중에 모두 마치고 올 수 있었지만, 흔하지 않은 해외여행의 기회였기에 방콕 여행을 하고 오겠다는 생각으로 일부러 주일을 포함해 일정을 잡았습니다. 그럼에도 주일은 지킨다는 것을 보여 주고 싶어 한인교회를 열심히 찾았고(마 6:5), 다행히 한인 선교사님이 시무하시는 교회에서 예배를 드릴 수 있었습니다. 당시 여자 친구였던 지금의 아내에게는 국민의 95%가 불교인 기독교 불모지에서도 예배드리고 헌금으로 구제도 했다며 나팔을 불듯 자랑스럽게 전했고(마 6:2), 사람에게 보이려는 의(義)로 예배를 이용했습니다(마 6:1).

　최소한의 학회 참석 일정을 마치고 나니, 남은 시간은 내 시간이라는 생각이 들었습니다. 그리고 그곳에서는 어떤 일을 해도 아무도 알지 못할 것이라고 생각하니, 음란하고 악한 생각들이 머릿속을 가득 채웠습니다. 그래서 남은 기간에 전신 마사지를 받으러 다녔고, 술을 마시고 음란 동영상을 보는 등 무절제한 시간을 보냈습니다. 은밀한 골방에서도 함께 계시는 하나님 아버지는 생각하지 못하고, 나 혼자만 있다는 생각에 죄에 심취한 시간을 보냈습니다(마 6:6). 결국 귀국 하루 전, 하나님은 두통과 설사병으로 저의 육신을 치심으로 죄악 된 행동들을 멈추게 하셨습니다. 몸 상태가 너무 나빠 귀국까지도 힘들겠다는 생각이 들자, 비로소 항상 내 곁에 계셨던 하나님의 존재를 깨닫고 살려 달라는 간구와 더불어 회개의 기도가 나왔습니다. 하루 동안 자동으로 금식을 하게 하시니, 오직 하나님만 의지하며 두 손 들고 귀국할 수밖에 없었습니다.

　이 일은 착해 보이는 나의 성품이 외식(外飾)이었음을 보여 주는, 평생 덮어 두고 싶은 수치의 사건이었습니다. 하지만 몇 년 전 소그룹 예배에서 집사님 한 분이 출장지에서 마사지를 받았다는 오픈을 하셨고, 저도 그 용기에 힘입어 오픈한 뒤 회개하고 제 안의 묵은 죄책감을 씻어낼 수 있었습니다.『아무도 보는 이 없을 때 당신은 누구인가』라는 어느 책의 제목처럼, 나는 아무도 없을 때 기도는커녕 죄악 된 생각밖에 할 수 없는 연약한 죄인임이 인정되었습니다.

　작년에 입사한 이후, 생각지 못한 잦은 출장을 가게 되었습니다. 그런데 매번 가야 하는 출장지가 다름 아닌 태국입니다. 그곳에 갈 때마다 옛일이 떠올라 부끄러운 마음이 들지만, 오히려 훈련의 시간으로 예비하셨다는 확신이 듭니다. 물론, 육신의 연약함 때문에 출장 동안 또다시 음란 동영상을 본 죄를 아내와 지체들에게 매번 오픈하며 낮아짐을 경험합니다. 그럼에도 혼자 있는 출장 동안 은밀한 중에 계시는 아버지께 기도하도록 가족과 지체들이 응원을 해 주시니, 나를 변화시켜 가시는 하나님의 섭리를 느낍니다.

영혼의 기도

하나님 아버지, 산상수훈을 통해 애통하고 가난하고 온유하고 청결하며 의를 위해서 박해를 받고, 세상의 소금과 빛이 되며, 미워하지 말고 살인하지 말며, 간음하지 말며 음욕을 품지 말고, 원수를 사랑하고, 헛맹세를 하지 말라고 하시는 엄청난 명령을 들었습니다.

그러나 아직도 마음이 가난해지지 않고 천국을 사모하지 못합니다. 아직도 지속적인 음욕이 있고 미움으로 살인하고, 원수뿐만 아니라 식구들조차 사랑하지 못합니다. 날마다 크고 작은 헛맹세를 합니다. 그런 내 실체가 보일까 봐 내 믿음을 가장하기 위해 외식의 구제와 금식과 기도를 할 수밖에 없음을 주님 앞에 고백합니다. 하나님과의 깊은 교제를 사모하지 않고 눈만 뜨면 사람에게 보이고 싶은 욕심 때문에 외식하는 저 자신을 보며 절망스럽습니다. 저를 불쌍히 여겨 주옵시고 은밀히 행하는 것조차 은밀히 알려지기 원하는 저의 악함을 용서해 주옵소서.

하나님이 갚아 주시는 그 상을 받기 위하여 하나님 앞에 진실하기 원합니다. 하나님이 나를 얼마나 사랑하시는가를 알고 하나님과의 교제를 사모하기 원합니다. 골방에서 주님의 말씀을 묵상하고 주님께 기도하며 주님과의 사랑을 회복할 때 외식과 위선에서 벗어나게 될 줄 믿습니다.

하루아침에 벗어날 수 없지만 그렇다고 해서 외식하는 구제와 금식과 기도로 도피하지 않게 하옵소서. 처절한 삶의 현장에서 주님을 사모할 수밖에 없는 환경으로 인도해 주옵소서. 사람에게 인정받고 보이는 모든 것에서 자유롭게 하시고 주님만을 사랑한다고 고백하며 평강과 사랑을 누리기 원합니다. 은혜를 내려 주옵소서. 예수님 이름으로 기도하옵나이다. 아멘.

너희는 이렇게 기도하라

마태복음 6:9~10

> 하나님 아버지,
> '너희는 이렇게 기도하라' 말씀하신 것을 듣고
> 그 말씀대로 기도하기를 원하오니
> 말씀하여 주옵소서. 듣겠습니다.

어느 날, 한 자매의 남편이 사업을 한다고 바쁘게 다니다가 갑자기 도망치듯 외국으로 떠났다고 합니다. 그 남편은 모태신앙인이지만 그녀와의 결혼생활 10년 동안 20대부터 50대까지의 다양한 여자들과 끊임없이 문제를 일으켰습니다. 그래도 아내는 이혼은 하나님의 뜻이 아니라고 참아왔는데, 이제 그나마 소식도 알 수 없는 외국으로 사라져 버린 것입니다. 결국 아내에게 남겨진 것은 아직 어린 자녀들과 남편의 빚뿐이었습니다.

이런 상황에서 어떤 기도를 드려야 할까요? 하나님은 우리가 어떻게 기도하길 원하실까요?

우리가 범하는 기도의 두 가지 오류는 천주교에서 기도문을 외우는 것처럼 형식적인 기도를 하는 것과 내가 원하는 것을 얻으려고 정욕적인 기도를 하는 것입니다. 그런 오류에 빠질 위험이 많기 때문에 주님이 기도를 가르치셨습니다. 그것이 주기도문입니다.

주기도문은 산상수훈의 한가운데 위치하고 있습니다. 주기도문에는 주님의 숨결과 목적이 담겨 있습니다. 주기도문을 통해 우리는 무엇을 위해서 인생을 바쳐야 하고, 어떤 가치를 위해 생명을 걸어야 하는지를 발견할 수 있습니다.

주기도문의 정신과 뜻을 알지 못한 채 기도하는 것은 외식적인 기도요 중언부언하는 기도입니다. 기도 학교, 중보기도 모임, 기도회 등 수많은 모임과 기도를 가르치는 곳이 있지만, 기도의 방법론보다는 기도 자체를 배워야 합니다.

아버지께 기도하라

> 그러므로 너희는 이렇게 기도하라 하늘에 계신 우리 아버지여……
> _마 6:9a

"하늘에 계신 우리 아버지"를 원어로 보면 '아버지' '우리' '하늘의' '계신'의 순서인데, 맨 처음 나오는 것이 '파테르', 아버지입니다.

여기서 알 수 있듯이 기도는 대상이 중요합니다. 기도는 하나님을 아버지로 고백하는 하나님의 자녀만이 할 수 있는 것입니다. 아무나 '아버지'라고 부르지 못합니다. 육신의 아버지와 관계가 나빴던 사람은 예수님을 믿은 뒤에도 '아버지'라는 단어를 쓰기 어려워합니다. 주님은 사복음서에서 170회나 하나님을 아버지라고 부르셨습니다.

"이렇게 기도하라"는 현재형입니다. 날마다 아버지를 불러야 합니다. 생각만 해도 좋은 아버지를 날마다 부르는 것이 기도입니다.

내가 날마다 똑같은 이야기를 반복하고 반복해도 한결같이 들어줄 사람이 있을까요? 듣기 좋은 꽃노래도 한두 번이라고, 세 번 아니라 두 번만 같은 이야기를 해도 "내가 한 번만 더 들으면 백 번이다!" 이러면서 지겨워합니다. 그런데 소월의 "부르다가 죽을 이름이여"라는 시처럼 내가 아무리 불러도 지겨워하지 않으시는 좋으신 아버지가 기도의 대상입니다. 부르고 싶을 때 원 없이 부를 수 있는, 내 아버지께 기도하는 것입니다.

고아가 불쌍하다고 하는 것은 마음 놓고 부를 엄마, 아빠가 없기 때문입니다. 5천 원짜리 티셔츠를 하나 입고 싶어도 "나 저거 사 줘!" 할 그 아버지가 없어서 불쌍한 겁니다.

저도 대학교 때 친정어머니가 돌아가셔서 시집살이를 한탄할 어머니가 없는 것이 참 슬펐습니다. 그런데 제 아들딸은 제가 이렇게 바빠도 자신들이 원하는 걸 제게 자신 있게 말합니다. 저하고 그만큼 친하기 때문입니다. 마음대로 할 말을 할 수 있는 부모 자식 관계이기 때문입니다. 자녀는 부모에게 "이렇게 해 주세요. 저렇게 해 주세요" 하고 부탁할 권리가 있습니다. 그래서 마음에 있는 것을 다 말하도록 하는 것이 자녀 됨을 가르치는 것입니다.

◆ 나를 위해 목숨까지 아끼지 않으신 하나님 아버지의 사랑을 믿고 누립니까?

우리가 함께 기도하라

'아버지' 다음에 '우리'가 나옵니다. 그 아버지가 나만의 아버지가 아니고 우리 모두의 아버지입니다. 김양재의 아버지만이 아니고 박양재, 이양재, 최양재, 양순이, 양돌이의 아버지이십니다. 천 명이 넘는 사람들이 '우리 아버지'라고 하면 좀 멀게 느껴질 수도 있는데, 구역 식구 몇 명이 모여 '우리 아버지' 하면 하나 됨이 더 실감날 것입니다.

같은 아버지를 가진 자녀들끼리 모이면 크고 강한 공동체가 됩니다. 가정에서도 온 식구가 아버지를 신뢰하고 하나가 되면 집안 분위기가 얼마나 좋겠습니까. 한 아버지의 자녀로 그 아버지를 신뢰하며, 주님으로 고백하는 사람들끼리 모여야 진정한 우리가 됩니다.

서로가 신앙고백이 다르고 아버지가 영육 간에 다르면, 나눔이 힘이 듭니다. 오픈도 힘듭니다. 화목이 안 됩니다. 명절에 같이 모였어도 예수 그리스도를 같은 주로 고백하지 못하는 식구들끼리는 통하지 않습니다. 같은 '아버지'를 부르는 사람들이 '우리'가 될 수 있습니다.

육신의 아버지가 계신 것도 축복이지만 우리 모두가 함께 아버지라고 부를 수 있는 하나님 아버지가 우리 가운데 역사하시면 혈통을 넘어서게 됩니다. 혈통과 성품을 넘어서는 믿음으로 우리가 함께 아버지께 기도하면 큰 응답을 얻게 될 줄 믿습니다.

시집살이 5년 만에 주님을 만나고 거듭난 후, 하나님은 제게 영혼 구원에 대한 안타까움을 주셨습니다. 특별히 남편의 구원을 위해 저의 생명을 가져가셔서라도 남편을 구원해 달라고 기도드렸습니다. 그리고 그 기도에 응답하셔서 남편은 급성 간암으로 숨을 거두기 전 죄를 회개하고 주님을 영접하고 천국에 갔습니다.

우리들교회에서 부부목장을 시작한 것은 바로 남편들의 구원을 위해서입니다. 남편이 교회에 안 나오는 분들은 혼자라도 참석해야 합니다. 함께 신앙생활 하는 부부들을 보며 도전을 받고 남편의 구원에 대해 더 안타까워하라는 뜻입니다. 부부목장을 통해 '우리'가 되어서 함께 기도해야 합니다.

실제로 부인만 참석하다가 목장 전체가 기도하고 섬겨서 남편과 함께 참석하게 된 분이 너무 많습니다. 목장 식구 모두가 중보기도 하던 남편이 드디어 목장 모임에 나온다고 하면 목원들이 미리 모여서 풍선 장식을 하고 환영 케이크를 준비합니다. 축복송을 불러 주고, 처음 참석하니까 지루하지 않게 하려고 목자는 목자대로 더 신경을 쓰고, 그야말로 일심동체가 되어서 '한 사람'의 구원을 위해서 움직입니다.

◆ 함께 기도할 '우리'가 있습니까? 기도 제목을 나누고, 다른 이들을 위해 중보할 수 있는 교회 공동체에 참여합니까? 기도 제목이 부끄럽다고 기도 부탁도 못하면서 '나 홀로 신앙'에 머물러 있지는 않습니까?

하늘에 계신 분께 기도하라

'하늘에 계신' 아버지는 높으신 분입니다. 우리를 다 보고 계시는 분입니다. 우리를 회복시킬 수 있고, 치유하실 수 있는 분입니다. 시공을 초월하신 분, 전능하신 분입니다. 이것을 믿고 기도해야 합니다.

빚만 남기고 외국으로 도망간 남편의 문제를 놓고 집사님은 어떤 기도를 했을까요? 처음에는 사기를 칠 사람이 없어 부인과 자식에게 사기를 쳤나, 분한 마음이 들었습니다. 허리 디스크를 앓아 다니던 직장도 쉬고 있는 상태였고 남겨진 빚과 자녀들을 생각하면 막막하기만 했습니다.

집사님은 당장 살기 위해서 우리들교회에 왔습니다. 하나님이 아니면 그 상황을 해결할 수 없다는 것을 알기에, 와서 말씀을 듣고 큐티를 하고 공동체에서 함께 기도하며 힘을 얻었습니다.

사실 상황은 달라진 것이 없습니다. 남편은 여전히 돌아오지 않았고 아직도 빚은 남아 있습니다. 하지만 집사님이 이혼을 선택하는 대신 말씀을 붙잡고 하나님께 기도드렸을 때, 하나씩 하나씩 기적과 같은 응답이 이루어졌습니다.

불가능할 것 같았던 좋은 직장에 취직이 되었습니다. 집사님을 보기도 미안해하는 시댁 식구들을 섬기고 전도했더니, 동서가 함께 교회에 나오게 되었습니다. 집사님의 능력으로는 해결할 수 없었던 빚을 시댁에서 나서서 해결해 주고 드디어 신용불량자라는 이름에서도 벗어나게 되었습니다! 그뿐입니까? 남편을 원망하지 않고 열심히 살아가는 며느리를 보고는 시댁에서 집사님의 이름으로 살 집을 마련해 주었습니다! 할렐루야!

"상황만 빨리 끝내고 싶은 욕심으로 가득 찬 나를 위해 하나님은 하루하루를 온통 말씀으로 도배해 주셨습니다. 깊은 어둠 가운데 있을지라도 말씀을 듣고 순종하는 자에겐 반드시 살길이 열립니다! 하나님이 주신 사건은 하나님이 끝내셔야 한다고 목사님이 말씀하셨는데 오늘로서 한 사건을 끝내셨습니다! 이제 저는 더 이상 신용불량자가 아닙니다! 늘 하나님의 증인 된 삶을 통해 다른 사람 살리는 일을 하기 위해, 특별히 제비뽑아 도구로 사용하여 주시는 하나님을 찬양하고 사랑하며 감사합니다."

이것은 집사님의 고백입니다. 집사님은 부부 소그룹 모임에서 다른 남자 집사님들을 보며 눈물 흘리며 부러워하고 있다고, 이제는 남편이 돌아오기를 전심으로 기도한다고 했습니다. 하늘에 계신 우리 하나님 아버지는 이런 분입니다. 이렇게 멋진 분입니다. 한없이 좋으신 분입니다. 집사님의 고백처럼 어떤 어두운 고난에서도 말씀을 듣고 순종하는 자에게 살길을 주십니다! 아멘!

◆ 기적이나 신비한 체험을 무조건 부인하면서 초월적인 하나님을 제한합니까?
기도를 드리면서도 응답의 가능성을 머리로 열심히 계산하고 있습니까?

하나님의 이름을 위해 기도하라

······이름이 거룩히 여김을 받으시오며_마 6:9b

"이름이 거룩히 여김을 받으시오며"를 직역하면 "당신의 이름이 거룩히 되기를"입니다. 사실 원문에서는 2인칭 단수 소유격 대명사인 '당신'이라는 표현이 쓰였는데 개역 성경에는 생략되었습니다. 우리가 외우는 주기도문에서 앞부분의 세 가지 청원에는 하나님을 칭하는 '당신'이라는 단어가 쓰였고, 뒷부분의 세 가지 청원은 "우리에게 일용할 양식을 주옵시고"처럼 '우리'라는 1인칭 복수를 썼습니다.

십계명도 1계명부터 4계명까지는 하나님에 대한 계명, 5계명부터 10계명은 사람과의 관계에 대한 계명입니다.

우리에게 가장 우선되어야 할 것이 하나님과의 관계이고 그다음이 인간관계입니다. 하나님과의 관계가 바르게 되어야 사람과의 관계를 바르게 할 수 있습니다.

무엇보다도 이름은 성경에서 중요한 신학적 의미를 가집니다. 이름은 존재의 인격을 나타냅니다. 하나님의 이름에는 하나님의 명예와 공적이 걸려 있습니다. 내가 사랑하는 하나님은 '스스로 계신 자', '~이다'의 하나님이십니다. 모세가 하나님을 어떻게 소개하겠느냐고 물었더니 "나는 스스로 있는 자"라고 말씀하셨습니다(출 3:14). 히브리어로는 '에히예아

쉐르에히예' 영어로는 "I am who I am. I am that I am" 입니다.

'나는 빛이다. 생명이다. 떡이다. ~이다. ~이다. ~이다', '이다'의 하나님이십니다. 하나님이 내 존재의 이유라는 뜻입니다. 영원히 계시는 분, 나와 영원히 함께 계시는 분은 하나님밖에 없습니다.

우리의 고통은 다 지나가 버리는 것입니다. 그러니까 고통을 부여잡고 묵상하지 마십시오. 너무 괴로워도 일주일만 지나면 언제 그랬냐 싶잖아요? 우리는 환경이 아닌 하나님 자체를 인식하고 기뻐해야 합니다. 그러므로 내 고통으로 인한 나의 필요보다, 나를 다스리고 계시는 영원한 하나님의 이름을 위해 기도해야 합니다. 그 이름이 거룩히 여김을 받도록 기도해야 합니다. 그래서 인생의 목적은 거룩입니다.

"내가 거룩하니 너희도 거룩할지어다"라는 말씀은 명령형 부정과거수동태로 쓰였습니다(레 11:45). 명령의 말씀이지만 수동태로 쓰인 것은 거룩하게 하실 분이 내가 아니고 하나님이라는 것입니다. 하나님만이 나를 거룩하게 하실 수 있습니다.

너무 존경하는 사람은 이름도 못 부릅니다. 이스라엘 사람들은 하나님 이름에 대해 음역을 달지 않았습니다. 그래서 여호와인지 야훼인지 아도나이인지 정확하지 않습니다. 하나님이 거룩하시기 때문에 음역을 달지 않은 것입니다. 이처럼 아버지를 높이고 사랑하는 것이 거룩을 이루어가는 비결입니다. 집에서도 아버지를 너무 사랑하면 저절로 아버지 마음에 안 드는 행동은 하지 않게 됩니다. 내가 하나님을 존경하고 사랑하기 때문에 그 뜻대로 사는 것, 그것이 거룩입니다.

◆ "주여"를 외치고, 존칭을 써서 하나님의 이름을 높이는 것이 아니라 내 삶에서 하나님을 증거하며 높이고 있습니까?

하나님의 나라를 위해 기도하라

나라가 임하시오며……_마 6:10a

"나라가 임하시오며"는 '당신의 나라가 오게 하소서'라는 뜻입니다. 하나님을 아버지라고 부르는 우리도 사탄의 세력에서 완전히 자유롭지 못합니다. 예수 그리스도의 십자가로 사탄이 결박되었지만 그래도 완전한 새 하늘과 새 땅이 오기까지 사탄의 통치가 지속되기 때문에 우리는 계속 사탄의 권세에 노출되어 있습니다. 따라서 우리가 제일 급하게 간절히 기도해야 할 것은 속히 하나님의 통치, 곧 하나님의 나라가 임하게 해 달라는 것입니다. 이것이 주기도문의 핵심입니다. 완성된 하나님의 나라가 내게 임하도록, 사탄의 나라가 종식되도록 끊임없이 기도해야 합니다.

"임하시오며"는 무슨 뜻입니까? 무한하신 하나님이 시공 속으로, 제한된 인간 세상 속으로 오셨습니다. 성자 하나님이 이 땅에 오셔서 제한된 관계와 질서 속에 순종하신 것은 땅에서 하나님의 통치를 이룬 사건입니다. 내가 하나님의 다스리심을 받는 것은 지금 내 환경에서 순종하는 것입니다. 내 분야에서 최선을 다하는 것입니다. 그것이 지극히 높은 곳에서는 하나님께 영광이요 땅에서는 하나님이 기뻐하신 사람들 중에 평화인 것입니다(눅 2:14).

하나님의 통치를 받는 사람은, 모든 일에 하나님께 영광을 돌리는 사람입니다. 기쁜 일뿐만 아니라 고난과 어려움도 하나님의 다스리심으로 알고 잘 받아들이는 사람입니다. 그러므로 내 사건에 순종하며 잠잠히 기다리는 것이 내게 하나님의 나라가 임하는 것입니다.

사건 앞에서 '어떻게 이런 일이! 하나님이 나를 사랑하지 않으시는

구나' 하는 것은 하나님의 통치를 온전히 못 받아들이기 때문입니다. 지금 주신 가난과 외로움과 질병도 하나님의 통치라고 주님은 말씀하시는데, '내가 병만 나으면 하나님께 영광을 돌릴 텐데. 내가 돈만 벌면 하나님을 높일 텐데……' 하는 것은 하나님의 온전하신 주권을 인정하지 않는 것입니다.

어떤 분이 홈페이지에 기도 제목을 올리셨습니다. 신앙의 뿌리가 깊어지기 위한 네 가지 기도 제목이 있는데, 세 번째 제목이 술 문제였습니다. 식당을 하시는 분인데 술을 파는 문제가 고민이 되어 전에 다니던 교회에서 여러 분과 상담을 했습니다. 그런데 그 교회의 장로님, 집사님, 전도사님들이 술도 음식이니까 팔아도 된다고 하셨답니다.

그래서 아무 거리낌 없이 술을 팔았는데 제 책『복 있는 사람은』을 읽다가 우리들교회 집사님이 술을 안 팔려고 술집에서 떡볶이 장사로 직업을 바꿨다는 내용을 읽고 너무 놀랐다는 겁니다. 손님들이 술 마시는 것을 봐도 아무 생각이 없고 그 영혼이 좀 불쌍하다고만 생각했는데, 그것도 매상을 올리기 위한 변명이었다고 회개했습니다. 그리고 직업을 바꾸든지 장사를 계속하든지 술과 관련된 일을 하지 않겠다고 선포하고 기도 부탁을 했습니다.

이것은 모든 일에 하나님의 통치를 받겠다는 고백입니다. 나를 높이고 나를 채우기 위해서가 아니라 하나님의 이름이 거룩히 여김을 받으시도록, 내가 구별된 인생을 살겠다는 기도입니다. 이러한 성도의 고백을 하나님이 반드시 책임지고 응답하실 것입니다.

◆ 나 자신과 가정에, 학업과 사업과 인간관계에 하나님의 나라가 임하고 있습니까? 하나님의 통치를 거절하고 내 힘으로 하려는 일은 어떤 것입니까?

하나님의 뜻을 위해 기도하라

……뜻이 하늘에서 이루어진 것같이 땅에서도 이루어지이다_마 6:10b

하나님의 뜻은 이미 정해졌지만, 그 정해진 하나님의 뜻을 이루시도록 우리는 기도해야 합니다. 아버지의 이름이 거룩하게 여김을 받는 곳, 아버지의 이름이 모든 사람에게 귀히 여김을 받는 곳, 그곳이 하나님의 통치가 임하는 곳이고 하나님의 뜻이 이루어지는 곳입니다.

하나님의 뜻은 하나님의 공의로우신 요구입니다. 또한 이 땅의 모든 사람에게 구원을 이루기 위한 하나님의 계획입니다. 주님은 십자가를 지시는 순간에도 하나님의 뜻이 이루어지기를 기도하셨습니다.

"하늘에서 이루어진 것같이 땅에서도 이루어지이다"라는 기도는 하나님 나라가 확장되기를 간구하는 기도입니다. 이 죄악 된 땅에도 하나님의 통치가 이루어지도록, 예수님은 아버지의 뜻을 이루기 위해 이 땅에 오셨습니다.

자폐증을 가진 장애인 수영 선수 진호의 이야기가 매스컴을 통해 알려졌습니다. 의사 아버지와 엘리트 엄마에게서 태어난 진호는 평범한 아이들과는 다른 모습을 보였습니다. 그것을 인정하기 싫었던 진호 엄마는 혼자 아이와 씨름하며 힘든 시간을 보냈습니다. 병을 인정하고 병원에 데려가기까지도 몇 년이 걸렸습니다.

그런 고난 중에 주위 사람들의 전도로 교회에 나가게 된 진호의 엄마는 진호를 놓고 하나님께 기도하기 시작했습니다.

"영접하는 자 곧 그 이름을 믿는 자들에게는 하나님의 자녀가 되는 권세를 주셨으니 이는 혈통으로나 육정으로나 사람의 뜻으로 나지 아니

하고 오직 하나님께로부터 난 자들이니라"라는 말씀을 통해(요 1:12~13),
진호 엄마는 진호를 그저 자신의 아이로만 생각했기에 자신도 진호도 고
통스러웠다는 것을 깨달았습니다. 진호가 하나님의 자녀임을 인정하자,
"왜 나에게?"라고 원망하며 발버둥만 치다가 "왜 너에게만은 안 된다는
것이냐?"라고 물으시는 하나님의 음성을 들었습니다. 하나님 앞에서 자
신은 보잘것없는 죄인임을 깨닫게 된 것입니다.

　하지만 처음에는 하나님을 사랑한다거나 하나님 뜻에 따라 살아가
겠다는 믿음보다는, 예수님이 걷지 못하는 자를 벌떡 일으키신 것처럼 진
호에게도 기적이 일어나기만을 기도했다고 합니다. 하나님께 잘 보여서
진호를 고쳐 볼 양으로 기쁨이 없을 때도 기뻐하려고 애쓰고, 주변 사람
들에게 무언가 억울하고 원망스러운 마음이 들 때도 입으로만 감사하다
고 외치며 봉사와 헌신에 열중했습니다. 심지어는 신학교에 진학해서 교
역자가 되면 하나님이 좋아하실 것 같아 그런 결심을 하기도 했습니다.
그 모든 것이 하루빨리 진호가 낫기만을 바라서였습니다.

　그런 진호 엄마에게 하나님의 나라가 임했습니다. 진호가 낫기를 구
하는 기도가 잘못된 기도는 아니지만, 하나님이 원하시는 것은 진호 엄마
에게 임한 하나님의 나라가 확장되는 것이었습니다.

　진호가 9살 때 정규 학교 입학을 거부당하자 진호 엄마는 죽을 것처
럼 힘들었다고 합니다. 도저히 감당할 수 없을 것 같아서 죽음을 생각하
고 있는데, 옆에서 아무것도 모르는 진호는 괴성을 지르고 낄낄대며 웃고
있었습니다. 그 상황에서 "하나님, 도와주세요!"라는 절규밖에는 아무것
도 할 수 없었습니다. 그리고 그 밤에 하나님의 음성을 들었습니다.

　"진호를 있는 그대로 받아들여라. 그 아이는 내 것이다. 그 아이에게
나의 계획이 있다."

하나님은 먼저 진호 엄마를 치유하셨습니다. 진호가 축복임을 알게 하셨습니다. 그때부터 인생의 걸림돌이던 진호가 '나를 구원한 소중한 존재'로 바뀌었다고 합니다. 진호로 인해서 어떠한 고통이 닥친다고 해도 하나님의 자녀인 진호를 내 마음대로 생각하거나 화를 내거나 미워하지 않을 수 있는 자신감이 생겼다고 했습니다.

그렇게 하나님 앞에 깨어지고 나자 그때부터 하나님이 응답하셨습니다. 진호를 어떻게 양육할지 지혜를 주시고 학교에 보내 주시고 아이의 편식도 고쳐 주시고 수영을 통해 건강한 삶을 살게 하셨습니다. 2005년 세계장애인수영선수권대회에서 진호는 금메달을 차지했습니다. 진호와 엄마를 통해 하나님의 이름이 널리 퍼지고 높아진 것입니다.

하나님의 뜻은 구원입니다. 힘든 자녀, 힘든 배우자, 힘든 환경은 그 환경을 통해 내가 구원되라고 주신 것입니다. 그 힘든 것이 나를 구원으로 인도하는 구원의 통로, 축복의 통로입니다. 내 인생의 걸림돌이 아니라 나를 거룩으로 인도하는 디딤돌입니다. 하나님의 뜻을 알고 주님이 가르치신 기도대로 기도할 때 '하나님 아버지', '우리 하나님', '하늘에 계신 하나님'의 축복이 우리 삶에 가득할 것입니다.

◆ 누구라도 힘들 수밖에 없는 상황에서 하나님의 뜻이 이루어지는 것을 어떻게 보여 줄 수 있을까요? 내 뜻이나 다수의 의견이 아닌 하나님의 뜻만 나타나기를 구합니까? 나를 통해 하나님의 나라가 가정과 직장과 교회에까지 확장되고 있습니까?

♦♦♦

아버지의 이름이 거룩하게 여김을 받는 곳,
아버지의 이름이 모든 사람에게 귀히 여김을 받는 곳,
그곳이 하나님의 통치가 임하는 곳이고
하나님의 뜻이 이루어지는 곳입니다.

♦♦♦

말씀으로 기도하기

주님은 우리에게 외식하는 기도, 중언부언하는 기도 대신 하나님이 원하시는 기도를 가르쳐 주십니다. 주님이 가르쳐 주신 주기도문을 통해 우리는 무엇을 위해 인생을 바쳐야 하고, 어떤 가치를 위해 생명을 걸어야 하는지 알게 됩니다.

아버지께 기도해야 합니다(마 6:9a).

나를 하나님의 자녀 삼아 주셔서 생각만 해도 좋은 아버지를 날마다 부르게 하시니 감사합니다. 내 아버지께 마음에 있는 모든 것을 고하게 하옵소서.

'우리'가 함께 기도해야 합니다(마 6:9).

하나님을 한 아버지로 부르고, 함께 기도할 수 있는 '우리'를 주셔서 감사합니다. 나 홀로 신앙에 머물러 있지 않고, 교회 공동체에 나의 기도 제목을 나누고 다른 사람을 위해 중보하게 하옵소서.

하늘에 계신 분께 기도해야 합니다(마 6:9).

하늘에 계신 우리 아버지는 시공을 초월하시고 전능하신 분입니다. 이것을 믿고 기도하게 하옵소서. 어떤 고난 중에도 말씀을 듣고 순종할 때 살길을 열어 주시고 회복시켜 주실 줄 믿습니다.

하나님의 이름을 위해 기도해야 합니다(마 6:9b).

지나가 버리는 고통에 매여 있지 않고, 나를 다스리고 나와 영원히 함께하시는 하나님의 이름을 위해 기도하게 하옵소서. 내 삶에서 하나님을 증거하고 그 뜻대로 살아가는 것이 거룩임을 알게 하옵소서.

하나님의 나라를 위해 기도해야 합니다(마 6:10a).

내 삶에 하나님의 통치, 하나님의 나라가 임하기를 간절히 기도합니다. 지금 내 환경에 순종함으로 하나님의 다스림을 잘 받게 하옵소서.

하나님의 뜻을 위해 기도해야 합니다(마 6:10b).

하나님의 뜻은 구원이라고 하시는데, 나의 힘든 환경이 나를 구원으로 인도하는 구원의 통로, 축복의 통로가 됨을 믿습니다. 나를 통해 하나님의 나라가 가정과 직장과 교회에까지 확장되게 해 주옵소서.

우리들 묵상과 적용

고등학교에서 응원단장을 하던 아들은 고3 2학기 무렵 갑자기 현대무용을 하겠다고 선포하더니 무작정 레슨을 받게 해 달라고 했습니다. 아들이 어려서부터 몸놀림이 좋았고 열심히 할 것 같았기에 "춤춰서 무슨 밥벌이를 하겠느냐"는 남편을 힘들게 설득하여 학원 수강을 시켰지만, 연습 기간도 짧고 정보도 없어 입시에 실패했습니다. 아들은 재수를 하며 가끔씩 무용 학원을 빠지더니 게임하다가 새벽에 들어오거나 밤을 새우며 제 속을 태웠습니다. 며칠씩 잠을 자거나 게임을 하며 널브러져 있는 날이 계속될 땐 숨이 턱에 차올라 참아 주기가 힘들었습니다.

제가 교회 다닌다고 4년째 생활비 한 푼 주지 않는 남편과 사는 것도 힘든데, 저의 퇴직금으로 생활비와 비싼 강습료, 거액의 작품비 등을 내고 있다는 생색에 아들이 더욱 한심스러웠습니다. 오직 하늘에 계신 하나님 아버지만이 기도의 대상이며, 그분의 통치를 받고 그 이름이 거룩히 여김을 받는 것이 인생의 목표가 되어야 하는데, 저는 오직 아들이 잘되는 것만을 놓고 기도했습니다(마 6:9). 그래서 '하루 레슨비가 얼만데……'라는 생각에 돈도 아깝고, 늦은 귀가나 외박은 절대 안 하기로 다짐했던 아들이 약속을 어길 때면 무시받고 배신당한 것 같다는 생각이 들어 '어떻게 저런 자식이 있을까' 하며 한동안 아들을 묵상하느라 지옥을 살았습니다. 엄마가 자기를 기분 나쁘게 쳐다봐서, 집에 빨리 오라고 재촉했기 때문에 학원에 안 간다고 핑계를 대며 밖으로 돌 때는 정말 참담한 심정이었습니다. 그러나 하나님은 예배 때마다 '영혼 구원을 위하여 가족을 섬기며 가는 것이 순종이다, 믿음으로 설득되는 삶을 살라'고 계속 말씀하셨기에, 말도 안 되는 아들을 보면서 미안하다고 하고 참고 기다려 주니 힘들게나마 아직 제자리에 있습니다.

아들을 위해 기도하던 중 하나님은 잊고 있었던 저의 지난날을 보여 주셨습니다. 사실 저도 결혼하기 전 몸이 아픈 날을 제외하곤 집에 일찍 들어오는 날이 없었습니다. 휴일에도 집에 있으면 세상이 나만 빼놓고 재미있게 돌아가는 것 같아 일하든지 놀든지 꼭 밖에 나갔습니다. 그러다 보니 늦는 날이 많았고 때로는 새벽까지 놀다 들어가 혼이 난 적도 많습니다. 유난히도 남편과 자녀의 늦은 귀가와 외박을 못 견디는 것은 밤 문화가 삶에 전혀 유익하지 않고 쾌락과 방탕으로 가는 길임을 제가 경험했기 때문입니다.

비록 잘못 살았지만, 하나님 아버지를 부르며 기도했더니 지금까지 나를 견인해 오신 하나님께서는 남편과 자녀에게 사로잡혀 하나님만 바라볼 수밖에 없는 거룩한 환경으로 저를 인도해 주셨습니다(마 6:9). 이제는 남편과 자녀의 구원을 위해 힘써 기도함으로, 우리 가정에 하나님의 나라가 임하여 하나님의 뜻이 이루어지는 믿음의 가정이 되기를 기도합니다(마 6:10).

영혼의 기도

하나님 아버지, 생각하기도 싫고 말하기도 싫은 힘든 사건 가운데에서 오늘 아버지께 기도하라고 하십니다. "아버지, 아버지, 하나님 아버지" 부르기만 해도 모든 것을 응답해 주실 아버지가 있음에 감사드립니다. 우리가 함께 부를 아버지 되심을 감사드립니다. 부부가 함께 부르고, 가정과 교회와 직장과 나라가 함께 부르는 우리 아버지는 하늘에 계신 분입니다. 우리의 모든 것을 아시고 회복시켜 주시는 분입니다.

그러므로 오늘 내게 필요한 것이 아닌 하나님의 뜻대로 기도하기 원합니다. 하나님과의 관계가 바르게 되도록, 아버지의 이름이 거룩히 여김을 받으시며 아버지의 나라가 임할 수 있도록, 아버지의 뜻이 이루어지도록 기도하기 원합니다.

하나님의 뜻이 있기에 남편이 배신을 하고 아이가 자폐증을 앓는 인생의 걸림돌과 같은 그 괴로운 환경이 축복의 디딤돌임을 알았습니다. 그 환경으로 인해 하나님의 나라가 확장되는 것을 보았습니다. 저 사람만 없으면, 이 병만 나으면 살 것 같았는데 그것이 나와 내 가정의 축복의 통로라고 하십니다.

그것에 감사하며 날마다 하나님의 뜻을 구하며 이루는 우리 가정과 교회가 될 수 있도록 역사해 주옵소서. 예수님 이름으로 기도하옵나이다. 아멘.

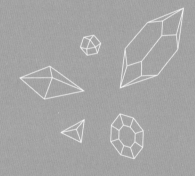

20

하나님 나라를 위한 우리의 기도

마태복음 6:11~18

하나님 아버지,
주님께 드릴 우리의 기도를 가르쳐 주옵소서.
가르치시는 대로 배우고 기도하기 원합니다.
말씀하여 주옵소서. 듣겠습니다.

제가 설교에서 자폐증을 가진 수영 선수 진호 이야기를 나눈 지 몇 주 후, 진호에 관한 기사가 신문에 실렸습니다. 진호의 어머니가 체육 코치에게 매달 백만 원씩 사례를 해서 진호의 코치가 직위 해제된다는 기사였습니다.

진호가 초등학교 때부터 수영을 했는데 그 아이를 받아 준다는 학교가 없어서 부산의 학교까지 갔다고 합니다. 유일하게 그 학교에서만 받아 준다고 했고 지금까지 맡아서 가르쳤습니다. 백만 원으로 고마움을 표현한 엄마의 마음도 이해가 되고, 말도 잘 안 통하는 아이를 가르치느라 수고한 코치의 입장도 이해가 됩니다. 같은 수준에서 배우는데 경쟁에서 이기려고 돈을 줬다면 그건 잘못이겠지만, 진호가 다닌 학교가 특수학교가 아닌 일반 학교였기 때문에 장애를 가진 진호를 부탁하느라 사례를 할 수 있다고 생각합니다.

물론 경제적 어려움까지 겪는 장애인들이 많은데 돈으로 교육을 받겠다는 생각은 잘못일 수 있습니다. 아무튼 이 일로 장애인 교육에 사회적 관심이 가기를 바라고, 진호 엄마가 그 일을 위해 헌신할 수 있기를 바랍니다. 진호 엄마가 이미 하나님을 증거하고 있으니까 우리가 함께 그 가정을 위해 기도할 책임이 있습니다.

하나님의 나라가 임하는 것은 천사들을 통해서가 아니라 이 땅에서 살아가는 우리를 통해서입니다. 아버지의 뜻이 땅에서 이루어지기를 구하는 것은 이 땅에서 겪는 온갖 어려움에도 적용되어야 합니다. 자폐아 자녀를 키우는 어려움 속에서 진호 엄마는 어떤 기도를 드렸을까요? 또 어떤 기도를 드려야 할까요?

일용할 양식을 주소서

오늘 우리에게 일용할 양식을 주시옵고_마 6:11

주기도문의 한가운데에 일용할 양식이 나왔습니다. 현재의 일용할 양식을 구하고, 과거의 죄지은 자를 사해 줄 것을 구하고(마 6:12), 미래에는 시험에 들지 않기를 구했습니다(마 6:13). 현재를 위해 구하는 것이 먼저입니다.

성도가 이 땅에서 먹고살아야 하는 것은 당연합니다. 양식을 구하는 것이 꼭 육을 위해서 구하는 것은 아닙니다. 루터는 "음식과 건강과 나라와 집과 날씨와 가족, 모든 것은 우리의 영적 태연함을 유지해 주는 것이기 때문에 의미가 있다"고 했습니다. 일용할 양식이 있어야 우리가 힘을 낼 수 있습니다.

어떤 성도는 자신을 위해서 뭔가를 구하는 것이 하나님께 죄송하다고 합니다. 그것은 성경 자체보다 스스로가 더 영적이려고 하는 겁니다. 주님이 일용할 양식을 구하라고 가르치셨습니다. 육적인 양식을 구하지 않겠다는 건 내가 하나님보다 더 경건해지겠다는 것입니다.

사실 일용할 양식을 제대로 구하면 문제가 없습니다. 주님은 우리에게 '일용'(日用)할 양식을 구하라고 하시는데 우리가 월용(月用)할 양식, 연용(年用)할 양식을 구하는 게 문제입니다. 오늘 먹을 것이 있고 거할 곳이 있다면 내일은 주님께 맡기고 가야 하는데, 현재에 만족하지 못하고 더 좋은 것과 더 좋은 집을 구하니까 문제라는 겁니다.

"나를 가난하게도 마옵시고 부하게도 마옵시고 오직 필요한 양식으로 나를 먹이시옵소서 혹 내가 배불러서 하나님을 모른다 여호와가 누구냐 할까 하오며 혹 내가 가난하여 도둑질하고 내 하나님의 이름을 욕되게 할까 두려워함이니이다"(잠 30:8~9). 맞는 말씀입니다. 우리는 가난하면 무력해지고 부유하면 나태해집니다. 그러니 현재에 만족하고, 내일을 위해 쌓아 놓을 것이 아니라 오늘 일용할 양식을 구해야 합니다. 일용할 양식을 구하는 것이 하나님에 대한 신뢰입니다. 내일을 걱정하는 것이 우리의 전공인데, 내일을 하나님께 맡기고 오늘의 것만 구하려니 얼마나 힘듭니까? 그러니까 '일용'할 양식을 구하는 것이 진정한 믿음입니다.

고등학생 때 아버지의 사업이 어려워지면서 저는 알맞은 가난을 겪었습니다. 아르바이트로 학비를 벌어야 했기 때문에 돈에 대한 훈련을 받았습니다. 돈이 없으면 인색하고, 있으면 낭비하게 되는데, 하나님은 언제나 알맞게 돈을 주셔서 인색하지도 낭비하지도 않게 하셨습니다.

돈이 우상이 되는 것은 돈이 있고 없고와 관련이 없습니다. 돈이 없다고 인색한 것도, 돈이 있다고 낭비하는 것도 돈이 우상이기 때문입니다. 돈이 있어도 없어도 돈에 자유한 사람은 인색하거나 낭비하지 않습니다. 오늘 주시는 일용할 양식에 만족하는 사람, 돈에 집착하지 않는 사람이 돈에 대해 자유한 사람입니다. 그런 사람은 대하기도 편하고 어딜 가나 리더십을 갖게 됩니다.

매일의 큐티, 매일 묵상하는 말씀도 우리가 구해야 할 일용할 양식입니다. 나에게 양식이 되지 않는 공부는 건강을 해칩니다. 신학을 한다고 그것이 양식이 되는 건 아닙니다. 신학대학원에 가서 헬라어, 히브리어를 '샬라~ 샬라~' 공부하고 교회사, 조직신학 등을 잔뜩 배운다고 그것이 사람을 살리는 양식이 될까요? 신학교 4년, 대학원 3년, 박사 학위까지 10년 넘게 공부하는 사람도 있는데 그렇게 폭식을 했다고 그것이 건강한 신앙으로 이어지는 것은 아닙니다. 도리어 폭식을 해서 신앙 상태를 해치는 경우를 많이 봤습니다.

성경 읽기도, 기도도, 공부도 날마다의 일용할 양식으로 해야 합니다. 시냇물이 큰 물살이 아니어도 졸졸졸 멈추지 않고 흐르듯이 평생토록 날마다 공급받는 것이 진짜 실력입니다.

그러기 위해서 욕심이 없어야죠. 내가 뭔가 가르치겠다고 욕심으로 하니까 신학을 해도 영적인 양식이 못 되는 겁니다. 저도 물론 신학을 공부했습니다. 신학대학원 3년 동안 대충하지 않고 열심히 공부했습니다. 그러나 진짜 저를 살린 것은 그날그날 주시는 말씀이었습니다.

하루도 거르지 않고 말씀을 열심히 묵상하다 보니까 신학개론, 조직신학을 안 해도 성경 전체가 제게 들어왔습니다. 누가 직분을 준다고 해서 묵상한 게 아닙니다. 가르치려고 한 것도 아닙니다. 말씀으로 내가 회복되고 살아나니까 저 좋아서 묵상을 했습니다. 날마다 말씀의 양식이 없으면 제가 죽을 것 같아서 했더니, 직분이 없어도 전도와 양육과 상담이 다 이루어졌습니다.

정말 살고 싶은 사람들은 양식을 구할 수밖에 없습니다. 정말 목마른 자가 우물을 파게 됩니다. 영육이 다 마찬가지입니다. 양식을 먹지 않으면 병이 나고 쓰러지는 것처럼 말씀이 없으면 날마다 벌어지는 사건 속에 서 있을 수가 없기 때문에, 죄를 지을 수밖에 없기 때문에, 우리는 절박한 마음으로 일용할 양식을 구하고 공급받아야 합니다.

한꺼번에 왕창 깨닫고, 왕창 은혜를 받아서 변화된 사람도 있습니다. 하나님이 그렇게 하실 수 있습니다. 하지만 날마다의 묵상 없이는 그것이 유지될 수 없습니다. 한꺼번에 자기 죄가 다 깨달아진다면 정신적으로 감당이 되겠습니까? 폭식이 아니라 매일 규칙적인 묵상이 우리의 육체와 정신과 영혼을 건강하게 합니다.

레윈 부부가 쓴『영적으로 건강한 가정 만들기 10계명』을 보니 4계명이 "올바로 먹으라"입니다. 미국에서는 식품에 포함된 영양 성분 수치를 일일 권장량을 기준으로 표기하게 돼 있습니다. 그것처럼 거룩함, 진리, 용서, 성품, 인내, 은혜, 공의, 성령의 열매, 회개 등의 영적 필수품에 대한 일일 권장량을 표시한다면, 모든 영양소를 완벽하게 공급해 줄 수 있는 검증된 제품은 오직 성경밖에 없습니다.

미국의 한 보고서에 따르면 교회를 다니는 사람 중에서 성경 읽는 사람이 15%가 안 된다고 합니다. 그것도 일주일에 한 번 정도 읽는 것이 대부분이라고 합니다. 그러니 매일 큐티를 하고 성경을 읽는다는 게 얼마나 대단한 능력인지 모릅니다.

목회를 하면서 그 이야기를 실감하고 있습니다. 우리들교회에 대단한 프로그램이 있는 것도 아니고, 조직이 탄탄한 것도 아닙니다. 다만 전교인에게 큐티하게 하고, 설교도 성경의 한 절 한 절을 읽어 가면서 어떻게든 성경을 읽게 했습니다. 그랬더니 하나님이 숫자적으로도 부흥을 보여 주셨고, 무엇보다 건강한 공동체로 자리 잡게 되었습니다. 힘든 분들이 모였지만 날마다 성경을 읽고 자기 죄를 보는 훈련이 되니까 큰 잡음 없이 걸어가고 있습니다.

하나님은 "우리에게" 양식을 주시도록 기도하라고 하셨습니다. 나만 먹기 위한 양식이 아니라 우리를 위해 양식이 필요합니다. 혼자만 먹으면 맛이 있는지 없는지, 음식이 좋은지 나쁜지 잘 느낄 수 없습니다. 우리가 함께 먹으면서 좋은 것도 나쁜 것도 나눌 수 있습니다. 부부가, 부모자식이, 지체들이 함께 먹고 나누는 것이 건강한 식탁의 모습입니다.

◆ 절박하게 필요한 일용할 양식이 있습니까? 육의 양식은 너무 절박해서 하나님이 아닌 세상 방법을 찾고, 영의 양식에는 무디어져서 구하지 못하는 병든 신앙은 아닌가요? 규칙적인 묵상과 기도 대신 폭식으로 균형을 잃지는 않았습니까?

죄를 사하여 주소서

우리가 우리에게 죄 지은 자를 사하여 준 것 같이 우리 죄를 사하여 주시옵고_마 6:12

양식을 구하는 기도 후에 사죄의 기도가 나옵니다. 일용할 양식을 함께 구하고 나누다 보면 서로의 죄를 깨닫게 되기 때문입니다.

형제가 많은 집에서 자란 분들은 이 말을 이해하실 겁니다. 맛있는 반찬이나 간식거리가 생기면 정말 '피 터지게' 싸우지 않습니까? 저는 딸

넷의 막내인데 딸만 있었어도 그런 기억들이 생생합니다. 한번은 배가 생겼는데 한 개뿐이라서 혼자 먹으려고 장롱 속에 숨겨 놨습니다. 그러고는 싹 잊어버렸죠. 나중에 보니 배는 썩고 이불도 버리고……. 혼자 먹으려는 욕심 때문에 죄다 버리고 말았습니다.

외동으로 자라면 그런 일이 거의 없습니다. 예쁜 옷이 있어도 자기 것이고, 먹을 것도 혼자만의 것이니까 매사에 욕심이 없습니다. 식탐도 잘 안 부립니다. 그러나 식구가 많은 집에서 자란 사람은 '저게 언제 없어질지 몰라' 그래서 조바심이 나는데, 외동으로 자란 사람들은 얼마나 여유 있고 교양 있는지 모르겠습니다.

우리에게 일용할 양식을 구하고 나누면서 죄를 보게 된다는 것이 이런 뜻입니다. 혼자 구하고 혼자 먹을 때는 내게 욕심과 치사스러움이 있다는 걸 잘 모르지만, 여럿이 나누다 보면 내가 얼마나 사소한 것에 목숨을 거는지 나의 욕심과 치사스러움을 깨닫게 되는 것입니다.

그러니까 부대끼고 고생스러워도 여럿이 사는 게 최고입니다. 형제 많은 집들이 싸우기도 잘하지만 자라고 나서는 정도 더 깊은 법입니다. 저(低)출산 시대라고 걱정이 많은데 늦둥이라도 많이들 낳기를 바랍니다.

인간의 공동체라는 것이 마냥 교양 있을 수가 없습니다. 죄인들끼리 모였는데 어떻게 매사에 양보하고 교양 있겠습니까? 100% 죄인들이 모여서 먹을 것 하나에도 다투고 소리 지르면서 각자의 죄를 보게 됩니다. "너는 이기적이다. 너 혼자 사는 집이냐!" 욕을 하고 말썽을 일으키면서 서로의 죄를 보는 겁니다. 그래서 "우리 죄를 사하여 주시옵고" 하는 기도가 저절로 나오는 것입니다. 나만의 죄가 아니고 '네 죄'가 아닙니다. 서로 나누면서 '우리의 죄'가 되면 그만큼 죄의 무게가 가벼워지지 않을까요?

날마다 일용할 양식을 먹는 건강한 사람은 죄 사함을 구하게 됩니다. 말씀을 볼수록 내 죄가 보이기 때문입니다. 그래서 회개하는 사람이 가장 건강한 자입니다. 그런 사람은 다른 사람도 용서할 수 있습니다. 누군가의 묘비에 "용서받았음"이라고 써 있답니다. 최고의 묘비명이라고 생각합니다.

"우리가 우리에게 죄지은 자를 사하여 준 것같이" 하면 조건부로 용서를 구한 것 같지만 그게 아닙니다. 내가 무조건적으로 하나님께 용서받은 대로 이제는 남을 용서해야 한다는 뜻입니다. 내가 조건이 좋아서 주님이 나를 용서하셨습니까? 그런 차원이 아닙니다.

내가 누군가를 용서할 수 있는 것은 하나님이 나를 용서하신다는 확신이 있기 때문입니다. 용서는 다른 사람에 대해 좋은 감정을 갖는다는 뜻이 아닙니다. 물론 감정까지 좋아지면 너무 좋겠지만 내 감정이 어떠하든지 상대방을 받아들이는 것이 용서입니다.

죄 가운데 있는 나를 구원해 주신 하나님을 체험하고도 아직까지 짓는 죄가 있습니다. 성숙은 끝이 없기 때문에 천국 가는 그날까지 죄지을 일이 있습니다.

그래서 본문의 병행구절인 누가복음 11장 4절을 보면 "사하여 준 것같이"가 현재형으로 나왔습니다. 여기에서 말하는 '죄 사함'은 예수 그리스도와 십자가를 믿고 단번에 일어나는 사죄라기보다, 믿고 난 후에 범하는 허물에 대한 지속적인 용서를 말합니다. 과거에 한 번 죄 사함을 받았다고 '그만'이 아니라 지속적으로 죄를 고백하고 용서를 구해야 합니다. 내가 용서를 구하고, 용서해야 될 일이 날마다 생기는 것은 하나님이 말씀으로 나를 조성해 가시는 작업입니다.

누군가를 용서하라는 것은 죄를 지었는데 그냥 넘어가라는 소리가 아닙니다. 죄를 저지른 후에 그냥 넘어갈 수 있는 사람은 없습니다. 우리에게는 그럴 능력도 없습니다. 죄에 대한 책임을 면제해 주려고 용서하라는 게 아닙니다. 혹시 면제해 주고 싶어도 하나님이 허용하지 않으십니다.

우리가 용서하는 이유는 상대방이 지은 죄에 대한 분노에 내가 매이지 않기 위해서입니다. 심판받아야 할 죄를 지었다면 하나님이 하십니다. 내가 심판하고 정죄하고 분노하면서 일생을 낭비할 필요가 없습니다. 용서함으로 내가 죄에 대해 자유로워지고 성숙해지기 때문입니다. 그래서 가장 많이 용서한 사람이 가장 많은 용서를 누리게 됩니다.

용서란 나를 해친 사람에게 원수 갚을 수 있는 권리를 포기하는 것입니다.

용서할 만한 사람을 용서하는 건 누가 못하겠습니까? 용서할 수 없는 사람을 용서해야 내가 죄 사함의 자유를 누릴 수 있습니다. 도저히 용서할 수 없는 나를 위해 십자가를 지시고 몸소 고통당하고 용서하신 예수님처럼, 내 마음의 고통과 복수하고 싶은 갈등을 겪으면서도 남을 용서하십시오. 내가 멍청해서 능력이 없어서, 나약해서 용서하는 게 아닙니다. 용서할 수 없는 사람을 위해 십자가 지는 것만큼 큰 능력은 없습니다. 내 힘으로는 할 수 없지만 예수님의 능력에 의지해서 나 자신과 타인을 용서할 수 있습니다.

모든 사람은 용서에 빚진 자입니다. 죽을 때까지 남을 용서했다고 해도 우리는 용서에 빚진 사람입니다. 내가 이웃을 용서하지 않으면 하나님도 나를 용서하지 않으십니다. 이것은 해도 좋고 안 해도 좋은 것이 아닙니다. 하나님께 죄 사함의 은혜를 받았다면 반드시 지켜야 할 하나님의 명령입니다. 일흔 번씩 일곱 번, 무한대로 우리는 용서를 해야 합니다.

◆ 매일 용서해야 할 사람, 용서를 구해야 할 죄가 있습니까? 죽을 수밖에 없는

나를 날마다 용서하고 용납하시는 하나님의 사랑으로 누군가를 용서합니까? 입으로만 용서하고 마음에 담아 둔 것이 있다면 지금 처리하십시오.

시험과 악에서 구하소서

우리를 시험에 들게 하지 마시옵고 다만 악에서 구하시옵소서 (나라와 권세와 영광이 아버지께 영원히 있사옵나이다 아멘)_마 6:13

시험을 받는 것은 죄가 아닙니다. 그런데 시험에 빠지는 것은 죄입니다. 새가 머리 위로 날아다니는 것은 막을 수 없지만 둥지를 트는 것은 막을 수 있습니다. 그런데 우리가 자꾸 음욕과 중독과 염려와 상처의 시험에 빠지는 것은 왜일까요? 스스로 시험의 사정권에 들어가기 때문입니다.

회식과 모임에 빠지지 않고 가면서 술을 끊도록 기도한다면 끊어지겠습니까? 음란 사이트에 접속하면서 음욕의 시험에 들지 않게 기도하면 되겠습니까? 내가 자주 시험에 빠지는 이유는 다 나 때문입니다. 악은 모양이라도 버려야 하고 쳐다보지도 말아야 합니다. 시험에 빠지는 환경부터 차단해야 합니다.

한때 웹 사이트를 통해 동창생 찾기가 유행하면서 안 좋은 현상도 많다고 들었습니다. 옛 친구라는 이름으로 남녀가 만났다가 불륜에 빠지기도 했다는 겁니다. 남녀 간에 친구가 어디 있습니까? 저는 없다고 생각합니다. 우리는 99%도 아니고 100% 죄인입니다. "친구로 만나는데 왜 남의 사회생활을 막느냐?" 이러지 마십시오. 건강하게 만나고 있어도, 옆에서 배우자가 싫어하고 누군가 지적하면 그때는 딱 그만둬야 합니다. 아니 그러기 전에 먼저 결혼한 이성과는 개인적인 만남을 안 가져야 합니다.

시험에 빠지지 않으려면 구체적으로 내 시간을 헌신해야 합니다. 시간이 많으니까 자꾸 여기저기 들여다보게 되는 것입니다. 나의 시간과 물질을 적극적으로 헌신해야 바빠서라도 시험에 안 빠질 수 있습니다.

그러니까 "술 끊어라. 담배 끊어라", "음란 사이트에 들어가지 말아라" 하는 것보다 "교회 가자. 예배드리자", "큐티하자. 구역 모임에 같이 가자" 권면하는 것이 정말 그 사람을 시험에서 구하는 길입니다. 술을 마시고 있어도, 여자를 못 끊어도 우선 데리고만 오십시오. 우리 힘으로는 어떤 중독과 죄도 끊을 수 없기에, 시험을 피할 수 있는 환경으로 적극적으로 들어가야 합니다.

◆ 반복적으로 빠지는 시험과 악이 있습니까? 중독되어 내 힘으로 끊을 수 없는 것도 사실이지만 나 자신을 시험받는 환경에 방치해 두는 건 아닙니까?

주님이 우리를 악에서 구하시기를 기도하기 위해서는, 먼저 악이 무엇인지를 알아야 합니다. 그런데 주님은 주기도문을 이렇게 적용하십니다.

14 너희가 사람의 잘못을 용서하면 너희 하늘 아버지께서도 너희 잘못을 용서하시려니와 15 너희가 사람의 잘못을 용서하지 아니하면 너희 아버지께서도 너희 잘못을 용서하지 아니하시리라 16 금식할 때에 너희는 외식하는 자들과 같이 슬픈 기색을 보이지 말라 그들은 금식하는 것을 사람에게 보이려고 얼굴을 흉하게 하느니라 내가 진실로 너희에게 이르노니 그들은 자기 상을 이미 받았느니라 17 너는 금식할 때에 머

리에 기름을 바르고 얼굴을 씻으라 18 이는 금식하는 자로 사람에게 보이지 않고 오직 은밀한 중에 계신 네 아버지께 보이게 하려 함이라 은밀한 중에 보시는 네 아버지께서 갚으시리라_마 6:14~18

말씀 묵상을 하지 않으면 선악의 개념이 모호해집니다. 술, 담배, 음란, 거짓말이 악입니까? 하나님이 말씀하시는 악은 일용할 양식을 받았음에도 더 많은 것을 요구하는 것입니다. 내가 용서를 받았음에도 누군가를 용서하지 않는 것이 악입니다.

'잘못'이라는 말은 배신의 뜻을 가지고 있습니다. 배신이란 누군가의 곁에서 떠난다는 뜻입니다. 반드시 곁에서 협력해야 할 사람을 떠나는 것이 배신인데, 그것은 실제적인 손해뿐 아니라 심한 감정적인 손상까지 가져옵니다. 정말 용서하기 어려운 중대한 잘못입니다.

그런 중대한 잘못을 저지른 배우자가 있고, 자녀가 있습니다. 그들로 인한 물질과 정신의 손해가 나를 힘들게 합니다. 그럼에도 하나님 앞에 나의 죄를 본다면 그들의 잘못은 아주 작은 것에 불과함을 알게 됩니다. 그것을 알아야 하나님이 나의 잘못도 용서하십니다. 그들을 용서하지 못해서 우리가 천국에 갈 수 없다면 그것보다 큰 잘못은 없습니다.

속으로는 부모도 용서하지 못하고, 자식도 용서하지 못하면서 금식을 한다고 해 보십시오. 남들이 보기에 너무 믿음이 좋아 보이지 않습니까? 그러나 그것이 무서운 악입니다.

저도 금식을 했지만 인간적인 목적을 가지고 해 본 적은 없습니다. 자녀들 입시도 치러 보았고, 그때마다 번번이 실패를 했지만 그것 때문에 금식하지는 않았습니다. 제가 금식을 한 것은 큐티 사역을 하면서입니다. 사역을 하는 동안 많은 어려움이 있을 텐데 금식을 하면서 그것을 견딘다면 다른 어려움도 견딜 수 있으리라는 마음으로 했습니다.

　금식은 생명을 내던지는 폭탄과 같은 기도입니다. 그런데 용서하기가 싫어서 기도 폭탄을 가지고 '40일 금식을 할지언정 남편을 용서 못 하겠다'라는 것이 우리 진심은 아닙니까? 하나님을 믿고도 우리는 날마다 악을 저지르는데 하나님을 모르는 사람이 무슨 일인들 못하겠습니까? 하나님을 먼저 믿은 내가, 말씀을 먼저 들은 내가 용서해야 합니다. 그래야 나 자신도, 우리 식구들도 시험과 악에서 구할 수 있습니다.

◆ 불륜과 거짓말로 치명적인 잘못을 저지른 가족을 용서하고 사랑하라고 하시는데, 도저히 순종이 안 돼서 금식한다고 싸매고 누웠습니까? 가정을 악에서 구하기 위해 금식보다 먼저 내 죄를 회개하고, 용서하고 용서받는 실천을 하십니까?

···

내가 멍청해서 능력이 없어서,
나약해서 용서하는 게 아닙니다. 용서할 수 없는 사람을 위해
십자가 지는 것만큼 큰 능력은 없습니다.
내 힘으로는 할 수 없지만 예수님의 능력에 의지해서
나 자신과 타인을 용서할 수 있습니다.

···

말씀으로 기도하기

우리가 이 땅에서 하나님 나라를 살아내기 위해서는 하나님께 구해야 할 것이 있습니다. 첫째는 현재의 일용할 양식을, 둘째는 우리 죄를 사해 주기를, 마지막으로는 시험에 들지 않기를 구해야 합니다.

일용할 양식을 구해야 합니다(마 6:11).

일용(日用)할 양식을 구하라고 하시는데, 현재에 만족하지 못하고 월용(月用)할 양식, 연용(年用)할 양식을 구한 것을 회개합니다. 날마다 규칙적인 말씀 묵상으로 영의 양식을 공급받아 건강한 하루를 살아가게 하옵소서.

죄 사함을 구해야 합니다(마 6:12).

죽을 수밖에 없는 저를 날마다 용서하고 용납하신 하나님의 사랑으로 저도 다른 사람을 용서하길 원합니다. 용서하지 못하고 쌓아 두었다가 더 큰 악을 행하지 않게 도와주옵소서. 내 힘으로는 할 수 없지만 예수님의 능력을 의지하여 나 자신과 타인을 용서하고 죄 사함의 은혜를 누리게 하옵소서.

시험에 들지 않기를 구해야 합니다(마 6:13).

악은 모양이라도 버리라고 하신 말씀대로 시험을 주는 환경을 끊게 하옵소서. 반복적으로 빠지는 시험과 악 때문에 나의 죄에 애통하며 회개하는 금식을 하기 원합니다. 날마다 말씀을 통해 악이 무엇인지 분별하고 그 악에서 떠나 용서의 적용을 하게 하옵소서. 하나님 앞에서 내가 할 말 없는 인생임을 기억하며 용서와 사랑으로 하나님 나라를 나타내게 하옵소서.

우리들 묵상과 적용

초등학교 5학년 때 가난과 아버지의 폭력으로 어머니가 집을 나가셨습니다. 대학에서 지금의 아내를 만나 결혼하고 교회를 섬겼지만 늘 경제적인 문제로 다투었습니다. '나를 위해서 뭔가를 구하는 것이 하나님께 죄송하다'는 겸손을 가장한 교만함으로 "일용할 양식을 구하라"는 말씀을 무시하고 내 힘으로 성실히 살았습니다(마 6:11). 그러면서 평소 덜렁거리고 무정한 아내를 옳고 그름으로 따지며 말씀으로 정죄하고 무시했습니다.

그러던 중 아내가 교회에서 운영하는 지역아동센터에서 일을 하게 되었는데 일을 도와주던 남자 성도와 가까워져 바람이 났습니다. 20년 넘도록 교회를 섬기며 성실히 살아온 내가 왜 이런 일을 당해야 하는지 이해되지 않았습니다. 이후 어떻게든 아내를 용서하려고 노력했지만 아내에 대한 배신감으로 아내에게 잘해 주었다, 분노를 표출했다가를 반복하며 아내를 협박하여 내쫓기도 했습니다. 그리고 아내에게 이혼을 요구하던 중 『결혼을 지켜야 하는 11가지 이유』를 접하게 되었습니다. 책을 읽으며 결혼의 의미를 다시 생각하게 되었고 고민 끝에 두 아들을 데리고 교회에 나오게 되었습니다. 말씀을 들으며 이혼은 하나님의 뜻이 아니라는 생각이 들어 두 달간의 별거 생활을 끝내고 아내를 집으로 들어오게 했습니다. 하지만 아내를 진정으로 용서하지 못했기에 또다시 상처의 시험에 빠진 저는, 아내가 여전히 외도남과 연락하는 것 같다고 오해하며 심하게 다투다가 결국 아내가 집을 나가게 했습니다(마 6:13). 그 후 여러 방면으로 아내를 찾았지만 찾을 길이 없었습니다.

저는 살기 위해 소그룹 모임에 나가고 진정한 일용할 양식인 큐티 말씀을 날마다 묵상했습니다. 그러면서 신혼 초에 음란을 행한 제 죄가 생각났고 그런 저를 용서해 주시고 살려 주신 주님의 은혜가 깨달아졌습니다. "우리가 우리에게 죄지은 자를 사하여 준 것같이 우리 죄를 사하여 주시옵소서"라는 말씀처럼 무조건적으로 하나님께 용서받은 죄인인 제가 아내를 용서하지 못하고 핍박한 제 죄가 깨달아져 애통함이 생기기 시작했습니다(마 6:12).

이 사건이 저와 저희 가정의 구원 사건임이 인정이 되니 마음이 평안해졌고 평생 외도녀로 십자가를 질 아내가 안쓰러워졌습니다. 진정으로 아내를 사랑하게 해 달라고 기도하니 아내가 가정으로 돌아왔습니다. 돌아온 아내와 매일 큐티하고 부부 소그룹 모임에 참석하며 각자의 죄를 보고 나누니 저를 소그룹 리더로 불러 주시는 은혜도 누리게 하셨습니다.

우울증으로 날마다 누워 있던 큰아들과 엄마가 없는 환경에서 불안증으로 죽어 가던 작은아들도 공동체에 붙어가며 회복시켜 주셨습니다. 온 가족이 간증자가 되어 나라와 권세와 영광이 아버지께 영원히 있음을 찬양하는 가족이 되게 하셨습니다(마 6:13). 연약한 죄인인 저를 시험과 악에서 구해 주심으로 진정한 용서를 깨닫게 하시고, 하나님 나라를 위한 기도를 하게 하신 하나님, 감사합니다(마 6:13).

영혼의 기도

하나님 아버지, 날마다 영육 간에 양식이 필요합니다. 그것을 하나님께 구해야 하는데 엉뚱한 곳에서 엉뚱한 것을 구하는 저를 불쌍히 여겨 주옵소서. 건강한 믿음, 건강한 육신을 가지기 위해 그날에 필요한 것들을 섭취하기 원합니다. 오늘이 아닌 내일의 것에 집착하지 말고 오늘 주시는 말씀, 오늘 주시는 양식으로 건강한 하루를 살아가게 하옵소서. 나만 먹는 것이 아니라 배우자, 자녀와 함께 말씀의 양식을 나누며 건강한 가정이 되기 원합니다.

어떤 죄도 용서하시는 하나님을 믿는다고 하면서, 제 속에는 아직도 용서할 수 없는 사람이 있습니다. 내 기준으로 용서하지 못하는 죄가 있습니다. 날마다 용서받고 용서해야 할 일들이 있는데 용서하지 못하고 쌓아 두었다가 더 큰 악을 행하지 않도록 저를 지켜 주옵소서. 저 자신도 용서하지 못하지만 그런 저를 무조건적으로 받아 주시는 주님의 사랑으로 인해, 저도 다른 이들을 용서하게 하옵소서.

제가 연약하오니 시험과 악에서 지켜 주시기를 기도드립니다. 그러나 기도만 하지 않고 이제는 시험을 주는 환경을 끊게 하옵소서. 날마다 말씀을 통해 악이 무엇인지를 분별하고 저와 가족이 악에서 떠날 수 있기를 원합니다.

말씀을 적용하기 싫어서 금식으로 떼를 쓰는 것이 아니라, 나를 비우고 하나님의 것을 구하는 금식을 하게 하옵소서. 내가 하나님이 주시는 양식 대신 헛된 것을 구하고, 누구도 용서하지 못하고, 날마다 시험과 악에 빠지기 때문에 나의 죄에 애통하며 회개하는 금식을 하기 원합니다.

그럼으로써 치명적인 잘못을 저지른 배우자, 자녀를 용서하고 용납하게 하옵소서.

하나님 앞에서 내가 할 말이 없는 인생임을 기억하며 용서와 사랑으로 하나님의 나라를 나타내기 원합니다. 주님의 나라와 주님의 권세와 주님의 영광을 구하며 살아가기 원합니다. 예수님 이름으로 기도하옵나이다. 아멘.

보물을 하늘에 쌓으라

마태복음 6:19~24

> 하나님 아버지,
> 보물을 하늘에 쌓기 원합니다.
> 하늘에 보물을 쌓는 것이 무엇인지
> 말씀하여 주옵소서. 듣겠습니다.

2005년 가을 필리핀 코스타 집회에 다녀왔습니다. 코스타(KOSTA)는 해외 유학생을 위한 수양회입니다. 20년 전부터 한국의 교계 지도자들은 곤고하기 쉬운 유학 시절에 복음을 듣게 하고자 이 사역을 시작했습니다. 그런데 처음에는 미국에서만 열리던 이 집회가 지금은 전 세계로 퍼져 나가서 필리핀까지 이르렀습니다.

이 필리핀 코스타에 강사로 참석했던 저는, 다른 강사님들의 메시지를 들으며 그 누구보다 많은 은혜를 받았습니다.

강의를 하던 어떤 목사님은 본인의 아이큐가 99라고 하시면서 학교 다닐 때 300명 중에 300등을 했는데 만약 학생이 500명이었으면 500등을 했을 거라고 하셨습니다. 출신도 제주도이고, 빈곤하고, 부모님의 알코올중독과 별거로 힘들었고……. 그런 환경에서 목사님이 되셨다고 했습니다.

한 목사님이 이렇게 자기소개를 했더니 다음 목사님은 이런 이야기를 했습니다. 누구는 제주도 출신이라고 열등감을 가지시는데, 본인은 제주도 출신을 하늘같이 보는 추자도 출신이라는 것입니다.

그렇게 어려운 환경을 거친 목사님들 외에도, 세상에서 일류를 석권하던 분들이 코스타 강사진으로 초청이 되었습니다. 그중에 김행 씨가 있었습니다.

그분의 간증을 함께 나누고 싶습니다. 김행 씨는 대학교 2학년 때부터 정치에 뜻을 두고 졸업 후에는 민정당에서 10년,《중앙일보》기자로 10년을 일한 분입니다. 학교 때부터 1등을 놓쳐 본 적이 없고, 여러분도 아시는 것처럼 미모도 갖췄습니다. 나중에 정치를 할 생각으로 부동산 투기도 안 하고 아이들 사교육도 안 시켰답니다.

2002년 대선 때는 성공의 마지막 고지를 바라보면서 한 후보의 대변인을 맡아 화려하게 정치 인생을 시작했습니다. 그 선거 막바지에 이르자 김행 씨가 맡고 있던 후보가 다른 유력한 부호를 지지하게 되었고, 그 유력한 후보가 당선되면 김행 씨는 홍일점인 자신이 14개 장관 자리 중에서 하나는 당연히 맡을 줄 알았다고 합니다.

그런데 선거 마감 세 시간을 앞두고 대변인을 맡고 있던 후보가 지지 철회 성명을 발표했습니다. 자신은 이해할 수도 없는 일인데 김행 씨가 대변인이었기 때문에 성명서를 직접 읽어야 했습니다. 투표 당일 아침 갑작스러운 발표에 놀란 사람들이 김행 씨의 입을 주목했고, 우리나라뿐 아니라 CNN을 통해 전 세계에 방송이 되었습니다. 선거의 결과는 유력한 후보의 당선이었고 김행 씨 측에 남은 결과는 실패뿐이었습니다.

땅표 가짜 보물

너희를 위하여 보물을 땅에 쌓아 두지 말라 거기는 좀과 동록이 해하며
도둑이 구멍을 뚫고 도둑질하느니라_마 6:19

우리에게 가장 어려운 것이 보물의 문제입니다. 보물을 많이 쌓은
사람은 그 보물 때문에 세상을 사랑할 수밖에 없고, 보물이 없는 사람은
보물이 갖고 싶어서 세상을 쳐다봅니다. 보물을 사랑하고, 보물을 행복으
로 생각하는 것이 우리 모습입니다.

그래서 기도와 구제와 금식도 내 보물을 쌓기 위해서 하니까 주님은
정곡을 찌르시며 그런 보물 쌓기를 당장 그만두라고 하십니다. 주님은 재
물 자체를 죄악시하시는 것이 아닙니다. '너희를 위하여' 자신의 육적 욕
망을 위하여 쌓아 두는 것을 당장 그만두라는 것입니다.

하늘에 쌓아 둔다는 것과 반대인 땅에 쌓는다는 것은, 영적인 문제
에는 관심이 없고 땅의 일에만 집착하는 것을 말합니다. 하지만 이 땅은
보물을 보관하기에 적합하지 않은 장소입니다. 좀과 동록이 해하며 도둑
이 구멍을 뚫고 도둑질하는 곳입니다. 원어로 보면 도둑도 복수형으로 쓰
였습니다. 수많은 도둑이 내가 쌓아 둔 보물을 호시탐탐 노리고 있다는
뜻입니다.

'구멍을 뚫다'라는 것은 땅을 파서 침투하는 것인데 당시 가옥은 흙
으로 지어져 있었기 때문에 도둑이 마음만 먹으면 얼마든지 허물고 들어
올 수 있었습니다.

내가 아무리 쌓았어도 도둑이 허물려고 마음만 먹으면 얼마든지 허
물 수 있습니다. 내 평생 보물을 쌓으려고 노력했어도 하나님은 1분이면

무너지게 하실 수 있다는 것입니다. 물론 하나님은 다시 세우실 수도 있습니다.

세상을 바꾸어서 개혁에 일조를 하겠다는 김행 씨의 20년 노력이 하루아침에 무너졌습니다. 대선에 실패하고 하루 만에 어떤 일이 일어났을까요?

기사 아저씨, 도우미 아주머니 등 자신의 휴대폰에 하루 300통 이상 울리던 전화가 뚝 끊어졌습니다. 본인의 표현대로 'somebody'가 'nobody'가 됐습니다. 그녀는 정권이 바뀌는 2002년 1월 1일에 해인사에서 아침 해를 보면서 '검은 해가 떠오른다'고 생각했다고 합니다. 더 이상 삶이 의미 없게 느껴졌기 때문입니다.

그녀는 두 가지를 생각했는데 첫째는 그만 사는 것, 둘째는 이민을 가는 것이었습니다. 그런 생각을 하면서 몸무게가 줄고 피폐해졌습니다. 이 세상에 열심히 보물을 쌓았지만, 도둑이 구멍을 뚫고 동록이 해하고 좀이 슬어서 하루아침에 모든 것이 사라진 것입니다. 모든 명예가 추락했습니다.

그런데 내가 쌓았던 것이 '하늘표' 진짜 보물이 아니고 '땅표' 가짜 보물이라면 이 땅에서 진위가 밝혀지는 것이 좋지 않겠습니까? 내가 하늘표 보물을 쌓았는지, 땅표 보물을 쌓았는지는 사건이 오면 알게 됩니다.

그 사건 때문에 내가 쌓았던 것이 가짜라는 것을 알게 된다면 너무 좋은 것 아닙니까? 불행이 아니라 축복이지 않겠습니까?

이 땅에 쌓아 둔 것은 이렇게 상하게 마련입니다. 저희 친정은 이북 출신으로 6·25 한국전쟁 때 피난을 내려왔습니다. 피난을 다니면서 급할 때 금을 썼습니다. 금을 잘게 가지고 있다가 배를 탈 일이 있을 때, 피난길에 도움이 필요할 때 금을 건네주었습니다. 남쪽에 내려온 아버지는 토건

업을 하셨는데 당시에는 은행이 가까이 있지도 않고, 돈을 둘 곳이 마땅치 않아서 자루에 담아 쌓아 뒀습니다.

그리고 그 돈으로 땅은 하나도 안 사고 금을 샀습니다. 언제 또 피난을 가게 될지, 다시 고향 땅 평안북도로 돌아갈지 몰랐기 때문에 돈만 생기면 금을 열심히 사들였습니다. 그때 땅을 사 두지 않고 금을 사 두시는 바람에 곶감 빼먹듯이 다 빼먹었죠. 결과적으로는 물려주실 재산이 없어서 제가 목회를 하는 데 큰 일조를 하셨습니다.

이처럼 사람들은 금 사 놓기를 좋아하고 하나님이 아니라 금이 자신을 살렸다고 생각합니다. 저와 같이 이북 출신인 남편도 전쟁이 나면 한쪽에는 금, 한쪽에는 원화, 한쪽에는 달러를 넣어서 도망가라고 저한테 전대를 만들어 줬습니다. 그 전대를 아직도 가지고 있습니다.

금 자체가 나쁜 것은 아닙니다. 또 혹시 있을 일에 대비해 돈을 모으는 것도 나쁜 게 아닙니다. 그러나 그것만 치중하다 보면 하늘나라가 아닌 나와 내 가족만 위하는 보물 쌓기가 돼 버립니다. 가족을 위해서 준비한다고 했는데 나중에 보니 자녀가 도둑이 돼서 구멍을 뚫고 도둑질을 합니다. 부모 재산을 놓고 싸웁니다. 하나님의 명령을 듣지 않으면 결국 내 보물은 다 도둑을 맞게 돼 있습니다. 그런데 사람들은 보물이 있어야 자녀들에게도 대접을 받는다고 생각하고 보물을 쌓아 놓았다가 도둑질을 당하는 것입니다.

내가 병이 들면 보물이 무슨 소용입니까. 다 허물어집니다. 평생 운동을 열심히 해도 가는 세월을 막을 수 없습니다. 세월이 도둑입니다.

◆ 나와 가족을 위해서 건강과 돈과 학벌의 보물을 쌓았습니까? 하루아침에 보물을 잃고 슬퍼하고 있습니까? 편하게 살려고 보물을 쌓았는데 보물을 지키

려고 전전긍긍하는 인생이 되지는 않았습니까?

하늘표 진짜 보물

20 오직 너희를 위하여 보물을 하늘에 쌓아 두라 거기는 좀이나 동록이
해하지 못하며 도둑이 구멍을 뚫지도 못하고 도둑질도 못하느니라 21
네 보물 있는 그 곳에는 네 마음도 있느니라_마 6:20~21

우리의 마음은 우리가 아끼는 보물에 있습니다. 돈을 좋아하면 장사
꾼이 되고, 공부를 좋아하면 학자가 되고, 영화를 좋아하면 영화감독이
될 것입니다. 김행 씨처럼 정치를 하기 위해서 수십 년을 투자하기도 합
니다.

그런데 주님은 "너희를 위하여" 하늘에 보물을 쌓으라고 하십니다.
"쌓아 두라"는 현재 명령입니다. 즉 당장 시작해야 하는 것입니다. 그렇
다면 어떤 것이 진정한 보물일까요? 어떻게 하는 것이 보물을 하늘에 쌓
는 것일까요?

보물을 분별하라

22 눈은 몸의 등불이니 그러므로 네 눈이 성하면 온 몸이 밝을 것이요
23 눈이 나쁘면 온 몸이 어두울 것이니 그러므로 네게 있는 빛이 어두우
면 그 어둠이 얼마나 더하겠느냐_마 6:22~23

눈이 성해야 진정한 보물을 분별할 수 있습니다. 눈이 성하다는 것은 건강한 가치관을 가지는 것입니다. 눈이 성하기 위해서 말씀을 사랑해야 하고, 이웃을 사랑하는 선한 눈을 가져야 하고, 믿음의 눈을 가져야 합니다. 눈이 나쁘다는 것은 눈이 약하거나 악하거나 인색하다는 뜻입니다. 내 눈이 약하고 인색하면 시야가 어두워져서 올바른 판단을 할 수 없습니다.

북한에 가 보니 신문마다 남한의 소식이 왜곡되어 실리고 있었습니다. 평양에서 제일 좋은 호텔에 머물렀는데 텔레비전만 켜면 "경외하는 지도자 동지, 원수님의 품에서 천국을 누린다"는 말이 계속 나왔습니다. 제가 '악~' 소리를 지르고 싶을 정도로 버스를 타도, 어디를 가도 똑같은 이야기가 나왔습니다. 이렇게 잘못된 지식과 정보를 평생 들어도 아무도 바로잡아 주는 사람이 없습니다. 그러니 그 잘못된 정보를 평생 믿고 살다가 "수령님 만세!" 하며 잘못된 구호를 외치다 죽는 겁니다.

마찬가지입니다. 이 땅에서 천국 소문을 듣지 못한 사람들은 고생을 바가지로 하면서 "돈이 최고야. 학벌이 최고야!", "남편이 최고야. 자식이 최고야!"를 외치다가 자신을 죽게 한 정체가 무엇인지도 모르고 죽어 갑니다. 그들은 천국의 소문을 듣지 못했기 때문입니다.

김행 씨가 대선 후보의 대변인이 되기까지 아무도 천국에 대한 이야기를 전하지 않았답니다. 한 명도 없었답니다. 나쁜 눈은 불신앙의 눈, 욕심의 눈이고, 성한 눈은 하나님 나라의 가치관을 가지는 눈입니다. 그런데 내 마음대로 성한 눈, 나쁜 눈을 가질 수 없습니다. 누군가 전해 주지 않으면 내 시력을 깨달을 수 없습니다.

◆ 어떤 눈, 어떤 가치관으로 세상과 사람을 보고 있습니까? 구원을 위해 정말 중요한 것을 분별하는 눈을 가졌습니까? 하나님 나라 가치관을 가지기 위해

재물을 버리고 진짜 보물을 얻다

한 사람이 두 주인을 섬기지 못할 것이니 혹 이를 미워하고 저를 사랑하
거나 혹 이를 중히 여기고 저를 경히 여김이라 너희가 하나님과 재물을
겸하여 섬기지 못하느니라 _마 6:24

보물이 있는 곳에 내 마음이 있는데, 그 보물의 가장 대표가 재물이
라고 하십니다. 보물이라는 단어를 쓰시다가 마지막에는 '재물'이라고
구체적으로 밝혀 주셨습니다.

사랑은 하나가 되는 것입니다. 그래서 사람은 동시에 두 사람을 사
랑할 수 없습니다. 여기서 재물과 하나님을 겸하여 섬길 수 없다고 하신
것은 하나님을 섬기는 데 가장 방해되는 것이 보물 중에서도 재물이기 때
문입니다. 재물이 하나님과 감히 경쟁관계에 있습니다.

명예가 나의 보물이라고 하는 사람도 대부분 그 진심은 재물에 있습
니다. 자식과 남편이 내 보물인 것 같아도 모든 것이 돈으로 귀결됩니다.
자식이 공부 잘하기 바라는 것도 나중에 돈을 잘 벌기를 바라서이고, 남
편이 건강하길 바라는 것도 먹고살기 위해서입니다.

죽을 생각만 하고 있는 김행 씨에게 한 후배가 찾아왔습니다. 선거
에 도움이 될 것 같아서 신문사에서 받은 퇴직금 3억 원을 거저 주었던
후배입니다. 그 후배가 사업을 시작하는데 김행 씨 생각이 났다면서 사업
체의 공동 대표가 돼 달라고 했습니다. 그래서 그러자고 했는데, 사업이

쫄딱 망했습니다. 3억 원을 도와준 것도 기가 막힌데, 그 사업체의 빚 5억 원이 모조리 김행 씨 앞으로 돌아왔습니다. 죽든지 이민을 가든지 하려고 했는데 "김행이 5억 원 빚지고 도망가다!" 이런 기사가 나올 생각을 하니 갈 수 없었습니다. 기막힌 상황에 더 기막힌 일이 생겨서 죽지도 못하게 됐습니다.

이것이 축복입니다. 김행 씨는 빚을 갚기 위해서 열심히 살았습니다. 명예도 야망도 뒤로 하고 티셔츠 장사를 시작했습니다. 백화점 좌판에서 티셔츠를 파는데 어떤 사람이 "이렇게 늙은 아줌마가 옷을 팔면 장사가 되겠냐"고 하더랍니다. 몇 달 사이에 대변인에서, 사장님에서, 늙은 아줌마로 호칭이 격하됐습니다. 그렇게 점점 낮아졌습니다.

그때 티셔츠 세 장을 팔아 준 손님이 너무 고마워서 차 한 잔을 대접했는데, 그분이 교회에 가 보자고 했습니다. 드디어 천국의 정보를 들려주는 사람이 나타났습니다. 그냥 이야기만 한 것이 아니라 교회 가는 날은 차까지 보내 줬다고 합니다. 그 배려가 너무 고마워서 교회에 갔습니다. 교회에서는 '당신은 사랑받기 위해 태어난 사람'이라고 했습니다. 그녀는 감동이 일었습니다. 처음 가 보는 교회에 어색하게 앉았다가 모든 사람이 자기를 버리고 등을 돌렸는데 하나님이 나를 기다리신다는 소리에 일어나서 주님을 영접했습니다.

그랬더니 장사가 더 잘됐습니다. 좌판에서 팔다가 백화점에 정식 입점을 하게 됐습니다. 그것은 좌판 상인에게는 꿈같은 일입니다. 그런데 무리해서 입점을 하느라 다시 5억 원의 빚을 졌습니다. 게다가 좌판에서 잘 팔리던 물건이 매장에서는 안 팔렸습니다. 2004년도 의류업계에 불황이 닥치면서 더 안 팔렸습니다. 한 달에 2억 원씩 빚이 쌓이면서 3개월 만에 폐점을 결정하고 백화점에서 나왔습니다.

김행 씨는 그때 '내가 하나님을 믿어서 벌을 받았구나'라고 생각했다고 합니다. 왜냐하면 원래 김행 씨의 집안은 미신을 믿고 굿을 하는 집안이었기 때문입니다. 하지만 하나님이 사랑으로 그 마음을 붙잡아 주셨고 죽으려던 그녀를 하나님이 살려 주셨다는 걸 다시 깨닫게 되었습니다. 옷이 잘 팔렸던 것도 문을 닫게 하신 것도 하나님의 은혜라는 걸 깨달았습니다. 그리고 이제는 그 하나님의 사랑을 전 세계에 다니며 간증하게 되었습니다. 김행 씨의 일거수일투족이 믿는 사람과 안 믿는 사람에게 영향을 끼치도록 하나님이 후대하셨습니다. 영적으로만 후대하셨을까요?

김행 씨는 티셔츠 장사를 정리하고, 자본금 230억 원의 부실기업을 인수했습니다. 기업에서 보유하고 있는 현금이 단 돈 1억 원이었습니다. 그런 회사를 인수해서 50억 원 유상증자를 발표했답니다. 만약 유상증자가 안 되면 빚이 몇 백억 원이 되는 상황이었지만, 하나님을 의지해서 믿음으로 그물을 내렸다고 합니다.

그런데 증자 발표 하루 전에 김행 씨가 그 회사를 인수했다는 기사가 신문에 실리고, 그 기사 덕분에 유상증자가 이루어졌습니다. 하나님이 하루 만에 살려 주셔서 기사가 나고 하루 만에 50억 원이 모인 것입니다. 그다음부터 승승장구해서 230원이던 주가가 1년 만에 3,800원이 되고, 자본금 6천억 원의 기업으로 성장했습니다.

하나님이 그녀의 믿음을 보고 후대하신 것입니다. 사업이 잘돼서 후대하셨다는 게 아닙니다. 지금 그녀는 사업에서 물러나 정치인으로 활동하고 있습니다. 앞으로도 말씀으로 계속 양육을 받아야 하겠지요. 그녀가 하나님이 허락하신 자리를 통해 안 믿는 사람들을 주께로 돌아오게 하는 사명을 감당하기를 간절히 바랍니다.

하나님을 주인으로 모시지 않으면 언제 망하고 언제 흥하는지를 모릅니다. 하지만 하나님이 1분 만에 무너뜨리기도 하고 세우실 수도 있는 분이라는 것을 알면서 김행 씨의 인생이 달라졌습니다. 현실이 달라지지 않아도 자신을 존귀하게 여기게 됐습니다. 금이 정금이 되기 위해서 불 가운데 두드리는 연단이 필요한 것처럼 하늘에 보물을 쌓아 두기 위해서는 이 땅에서 무너지는 일이 필요합니다. 이 땅에서 무너짐이 축복입니다.

◆ 재물에 대해서 하나님을 100% 신뢰하며 욕심과 염려를 내려놓았습니까? 내가 재물을 주인으로 섬기고 있기 때문에 하나님이 주실 수 없다는 것을 인정합니까?

하늘에 보물 쌓기

얼마 전 영화배우 비비안 리(Vivien Leigh)와 로렌스 올리비에(Laurence Olivier)의 사랑 이야기를 봤습니다. 로렌스 올리비에는 영국에서 작위를 받은 존경받는 예술인입니다. 영화 〈바람과 함께 사라지다〉의 스칼렛으로 유명한 비비안 리도 아름다울 뿐 아니라 책을 많이 읽는 지적인 여성이었습니다. 두 사람은 서로 가정이 있는 상태에서 만났지만, 실없는 사랑을 하지 않았습니다. 서로에게 신중했던 만큼 몇 년 동안 각자의 가정을 깨지 못하고 애틋하게 사랑을 키워 갔습니다. 그러다가 자식도 버리고 각자 이혼하고 결혼을 했습니다.

그런데 비비안 리에게 조울증이 나타났습니다. 감정의 기복이 심해지며, 물건을 집어 던지기도 했습니다. 끝내 정신병 진단을 받고 증세는 좀처럼 나아지지 않았습니다. 그토록 사랑했던 로렌스도 그런 비비안을

15년 동안 겪다가 다른 여자를 만나서 떠났습니다.

이 땅에서 쌓아 올린 것은 이렇게 헛것입니다. 서로가 서로에게 보물이었지만 시간이 지나고 상하니까 귀찮은 존재가 되었습니다. 우리가 사랑이라고 생각하는 모든 것이 돈 때문이고, 건강 때문이고, 나한테 잘해 주기 때문입니다. 그 오류를 깨닫게 하려고 배신과 절망의 사건이 오는 것입니다.

비비안 리에게 로렌스 올리비에가 보물이었다면 그 사람을 하늘에 쌓아 뒀어야 했습니다. 어떻게 하는 것이 하늘에 쌓아 두는 것일까요? "하나님이 짝지어 주신 것을 사람이 나눌 수 없다"고 하셨으니(마 19:6) 그 명령을 듣는 것이 보물을 하늘에 쌓는 것입니다. 서로가 서로에게 그토록 귀한 보물이라면 보물의 주인이 누구인지를 알고 주인이 원하는 대로 해야 합니다. 그것을 모르고 나의 땅 나의 공간에서 같이 숨 쉬기만을 원했기 때문에, 결국 버리고 버림받는 아픔을 겪었습니다.

하늘에 보물을 쌓기 위해서는 하늘나라 가치관을 가져야 합니다. 하나님의 가치관, 구원 때문에 보물을 쌓으면 절대로 잃지 않습니다.

유한양행의 창업주인 유일한 씨가 죽은 후 유품을 정리하니까 양복 세 벌, 구두 두 켤레가 전부였다고 합니다. 그분의 유언장을 읽었습니다. 그 내용은 이랬습니다.

유학 중인 손녀에게는 학자금으로 일만 달러를 준다.
딸에게는 유한공업고등학교 안에 있는 묘소 땅 5천 평을 주는데, 그곳에 학생들이 마음껏 드나들고 해맑게 자라도록 그 땅을 유한 동산으로 가꿔 주기 바란다.
내 주식은 신탁기금에 기증한다(그 신탁기금이 유한양행에 기증되었기 때문에, 그

기금이 최고의 주주가 되어서 유한양행은 개인이 소유할 수 없는 기업이 되었다고 합니다).

아내는 딸 재라가 돌봐 주기 바란다.

아들 유일선은 대학까지 졸업시켰으니 앞으로는 자립해서 살아가거라.

아무개에게 얼마를 받아야 하는데 얼마는 감해 주고 나머지는 꼭 받아서 재단 기금에 보태라.

저는 이만큼 멋진 보물 쌓기는 없다고 생각합니다. 하늘을 모른다면 어떻게 하늘에 보물을 쌓겠습니까. 유일한 씨는 어렸을 때 선교사를 따라 미국에 가서 미시간대학을 졸업하고 한국에 돌아와 사업을 일으켰다고 합니다. 그분이 하나님을 알고 선교사에게, 복음에 빚진 자임을 알았기 때문에 보물을 하늘에 쌓고 갔습니다. 그러니까 지금까지 모두가 그분을 추억하고 기리고 있습니다. 유한양행은 불황에도 흑자를 내는 기업이라고 합니다. 우리가 하늘에 보물을 쌓으면 땅에서도 갚아 주십니다.

◆ 나는 지금 어떤 땅표 보물을 쌓고 있습니까? 그 보물을 잃을까 봐 전전긍긍하며 살지는 않습니까? 영원히 사라지지 않는 하늘의 보물을 쌓기 위해 영혼 구원에 힘씁니까?

♦♦♦

금이 정금이 되기 위해서 불 가운데 두드리는
연단이 필요한 것처럼 하늘에 보물을 쌓아 두기 위해서는
이 땅에서 무너지는 일이 필요합니다.
이 땅에서 무너짐이 축복입니다.

♦♦♦

말씀으로 기도하기

주님은 보물을 하늘에 쌓으라고 말씀하십니다. 그 보물은 금과 은 같은 재물이 아닙니다. 이 땅의 보물에 대한 집착을 버리고 하나님 나라의 가치관을 가질 때 진짜 보물을 발견할 수 있습니다.

땅표 가짜 보물과 하늘표 진짜 보물을 분별해야 합니다(마 6:19~21).
영적인 일에는 관심이 없고 땅의 일에만 집착하여 건강과 돈과 학벌을 쌓는 데만 전전긍긍하는 저를 불쌍히 여겨 주옵소서. 땅표 보물이 진짜인 줄 알았는데, 그것이 무너져 보니 가짜인 줄 깨달았습니다. 이제는 하나님 나라의 가치관으로 진짜 보물을 분별하게 하옵소서.

진짜 보물을 얻어야 합니다(마 6:24).
재물과 하나님을 겸하여 섬기지 못한다고 하시는데, 하나님이 아닌 재물을 주인으로 섬기고 있는 저를 불쌍히 여겨 주옵소서. 하나님을 주인으로 모시지 않으면 언제 망할지 모르는 인생임을 알고, 하나님을 신뢰함으로 재물에 대한 욕심과 염려를 내려놓게 하옵소서.

하늘에 보물을 쌓아야 합니다(마 6:24).

하나님의 명령을 듣는 것이 보물을 하늘에 쌓는 것임을 알게 해 주서서 감사합니다. 하나님 나라의 가치관으로 살기 위해 날마다 성경을 읽고 묵상하게 하옵소서. 구원 때문에 하는 적용은 절대로 잃지 않는다는 것을 기억하고, 진짜 보물을 하늘에 쌓게 도와주옵소서.

우리들 묵상과 적용

중학교 시절 친구의 인도로 교회에 다니게 되면서 청소년 시절에는 기도원, 방언 기도, 부흥회를 찾아다닐 정도로 신앙의 열심이 있었습니다. 그러나 대학교 때와 군 복무 시절엔 하나님을 멀리하며 세상 가치관에 젖어 술, 담배, 여자를 가까이하는 죄를 범했습니다. 호텔에서 일하던 저는 믿지 않는 아내와 결혼한 뒤 세상 성공을 위해 가족을 두고 늦은 나이에 홀로 유학을 갔고, 귀국해서는 빨리 승진하고자 회사 동료, 상사들과 저녁마다 어울리곤 했습니다.

맞벌이하던 우리 부부는 재물을 쌓는 것에 한마음이 되어 IMF 금융위기 이후 부동산 투기로 큰돈을 벌었습니다. 2001년 9·11테러로 세계무역센터 건물이 불타 무너지는 장면을 보며, 다음 날 아침 금 시장에 가서 대량으로 금을 매입하는 등 재물이 왕 노릇 하던 시절을 보냈습니다. 그로 인해 좋은 집을 얻고, 자녀들을 사립학교에 보내고, 주말마다 외식의 즐거움을 누리는 것이 인생의 목적이었습니다. 재물을 좋아하여 '보물을 하늘에 쌓아두라'는 말씀을 깨닫지 못했기에 온전한 십일조 생활을 하지 못했고, 주위 사람들과 나누며 하나님 일에 재물을 쓰지도 못했습니다(마 6:20).

그러던 중, '땅에 쌓아 둔 보물은 도둑이 구멍을 뚫고 도둑질한다'는 말씀처럼 그간 모은 재물이 모두 없어지는 소송 사건을 주셨습니다(마 6:19). 13년간 경리회계로 재직했던 아내가 회사와의 감정싸움으로 퇴사한 후 고소를 당한 것입니다. 모든 재물은 가압류되었고, 아이들은 처가에 보내고, 우리 부부는 소송 패소를 염려해 위장 이혼도 했습니다. 그때 친구의 권유로 우리들교회에 왔지만, 말씀이 머리로만 이해될 뿐, 저를 뚫고 들어오지는 못했습니다. 복잡한 숫자로 얽혀 있던 사건 조사는 1년 넘게 진행되었고, 저는 그로 인해 먹고살 염려를 하며 '믿음이 작은 자'로 살았습니다(마 6:30). 아내는 구속적부심에서 기각판결로 불구속 재판을 받았지만, 분노와 근심 걱정으로 심한 우울증을 앓아 자살기도를 했고 그로 인한 법정 불출석으로 결국 법정구속 되었습니다. 재판에서 패소하여 아내는 2년여의 수형 생활 끝에 가족과 공동체의 품으로 돌아왔고, 우리 네 식구는 예배와 말씀을 사모하며 좁은 오피스텔에서 3년을 지냈습니다.

이 모든 일은 재물을 좋아했던 우리 부부에게 진정한 주인이 누구인지 알려 주시기 위해 있어야 할 사건이었습니다(마 6:24). 먼저 하나님의 나라와 그의 의를 구하면 모든 것을 더하여 주신다는 말씀처럼, 우리에게 무엇이 필요한지 아시는 하나님이 보금자리 임대아파트도 허락해 주셨습니다(마 6:33). 아직도 물질에 대한 염려가 잘 다스려지지는 않지만, 이젠 제 생각을 앞세워 구하지 않고 먼저 하나님의 통치를 받기 원합니다. 가정에서도, 교회에서도 먼저 하나님의 나라와 의를 구하여 친히 더해 주시는 은혜를 누리고 싶습니다.

영혼의 기도

하나님 아버지, 하늘에 보물을 쌓고 땅에 보물을 쌓지 말라고 하십니다. 그러나 주님, 저는 돈에 매달리고 자식에 매달리고 남편에 매달립니다. 그것이 나를 죽이는 줄도 모르고 죽어 가는 저를 주님이 구원해 주셨습니다. 땅표 보물이 제일인 줄 알고 살다가 죽을 뻔했는데, 남편이 속을 썩이고 자식이 속을 썩이고 돈이 없어져서 내 보물이 땅의 것임을 알았습니다. 그러기까지 나를 위해 수고한 모든 식구들을 축복하기 원합니다. 그들이 있어서 1분 만에 망하게도 하시고 흥하게도 하시는 하나님의 역사를 알게 되었습니다.

재물과 하나님을 겸하여 섬기지 못한다고 하시는데 날마다 겸하여 섬기고 있는 저를 불쌍히 여겨 주옵소서. 두 주인을 섬기는 저를 주님 앞에 내놓습니다. 주님만을 섬기기 원하는데 날마다 세상 것이 끼어듭니다. 불쌍히 여겨 주옵소서.

진정 하늘나라에 보물 쌓기를 원한다면 내 사랑하는 자녀도, 이루어질 수 없는 사랑도 하늘에 쌓아 두기를 원합니다. 그것이 진정한 사랑임을, 진정한 보물임을 알게 해 주옵소서.

내 자녀를 위해 하늘에 보물을 쌓게 하옵소서. 그들에게 하늘나라의 가치관을 심어 주기 원합니다. 하나님 나라에 대한 정보를 전해 주는 사람이 없어서 내 옆의 식구들이 죽어 가고 있지는 않은가 깨닫게 하옵소서. 내 힘으로 할 수 없는 일이지만 눈을 크게 뜨고, 주인이 누구신지를 알고 하늘에 보물을 쌓도록 도와주옵소서. 예수님 이름으로 기도하옵나이다. 아멘.

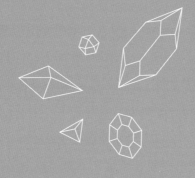

하나님을 신뢰하는 삶

마태복음 6:25~34

하나님 아버지,
하나님을 신뢰하는 삶을 살기 원합니다.
이 시간 찾아오셔서
말씀하여 주옵소서. 듣겠습니다.

2005년 10월 19일자 《뉴스위크》지에 '마음이 심장을 병들게 한다'는 기사가 실렸습니다. 1994년에 로스앤젤레스 인근에서 강력한 지진이 발생해서 부상자들에게 응급처치를 했는데, 특별한 외상이 없는 생존자들이 심장 발작으로 사망하는 일이 잇달아 생겼다고 합니다. 대부분 관상동맥 질환을 앓은 적이 있거나 고혈압 유전인자가 있는 사람들이었습니다. 쉽게 말해서 사망 원인이 무엇인가 하면, "죽을 정도로 겁을 먹었다"는 것입니다.

그 기사는 감정과 심장 질환이 깊은 연관성을 가진다는 정신 심장학의 새로운 연구에 불을 지폈습니다. 그리고 지진과 같은 갑작스러운 충격만 치명적인 것이 아니라 스트레스, 근심, 적대감이나 우울증이 지속될 때 훨씬 치명적이라는 근거가 자꾸 늘어났다고 합니다. 우리의 육신이 마음과 얼마나 깊이 연관되어 있는지를 잘 보여 줍니다.

염려하지 말라

그러므로 내가 너희에게 이르노니 목숨을 위하여 무엇을 먹을까 무엇을
마실까 몸을 위하여 무엇을 입을까 염려하지 말라……_마 6:25a

'염려'는 습관적으로 반복해서 근심하는 걸 말합니다. 염려는 '찢다,
분열하다'라는 뜻을 가집니다. 내 맘이 찢어지면 부부가 찢어지고 교회가
찢어지고 나라가 찢어집니다. 염려하는 한 사람 때문에 다 찢어집니다.

우리에게는 염려가 많습니다. 자녀의 입시, 자녀의 탈선에 대한 걱
정, 생활비, 언제 잘릴지 모르는 직장, 질병에 대한 우려……. 이 모든 염려
가 슬픔으로 이어질 때마다 하나님이 '짠' 하고 고쳐 주시면 얼마나 좋을
까, '짠' 하고 집 나갔던 자녀가 돌아오면 얼마나 좋을까 생각하게 됩니다.

제자들이 금식과 구제와 기도를 했어도 여전히 염려했기 때문에, 주
님은 6장 마지막까지 "염려하지 말라"는 말씀을 두 번이나 하시고, '염려'
라는 단어를 여섯 번이나 사용하셨습니다.

우리의 금식과 구제와 기도가 하나님의 뜻을 구하는 영적인 것이 아
닐 때, 우리는 염려하는 인생을 살게 됩니다. 부자의 세속적인 형태는 호
화로움과 방탕이고, 가난한 자의 형태는 고통과 염려입니다. 부자는 쌓을
곳이 없어서 창고를 더 크게 지어야겠다고 염려를 하고 가난한 자는 쌓은
것이 없어서 염려를 합니다(눅 12:16~19). 둘 다 똑같이 재물이 우상이기 때
문에 염려하는 것입니다.

『Why Worry?-1% 걱정만 줄여도 인생이 바뀐다』라는 책의 저자
조지 월튼은 사람의 마음속에 끝이 없는 것이 두 가지가 있는데, 바로 걱
정과 욕심이라고 합니다. 걱정과 욕심은 억누를수록 달라붙기 때문에 어

지간해서는 적당한 선에서 타협하기가 힘들다는 것입니다.

돈에 대한 욕심, 출세에 대한 욕심만이 욕심의 전부가 아닙니다. 기차에 오르다 발을 헛디뎌서 웃음거리가 되지 말아야겠다는 욕심, 사람들이 내 말을 무시하지 않아야 한다는 욕심, 반드시 최고의 휴가를 보내야한다는 욕심, 사무실이나 집을 먼지 하나 없이 깨끗하게 해야 한다는 욕심, 내가 잘 때는 세상도 조용해야 한다는 욕심, 오늘 일은 반드시 오늘 끝내야 된다는 욕심, 그리고 걱정을 완전히 없애야 한다는 욕심……. 우리는 욕심 가운데서 염려하고 있습니다.

당장 내일 먹을 것이 없을 때 어떻게 염려를 안 하겠습니까? 염려를할 수밖에 없습니다. 그런데 이 모든 것이 지나칠 때 문제가 됩니다.

건강염려증에 시달리는 사람들에게는 세 가지 공통점이 있다고 합니다. 첫째, 자신이 그 병에 관해서 전문가라고 생각합니다. 둘째, 그 병에대해 의사가 처방해 주는 약을 몹시 좋아합니다. 셋째, 자신이 병에 걸리지 않았다는 확률 99%보다는 병에 걸렸다는 1%의 확률을 맹신합니다.

수면에 대한 걱정도 대단해서 대부분 불면증에 시달리는 사람들은'내가 이렇게 못 자서 어떻게 하지. 내가 몇 시간밖에 못 잤네' 하면서 잠들지 못한 시간에 대한 후회와 아쉬움으로 자야 할 시간을 좀먹습니다.

그러나 한 통계에 따르면 걱정의 40%는 절대 현실로 일어나지 않는것이고, 걱정의 30%는 이미 일어난 일에 대한 것이고, 22%는 사소한 고민이고, 4%는 우리 힘으로는 어쩔 도리가 없는 것이고, 나머지 4%만이우리가 바꿔 놓을 수 있는 일에 관한 것이라고 합니다.

……목숨이 음식보다 중하지 아니하며 몸이 의복보다 중하지 아니하냐_마 6:25b

우리는 무엇이 중요한지 우선순위를 잘 모릅니다. 우선순위를 모르기 때문에 목숨보다 먹고 마시는 것이 중요하고, 몸보다 의복이 중요해서 염려를 합니다. 염려를 한다고 키 한 자도 더 할 수가 없는데도 염려를 합니다.

우리는 물 없이, 공기 없이 살 수 없습니다. 그런데 물과 공기를 주신 분에 대한 감사가 없기 때문에, 생명과는 무관한 의복과 음식 문제로 날마다 희비가 교차합니다. 그러므로 하나님에 대한 감사가 없는 사람은 죽을 때까지 염려만 하다가 죽을 수밖에 없습니다.

◆ 어떤 염려가 있습니까? 예배를 드리러 갈 때도 은혜를 사모하기보다 무엇을 입을까 염려하느라 바쁘십니까? 몸을 살리는 염려가 아닌 영을 살리는 염려로 살고 있습니까?

보고 생각하라

공중의 새를 보라 심지도 않고 거두지도 않고 창고에 모아들이지도 아니하되 너희 하늘 아버지께서 기르시나니 너희는 이것들보다 귀하지 아니하냐_마 6:26

공중의 새를 '보라', 주님은 자세히 관찰하라고 하십니다. "창세로부터 그의 보이지 아니하는 것들 곧 그의 영원하신 능력과 신성이 그가 만드신 만물에 분명히 보여 알려졌나니……"(롬 1:20a). 우리는 무엇을 보든지 그것에서 하나님의 신성을 볼 수 있어야 합니다. 시냇물을 보고도, 낙엽을 보고도, 밤하늘을 보고도, 별을 보고도, 동물을 보고도, 화초를 보면서도 그 안에 담긴 하나님의 섭리를 보아야 합니다. 그것들에 빠져서 등산 다니고, 수석 수집하느라 주일예배를 빠지라는 게 아닙니다. 만물을 통해 하나님을 보고 모든 것에 감사하는 사람은 저절로 예배의 삶을 살게 됩니다.

하나님은 창고도 없이 골방도 없이 새를 기르시는 분입니다. 예수님 당시 갈릴리 지방은 철을 따라 이동하는 새들의 교차로였습니다. 1년 내내 새들이 많았습니다. 주님은 그 많은 새를 보라고 하시며 그들에게 시청각 교육을 하셨습니다.

음식을 쌓아 두는 창고가 없어서 날마다 새로운 음식을 먹기 때문에 새들이 도리어 건강합니다. 이 세상에서도 창고 없이 사는 달동네 사람들이 나눠 먹기도 잘합니다. 냉장고도 작은 것을 쓰는 사람이 부지런히 음식을 장만해야 하기 때문에 살림도 잘합니다. 큰 냉장고를 쓰면 음식을 며칠씩 쌓아 놓고 부패한 음식을 먹게 됩니다.

지금 큰언니는 소천했지만 살아생전 제 큰 형부는 20년 동안 돈을 벌지 못했습니다. 그래서 큰언니는 '금성' 마크가 찍힌 180리터짜리 냉장고를 오래 사용했습니다. 누가 큰 냉장고를 사 주겠다고 해도 형편과 수준에 맞게 살아야 한다고 거절했습니다. 세탁기도 안 쓰고, 취사도구도 석유곤로를 썼습니다. 그런데 냉장고가 작아서 쌓아 놓지를 못하니까 큰언니네 식구는 늘 따뜻한 것, 새 음식을 해 먹었습니다. 그러니 형부는 20년 동안 돈을 안 벌어도 삼시 세끼 따뜻한 밥을 대접받았습니다.

또 너희가 어찌 의복을 위하여 염려하느냐 들의 백합화가 어떻게 자라는가 생각하여 보라 수고도 아니하고 길쌈도 아니하느니라_마 6:28

들의 백합화가 어떻게 자라는지 '생각하여 보라', 주의 깊게 살피고 철저히 배우라고 하십니다. 염려와 생각의 차이를 모르는 사람이 참 많습니다. 백합화가 어떻게 자랄지 염려하라는 게 아니라 돌보지 않아도 아름답게 자라는 들꽃을 보며 하나님이 어떤 분이신지, 하나님이 왜 옳으신지, 하나님의 목적이 무엇인지를 차분하게 생각하라는 것입니다.

우리는 카나리아, 장미만 키우고 싶지만 하나님은 까마귀이든 카나리아든, 장미든 할미꽃이든 모두 기르십니다. 까마귀가 부정해서 시체를 먹는 새라고 해도 모두 기르십니다.

하나님이 심을 줄도 모르고 창고도 없는 새들을 키우시는데, 우리는 심을 줄도 알고 창고를 만들 줄도 압니다. 그런 우리를 왜 안 기르시겠습니까! 내가 새보다 꽃보다 얼마나 아름답습니까! 우리는 꽃보다 아름다운 존재입니다. 카나리아보다 귀한 존재입니다. 우리는 너무나도 귀한 존재입니다.

그랜드캐니언, 경치 좋은 설악산을 가 보십시오. 아무리 경치가 좋아도 그곳에 사람이 없으면 그 경치는 볼 것이 없습니다. 사람이 있어야 그 경치가 빛을 발하는 것입니다. 그 어떤 경치보다, 새보다, 꽃보다 사람이 가장 아름답습니다.

오늘 있다가 내일 아궁이에 던져지는 들풀도 하나님이 이렇게 입히시거든 하물며 너희일까보냐 믿음이 작은 자들아_마 6:30

들의 백합화가 시들면 땔감으로 쓰입니다. 땔감으로 쓰이는 들꽃의 영광도 이스라엘 역사상 가장 화려했던 솔로몬의 영광보다 더 화려하다고 하셨습니다(마 6:29). 들의 꽃도 그렇게 아름답게 입히신다면 '하물며'

하나님의 자녀인 우리를 벗기시겠습니까?

우리는 '하물며'의 믿음을 가져야 합니다. 하나님이 불신자에게도 명예와 부를 주신다면, 하물며 하나님의 자녀인 우리에게 안 주시겠습니까? 그리스도를 십자가에 내주시기까지 우리를 사랑하셨는데 하물며 무엇인들 안 주시겠습니까! 우리가 못 받는 이유는, 하나님은 주시려고 만반의 준비를 하고 계시지만 내가 받을 준비가 안 됐기 때문입니다.

내가 누구인지를 알아야 합니다. 내가 누구인가를 아는 것은 대단히 중요합니다. 자신을 쓰레기로 여기면 쓰레기처럼 삽니다. 자신을 귀하게 여기면 귀하게 삽니다.

진화론은 하나님의 말씀을 대적하는 가장 강력하고 고약한 논리 중 하나입니다. 하나님은 우리를 그분의 자녀라고 하시는데, 진화론은 우리를 유인원의 후손이라고 합니다. 그렇다면 하나님의 자녀와 원숭이의 자녀가 어떻게 말이 통하겠습니까.

우리는 하나님의 자녀로 살아야 합니다. 하나님을 아버지라고 부르며 하나님의 자녀로 사는 법을 배워야 합니다. 나는 하나님의 자녀입니다. 나는 꽃보다 새보다 귀한 존재입니다.

◆ 세상이 나를 무엇이라고 합니까. 연봉 3천만 원짜리라고 합니까? 누구의 와이프라고 합니까? 원숭이 후손이라고 합니까? 하나님을 내 아버지가 아닌 아저씨쯤으로 생각하며 하나님의 자녀가 아닌 조카(?)로 애매한 삶을 살고 있지는 않습니까?

나라와 의를 구하라

> 이는 다 이방인들이 구하는 것이라 너희 하늘 아버지께서 이 모든 것이
> 너희에게 있어야 할 줄을 아시느니라_마 6:32

이방인이 무엇을 입을까, 먹을까, 마실까 하면서 구하는 것은 육신의 쾌락과 행복을 위한 것입니다. 그러나 하나님의 자녀인 우리는 하나님 나라의 영생, 하나님의 나라와 의를 구해야 합니다. 그런데 세상 백성하고 똑같은 것을 구하니까 아버지가 슬퍼하십니다. "애, 너에게 있어야 될 것을 내가 안다"고 우리를 다독이십니다. 만물의 주인이신 내 아버지께서 "너한테 필요한 걸 다 안다"고 하시면 "네! 아버지 알겠어요!" 이러면 되지 않겠습니까!

> 그런즉 너희는 먼저 그의 나라와 그의 의를 구하라 그리하면 이 모든 것
> 을 너희에게 더하시리라_마 6:33

그러므로 우리가 열심히 구해야 할 것은 하나님의 통치가 임해서, 하나님의 시각대로 세상과 사람을 분별하고, 하나님의 권세를 가지는 것입니다. 내가 하나님 나라의 권세를 가질 때 세상 것은 저절로 주어집니다. 세상 것을 가지기 위해서 나라와 의를 구하라는 것이 아닙니다. 하나님의 자녀로서 먹고 마시는 일에 하나님을 신뢰해야 다른 부분도 신뢰가 된다는 것입니다.

무엇보다 물질 문제에 대해 하나님을 절대적으로 신뢰하는 사람은 연봉을 따라서 여기저기 옮겨 다니지 않습니다. 월급이 적어도 먹고사는

문제를 하나님께 맡겼기 때문에 한곳에서 성실하게 일할 수 있습니다. 내 가족의 생계에 대해 하나님을 신뢰하는 사람은 학원비, 생활비 때문에 빚지지 않습니다. 결국 하나님에 대한 신뢰가 직장에서의 신뢰, 대인 관계의 신뢰로 나타납니다. 그리고 그런 사람들이 리더로 세워집니다.

하나님의 자녀는 아버지를 최고의 우선순위에 두어야 합니다. 하나님과 재물을 겸하여 섬길 수가 없습니다. 재물이 귀한 것이지만 아버지보다 귀한 것은 아닙니다. 재물이 아무리 귀해도 자녀보다 귀한 것은 아닙니다. 자식이 병들었는데 치료비가 아까워서 병든 자녀를 죽게 내버려 두는 부모는 없습니다. 하나님은 나를 죽도록 내버려 두지 않으십니다. 우리 아버지에게 우리는 돈보다 귀한 존재입니다. 그렇다면 나도 돈보다 집보다 아버지를 귀하게 여겨야 합니다. 내 중심에 하나님 아버지가 최고의 우선순위가 되면 하나님이 책임져 주십니다!

◆ 돈, 건강, 직장 다 포기하고 성경 보고 기도하고 전도하는 것이 나라와 의를 구하는 것일까요? 지금 삶에서 날마다 큐티하는 것, 공예배에 참석하는 것, 예배 시간에 늦지 않는 것이 나라와 의를 구하는 것입니다. 나의 게으름과 변명을 버리고 묵상과 예배에 시간을 드릴 때 필요한 것을 채우시는 주님을 신뢰하십니까?

그러므로 내일 일을 위하여 염려하지 말라 내일 일은 내일이 염려할 것이요 한 날의 괴로움은 그 날로 족하니라_마 6:34

나를 살아 있게 하는 물과 공기를 하나님이 주셨다는 것, 하나님이 없으면 나는 죽을 수밖에 없다는 것을 모르기 때문에 우리는 내일 일을 염려하고 돈을 따라 여기저기 옮겨 다닙니다. 월급 더 받겠다고 직장도 옮기고 더 잘살아 볼까 해서 이혼도 쉽게 합니다. 어느 직장에 가든, 어떤 배우자를 만나서 살든 거기라고 문제가 없겠습니까? 돈 못 버는 남편 떠나서 잘 버는 사람에게 가면 그 사람이라고 완전하겠습니까? 결국 먹고사는 물질 문제에 대한 신뢰가 없기 때문에 회사도 밥 먹듯이 옮기고 이혼도 밥 먹듯이 하는 겁니다.

먹고사는 것에 대한 염려로 여기저기 옮긴다고 해서 염려가 사라지는 것은 아닙니다. 오직 우리가 염려해야 할 것은 하나님의 뜻을 구하지 못하고, 하나님을 신뢰하지 못하는 것입니다. '이 부분에서는 하나님을 신뢰하는데 저 부분은 신뢰하지 못하겠다' 이런 건 없습니다. 성경 읽고 찬양할 때만 하나님을 신뢰합니까? 말도 안 됩니다. 영적인 것과 육적인 것은 나눠질 수 없습니다. 먹고 마시고 입고 자고 배설하는 등 생존의 모든 부분에서 전적으로 하나님을 신뢰해야 합니다.

그런데 어쩔 수 없이 "한 날 괴로움"이 있습니다. 공중의 새를 기르시고, 들의 백합화를 입히신다고 해서 새와 백합화가 아무것도 안하는 건 아닙니다. 새도 아침부터 저녁까지 부지런히 먹이를 찾아다니고 약육강식의 세계에서 살기 위해 수고를 합니다. 들의 백합화도 물과 양분을 끌어올리기 위해 수고를 합니다. 큰 나무 한 그루가 잎까지 물과 영양분을 끌어올리는 힘은 사람 한 명이 열 계단 높이에서 300톤의 물을 들어 올리는 힘과 같다고 합니다. 누가 식물에게 그러한 힘을 주었을까요? 하나님의 은혜입니다. 식물도 그러한데, 하나님의 형상대로 지어진 사람이 하나님 없이 혼자 살겠다고 아우성친다면 정말 불쌍한 사람입니다.

선악을 알게 하는 실과를 따 먹은 후 인간은 먹고 마시는 일로 수고를 하게 됐습니다. 모든 생활고는 예수님 오실 때까지 계속될 문제입니다. 누구도 피할 수 없이 '한 날 괴로움'이 있습니다. 그러나 그날 괴로움은 그날에 족합니다. 주님은 어제 일로 근심하고, 내일 일로 염려하지 말라고 하십니다.

시험을 앞두고 어제까지 공부 못한 것 때문에 근심하고, 그래서 내일 떨어질 것을 염려하는 사람은 오늘도 공부를 못 하고 지내 버립니다. "내일 일은 내일 염려할 것이요"의 말씀을 〈쉬운 성경〉에서 보면 주어가 '내일'입니다. 그런데 원어를 보면 '내일 일'이 재귀대명사로 쓰였습니다. 그래서 직역하면 '내일은 그 스스로 염려할 것이라'입니다. 내일은 내일이 스스로 알아서 염려할 것입니다. 내가 염려할 필요가 없습니다.

심장 건강에 관한 《뉴스위크》지의 기사에도 성경의 진리가 나타나 있습니다. 미국 유타대의 정신과 교수가 대학생 82명을 대상으로 스트레스 반응 검사를 했습니다. 사회보장연금 문제 같은 사회적으로 논란이 많은 주제를 주고 학생들이 찬반논쟁을 벌이게 했습니다. 그리고 토론 가운데 명료성, 체계화, 설득력에 따라 점수를 매기고 모든 과정을 비디오로 녹화한다고 이야기했습니다. 학생들은 이 말만 들어도 심장 박동수가 올라갔습니다.

그런데 논쟁을 하기 전에 학생들에게 친한 친구나 아는 사람에 대해서 몇 줄의 글을 쓰게 했습니다. 그 사람에게 가장 중요한 의미를 갖는 사람들에 대해 생각하는 시간을 갖게 한 것입니다. 그랬더니 금세 박동수가 내려갔습니다. 힘이 되는 친구들과 장시간 우정을 나누고, 그것에 대해 감사하는 것이 심장 건강에 분명한 효과를 나타낸다는 것이 밝혀졌습니다.

그런 맥락에서 최근에 심장 질환에 대한 웃음 치료가 각광을 받기 시작했다고 합니다. 웃음 치료는 고통이 없고, 위험이 없고, 큰 비용이 들지 않는 정신치료법입니다. 혈관 성형술, 좁아진 혈관을 금속도관(스텐트)

으로 넓혀 주는 수술, 혈관우회수술, 약물요법 등 현대 의학의 가능한 모든 방법으로도 효과를 못 본 심장병 환자들이 마지막으로 의지하는 치료법이 됐습니다.

웃음 치료 전문가인 하비 재런 박사는 "내가 가장 환영하는 환자는 의사들로부터 '우리가 더 이상 해 줄 일이 없다'는 선고를 받은 사람들이다"라고 말했습니다. 그는 환자를 만나면 의학적으로 가능한 더 이상의 치료법은 없음을 시인하게 한 다음 "하지만 딱 한 가지 방법이 남아 있다"고 말합니다. 그러면서 일주일에 하룻밤, 두 시간 반씩 명상이나 요가나 운동을 하게 하고 동시에 환자들끼리 서로 아픔과 성취감을 공유하게 했습니다. 그랬을 때 그 집단 치유 프로그램에서 엄청난 성과가 있다는 것입니다.

하비 재런 박사가 환자에게 가장 먼저 던지는 질문은 "당신은 당신의 아픔을 누구에게 털어놓습니까?"라고 합니다. 교회 공동체 안에서 서로의 아픔을 털어놓는 모임이 얼마나 대단한지 아시겠습니까? 교회가 여러분에게 치료비를 받아야 된다고 생각하지 않으십니까? 매주 목장(구역) 모임에서 기가 막힌 슬픔과 염려하는 일을 나누는 것이 심장병을 낫게 합니다.

집을 나간 남편이 몇 달 만에 몰래 들러서는 어린 아들도 안 보고 옷만 챙겨서 갔습니다. 이럴 때 생활비도 없고 날은 추워지는데 어떻게 염려를 안 하겠습니까. 남편이 죽이고 싶도록 밉지 않겠습니까?

바로 우리들교회의 '눈물 봉지' 춘화 자매 이야기입니다. 춘화 자매는 남편이 여자 문제로 집을 나가고 생활비도 안 주자, 우유 배달을 하며 아이와 함께 살고 있습니다. 힘들지만 날마다 말씀을 보고 목장 모임에서 나누며 미움과 원망을 교정했습니다. 그래서 남편의 외도와 가출을 '하나님이 나를 후대하신 사건'이라고 고백했습니다. 남편이 외박하던 밤에도 잘 잤던 것처럼 집을 나간 후에도 잘 자고 있답니다.

그런데 몇 달 만에 남편이 왔다 간 것을 알고 나니까 부들부들 떨렸습니다. 하지만 말씀을 보며 '내가 무덤 가운데 앉아 있기 때문에 떨리고 두려운 것이구나'를 깨달았다고 합니다. 인생이 예수 없이는 기쁠 수도 없고 행복할 수도 없는데 가정을 버린 남편의 상한 마음은 어디에서 위로를 얻을까, 지친 몸으로 퇴근해서 무슨 웃을 일이 있을까, 남편을 위해 기도해야 하는데 미움으로 사망의 잠을 잘까 봐 그것이 두렵다고 했습니다.

그녀는 추워지는 날씨를 생각하며 남편이 즐겨 입던 겨울옷을 꺼내 잘 다려서 옷걸이에 걸어 두었습니다. 자신이 없을 때라도 들러서 챙겨가라는 마음의 표시였습니다. 지금 아내로서 남편에게 해 줄 수 있는 일이 그것밖에 없다고 합니다.

이것이 나라와 의를 구하는 인생입니다. 남편도 없고, 생활은 어렵고 염려할 수밖에 없는 상황에서 그녀처럼 구원을 생각하며 나라와 의를 구할 때 하나님은 모든 것을 더하십니다. 필요한 모든 것으로 채워 주십니다.

아들을 군에 보낸 어느 집사님은 평소 연약한 아들이 군 생활에 적응할 수 있을지 걱정되었지만, 다른 것보다 아들이 군에서 하나님을 만나도록 기도했습니다. 하나님을 만나기 위해서 필요하다면 힘든 환경으로 보내셔도 감사하다고 기도를 드렸습니다.

그런데 아들이 집에서 가까운 곳으로 자대 배치를 받았다고 합니다. 가까이 와서 감사한 것이 아니라 시간이 될 때마다 가서 말씀을 나누고, 주일 설교 말씀 들은 것을 그대로 전해 줄 수 있게 되어 감사하다고 했습니다. 처음에는 지루해하던 아들도 조금씩 반응을 보이고 설교 말씀을 나누면 자신의 의견을 이야기하기 시작했습니다.

　나라와 의를 구하는 기도에 하나님은 이렇게 응답하십니다. 이 집사님은 우리 아들 잘 먹고 잘 입게 해 달라는 기도가 아니라, 하나님만 의지하도록 힘든 곳에 보내 달라는 기도를 했습니다. 이처럼 하나님의 뜻을 구하는 기도를 했을 때 하나님은 아들이 양육을 받을 수 있는 환경으로 보내 주셨습니다. 당장 응답이 없어도, 내가 죽을 때까지 배우자와 자녀가 돌아오지 않아도 먼저 할 것은 하나님의 나라와 하나님의 의를 구하는 것입니다.

◆ 속이고 가출하고 아픈 배우자, 자녀 때문에 한 날 괴로움이 있습니까? 오르지 않는 성적, 빚 독촉, 죄를 끊지 못하는 것 때문에 괴롭습니까? 그 괴로움을 하나님과 지체들에게 나누며 날마다 해결하고 있습니까? 어제를 후회하고 오늘을 속 태우고 내일을 두려워하며 지옥의 삶을 살지는 않습니까?

말씀으로 기도하기

주님은 믿음 없이 내일 일을 염려하는 우리를 책망하십니다. 어제 일로 근심하고 내일 일로 염려하는 것이 아니라 하나님의 자녀답게 먼저 하나님의 나라와 의를 구하길 원합니다. 그럴 때 나에게 필요한 것을 채워 주실 것을 믿습니다.

염려는 욕심에서 옵니다(마 6:25).

하나님에 대한 감사가 없으니 날마다 무엇을 먹을까 무엇을 입을까 염려합니다. 무엇이 중요한지 우선순위를 깨닫게 해 주시옵소서. 몸의 염려가 아닌 영을 살리는 염려를 하기 원합니다.

만물을 통해 나를 사랑하시는 하나님을 보아야 합니다(마 6:26~31).

공중의 새와 들의 백합화도 먹이고 키우시는 주님이 주님의 자녀인 나를 먹이고 입히신다는 믿음을 가지게 해 주시옵소서. 하나님을 아버지라 부르며 꽃보다 새보다 귀한 하나님의 자녀임을 깨닫기 원합니다.

먼저 그의 나라와 의를 구해야 합니다(마 6:32~34).

하나님의 통치가 임하여 세상과 사람을 분별하고 하나님의 권세를 갖게 하옵소서. 물질이 아닌 하나님 아버지를 우선순위에 둘 때 하나님이 나의 삶을 책임져 주시는 것을 깨닫게 해 주시옵소서. 한 날의 괴로움은 그날로 족하다고 하십니다. 내일 일을 염려하는 저를 불쌍히 여겨 주시고 먼저 하나님의 나라와 의를 구하게 하옵소서.

우리들 묵상과 적용

저는 '부재중 아버지'로 인해 불우한 어린 시절을 보냈습니다. 그랬기에 결혼하면 늘 아이들 곁에 있는 좋은 아빠가 되어 가정을 훌륭하게 지키고 싶었습니다. 그토록 기다리던 아내의 임신 소식을 들었을 때, "이젠 나도 아빠가 된다"며 기뻐했습니다. 그러나 아내는 임신 6주 차에 계속 하혈을 했고, 그로 인해 "유산이 의심된다"는 검사 결과가 나왔습니다. 저는 몹시 당황스러웠습니다. "하나님이 이 아이를 우리에게 선물로 보내 주셨다"며 감사드렸던 마음은 온데간데없이 사라지고, '왜 나에게 이런 고통을 주시나요?'라며 하나님을 원망했습니다. 그동안 들은 말씀도 생각나지 않았고, 슬퍼하는 아내와 통곡하기만 했습니다. 그리고 혹시나 하는 마음으로 재검사를 받았지만, 결국 다시 '유산' 판정을 받았습니다.

이런 사실을 교회 공동체에 알렸습니다. 소식을 들은 지체들이 같이 아파하며 눈물로 기도해 주고, 직접 찾아와 저희 부부를 많이 위로해 주었습니다. 빛이 어두워진 저는 교회 지체들에게 "하나님이 보실 때 제가 아빠 될 자격이 안 돼서 아이를 데려가신 거 같다"며 하나님을 원망하듯 말했습니다(마 6:23). 그러자 이 말을 듣고 계시던 한 집사님이 "그런 것보다는 집사님이 자녀에 대한 집착이 너무 강한 것 같다"고 했습니다. 제가 속한 소그룹의 리더이자 평소 친하게 지내던 그분은 "하나님은 다른 그 무엇도 자기보다 위에 있는 것을 싫어하시는데, 집사님에게 하나님이 싫어하시는 자녀 우상이 있는 건 아닌지 잘 살펴보라"고 덧붙였습니다. 그 말을 듣고 저는 정신이 번쩍 들었습니다. 교회 열심히 나가서 예배 잘 드리고 말씀 잘 듣고 양육을 받으며 믿음이 자라서, 제가 제법 많이 변한 줄 알았습니다. 그런데 그 말을 듣고 보니 믿음도 제자리요, 삶의 태도도 변한 게 하나도 없음을 알게 되었습니다. 불우한 어린 시절에 겪은 상처를 보상받고자 자녀를 내 생각대로 잘 키워 보려고 하는 헛된 욕심과 교만을 깨닫게 되었습니다.

하나님은 이 사건으로 제가 자녀를 우상 삼고 있는 죄를 깨닫게 하셨고, 저는 두 주인 섬기는 것을 용납하지 않으시는 주님께 눈물로 회개했습니다(마 6:24). '아이만 생기면 앞으로 이렇게 하겠다, 저렇게 하겠다'며 제멋대로 계획을 세우고, 돈을 더 많이 벌고자 이직을 빨리해야겠다고 생각했습니다. 이렇게 하나님을 의지하지 않고 오직 내 열심과 내 의로 살았는데, 주님은 말씀으로 "자녀는 네 힘과 능력으로 키우는 게 아니다. 내가 먹이고 입히고 있음을 매일 고백하며 감사하고, 자녀에게 하나님의 살아 계심을 믿도록 하는 게 가장 중요하다"고 말씀하십니다(마 6:31~33). 때마다 제게 알맞은 비와 바람과 빛을 주시는 하나님께 감사드립니다.

영혼의 기도

하나님 아버지, 오늘도 많은 염려와 걱정을 가지고 살았습니다. 주님의 제자들처럼 기도와 구제와 금식을 해도 무엇을 먹을까, 입을까 하는 염려가 끊이지 않습니다. 앉으나 서나 염려가 됩니다.

그런 제게 주님은 공중의 새를 보라고 하십니다. 들의 백합화를 생각하여 보라고 하십니다. 나는 그보다 귀한 하나님의 자녀라고 하십니다. 나는 원숭이의 후손도 아니고, 하나님은 나의 아저씨도 아닙니다. 나는 하나님 아버지의 자녀입니다. 그렇다면 나에게 무엇인들 주지 않으시겠습니까. 아직 안 주신 것은 내가 아직 받을 그릇이 안 되기 때문임을 알게 해 주시고, 내게 필요한 모든 것을 아시는 아버지를 신뢰하게 해 주옵소서.

하나님의 자녀답게 나라와 의를 먼저 구하게 하옵소서. 하나님은 내게 있어야 될 것을 아십니다. 남편이 있어야 될지, 돈이 있어야 될지 주님이 먼저 아십니다. 어떤 상황이든 하나님이 내게 물과 공기를 주셔서 살아가는 것이지 남편 때문에, 돈 때문에 살아가는 게 아니라는 것을 알기 원합니다. 그래서 가장 먼저 나를 먹고살게 하시는 하나님을 신뢰하기 원합니다. 물질에 대해 하나님을 전적으로 신뢰하며 직장도 가정도 돈을 따라 함부로 옮겨 다니지 않기를 원합니다.

내일의 염려는 내일의 것이지만 오늘 한 날 괴로움이 있다고 하십니다. 자녀 문제, 배우자 문제로 괴롭습니다. 먹을 것이 떨어져서 괴롭고, 인정받지 못해서 괴롭고, 외로워서 괴롭고, 아파서 괴롭습니다. 그럴지라도 이 한 날 괴로움 때문에 내 감정과 시간을 낭비하지 않게 하옵소서. 모든 것을 더하시되 풍성하게 더하시는 하나님을 신뢰하며 모든 괴로움을 맡기기 원합니다. 주님을 신뢰함으로 사랑할 수 없는 사람을 사랑하고 섬기며 나라와 의를 구하는 제가 되기를 원합니다.

함께해 주옵소서. 나를 먹이고 입히고 살아가게 하시는 하나님을 찬양합니다. 예수님 이름으로 기도하옵나이다. 아멘.

큐티하는 자는 복이 있나니

초판 발행일 ㅣ 2006년 10월 11일
개정증보2판 발행일 ㅣ 2023년 12월 11일
지은이 ㅣ 김양재

발행인 ㅣ 김양재
편집인 ㅣ 김태훈
편집장 ㅣ 정지현
편집 ㅣ 김윤현 진민지 고윤희
디자인 ㅣ 디브로㈜

발행한 곳 ㅣ 큐티엠
주소 ㅣ 경기도 성남시 분당구 판교공원로2길 22, 4층 큐티엠 (우)13477
편집 문의 ㅣ 070-4635-5318   **구입 문의** ㅣ 031-707-8781
팩스 ㅣ 031-8016-3193
홈페이지 ㅣ www.qtm.or.kr   **이메일** ㅣ books@qtm.or.kr
인쇄 ㅣ ㈜정현씨앤피
총판 ㅣ ㈜사랑플러스 02-3489-4300

ISBN ㅣ 979-11-92205-59-5

큐티엠(QTM, Quiet Time Movement)은 '날마다 큐티'하는 말씀묵상 운동을 통해
영혼을 구원하고, 가정을 중수하고, 교회를 새롭게 하는 일에 헌신합니다.